U0895058

辽金元时期北方汉人上层民族心理研究

符海朝 著

中国社会科学出版社

图书在版编目(CIP)数据

辽金元时期北方汉人上层民族心理研究/符海朝著.—北京：中国社会科学出版社，2016.7

ISBN 978-7-5161-8319-9

Ⅰ.①辽… Ⅱ.①符… Ⅲ.①汉族—民族心理—研究—中国—辽宋金元时代 Ⅳ.①C955.2

中国版本图书馆CIP数据核字(2016)第124014号

出 版 人 赵剑英
责任编辑 宋燕鹏
责任校对 石春梅
责任印制 李寡寡

出　　版 中国社会科学出版社
社　　址 北京鼓楼西大街甲158号
邮　　编 100720
网　　址 http://www.csspw.cn
发 行 部 010-84083685
门 市 部 010-84029450
经　　销 新华书店及其他书店

印　　刷 北京明恒达印务有限公司
装　　订 廊坊市广阳区广增装订厂
版　　次 2016年7月第1版
印　　次 2016年7月第1次印刷

开　　本 710×1000　1/16
印　　张 23.25
插　　页 2
字　　数 395千字
定　　价 80.00元

北方儒士们对史天泽的赞美之辞也影响到了《元史》的编撰者，《元史·史天泽传》最后的评论性文字是："出入将相五十年，上不疑而下不怨，人以比於郭子仪、曹彬云。"①

如果说上述材料反映的是北方儒士们对史天泽的赞美之词的话，那么下边王恽的一首诗则反映了北方儒士们急于报恩之情。

上史丞相②

百揆端归一相尊，
中台潜隐北溟鲲。
人间桃李净晴昼，
天上风云拥戟门。
驽骞遇知恩一顾，
家山回首惜空奔。
幸蒙翦拂长鸣去，
会有文章报至恩。

除了对史天泽的赞美之词和知遇之恩外，北方儒士们对史氏家族的其它重要人物也有类似之情。

史楫，"公之纯正，莅官严恪，亲戚左右罔敢

作者手迹（一）

众推为上将之材，自任以天下之重。攀鳞附凤，早依日月之光；捧毂推轮，荣受干戈之命。萃一门之忠孝，兼五路之侯封。终始四朝，险夷一节。仁温温乎冬日，气凛凛乎秋霜。内蕴一诚，外含万善。推而行阵，则勇摧大敌；敛而廉济，则泽被生民。顾所遇之如何，必其才之相应。鹰扬虎视，收中原百战之勋；兰畹芝芬，露汉将千金之誉。既备过人之智，故多及物之功。绥斯来，动斯和；存者神，过者化。红莲绿水，尽借筹入幕之宾；长剑危冠，皆扛鼎蒙轮之士。谓蚁穴尚干於天讨，诏龙骧暂驻於遐陬。旌旗未指於淮壖，草木先声於江左。虚怀下士，宜平原宾客之三千；不战屈人，切充国便宜之十二。虽闲暇不忘於武备，一周旋悉本乎儒风。诗书鞍马之间，谈笑风尘之外。又且脱屣示让，在人所难。当诸郎胜事之初，乃一旦奉身而避。弃璧而负其材，林回岂近於人情；舍己而与诸人，季札盖存乎教典。方庆悬车之乐，复承顾命之荣。秉绿驷而超天河，以腹心而操庙算。增辉白日，叶赞明时，力障群阴，

作者手迹（二）

序　言

与符海朝先生相识积年。在我的印象中，依他的年龄层次，能够兼治辽宋金元史，肯定是凤毛麟角者。他说话有时相当风趣和幽默，其实还是反映他对历史和现实的深刻认识。

我不懂心理史学，但符海朝先生能纵贯辽金元代近五百年间，北方汉人上层的民族心理，作了有相当难度和深度的研究，写出自己的心得，肯定是件推进史学发展的好事。全书文字相当顺畅，读来竟不觉得累，有点读小说的感觉，这说明符海潮先生对此问题别具匠心，认真地下了功夫，有些论述，反映了他的深入而独到的见解。

民族问题，民族之间的矛盾、融合等，当然是人类史上的一大研究课题。在人类的阶级社会中，民族之间矛盾、冲突、仇杀等是势不可免的，这需要以马克思主义的民族观正确阐述；但另一方面，在中华民族的悠久历史中，由于汉族处较高的经济和文化水平，各民族之间的友好、通婚和融合，互相取长补短，也是势不可免的。史家的任务，就是忠于史实，客观而公正地论述。漆侠先生说，“只有在正确的民族观的认识基础上，才有可能正确评价契丹、党项和女真诸族及其建立的国家”。“对于契丹等族不论是在政治上、军事上，还是在经济上和文化上，只要是有益于中华民族发展的活动和创造，都应当予以肯定和称赞。同样地，对契丹等族活动中消极的甚至反动的方面，对中华民族的发展起着有害的或阻碍的作用，也都应给以批判和否定。评价契丹诸族及其国家政权，同评价汉族及其国家政权，用的是一个标准和一个尺度，这个标准和尺度就是历史唯物主义”。①

① 漆侠、乔幼梅：《辽夏金经济史》绪论，《漆侠全集》第5卷第，河北大学出版社2008年版，第2页。

符海朝先生论析辽金元代的北方汉人上层的民族心理，正是贯彻了这个原则。他说："今日的史学专著和史学教科书，写到民族融合问题时，语调大多很平淡，阅读者自然也难以体验这一过程的复杂性。其实，汉文化当时所面临的深刻危机，最恰当的描述是'天纲绝、地轴折，人理灭'。"他形容汉族士人的心态，使用了"'陆沉'心理"、"对文明之殇的焦虑"、"载体之殇"、"汉文化面临覆灭之祸"、"艰难的心理转换"等，都是对历史真实十分准确而深刻的把握。当然，也诚如马克思所说："野蛮的征服者总是被那些他们所征服的民族的较高文明所征服，这是一条永恒的历史规律。"①这条历史规律经过惨痛的磨合，终究还是起着永恒的作用。

存在决定意识，这是颠扑不破的唯物主义真理。但另一方面，我们也会看到，在同样或相似的存在下，人们的意识竟是千姿百态的。符海朝先生尽可能地爬梳残存的史料，对此五百年间的北方汉族上层各种复杂心理，确是作了相当全面的、尽可能深入的描述，为前所未见，应当说是本书的重要创新。给我印象尤深者，是对处于辽、宋、金三朝势力角逐之下，燕地汉族上层各种复杂心理的综合和归纳。

衷心祝符海朝先生有更多更好的作品问世。

王曾瑜

2014年10月

---

① 马克思：《不列颠在印度统治的未来结果》，《马克思恩格斯选集》第2卷，人民出版社1972年版，第70页。

目　录

绪　论

一　课题的理论意义和学术价值

辽、金、元三朝，北方汉人上层的民族心理在少数民族执掌国家核心权力的近五百年时期，有一个复杂的变化过程。在此过程中，辽国一度将其势力扩展到黄河流域；金国则在灭亡北宋之后，对南宋政权穷追不舍，海陵王时期，更希图用战争手段统一中国；而蒙古人最终主导了国家新的统一，但是统一之后，维系统一的时间却较为短暂。如果站在统一国家所需要的共同社会心理形成过程的角度来分析此时期北方汉人上层的民族心理，非常有利于对此时期历史的整体的研究，对解决今日中国的民族问题，也有历史的借鉴价值。

之所以以北方汉人上层的民族心理为研究视角，是因为在王朝更替时期，“人心之所以为楚为汉者，皆倚之以为重”①，尤其是其中一些很有影响力的官僚、宗教领袖和士人，他们在历史关键时期的心态和选择，常常对社会有巨大的引领作用，因为在农业社会，集体无意识的盲目跟风心态很有市场。且在少数民族主导建立的王朝中，能够和少数民族的皇帝和各级掌权人物有实质性的接触机会的，正是这些以官僚、宗教领袖和士人身份出面的汉人上层人物②，他们的感受，虽说不能代表所有汉人的感受，但还是有很大的代表性，“许多中国人，特别是上层人士，从外族入侵

---

① 苏天爵辑撰、姚景安点校：《元朝名臣史略》卷六《万户严武惠公》，中华书局1996年版，第95页。

② 屈文军指出：“乡下甚至县一级的城市，普通的汉人百姓也许一辈子都难得遇到一个统治民族的成员；即使是金朝，女真人大量分散居于汉地，一般汉人还是很少接触到他们。”见氏著《辽西夏金元史十五讲》，上海古籍出版社2008年版，第16页。

中，深深感受到个人的痛苦”①，无数个个体共同的痛苦，也就是该族群的痛苦。

而我们对该时期该群体民族心理的研究，还很不够，导致我们对该段历史的研究，深度还是不够②。个中缘由，固然有史料缺乏方面的因素，但和史学界的投入少也有关系，其实，如果我们投入的人力和精力再多一些，理论和方法的运用再合理一些，对史料的解读再深刻一些，通过对该群体的代表人物，包括官僚、文人抑或二者兼备的人的行为、语言及其留下的作品进行深度分析，可以考察其“外显现象背后的‘欲望’的复杂、矛盾状态”③，也即其民族心理及其他社会心理。

有鉴于此，我们拟在前辈学者研究的基础上，尝试运用心理史学的相关理论及方法，并结合年鉴学派的时段理论④以及史学研究的其他理论和方法，对此阶段北方汉人上层的民族心理，作一番尝试性的研究，期望能够通过我们的尝试，对本时段历史研究的深度和整体研究，起到一些引领作用。

二　概念的界定

由于该时期处于中国历史上第二次民族大融合的时期，因此对于汉人概念的界定，要复杂得多，不得不进行长时段的线索的梳理。

（一）汉民族形成史的简要考察

吕振羽先生在《中国民族简史》中说：“华族自前汉的武帝、宣帝之后，便开始叫汉族”⑤，他说的华族是汉族的前身——华夏族；吕思勉先

① ［德］傅海波、［英］崔瑞德主编，史为民等译：《剑桥中国辽西夏金元史》，中国社会科学出版社1998年版，第291页。

② 萧启庆先生在《中国近世前期南北发展的歧义与统合》一文中指出：“中国近世前期史研究有一个严重的缺憾，即是南北两方现存史料与相关研究之多寡非常不平衡。有关辽、金两代及元代北方的史籍、文集、方志远少于南方，以致研究北方区域历史者往往因资料缺乏而裹足不前。”在该文中，萧氏又引用了日本学者竺沙雅章教授的话来强调该问题，“一般用宋、元时代这种区分，但严密地说，这也有北宋—金—元与北宋—南宋—元的两个潮流，也就是说有北流与南流，对于各演变的不同，以及王朝交替导致的流向之变化，也因金、元统治下的社会不明之故，而不能贯通”。见萧氏《元代族群文化与科举》一书正文，（台湾）联经出版事业股份有限公司2008年版，第3页。

③ 么书仪：《元代文人心态》，自序，人民文学出版社2013年版，第5页。

④ 该理论认为长时段主要是结构，中时段主要是局势，短时段主要是事件。在本课题的研究中，三个时段的研究方法都将使用，但是主要运用中时段和短时段结合的研究方法。

⑤ 吕振羽：《中国民族简史》，生活·读书·新知三联书店1950年版，第19页。

生在《先秦史》中说："汉族之名，起于刘邦称帝之后。"① 朱绍侯先生则认为"汉族作为一个民族的称谓，是由'汉国'而来的"②；许倬云先生认为"汉人的名称从汉朝而来"③。以上四说虽有些时间差异，但他们都认为汉族之名源于刘邦创立的汉国或汉朝。费孝通先生则指出："民族的得名必须先有民族实体的存在，并不是得了名才成为一个民族实体的。"④ 据此规律，他认定汉族形成于秦汉时代。但是，关于汉人这一称呼的广泛流行，费孝通先生认为在秦汉以后，"有人说：汉人成为族称起于南北朝初期，可能是符合事实的，因为魏晋之后正是北方诸族纷纷入主中原的十六国分裂时期，也正是汉人和非汉诸族接触和混杂的时候。汉人这个名称也成了当时流行的指中原原有居民的称呼了"⑤。因为"民族名称的一般规律是从'他称'转为'自称'"⑥，笔者认为此观点可以略作补充，民族名称的一般规律就像人的姓名一样，先有"自称"，然后先在自我圈内获得认可并开始流行，随后在自我圈外获得认可并扩大流行的范围，最终为圈内外广泛认可。魏晋南北朝时期，正是北方汉人和非汉人接触非常频繁的时期，汉人这一称呼，在从"自称"转为广泛的"他称"的过程中，又不断强化了汉人的自我族群认同意识。

今天的汉族，历史上称作"汉儿"或"汉人"。汉人的前身是三代的华夏族群，而华夏族群的产生要追溯到远古文化时期，族群出现之后，相互之间以各种方式进行交流和融合，逐渐产生共同的文化。

秦统一之后，南凿灵渠伐白越，北修长城御匈奴，虽然是南北殊途，但是民族融合的步伐，南北方都在加快。两汉时期，华夏族群与南方、东南方、西南方的族群融合，形成了更大规模的共同体，也即今人所说的汉族。汉族已不再是一个族群，而是演变为一个民族，发生了质的变化。

说秦汉时的汉族已是一个民族，其理论依据是当代学者普遍认同的民族定义，"民族是一个历史范畴，是指人们在历史上形成的共同体，有它发生、发展和消亡的过程。虽然在各个不同社会发展阶段的共同体中，其

① 吕思勉：《先秦史》，上海古籍出版社1983年版，第22页。

② 朱绍侯：《汉民族的形成和发展》，《文史知识》1984年第11期。

③ 许倬云：《观世变》，广西师范大学出版社2008年版，第223页。

④ 费孝通：《费孝通文集》，第13卷，群言出版社1999年版，第116页。

⑤ 同上。

⑥ 同上。

规模、表现形式和具体内容有着巨大的差别，但它们都具有最一般的共同特征，即一个有共同语言、共同地域、共同生活方式和共同的民族意识、民族情感的人们共同体。而共同的民族意识、民族情感，则是最主要的特征，缺此，便不称其为民族了”①。

春秋时，中原齐、鲁、晋三国与西部的秦国、南方的楚国，在语言上已经基本趋同，但与吴、越地区的语言差异还很大，所以当时的典籍中有许多关于器物与事物的对译记载，而散居于各诸侯国之间的戎狄，与华夏族群的语言差异，更为明显，《左传·襄公十四年》记载晋南戎人首领驹支云：“我诸戎饮食衣服不与华同，贽币不通，语言不达。”② 文化之间的差异，非常显著。

秦统一以后，统一了文字，便利了交流。各地皆由朝廷直接设官治理，汉语成了朝廷治理地方的通用语言，发布行政命令、举办教育以及诉讼断案，皆使用统一的文字和统一的语言。两汉时期，解释文字的书籍《尔雅》和《说文解字》，也由朝廷颁布通行，打破了方言对汉语传播的限制，为汉字及汉语的发展及传播建立了理论体系，更有利于民族共同体内部的文化交流及全面发展。

共同的农耕经济生产方式，导致汉族人逐渐形成共同的意识形态，重血缘、地缘，重礼尚往来，婚、丧、嫁、娶皆有表示情感的比较复杂的礼仪方式，政治上崇尚德治辅以法治，法律中也渗透着浓厚的人情色彩。

而共同的民族意识也在与周边民族的交往中逐渐形成。其含义包括与外族的交往（包括冲突）中逐渐形成的文化观念体系，而同族自我认同意识是民族形成的最重要的标志。梁启超先生曾经对此做过形象的解释，“谓对他而自觉为我。‘彼，日本人；我，中国人’，凡遇一他族而立刻有‘我中国人’之观念浮于其脑际者，此人即中华民族之一员也”③。秦汉疆域内的人民都认同为“中国人”，形成了诸夏亲昵的同胞关系准则，遇荒则互相救恤，遇侵则合力共击；对外族，以“非我族类，其心必异”的民族心理提防并予以抵抗，但对已经接受汉族礼乐文化的周边民族，又以“夷狄入于中国则中国之”的开阔胸怀予以接纳。

---

① 杨坤：《民族学概论》，中国社会科学出版社 1984 年版，第 189 页。

② 顾宝田：《左氏春秋译注》，吉林人民出版社 1995 年版，第 560 页。

③ 梁启超：《梁任公近著》第一辑（下卷），商务印书馆 1923 年版，第 43 页。

由此看来，汉族在秦汉时已是有共同语言、共同地域、共同生活方式和共同民族意识的共同体。但是，秦汉时汉族虽已形成，但在习惯上还是称“中国人”。魏晋南北朝时，“五胡”进入中原，也自认是“中国人”，但是由于胡汉之间的文化差异还很大，于是“汉人”和“胡人”的族群区分很明显，《北齐书·高德政传》记载：“高德政常言宜用汉，除鲜卑，此即合死。”① 以“汉人”对“胡人”中的鲜卑人，显见族群界限还很分明。汉人成为族称，则起源于南北朝时期。

（二）概念的界定

20 世纪 50 年代，关于汉民族形成问题的研究，引发了一场关于中国历史上民族关系史问题的研究热潮，提出了许多民族关系史研究的理论和实践问题，也成为 1949 年以来大陆学术史上最引人注目的课题之一。20 世纪 50 年代关于民族问题的讨论，起源于苏联学者格叶菲莫夫于 1952 年在列宁格勒国立日丹诺夫大学举行的科学会议上的报告，格氏曾于 1952 年访问过中国，报告中的一些观点，曾经和中国许多历史学家在座谈会上讨论过②。格氏认为根据斯大林的民族理论，中国封建社会时期的民族只是处于部族阶段。针对该文的观点，范文澜先生发表了《试论中国自秦汉时期成为统一国家的原因》一文，提出了汉民族形成于秦汉时期的观点，明显背离了斯大林的民族定义，引发了关于汉民族形成问题的大讨论。受政治因素和意识形态因素的双重影响，在该讨论中，范文澜一方的观点，处于明显的劣势③。囿于斯大林民族定义概念的框框，在意识形态严重扭曲学术研究的时代，和范文澜一方的观点比较起来，许多学者的观点只能是注释学。

改革开放之后，范文澜先生的观点方得到普遍认可，并逐渐引发了更为全面也更为深入的汉民族历史研究热潮，包括对汉民族起源、发展过程、族称、文化、语言等众多方面课题的探讨。其标志性成果是徐杰舜主编的《雪球：汉民族的人类学分析》及《汉民族发展史》二书④。

---

① 李百药：《北齐书》卷三〇，《高德政传》。中华书局 1972 年版。

② 该文原载苏联《历史问题》杂志 1953 年第 10 期，后登载于中国《民族问题译丛》1954 年第 2 辑。

③ 关于该讨论的总体概况，可以参考《历史研究》编辑部编订的《汉民族形成问题讨论集》一书，生活·读书·新知三联书店 1957 年版。

④ 徐杰舜：《雪球：汉民族的人类学分析》，上海人民出版社 1999 年版；《汉民族发展史》，武汉大学出版社 2012 年版。

改革开放以来，随着思想逐渐解放，学界“开始对斯大林定义进行修正、批判直至抛弃，试着给民族做出新的定义，提出各种各样的看法”①。但是，直到2005年，中共中央、国务院对民族定义所做出的新解释，才为国内学界和政界广泛接受，其定义如下：“民族是在一定的历史发展阶段形成的稳定的人们共同体。一般来说，民族在历史渊源、生产方式、语言、文化、风俗习惯以及心理认同等方面具有共同的特征。有的民族在形成和发展的过程中，宗教起着重要作用。”② 中共中央和国务院的民族定义，概括吸收了不同历史时期民族定义研究的学术成果，是学术智慧的结晶，使民族定义的研究，暂时告一段落。

但是，民族定义虽然达成共识，但对有悠久历史且在中华民族历史上占有非常重要地位的汉民族历史的研究，还是显得薄弱。在许多国人的意识中，一提民族研究，几乎等于搞少数民族问题研究。汉民族为什么会形成如此大的一个民族，牵涉的问题很多，研究意义也很大，其中适合当今中国民族国情且能被上下层均认可的研究成果，能为我们的民族政策调整提供正确的理论支撑，因此，这方面课题的研究，还需要许多学者，投入大量精力进行非常深入的研究。

由于本课题的时间段正好处于辽、宋、夏、金、元时期的民族大融合时期，而该时期汉人的外延又处于不断的变化中，所以概念的界定，颇为复杂。在作了长时期的思考后，决定采用文化标准和族群识别相结合的方法。从文化角度分析，界定汉人的标准，基本上遵循牟复礼、许倬云和马戎等先生的理论，“对于汉人来说，这个词本身指的是整个汉文化共同体或汉民族共同体”③；“汉人不是一个族群的意义，而是一种文化群的意义”④；“构成汉人最重要的基础，并不是体质特征和血缘基因的同源，而是文化层面的同化”⑤。因此，本课题也将辽、金时期的渤海人上层，列为研究对象。同时，还要密切注意该时期族群的识别意识还是比较明晰的，从后唐明宗、金世宗、忽必烈、耶律楚材等的系列言行均可看出。只

① 李振宏、刘克辉：《民族历史与现代观念——中国古代民族关系史研究》导论部分，河南大学出版社2010年版，第3页。

② 《中央民族工作会议精神学习辅导》，民族出版社2005年版，第29页。

③ 《剑桥中国辽西夏金元史》，第633页。

④ 《观世变》，第223页。

⑤ 马戎：《民族社会学》，北京大学出版社2004年版，第127页。

有通过这种双重角度的分析，方能对课题有深入和全面的研究①。

辽以及和辽并存的五代和北宋时期，汉人的范围，除了长城一线以南的传统汉人生活区的汉人外，还包括辽末已经汉化的渤海人。金朝时期则包括金世宗常说的“燕人”和“南人”，元朝时期则包括金代的汉人和已经汉化的契丹人、女真人，以及其他数量较少且同样已经汉化的少数民族。

辽国国号经历过多次的变革②，为了叙述的方便，也为了不引起读者的误解，作为国家政权解释时，一律称呼为“辽”，作为民族解释时，一律称呼为契丹族。元代历史包括大蒙古国和元朝两个阶段的历史。

本课题所界定的北方，主要包括今天的京、津、冀、鲁、豫、晋等省市的全部以及陕、苏、皖三省的秦岭、淮河一线以北的广大地区。这种划分应该接近萧启庆先生研究该段历史时期的南、北方历史分界线，也接近竺沙雅章教授的南流、北流历史分界线。

汉人上层则包括其所涵盖的所有阶层，课题中则视历史环境和语境的需要，分别使用汉人地主、汉人臣僚、汉人儒士（文人）、汉军将领等称呼，称呼虽有不同，但没有概念上的差异。当然，汉人上层作为一政治群体，并非一固定的社会阶层，既有在王朝鼎革时期“大洗牌、大组合”的必然性变动，也有基于偶然性因素的变动。因此，在研究过程中，既要有静态的分析，又要有动态的探讨。

民族心理则仅限于在少数民族掌握政权核心部分的背景下，基于此所产生的一种始终在制造、变动但又处于相对稳定状态的精神流动体。

三 心理学理论的选择与应用

心理学理论的恰当使用，同样是一个非常复杂的难题，既不能空泛地议论，又不能作无端的猜测，水乳交融的分析境界，方是严谨的研究者追求的目标。在经过无数次的苦苦思索及听取王曾瑜、程民生、王善军等本时段研究大家的建议后，决定采用民族心理学、情绪心理学、精神分析心理学、行为主义心理学、称谓社会学等心理学理论作为研究中使用较多的

---

① 以耶律楚材为例，从文化角度分析，耶律楚材可以称为汉人，但是他还是不断显露出其作为契丹贵族后裔的族群意识。

② 参见刘浦江《辽朝国号考释》，《历史研究》2001 年第 6 期。

理论和研究方法。

长时段因素指经过长期的历史积淀过程而逐渐形成且有相对稳定性的并为后代逐渐传承的影响汉人上层民族心理变化的深层次因素，也即我们在本课题中对年鉴学派的长时段理论的运用，该理论将和群体心理学的集体无意识理论①结合起来，用于分析辽朝建国以前，在北方少数民族政权向华北乃至中原地区扩张，取代中原地区汉民族政权的过程中，利用汉人上层（包括其前身华夏族）势力的悠久历史及其所起到的作用，诚如马戎教授所言："民族集团之间历史上关系的影响，或称为历史因素。民族间过去是否长期融洽或争战，历史上在政治、军事、经济、文化人员的交往方面是什么情况，会影响现今的民族关系。"② 而集体无意识理论复将与传播心理学结合起来，研究元代谣言、谶纬所反映的民族心理的复杂与变动。

辽金元三朝，作为掌握国家核心权力的契丹族、女真族、蒙古族统治阶层，对汉人的族群意识方面都存在程度不同、时间长短不同的偏见和歧视，美国社会学家戈登（Milton Goron）在分析种族—族群关系时将其作为两个变量提出，他认为"偏见主要表现于人们的意识层次，歧视则表现于人们对待其他族群成员的行为当中，特别是表现在掌权族群所制定的歧视其他一切族群的法律和规定之中"③，笔者将该理论和年鉴学派的时段理论结合起来进行分析，认为这是短时段因素中影响汉人上层民族心理变化的非常重要的消极性因素。在分析金世宗的"燕人诡随"评价问题时，也将使用该理论分析其动机，"金朝作为女真族建立的政权，民族政策中的歧视、压迫色彩势所难免，但在历代皇帝中像金世宗那样把对本民族以外的民族的猜忌、防范乃至仇视赤裸裸的形之于言表尚不多见"④，究其原因，主要在于保持本族群对资源的垄断。

而在分析辽代卢文进、张希崇、张砺、李澣等汉人上层来到辽国后又南逃的问题时，将使用情绪心理学的"分别焦虑"理论，农耕民族安土重迁的生产和生活方式，更会加重这种分别焦虑行为。在分析韩德让等特

---

① 主要参考法国知名社会心理学家、群体心理学创始人古斯塔夫·勒庞的名著《乌合之众》一书。

② 马戎：《西方民族社会学的理论与方法》，天津人民出版社 1997 年版，第 22 页。

③ 马戎：《民族社会学》，第 84 页。

④ 王德忠：《金世宗与宋孝宗之比较研究》，《史学月刊》1999 年第 6 期。

殊汉人上层的民族心理时，将借鉴民族社会学的相关理论，该理论认为“在有些特殊场景下，某些个人虽然没有血缘因素，但有可能通过一段时期的共同生活和共同患难，而被另一个族群的成员在感情上接纳为‘自己人’”①。

汉语的含义，非常丰富，而史料中“春秋笔法”掩盖的“微言大义”，非常需要对一些词语、句子，进行语意学、语境学的分析；而一些称谓，比如辽国境内的汉人常被契丹人骂作“十里鼻”，后来演变为“鼻头”，“女真、契丹、奚皆同朝，只汉儿不好。北人指曰汉儿，南人却骂作番人”②，金朝初期女真贵族骂北宋降官为“痴南虏”，蒙元时代史天泽等汉人上层一再强调自己“臣汉人，生死无足畏”，这些称谓，都可以用称谓社会学理论去进行深度分析，剖析其中隐藏的民族心理。

当然，心理史学的理论，本身即有其固有缺陷，“存在于思想中的‘族群偏见’是很难进行量化测定与分析的”③。

文中有时候用心态一词，从内涵上说，与心理无异，只是为了顺应读者的阅读习惯。

从心理学上说，心理又分为积极心理、中性心理、消极心理三种。文中所用焦虑、沮丧、压抑、恼怒、屈辱、抱怨、痛苦、悲观、失望、绝望、冷漠、气愤、被歧视、失落感等均表示消极心理。谨慎、怀疑、矛盾、忍耐、镇静、平静、淡泊、心如止水、心平气和等词均指中性心理。自信、勇敢、坚强、乐观、上进、高兴、激动、兴奋等词语均表示积极心理。

由于本课题主要探讨在少数民族掌握国家核心权力的背景下汉人上层的民族心理，因此，消极心理用词较多。

四　学术史的回顾

（一）心理史学研究方法的发展历程及在中国史学界的传播

心理史学（又称心态史学），是西方史学跨学科研究中的重要支流，其心理学理论研究支撑主要包括精神分析心理学、行为主义心理学及认知

---

① 马戎：《民族社会学》，第 84 页。

② 陆游撰，李剑雄、刘德权点校：《老学庵笔记》卷六，中华书局 1979 年版。

③ 马戎：《民族社会学》，第 82 页。

心理学等。

一般认为，心理史学始于精神分析学说对历史学研究的初步运用，其创始者为弗洛伊德。弗洛伊德在《图腾与禁忌》① 一书中，用精神分析理论研究人类的史前史，但是其研究结论后人非议甚多，“以致在《大英百科全书》有关图腾制的条目中竟连弗洛伊德的名字都没有提到”②。弗洛伊德又用精神分析理论分析达·芬奇的童年生活③，但是，该书同样经不起历史学学科理论和实践的检验。之所以出现这种现象，是由于弗洛伊德“片面强调人物的心理因素，而不考虑客观环境的影响，表现了严重的心理因素决定论的错误”，但是，弗洛伊德“引导人们注意到潜藏在历史人物的表面现象背后的无意识领域及其作用，对于现代史学的发展不失为一种有意义的贡献”④。弗洛伊德在心理史学研究领域的直接继承人是埃里克·埃里克森（Erik H. Erikson），他的《青年路德》⑤ 一书被视为西方心理史学人物传记的范例，但是，埃里克森仍然没有摆脱弗洛伊德在心理史学研究领域的错误，其具体表现为用心理学理论模式硬套于历史研究以及主观臆断重要的历史事实。20 世纪 50 年代，在美国，心理史学开始登上学术舞台，其代表作有托马斯·科胡特的《德国的影像——对德皇威廉二世的研究》⑥，在这篇 50 页的传记作品中，相关心理学理论的解释简明扼要、通俗易懂，用大量的史料证据来说明传主的行为，从而摆脱了此前心理史学著作的通病。

在非精神分析的心理史学研究领域，哈维·阿谢尔运用社会学习论、集团压力理论和服从权威的理论，分析希特勒及德国纳粹党的统治⑦，其研究方法和研究结论，都有其很值得肯定的地方，但是，这种研究尝试存在的问题仍然不少。

---

① 弗洛伊德：《图腾与禁忌》（中文版），中国民间文艺出版社 1986 年版。

② 何兆武、陈启能主编：《当代西方史学理论》，上海社会科学院出版社 2003 年版，第 359 页。

③ 弗洛伊德：《列昂纳多·达·芬奇及其对童年的一个记忆》，ARK1984 年版。

④ 何兆武、陈启能主编：《当代西方史学理论》，上海社会科学院出版社 2003 年版，第 363 页。

⑤ 埃里克森：《青年路德》，纽约 1958 年版。

⑥ 托马斯·科胡特：《德国的影像——对德皇威廉二世的研究》，载斯特罗齐尔和奥弗尔主编的《领导者》，1985 年，第 179—229 页。

⑦ 哈维·阿谢尔：《非精神分析方法对国家社会主义的探讨》，载《心理历史学评论》第 7 卷第 3 期（1979 年冬季）。

从1968年开始，年鉴学派也开始了对心理史学的研究热潮，克服了此前年鉴学派研究著作中见物不见人的缺陷。其代表作有忙德鲁（Robert Mandron）的《17世纪的法国法官与男巫——历史心理学分析》以及布洛克的《国王神迹》等书。

目前，心理史学研究方法的运用，在欧美史学界方兴未艾。

从20世纪80年代开始，我国一些学者也开始尝试运用该研究方法，但是，从宽泛意义上属于研究辽代以前北方汉人上层民族心理，其中高水准的研究成果主要有：王明珂在《华夏边缘——历史记忆与族群认同》一书第七章探讨了汉人的形成以及汉代中国人的边疆异族意象①，研究的角度和视野都很有新意、很有启发性。陈寅恪先生在分析南北朝时期一些北方汉人上层拒绝南逃而是留下来和少数民族政权合作的现象时说道："绝不能忽视北方不能走或不愿走的人们屯聚堡坞的作用，屯聚与人口的大流动对历史产生的影响是难分轻重的。"② 这个观点很有见地。陈寅恪先生在《隋唐制度渊源略论稿》一书中，有关隋唐时期种族与文化关系的界定、胡化与汉化的实质问题的高标卓识，对分析辽、金、元时期北方汉人上层民族心理的变化，启迪作用更大。

日本学者谷川道雄对此类问题的分析更为全面、深刻，在《中国中世社会与共同体》一书的第三编和第四编，他从士大夫伦理与共同体及其国家的关系、六朝名望家统治的构想两个角度分析了北方汉人上层的心理，如在分析名望家平时的乐善好施行为时指出：灾荒时或战乱时期的救济行为，会在乡人心目中产生强烈的谢恩之心，"致使救济者和被救济者之间形成精神的结合关系，一旦有事，就会发挥巨大效力"③，面对寇难，他们自然会成为自卫的中心，领导宗族乡党④避战自保，调停内部的纠纷，避战之余，如有条件的话，还要组织生产，处理和其他宗族乃至所在地区各种政权间的复杂关系，如果处理得好的话，自然会在接受这种领导的宗族、乡党中树立崇高的威望。

---

① 王明珂：《华夏边缘——历史记忆与族群认同》，社会科学文献出版社2006年版。

② 万绳楠整理，陈寅恪：《魏晋南北朝史演讲录》，黄山书社1987年版，第141页。

③ 谷川道雄著，马彪译：《中国中世社会与共同体》，中华书局2002年版，第203页。

④ "由于宗族是父系的亲族组织，乡党是同乡人的结合形成，所以虽说在原理上，二者之间有血缘与地缘的区别，但是实际上二者相互重合之处并不少，这是因为宗族一旦扩大，势必在地域上进行全面的占有。"《中国中世社会与共同体》，第318页。

（二）有关辽金元时期北方汉人上层民族心理的研究状况

1. 辽代

关于辽代汉人上层历史的研究，成果较多，但集中探讨汉人上层民族心理的成果则较少。刘浦江教授在《说汉人——辽金时代民族融合的一个侧面》一文中有相关方面的分析，他认为燕人政治态度的灵活多变，除了受政治环境因素影响之外，还和他们民族意识的淡薄大有关系①。而王德忠教授对此时期"华夷"格局、"华夷"观念变化的分析，非常有助于分析辽代乃至金朝和元朝时期北方汉人上层民族心理变化的背景，"由于石敬瑭以晋代唐，对辽朝具有臣子和儿皇帝的双重身份，更由于辽太宗在灭亡后晋后，改其国号为辽，实际上是宣布了作为中原王朝象征的后晋灭亡，使历史上向来是周边民族或政权向中原王朝称藩纳贡的体制被彻底粉碎，这是'华夷'格局发生颠覆的标志。辽太宗此举的意义在于宣布他不仅是契丹族的皇帝，而且是全中国的皇帝，按照会同年号的字面的理解，其中蕴含的政治意义昭然若揭。更为严重的是，这一事件给接下来中原王朝与周边少数民族王朝的关系带来一系列影响，对'华夷'格局、'华夷'观念造成的冲击更加深刻"②。

王明荪先生发表了《略论辽代的汉人集团》③一文，作者从辽的两元政治及汉人之来源、辽统治下汉人之待遇及地位以及辽代各朝汉人地位之升降三个方面进行了分析。孟古托力从辽人"汉契一体"的中华观念出发，认为辽朝汉人儒士刘辉反驳欧阳修所编五代史把辽朝史附于四夷且主张辽国应该对等报复的做法是"以正统自信之心理的强烈反映"④。萧启庆先生在《汉人世家与边族政权——以辽朝燕京五大家族为中心》一文中对玉田韩氏、安次韩氏、卢龙赵氏、昌平刘氏、医巫闾马氏五大汉人家族在辽代的仕宦情况进行了仔细的分析，其观点对本课题的研究颇有启发性，即"自唐季、五代下迄金朝，燕京地区统治民族变化甚大，但是汉

---

① 刘浦江：《说汉人——辽金时代民族融合的一个侧面》，《民族研究》1998 年第 6 期。

② 王德忠：《唐朝中叶以后"华夷"格局的新变化及其影响》，《古代文明》2009 年第 3 期。

③ 王明荪：《宋辽金史论文稿》，明文书局 1981 年版，第 63—138 页。

④ 孟古托力：《辽人"汉契一体"的中华观念述论》，《辽金史论丛》，文津出版社 1991 年版，第 146 页。

人精英阶层持续性甚强”①，“这种在不同时代中都能够延续其崇高政治地位的世家大族在近世汉族王朝时代甚为罕见”②。李锡厚先生发表了《试论玉田韩氏家族的历史地位》一文，该文虽然没有分析玉田韩氏系列人物的民族心理，但是该文对玉田韩氏的历史地位的定位有助于分析玉田韩氏的民族心理。李锡厚先生既不同意韩氏掌权标志着汉人上层势力大为增长的观点，也不赞同韩氏家族已经契丹化了的观点，认为他们“既不同于契丹世袭贵族，也不同于一般的汉臣，他们的特殊身份，使他们成为辽代各种政治力量都可以接受的人物”③。王德朋认为“辽代汉族士人的心态经历了一个漫长曲折的演变过程。最初，他们或隐或逃，拒绝与新生的辽朝政权合作。但是，周边汉族政权尤其是宋政权的接连失败，破灭了他们的光复之梦。与此相反，新兴的辽朝政权却显得生机勃勃，他们还以种种怀柔手段相笼络，积极为汉族士人施展政治抱负提供舞台，千方百计争取汉族士人的合作。最后，汉族士人终于和契丹贵族走到一起，共同成为辽朝统治集团的重要组成部分”④。邓小南教授从五代宋初“胡汉”语境消解过程的角度，探讨当时人对一些重要问题的认识心理和解释角度，其中对石敬瑭等人的心理分析，颇为到位⑤。刘达科以辽朝汉族文人政治态度为切入点考察其民族心理，认为“辽朝汉族文人政治态度在前期呈离心趋势，至中期则表现为向心趋势，辽亡前后则以灵活性、变通性为主要特征，而民族关系的变动是影响汉族文人心态的最基本的因素”⑥。王善军教授在《世家大族与辽代社会》⑦ 一书的第三章和第四章探讨了渤海世家大族和以韩、刘、马、赵为代表的汉人世家大族的由来及仕宦情况，又在该书的其他几章分析了他们的经济势力、政治地位、教育与文化成就、社会生活、社会地位的维护与衰败及历史地位等，可谓全面性的考察。

① 萧启庆：《元代的族群文化与科举》附录一，（台湾）联经出版事业股份有限公司 2008 年版，第 339—377 页。该文原刊于台湾《国家科学委员会研究汇刊：人文及社会科学》3：1（1993），第 36—58 页。

② 同上书，第 11 页。

③ 李锡厚：《临潢集》，河北大学出版社 2001 年版，第 98—123 页。

④ 王德朋：《辽代汉族士人心态探析》，《史学集刊》2003 年第 2 期。

⑤ 邓小南：《试谈五代宋初“胡汉”语境的消解》。见张希清等主编《10—13 世纪中国文化的碰撞与融合》一书，上海人民出版社 2006 年版。

⑥ 刘达科：《辽朝汉族文人心态透视》，《江苏大学学报》（哲学社会科学版）2006 年第 6 期。

⑦ 王善军：《世家大族与辽代社会》，人民出版社 2008 年版。

2. 金代

黄宽重先生在《南宋时代抗金的义军》① 一书中，以抗金义军为切入点，从经济、民族、政治、社会四大要素分析了义军抗金的背景，然后分三个阶段分析义军的活动，分别是高宗时期，高、孝宗年间，宁宗和理宗时期，对抗金义军的深度分析，有助于了解汉人上层起到的作用和其当时的民族心理。有关金代士人民族心理的研究，成果较多：围绕金初由宋降金的著名文人蔡松年的民族心理的研究，胡传志认为蔡氏虽然历代仕宋，但蔡松年并没有得到宋帝太多的皇恩，因此，他对已亡的北宋和尚存的南宋，都没有多少眷恋之情②。刘锋焘则认为蔡松年自幼生长于饱经儒家文化浸染的诗书之家，长期受"夷夏之辨"正统观念的影响，无论如何接受不了仕金的现实。其民族心理的变化经历了由矛盾到释然的痛苦过程，也是金朝初年汉族士人民族心理变化的共同反映③。王德朋在《金代汉族士人研究》一书中探讨了金代汉族士人的来源、政治地位、金末抗蒙战争中的表现、儒家品格与金代文化建设、社会生活④。牛海蓉在《元初宋金遗民词人研究》一书中探讨了南宋和金遗民词人民族心理的差异及原因⑤。李秀莲在《试论金初宰相韩企先与隐者政治》一文中，以韩企先为例，分析"燕人"的"诡随"心理，她认为"'诡随'并非贬损燕人，实则是认识到了燕人在特殊政治环境中识时务灵活务实的共同性格"⑥。赵永春在《金人的中国观》一文中，分析了王若虚、元好问等汉人儒士的中国观，他认为王若虚、元好问等虽然有极力为金国争取正统的言论，但并不主张把和金国同时存在的南宋排除在中国之外，反映了他们较为平等的民族意识⑦。

3. 元代

民国时期的屠寄先生，在其著作《蒙兀儿史记》中指出，在一些汉

① 黄宽重：《南宋时代抗金的义军》，（台湾）联经出版事业股份有限公司 1988 年版。

② 胡传志：《论金初作家蔡松年》，《社会科学战线》1996 年第 6 期。

③ 刘锋焘：《从守节彷徨走向消释解脱——论蔡松年文化人格的转变》，《兰州大学学报》2000 年第 1 期。

④ 王德朋：《金代汉族士人研究》，中国社会科学出版社 2006 年版。

⑤ 牛海蓉：《元初宋金遗民词人研究》，中国社会科学出版社 2007 年版。

⑥ 李秀莲：《试论金初宰相韩企先与隐者政治》，《辽宁工程技术大学学报》（社会科学版）2009 年第 1 期。但是，在金代，诡随一词，在政治场合，为绝对的贬义词，除金世宗那句"至理名言"外，《金史》卷九九《孙即康传》（中华书局 1975 年版，第 2198 页）评价孙即康"诡随，乃骤至宰相。古所谓斗筲之人，即康之谓矣"。

⑦ 赵永春：《金人的中国观》，《中国边疆史地研究》2009 年第 4 期。

人世侯列传后面所作的评论中，对他们的评价非常中肯，比如他评论史天泽“然身长中书，谦虚仅以通事自认，用心亦良苦矣”①，一语道出了像史天泽这样的汉人世侯，在蒙古族权贵执掌大权情况下的苦态和窘态。台湾学者孙克宽先生，于20世纪五六十年代发表了三篇有关汉人世侯问题的通论性文章，包括《蒙古帝国初期汉军的建制》《汉军的分析》② 和《元代汉军人物表》③，在他的文章中，从民族气节的角度对张柔、史天泽等汉人世侯大加谴责，相反，他却认为正史中对武仙和李璮的评价很不公允。现在看来，作者考虑问题的思路仍值得借鉴，但其观点尚待商榷。么书仪教授于1993年出版了《元代文人心态》④ 一书，该书首先探讨了元代文人心理形成的背景及元代文人思想意识的传统构成、危机，然后探讨了其社会道德及历史责任感的实现，接下来分别以用世、弃世、玩世三种心理进行分析，最后分析了他们寻找新的精神归宿的过程及心理的变异。应该说该书是一部较高水准的学术专著，但由于作者的学术背景主要是古代文学，对此段历史缺乏深度的了解，而对心理史学的理论显得缺乏认识，所以对元代文人共同心理的分析，缺乏深度。该书的有些史实表述也不准确，而且么著的研究对象，仅限于元代文人群体，不能完全反映元代汉人，特别是北方汉人上层的整体民族心理。《剑桥中国辽西夏金元史》一书从第四章到第九章是关于蒙元的历史部分，牟复礼先生所写的第九章“蒙古统治下的中国社会（1215—1368）”，在分析社会心理因素及社会精英的作用以及元杂剧在元代社会史中的意义几个方面时，都谈到了元代汉人上层不同时期的民族心理问题，他特别指出“在阅读当时人的感想时必须格外谨慎，要加以分析”⑤；丁国祥以元好问为个案，分析了其晚年心理演变的原因和历程⑥；左东岭先生在《元代文人心态的认知与考证》一文中指出：“许多学者都曾指出，从现存的元代历史文献中，当时的士人对元蒙朝廷似乎并没有表现出明显的怨恨与对抗，并认为这主要得益于

① 屠寄：《蒙兀儿史记》卷七八，中国书店1984年版。

② 孙克宽：《蒙古汉军与汉文化》，中华书局1966年版。

③ 孙克宽：《元代汉文化之活动》，中华书局1966年版。

④ 么书仪：《元代文人心态》，文化艺术出版社1993年首版，2001年重印。2013年人民文学出版社新版。

⑤ 《剑桥中国辽西夏金元史》，第631页。

⑥ 丁国祥：《艰难的抉择　苦楚的心历——元好问晚年灵魂剖析》，《铁道师院学报》1998年第6期。

元蒙时期政治环境的宽松与对文人的宽容甚至优待。这种观点当然是言之有据的，因为凡是阅读过一些元代文人别集的，的确很难找到对元蒙朝廷的对抗与揭露，即使有一些不满与怨气，也大都针对具体的人和事而不是针对朝廷。在留下的诸多元代文人所书写的文献中，甚至处处流露出对元蒙朝廷的歌颂与感戴”，但是，“作为历史研究的最基本证据的文献记载，其阐释的原则取决于文献生成的语境。元代正是一个以武力征服为特色的王朝，文人始终处于被动的地位，他们在面对以蒙古贵族为主体的朝廷时，必须讲究言说的方式，这应该是当时士人都心知肚明的”。因此，“研究元代文人心理，不仅仅需要官方文献与史书记载，更需要野史笔记与诗文作品，尤其是那些直接表达文人心声的诗歌作品，从那里边透露折射出的往往才是他们的真实想法与感受”，“在解读元代文献时，不能指望文人们具有激情澎湃的明确表达，而应该仔细寻绎潜藏于诗文底层的情感潜流。而要找出这种情感的潜流，掌握阅读这些文献的有效方式是至关重要的”①，左东岭先生的观点，对于我们如何解读元代的史料，了解元代北方汉人上层的真实民族心理，很有启发性。左东岭又从种族观念角度探讨了元明之际的汉族文人的民族心理，认为“元明之际文人的旁观者心理是一种普遍心理，它是由于民族隔阂所带来的政治边缘化的历史状况而导致的，并由此构成了三种主要表现形态：政治参与热情和政治责任感的淡漠、政治与道德的分离、生活态度的闲散与个性的自我放任。由于元末政治的动荡，还带来了与旁观者心理相关的士人气节问题”②。李治安先生则从华夷正统观念的角度，探讨金朝灭亡之后，汉人士人的民族心理调适问题，很有见地，他指出“刚刚完成的华夷观念调适，因蒙古取代金朝在中原的统治而很快变为历史陈迹，中原士人及百姓被迫面临蒙古入主中原所带来的华夷正统观念的新困惑，进而需要进行新一轮的调适”③。

五 研究中遇到的难题及对策

心理（心态）史学本身就有其不可捉摸的地方，再加上研究者本身

---

① 左东岭：《元代文人心态的认知与考证》，《光明日报》2008 年 12 月 10 日。

② 左东岭：《元明之际的种族观念与文人心理及相关的文学问题》，《文学评论》2008 年第 5 期。

③ 李治安：《元史暨中古史论稿》第三编，《华夷正统观念及文化辐射影响》，人民出版社 2013 年版，第 162 页。

研究水准的限制，导致该课题的研究难度颇大（在研究过程中常常能体会到这一点），也许会让对研究者期望度颇高的学界前辈和同辈们失望。

研究中遇到的最大难题是理论的理解和合理运用，该问题前面已经谈及，不再赘述。其次则是史料问题，梁启超先生说过："二十四史非史也，二十四姓之家谱而已"①，后来讹传为二十四史是帝王将相的历史，这种批评自有其道理。但正由于"二十四史大多从都市和官僚机构的角度出发来记录人物、事件和结构"②，所以研究这段时期北方汉人的民族心理，貌似史料应该比较充足，可事实却让研究者大跌眼镜。辽代的相关史料，最为缺乏。元朝人苏天爵就曾经谈到此问题，"辽人之书，有耶律俨《实录》，故中书耶律楚材所藏，天历间进入奎章阁；次则僧行均所撰《龙龛手境》，其他文集、小说，亡者多矣"③；赵翼认为，"辽史太简略，盖契丹之俗，记载本少"；④ 王曾瑜先生坦言："治辽史犹如治先秦史，有时没有实证，只能是猜谜式的研究。"⑤ 在此史料背景下，研究辽代汉人上层的民族心理，对于研究者而言，诚如王曾瑜先生所论，推理式的猜论有时候也是迫不得已的一种方法。

金朝相关史料较之辽朝要多，但是史料缺乏的问题，仍然不少。苏天爵说道："金诸臣三品以上，方许立传，然多无事业，所书不过历官岁月而已。四品以下当载者多，而史却不载。……若夫将相大臣卒于太宗、熙宗、卫王之时者，虽历官岁月，今亦无所考矣。"⑥ 元好问的《中州集》倒是研究本书的很重要的参考书，但是尚多疏略。叶隆礼、宇文懋昭所编写的辽、金国志，"其说多得于传闻。盖辽末金初稗官小说中间失实甚多，至如建元改号、传次征伐，及将相名字，往往杜撰，绝不可信，如张师颜《南迁录》尤为纰缪"⑦。金国儒士蔡珪、郑子聃、翟永固、赵可、王庭筠、赵沨"皆有文集行世，兵后往往不存"，赵秉文的文集倒是流传下来，由于是元朝初期的刻本，所以对于大蒙古国时期的历史，颇"多

① 梁启超：《梁启超文集》，北京燕山出版社2009年版，第129页。

② 《剑桥中国辽西夏金元史》，第291页。

③ 陈高华、孟繁清点校，（元）苏天爵著：《滋溪文稿》卷二五，中华书局1997年版，第421页。

④ 赵翼著，王树民校证：《廿二史札记校证》，中华书局1984年版，第583页。

⑤ 王曾瑜：《辽金军制》，河北大学出版社2011年版，第3页。

⑥ 《滋溪文稿》卷二五，第422—423页。

⑦ 同上书，第423页。

回护”①。

元朝的史料，属于大蒙古国阶段的相关史料较少，又由于元朝是鸦片战争以前真正具有世界史意义上的王朝，域外史料的了解是必需的，又由于研究者不懂蒙古语，更别说其他稀有语种，虽然有些史料有汉文的翻译本，但是，心理史学非常需要语境的分析和体验。

尽管史料方面，困难较多，但课题组尽其所能，把能够收集到的史料，尽可能做到不遗漏，而对传统史料，则尽可能再细细揣摩，体味其所蕴含的含义。当然，本书只能就学术界对该方面问题未曾研究或研究较薄弱的地方进行探讨，已经有所研究且成果颇丰的地方，不再做重复性的研究。

六　章节安排的说明

本课题正文部分拟分五章进行分析。

第一章是五代时期中原王朝诸政权汉人上层与契丹贵族民族心理的互动研究。共分两节，第一节为传统汉人王朝时期，也即后梁和后周时期；第二节为沙陀三王朝时期，也即后唐、后晋和后汉时期。

第二章是对辽代汉人上层民族心理的研究。分为两节，第一节为汉人上层的来源及契丹贵族对他们的心理抚慰，主要探讨汉人上层的主要来源，以及以阿保机为代表的契丹贵族，对来到异域文化环境中的汉人所采取的心理安慰措施，以及这些措施所导致的汉人上层民族心理的变化；第二节为辽朝初、中期汉人上层的民族心理，主要探讨影响汉人上层民族心理变化的长时段因素和短时段因素，其中短时段因素又分为积极因素和消极因素两种，这种分析方法，也将在分析金代和元代汉人上层民族心理变化的背景中使用。还将分析玉田韩氏等世家大族在辽代多民族国家中作为既得利益者的民族心理，以及辽代汉人上层对南方汉人政权的民族心理。

第三章则集中探讨五代、辽、金时期“燕人”和渤海人上层的民族心理。分为三节。第一节为幽、云地区的地理态势和历史文化生态；第二节为“燕人”名称的由来和演变；第三节为辽、宋、金之交“燕人”和渤海人上层的民族心理，也是本章份量最重的一节。之所以把幽云地区的

---

① 《滋溪文稿》卷二五，第423页。

“燕人”上层作为一个独立的单元来考察，是因为在做课题的过程中，发现从晚唐、五代开始，“燕人”这一称呼频繁地出现，而到金朝，汉人则被分成了“燕人”和“南人”两部分，如果在几个章节中都分析“燕人”上层的民族心理，势必显得支离破碎，不成系统，也难以让阅读者了解其全貌。

第四章分析金代汉人上层的民族心理。分为四节，第一节重点分析影响金代汉人上层民族心理变化的短时段因素；第二节分析汉儿和“南人”臣僚之间的斗争及其反映的民族心理变化；第三节是分析原宋境内汉人上层的民族心理，以及抗金义军领袖和伪楚、伪齐政权主要领导人的民族心理；第四节探讨金世宗关于“燕人”上层“诡随”心理评价形成的背景和过程，并对金世宗的该“至理名言”进行评价；第五节分析金代汉人上层中存在的隐逸、愤世嫉俗和玩世不恭的心理。

第五章探讨元代汉人上层的民族心理。分为四节，第一节分析金末元初王朝鼎革之际，北方汉人上层的复杂民族心理；第二节为正统心理的若干角度分析，从北方汉人对元代统一的评价以及“德运”“国号”修史何为正统等角度进行分析；第三节为谣言、谶纬与元代北方汉人上层的民族心理，从谣言、谶纬的特有视角，分析汉人臣僚和阿合马等色目官僚之间矛盾的演变，以及在至元三年（1337）童男、童女“速配风波”中，谣言充当的作用，此外还要分析谶语和谣言在元末政权鼎革之际起到的特殊作用；第四节分析北方汉人上层的“夷夏观”，首先分析元代以前“夷夏观”的内容和演变，然后分析北方汉人上层“夷夏观”形成的背景，接下来从科举的视角，分析元代北方汉人上层在“夷夏观”领域面临的制度性伤害，最后分析北方汉人上层“夷夏观”上痛苦的诸多表现。

最后为结语部分，对整个课题的观点作总结性分析和评价。

第一章　五代时期北方汉人上层的民族心理

本课题原拟只研究辽朝疆域内，特别是幽云十六州一带汉人上层的民族心理，但是在研究的过程中发现，原初的设想过于幼稚和教条，幽云十六州虽然被割让，该区域的汉人开始在辽国的统治下生活，但是，这一带汉人上层的活动，和华北及中原地区汉人上层的联系，并没有因为疆域的变动就大为减少；相反，由于辽国的渐趋强大和契丹贵族南下的野心越来越大，经常和中原地区的汉人上层产生既勾结又斗争的局面；而中原地区割据混战、王朝更替频繁的局势，又导致华北和中原地区的汉人上层，为了实现自己的野心，竞相勾结契丹贵族，引狼入室，这样，辽国历史和中原诸政权的历史，又紧密地结合在一起，所以，探讨辽朝汉人上层的民族心理，其所囊括的研究范围，自然应该包括辽朝控制区和五代诸政权控制区。由于多方面因素的作用，不同民族掌权者的心理，在许多领域形成互动的关系，从而对辽国和五代乃至十国中少数国家的历史，都产生了很大的影响；如果漏掉了与辽国历史并行了五十多年的该区域历史的相关研究，本课题将在研究地域的广度上出现明显的缺陷，对辽代汉人上层的民族心理的研究，也将出现明显的环节性漏洞。

五代时期的后唐、后晋、后汉三个王朝，虽然由沙陀族建立，但史学界大多学者认为他们“实际上已经是接近全面汉化的政权”①。陶懋炳、张其凡和曾育荣所著《五代史》一书的前言部分则明确指出：“（三政权）没有对汉族采取民族压迫和民族歧视的政策……（后唐）施行唐制，晋、汉踵行不改……尤其重要的是，三朝不曾形成一个以沙陀贵族集团为王朝

---

① 陈佳华：《宋辽金时期民族史》，四川民族出版社 1996 年版，第 218 页。

统治的核心力量，而是不分蕃汉，一体使用，实际上起决策作用的人物如郭崇韬、任圜、桑维翰之类，都是汉人。可见，他们与汉族地主所建的王朝并无区别。”① 有鉴于此，笔者认为，将后唐、后晋、后汉三个王朝的相关内容列入本课题，实属必要。只有经过这样的研究计划的变更，方能对该时段北方汉人上层的民族心理，有一个全面而深刻的认识。

第一节　传统汉人王朝时期

后梁时期，由于其大多时间所控制的地域主要在黄河以南，和辽国之间没有直接边界的接壤，所以涉及的内容较少。建立后周的郭威和继任者柴荣都是社会草根出身，都很了解社会底层的状况，较之此前后唐、后晋、后汉三朝统治者的沙陀族血统，他们作为传统的汉人出身的帝王，在对辽国的问题上，民族心理有显著区别。二人又都是中国历史上很有作为的帝王，在他们统治时期，对辽国及其附庸国北汉的举措，对北宋在此问题上的处理，都有很大影响。

一　后梁时期（907—923）

朱温称帝的前一年，即遣人“浮海奉书币、衣带、珍玩”② 与阿保机联络，这样做的目的，估计是为来年的称帝做外交方面的准备。唐天祐四年（907）一月，阿保机即汗位；四月，朱温废唐建梁，随即“遣使来告”③，而阿保机知悉中原政权的这一重大变动后，马上遣使送来名马、女口和貂皮，卑辞厚礼向朱温请求封册，也即按唐朝的惯例，求封松漠都督、北平郡王，这样做的目的，主要是为了巩固自己的汗位，以对付自己内部的反对派。朱温清楚，阿保机一定有求于他，尽管封册不需要多大代价，但他坚持要有交换条件，他回复阿保机说：“朕今天下皆平，惟有太原未服，卿能长驱精甲，径至新庄，为我翦彼仇雠，与尔便行封册”④，后梁又遣使节到辽国，试探阿保机的实力到底如何，“遣使求辕轴材，太祖难之。（耶律）铎臻曰：‘梁名求材，实睹吾轻重。’宜答曰：‘材之所

① 陶懋炳、张其凡、曾育荣：《五代史》，人民出版社 2009 年版，序言第 5—6 页。

② 脱脱等：《辽史》卷一，中华书局 1974 年版，第 2 页。

③ 《辽史》卷一，第 3 页。

④ 王钦若：《册府元龟》卷九九九，《外臣部·请求》，中华书局 1960 年影印本。

生，必深山穷谷，有神司之，须白鼻赤驴祷祠，然后可伐。’如此，则其语自塞矣”①，阿保机虽然用耶律铎臻的妙计，婉言谢绝了后梁的要求，但后梁使节此行，应该对阿保机的实力，有了比较清楚的了解，故而向阿保机提出“共举兵灭晋，然后封册为甥舅之国，又使以子弟三百骑入卫京师”② 的封册条件，阿保机虽然对封册的要求很迫切，但认为后梁提出的条件太苛刻，封册一事，只好作罢。后梁开平三年（909），又派郎公远出使契丹③；末帝贞明二年（916），郎公远又一次出使契丹，庆贺耶律倍被立为皇太子④；贞明四年（918），又一次派遣使节出使契丹⑤。朱温被弑后，阿保机遣人“使梁致祭”⑥。

有梁一朝，十六年的时间，辽国四次派遣使节到汴京，不算频繁。在朱温与李克用逐鹿中原，双方实力难分伯仲的时期，实力尚弱的阿保机尽管还需要从中原汉人政权处求得支持，但也只好暂时采取骑墙的策略。

二 后周时期

（一）太祖郭威时期（951—954）

广顺元年（951）正月，太祖郭威鉴于邺都“镇抚河北，控制契丹”⑦ 的重要性，以自己的心腹宁江节度使、侍卫亲军都指挥使王殷为邺都留守、天雄节度使、同平章事，可见郭威对辽国问题的重视。除了对辽国保持警惕外，还必须对紧随自己称帝，以后汉继任者自居的北汉刘崇政权，保持足够的防备。二月刘崇就发起挑衅，北汉兵五道攻晋州，节度使王晏闭城不出，刘承钧以为王胆怯惧战，命北汉兵蚁附登城，被王晏伏兵给予迎头痛击，北汉兵死伤千余人；刘承钧又遣副兵马使安元宝去焚烧晋州西城，孰料安元宝却主动向后周军队投降；刘承钧于是移军攻打隰州，隰州刺史许迁遣步军都指挥使耿继业迎击北汉兵于长寿村，俘虏其将程筠等，并将他们杀死。最终，北汉兵由于攻州城，“数日不克，死伤甚众，

---

① 《辽史》卷七五，《耶律铎臻传》，第 1239 页。
② 《新五代史》卷七二，《四夷附录第一》，第 887 页。
③ 《辽史》卷一，第 4 页。
④ 同上书，第 11 页。
⑤ 同上书，第 12 页。
⑥ 同上书，第 6 页。
⑦ 《资治通鉴》卷二九〇，《后周纪一》，广顺元年正月，第 9583 页。

乃引去”①。

北汉自立后，辽世宗派使节给刘崇儿子刘承钧带信，刘崇让刘承钧在回信中写道：“本朝沦亡，绍袭帝位，欲循晋室故事，求援北朝”，辽世宗闻之大喜。四月，刘崇派郑珙带厚礼到辽国表示感谢，并自称“侄皇帝致书于叔天授皇帝”，而且请行册礼。六月，辽世宗遣使“册命北汉主为大汉神武皇帝，妃为皇后”②，辽国又一次在汉地，册封傀儡政权。七月，刘崇遣翰林学士卫融到辽国谢册礼，且请发兵联合攻打后周。

有了辽国作靠山，九月，北汉主遣招讨使李存瓌将兵自团柏入寇，辽世宗欲引兵会之，与酋长议事于九十九泉，诸部皆不欲南寇，辽世宗强迫他们进兵，诸部酋长于是杀死辽世宗，随之辽穆宗继位。北汉主刘崇马上遣枢密直学士王得中到辽国，贺即位，“复以叔父事之，请兵以击晋州”。十月，辽穆宗遣彰国节度使萧禹厥率领奚、契丹五万兵联合北汉兵一起攻打后周，北汉主刘崇领兵二万自阴地进攻晋州，军于城北，三面置寨，昼夜攻打，游兵至绛州，巡检使王万敢权知晋州，与龙捷都指挥使史彦超、虎捷指挥使何徽共拒之。北汉主刘崇攻晋州，久不克，“会大雪，民相聚保山寨，野无所掠，军乏食。契丹思归”，听说后周援军王峻的部队到了蒙坑，于是烧营夜遁。次日，行营马军都指挥使仇弘超、都排阵使药元福、左厢排阵使陈思让、康延沼将骑兵追之，及于霍邑，纵兵奋击，北汉兵坠崖谷死者甚众。辽军回到晋阳，士马十丧三四，萧禹厥“耻无功，钉大酋长一人于市，旬余而斩之”③，辽军士气，受到沉重打击。

广顺二年（952）九月，太祖“诏北面沿边州镇，自守疆场，不得入北界俘掠”④，在周、辽关系的处理上，太祖郭威明显采取守势。是月，辽国军队进攻深州、冀州，被龙捷都指挥使刘诲、牙内都指挥使何继筠的军队击退。辽国武州刺史石越还于是月南投后周⑤。十月，沧州地方官上奏，“自十月以前，蕃归汉户万九千八百户”⑥，辽国连年饥馑，民众为生计所迫，不断越境来到后周境内，散居河北州县，共数十万口，对于这些

① 《资治通鉴》卷二九〇，《后周纪一》，广顺元年二月，第9586页。

② 《资治通鉴》卷二九〇，《后周纪一》，广顺元年六月，第9592页。

③ 《资治通鉴》卷二九〇，《后周纪一》，广顺元年十二月，第9600—9601页。

④ 《旧五代史》卷一一二，《太祖纪三》，第1484页。

⑤ 同上书，第1484—1485页。

⑥ 同上书，第1485页。

因为辽国发生灾荒而归来的汉人，后周朝廷命令所在地方官，积极赈济他们。

广顺三年（953）二月，“内制国宝两座，诏中书令冯道书宝文”，其一文字为“皇帝承天受命之宝”，另一文字为“皇帝神宝”。案：传国玉玺始自秦始皇，其上文字为李斯篆刻，历代传授。后唐末帝自燔之际，“以宝随身，遂俱焚焉”①。石敬瑭尽管是辽国册封的儿皇帝，却特制新的御玺，以显示正统；耶律德光占领汴京之后，少帝石重贵派其儿子石延煦，将此新御玺，送给耶律德光，耶律德光尽管认为这不是世代相传的传国玉玺，缺乏正统感和权威感，但还是带到了辽国，此行为反映了契丹贵族也欲寻求王朝正统的民族心理。后汉二帝，也许由于在位时间太短，也许是由于其他因素，竟然没有再制作新的御玺，现在，以郭威为代表的后周汉人上层，以天经地义的汉人正统王朝心理自居，制作新的御玺，非常有必要。六月沧州地方官上奏，辽国幽州榷盐制置使兼防州刺史、知卢台军事张臧英“以本军兵士及职员户人孳畜七千头口归化”②，张臧英回归后，世宗又向他询问对付辽国的策略，张臧英详述了地理形势、驻兵要害，并请募边民列置戍所，世宗一一采纳，又以张臧英为沿边巡检招收指挥使，数月间募兵千余人。

广顺三年（953）闰正月，定州上奏称辽国攻义丰军，于是驻防定州的后周军队“出劲兵夜斫蕃营，斩首六十级，契丹遁去”③；同月，镇州又上奏，辽国寇境，遣兵追袭，至无极而还。四月后周又对辽国实行武器禁运，“禁沿边民鬻兵仗与蕃人”④。同年，后周将石晋所树耶律德光《圣德神功碑》毁掉⑤。案：《圣德神功碑》碑文为辽会同元年（938）石敬瑭命翰林学士和凝撰写，歌颂耶律德光的皇皇功绩，这样的碑文，在汉人上层看来，显见是对汉人的侮辱。

（二）世宗柴荣时期（955—959）

辽朝自世宗朝出现内乱，穆宗朝政局不稳从而中衰，直到景宗朝初期尚未完全恢复辽初的军事优势。而中原地区，却出现了振兴的景象。尤其

---

① 《旧五代史》卷一一二，《太祖纪三》，第 1490 页。
② 《旧五代史》卷一一三，《太祖纪四》，第 1497 页。
③ 《旧五代史》卷一一二，《太祖纪三》，第 1489 页。
④ 《旧五代史》卷一一三，《太祖纪四》，第 1496 页。
⑤ 《辽史》卷六，《穆宗上》，第 71 页。

是周世宗即位后，对内政治革新、健全法制、发展经济；对外积极准备北伐，收复幽云十六州，统一中国。南北双方的形势，互换位置，导致汉人上层的民族心理，发生了较大的变化。

显德元年（954）正月，太祖郭威去世。二月，北汉趁后周太祖新丧、周世宗刚刚即位之机，与辽国组成联军，举兵南下，北汉大将张晖率前锋自团柏谷入寇。周世宗召群臣商议御驾亲征事宜，冯道等上奏表示反对，他们认为，刘崇自上次兵败之后，势弱气夺，实力远未恢复，声言进兵，实际上是诱后周上当，且“陛下纂嗣之初，先帝山陵有日，人心易摇，不宜轻举”，命一战将率兵前去御寇，最为合适；冯道等人的分析，合乎当时后周的时局，五代十国时期，新皇帝继位后，也是大事非常频繁的时期，稳定国内局势，应该是第一位的选择。但是，周世宗反驳说：“刘崇幸我大丧，闻我新立，自谓良便，必发狂谋，谓天下可取，谓神器可图，此际必来，断无疑耳”！周世宗的反驳，则似徒有一腔热血的青年心理；冯道等因为周世宗决意亲征，再次坚决表示反对，周世宗说：“昔唐太宗之创业，靡不亲征，朕何惮焉！”冯道说道：“陛下未可便学太宗”，周世宗又说道：“刘崇乌合之众，苟遇王师，必如山压卵耳”，冯道不客气地说道：“不知陛下作得山否？”① 周世宗听了此话，虽然很不高兴，但是御驾亲征一事，就此暂时结束。在此问题上，冯道的建议和反驳，还是很值得肯定的，显露出其久经世面的成熟政治家心态。

三月，面对刘崇与辽国联军的步步紧逼，周世宗先诏天雄军节度使符彦卿领兵自磁州固镇赴援潞州，又诏河中节度使王彦超领兵取晋州向东，夹击敌军。又命宣徽使向训、马军都指挥使樊爱能、步军都指挥使何徽、滑州节度使白重赞、郑州防御使史彦超、前耀州团练使符彦能等，领兵先赴泽州。十一日，御驾亲征。十九日，后周军队前锋与敌军相遇，周世宗令侍卫马步军都虞侯李重进、滑州节度使白重赞将左，居阵之西厢；侍卫马军都指挥使樊爱能、步军都指挥使何徽将右，居阵之东厢；宣徽使向训、郑州防御使史彦超，以精骑为中锋；殿前都指挥使张永德以禁兵卫跸。两军交锋未久，樊爱能、何徽望贼而遁，先是东厢骑军乱成一团，接着步军解甲投降，在此危急时刻，周世宗亲上前线，临阵督战。见此情景，战士皆奋勇争先，联军大败，北汉大将张晖及枢密使王延嗣被杀死，

---

① 《旧五代史》卷一一四，《世宗纪一》，第1511页。

后周军队“降贼军数千人，所获辎重、兵器、驼马、伪乘舆器服等不可胜纪”①。此次胜利，北汉刘崇大受打击。汾州、辽州北汉守将先后归顺，忻州监军李勍杀死刺史赵皋及辽国所遣大将杨耨姑，以州城归顺，世宗诏授李勍为忻州刺史。随后，后周军队又乘胜向太原进军，刘崇逃回晋阳，“缮甲兵，完城堑以备周”②，杨兖则率领残余的辽国军队，北屯代州，刘崇又遣王得中礼送杨兖回国，并让其代己向辽国求救，辽穆宗耶律璟答应发兵相助。十月，后周攻打北汉，耶律挞烈总领辽西南道军援助北汉，当时后周已攻下太原数城，北汉军队已经不敢再战。及闻耶律挞烈兵至，后周大将郭从义、尚钧等率精骑拒辽兵于忻口，被耶律挞烈击败，大将史彦超被俘，“周军遁归”，联军“复所陷城邑”③，北汉主到耶律挞烈军营，感谢辽军的大力援助。

由于阴雨连绵，士卒久历战阵，疲惫不堪，周世宗下令班师。但是，世宗自克高平，常训兵讲武，“思混一天下”④，“常愤广明以来中国日蹙，及高平既捷，慨然有削平天下之志”⑤，要做一统天下英主的心态，开始显露。

打败北汉之后，周世宗开始了北伐的准备工作。在和辽国的外交关系方面，周世宗也越来越强硬。显德二年（955）正月，又实行积极鼓励被掠夺到辽国的汉人民众回归的政策，“自蕃界来归业者：五周年内来者，三分交还二分；十周年内来者，交还一半；十五周年来者，三分交还一分；十五周年外来者，不在交还之限”⑥。三月，以李晏口为静安军，南距冀州百里，北距深州三十里，夹胡卢河为垒。此前辽国军队经常涉河而南，“驰突往来，动无阻碍，北鄙之地，民不安居”，然堡垒修成后，“颇扼要害，自是敌骑虽至，不敢涉河，边民稍得耕牧焉”⑦；后又为北伐疏浚了许多河道，从经济上说，有利于航运和灌溉，从军事上说，有利于运输军队和粮草。这样，后周便从左右翼遏制了辽国的进攻。

四月，周世宗诏翰林学士承旨徐台符以下二十余人，“各撰《平边

---

① 《旧五代史》卷一一四，《世宗纪一》，第 1513 页。
② 《资治通鉴》卷二九一，《后周纪二》，显德元年三月，第 9640 页。
③ 《辽史》卷七七，《耶律挞烈传》，第 1262 页。
④ 《宋史》卷二六九，《陶穀传》，第 9237 页。
⑤ 《资治通鉴》卷二九二，《后周纪三》，显德二年三月，第 9556 页。
⑥ 《旧五代史》卷一一五，《世宗纪二》，第 1525 页。
⑦ 同上书，第 1527 页。

策》一首”①，周世宗则亲自阅读，此种举动，一来希望听听谋臣们对一统天下宏伟大业的建议，二来让更多的人了解自己的远大志向，因为当时“群臣多守常偷安”②，而统一则是一件异常艰巨的事业，需要的是持之以恒的努力，更需要有坚强不屈、百折不挠的积极进取的心理和足够的智慧，而且必须打造一支以自己为首的、以统一中国为目标的团队。但是，二十多封奏策中，有价值的太少，只有王朴提出的“先易后难”的奏策，较有意义，而王朴的奏策，基本上也就是后来北宋太祖、太宗二帝的“先南后北”的统一策略。

周世宗没有接受王朴提出的“先易后难”的奏策，而是反其道而行之，实行“先难后易”的统一策略。放到五代后期及北宋建国后收复幽云十六州失败的历史纵横坐标中，可以深窥周世宗的心理。

与王朴及宋太祖、宋太宗等人不同，周世宗在战略上，将辽国视为后周的首要敌国，也是阻挠统一的最主要障碍。而当时的辽国，自辽太宗死后，内讧不断，继位的辽世宗，“中才之主也……既乏持重，宜乖周防”③；随后继位的辽穆宗，“在位十八年……荒耽于酒，畋猎无厌。侦鹅失期，加炮烙铁梳之刑；获鸭甚欢，除鹰坊刺面之令。赏罚无章，朝政不视，而嗜杀不已”④；“辽朝在这样一位无能的君主统治之下，实际上已陷于瘫痪”⑤。而在对外关系方面，“辽似乎采取了纯粹消极的防御策略”⑥，而这些信息，周世宗是非常清楚的。历史的机遇常常是稍纵即逝，此时即是中国统一的最好时机，等到辽国从中衰中恢复过来，再去收复幽云十六州，难度不知加大多少，也许永远不会再有这样的机遇。

反观辽朝的敌国后周，则呈现截然相反的局面。从太祖到世宗，特别是世宗时期，后周进行了全方位的改革。经济方面：兴修水利工程，治理黄河，疏通漕路；奖励耕织，招抚流亡，平均赋税，减免苛敛；限制寺院，崇本抑末；扩建大梁，积极发展工商业，整顿钱币。政治方面：改革朝政，振饬纲纪，调整机构，惩治贪污，剪除跋扈之臣，澄清吏治；整顿

① 《旧五代史》卷一一五，《世宗纪二》，第1528页。
② 《资治通鉴》卷二九二，《后周纪三》，显德二年四月，第9659页。
③ 《辽史》卷五，《世宗》，第66页。
④ 《辽史》卷七，《穆宗下》，第87页。
⑤ 《剑桥中国辽西夏金元史》，第81页。
⑥ 同上书，第82页。

司法，制定《刑统》，加强对基层的控制。文化方面：刊印经籍，提倡文治。

后周建国不到十年，“厉行改革，成绩斐然”，这为后周发动统一的战争，奠定了物质基础，也为北宋“统一和改革开辟了道路，奠定了基础”①。

作为最高统治者的周世宗，其眼界、气度及对时局的认识，既非此前五代诸帝所能比，也非其后的宋太祖、太宗兄弟能望其项背。继位之后，即有“十年开拓天下，十年养百姓，十年致太平”② 的宏图大略；“其为人明达英果，论议伟然。……其英武之材可谓雄杰，及其虚心听纳，用人不疑，岂非所谓贤主哉！其北取三关，兵不血刃，而史家犹讥其轻社稷之重，而侥幸一胜于仓卒，殊不知其料强弱、较彼我而乘述律之殆，得不可失之机，此非明于决胜者，孰能至哉？诚非史氏之所及也！”③

按照已定的先南后北的策略，从显德元年（955）到显德五年（958），周世宗三次御驾亲征，攻打南唐，迫使南唐割地求和，去帝号，并警告了南唐长期以来勾搭辽国的行为，“尔主自谓唐室苗裔，宜知礼义，异于他国。与朕止隔一水，未尝遣一介修好，惟泛海通契丹，舍华事夷，礼义安在？……亟来见朕，再拜谢过，则无事矣。不然，朕欲观金陵城，借府库以劳军，汝君臣得无悔乎！”④ “舍华事夷”，这是此前沙陀族出身的统治者从未说过的话，显见周世宗的正统心理；制服南唐，解除了南方后顾之忧，周世宗转而开始筹备北伐。

周世宗率大军攻打南唐的时候，对北方的辽国，也保持足够的警惕。显德五年（958）四月，辽国乘虚入寇，周世宗命镇宁节度使张永德将兵备御北边，成德节度使郭崇则给予入侵的辽国军队以坚决回击，辽国万骑掠边境，“（郭）崇帅师破之于束鹿，斩首数百级，俘人口牛羊三万余”⑤，后又攻下辽国束城，“以报其入寇”⑥，显示出足够的自信。

做好了北伐的准备工作后，显德六年（959）四月，周世宗取道沧

① 陶懋炳、张其凡、曾育荣：《五代史》，第 237 页。

② 陶岳：《五代史补》卷五，《世宗问王朴运祚》，杭州出版社 2004 年版。

③ 《新五代史》卷一二，《周本纪》，《世宗》，第 125—126 页。

④ 《资治通鉴》卷二九二，《后周纪三》，显德三年二月，第 9672 页。

⑤ 王称：《东都事略》卷二一，文渊阁《四库全书》版。

⑥ 《资治通鉴》卷二九四，《后周纪五》，显德五年四月，第 9715 页。

州，御驾亲征幽、云地区。至乾宁军，辽国宁州（今河北省青县）刺史王洪以城降。至益津关，辽国守将佟廷晖投降。但是自此以西，水路渐隘，舟师难进，于是舍舟登陆，宿营于荒郊野外，由于周世宗率领的军队先期而至，大军未集，“随驾之士不及一旅”，可见周世宗的胆魄和自信心。随后，辽瓦桥关守将姚内斌和鄚州（今河北省任丘）刺史刘楚信先后投降。五月，辽瀛州（今河北省河间市）刺史高彦晖以本城归顺。关南平定，凡得州三，县十七，户一万八千三百六十，“是役也，王师数万，不亡一矢，边界城邑皆望风而下”①，后周军队进展神速，个中缘由自然应该包括辽国汉人上层心向中原，对后周政权的认同远在对辽国的认同之上的因素。但是，周世宗与诸将商议攻打幽州事宜时，诸将皆以为不可，周世宗却坚定地坚持自己既定的北伐计划。将领们都不同意继续进攻幽州，应该是考虑到幽州在辽国的重要地位，以及攻打幽州的军事实力不具备等因素。是夜，周世宗突然病重，作战计划被迫停止。

当时，正是进攻幽州的大好时机，面对后周军队的凌厉进攻，幽州留守萧思温急忙上奏军情，但是辽穆宗却欲等到秋天再出师，刘景劝谏说：“河北三关已陷于敌，今复侵燕，安可坐视！”② 辽穆宗并没有接受他的观点。和契丹贵族比较起来，刘景等辽国汉人上层，更关心幽州的得失，因为他们的既得利益都在幽州。要不是周世宗突然病重，后周本可有攻克幽州的希望。

在是否继续攻打幽州的问题上，后周的将领们与世宗柴荣，却发生了很大的分歧。自五代以来，中原政权一再更替，战争连年不断，从心理上说，军阀们对战争已经司空见惯，而且作战全为功利。此次后周对辽作战，自出兵以来一帆风顺，几乎没有进行过什么艰苦的战斗，便攻下许多州县，这对后周将领来说，已是莫大的功绩，完全可以回朝请赏。如若再攻打幽州，便要冒很大风险。辽南京留守萧思温虽然无能，但城池坚固，驻兵众多，远非关南州县可比，一旦辽国援军到来，难免有一场大的厮杀，若不能攻克幽州，岂不是前功尽弃？于是，他们纷纷对周世宗说：“陛下离京四十二日，兵不血刃，取燕南之地，此不世之功也。今虏骑皆

① 《旧五代史》卷一一九，《世宗纪》，第1581页。

② 《辽史》卷八六，《刘景传》，第1322页。

聚幽州之北，未宜深入。”① 柴荣的想法与将领们自然不同。他的目的是要尽复幽、燕故地，雪汉人割地之耻，完成统一整个中国的大业。对于众臣的反对意见，他未采纳，决定继续深入，直捣幽州。他先令先锋都指挥使刘重进发兵据固安，又至军前亲自指挥筑桥，准备渡拒马河。正在这关键时刻，他突然病发，无可奈何，只好班师南归。当辽穆宗率兵抵达幽州时，周军已自行退去，幽州面对的巨大危机，才得以解除。

同月，定州节度使孙行友攻下易州，后周以瓦桥关为雄州，以益津关为霸州。是日，先锋都指挥使张藏英破辽国数百骑于瓦桥关北，攻下固安县。随之，征发“滨、棣二州丁夫城霸州”②，巩固已经到手的胜利成果。

周世宗还军至澶渊，却没有急着回东京，迟留不行，即使宰辅近臣问疾者也不见，中外恟惧。当时张永德为澶州节度使，又是后周太祖郭威的女婿，因为有此特殊身份，得以陪伴在周世宗身边，群臣通过张永德对世宗说：“天下未定，根本空虚，四方诸侯，惟幸京师之有变。今澶、汴相去甚迩，不速归以安人情顾惮、朝夕之劳，而迟回于此，如有不可讳，奈宗庙何?”周世宗了解到这是群臣的意见后，看了半天张永德的脸，感叹地说：“吾固知汝必为人所教，独不喻吾意哉。”③ 周世宗突然病重，于是回师，回到澶州后，病情有所减轻，他甚至估计自己的病会很快好转，毕竟他才三十九岁。于是逗留在此，考虑是否再次掉头攻打辽国，因为，世宗到瓦桥关的时候，据情报获悉，由于后周军队的大举进攻，辽国震惊，“契丹闻其亲征，君臣恐惧，沿边城垒皆望风而下。凡蕃部之在幽州者，亦连宵遁去”，周世宗为此“甚喜，以为大勋必集，因登高阜，以观六师。顷之，有父老百余辈持牛酒以献”④。但是，群臣并不了解世宗的心理，连最亲近的张永德也是如此，周世宗不由得大发感叹，感叹知音难得，壮志未酬，一代英主的孤独心理，完全表露出来。

周世宗的未竟之业，只好等到北宋建立之后，宋太祖、太宗兄弟二人在其基础上继续努力。

---

① 《资治通鉴》卷二九四，《后周纪五》，显德六年四月，第 9729 页。

② 《旧五代史》卷一一九，《世宗纪》，第 1581 页。

③ 徐度：《却扫编》卷上，文渊阁四库全书版。

④ 《五代史补》卷五。

第二节　沙陀三王朝时期

后唐、后晋、后周三朝，均为沙陀族军人建立，但是其政权的民族属性，与汉族地主所建立的王朝并无明显区别。由于他们均为正处于汉化不同阶段的地主阶级，所以，在考察他们处理与契丹贵族关系时候的民族心理时，必须考虑这个因素，李存勖、石敬瑭、刘知远等与朱温、柴荣等传统的汉人上层比起来，在处理同样问题时，民族心理上还是有显著差别的。

一　后唐时期（923—936）

（一）李克用时期

李克用时期，沙陀族的势力，开始达到质的飞跃阶段。

李克用在势力低落的时期，总是北逃寻求庇护。唐僖宗广明元年（880），唐朝招讨使李琢纠集幽州李可举、云州赫连铎的军队，联合夹击李克用的沙陀军，其叔父李友金，又以蔚、朔州降于李琢，四面楚歌中的李克用，只能以惨败收场，唐朝成功地恢复对山西北部地区的控制。惨败之后，李克用与其父李国昌，一起亡入达靼，但是，待了一段时间后，“郁郁不得志”①，又害怕对方乘机彻底吞并自己残存的军队，极度焦虑，黄巢军队北渡长江之后，李克用才得到了东山再起的机会。唐天复元年（901），朱温军队与李克用军队，在太原附近大战，李克用军队失利，“太祖大恐，谋走云州”②，李存信等劝李克用投奔辽国，李嗣昭则坚决反对这样做，刘太妃也同意李嗣昭的意见，在此情境下，李克用这才放弃了投奔辽国的打算，李克用当时就同意李存信等北投辽国的主张，显见他和契丹贵族之间，早就建立了联系，绝非危急时刻的贸然选择。天复二年（902），朱温军队乘胜攻破汾、慈、隰三州，又包围太原，李克用“大惧，谋出奔云州，又欲奔匈奴”③，此处所说的匈奴，应该指的是辽国。由于后梁军队中发生瘟疫，军队后撤，李克用的北逃计划，才再度终止。

---

① 《新五代史》卷四，《庄宗上》，第 33 页。

② 《新五代史》卷三六，《李嗣昭传》，第 386 页。

③ 《新五代史》卷四，《庄宗上》，第 38 页。

阿保机在向中原地区发展自己势力的过程中，采取远交近攻的策略，防守比较薄弱的唐河东道雁门军首先成为进攻的突破口。天复二年(902)，阿保机率军进攻该地区，不过他当时的主要目的，是掳掠人口和物资。天祐二年（905），阿保机应晋王李克用之邀，率部族三十万人来到云州（今山西大同市），二人“握手甚欢，结为兄弟，旬日而去”，阿保机给李克用留下马千匹，牛羊万计，双方约定于该年冬初“大举渡河”①，攻打朱温的军队。李克用勾结阿保机的意图很明显，就是借辽国之力与朱温争夺天下，“这一联盟标志着沙陀突厥和契丹之间，紧密联系的开始，并且一直延续于整个五代时期，同时也使满洲南部的民族，越来越多地卷进中国的事物之中”②。但是，阿保机很快败盟，又和朱温勾结，联合对付李克用，李克用听说后非常气愤，临死之前“以一箭属庄宗，期必灭契丹”③。

（二）庄宗李存勖时期

李存勖继任晋王后，将进攻的主要矛头对准了李克用去世之前遗言中“三仇敌”之一的辽国，也即主要解决民族矛盾。

天祐十三年（916），趁后唐李存勖军队与后梁军队激烈争夺河朔地区的时机，耶律阿保机于是年八月攻占蔚州（今河北省蔚县），俘虏振武节度使李嗣本。在此之前，李存勖已经得到了辽国军队入塞的消息，于是决定领兵亲征，但是军队到了代州（今山西代县）北部地区后，蔚州陷落的消息传来，李存勖于是决定班师。而当时李存勖的势力，“河朔悉为帝所有”④，推测其班师的原因，一是代州距离蔚州路途遥远，等军队到了蔚州，估计辽国军队抢掠财物后，已经撤走；二是与李存勖对耶律阿保机的民族心理因素有关。第二年二月，卢文进杀新州（今河北涿鹿县）节度使李存矩，叛入辽国，随即带领辽国军队进攻新州，而李存勖也没有马上做出反击的决定，而是“以契丹主阿保机与武皇屡盟于云中，约为兄弟，急难相救”⑤ 为由，派人送信给阿保机，责备其容纳叛将，违盟犯

① 薛居正等：《旧五代史》卷二六，《武皇纪下》，中华书局 1976 年版，第 360 页。

② ［英］崔瑞德主编，中国社科院历史研究所西方汉学研究课题组翻译：《剑桥中国隋唐史》，中国社会科学出版社 1990 年版，第 819—820 页。

③ 《新五代史》卷七二，《四夷附录第一》，第 887 页。

④ 《旧五代史》卷二八，《庄宗纪二》，第 389 页。

⑤ 同上。

塞。尽管李克用死前，将辽国视为三仇敌之一，可李存勖却认为，李克用与阿保机达成的盟约，继续有效，李克用与阿保机的"兄弟深情"，还在影响着李存勖处理与辽国关系上的决策。

但是，等到辽国军队对新州发动猛烈进攻的时候，李存勖决定反攻，之所以做此决策，估计李存勖料到辽国军队进攻新州的目的，是对幽州实施包围，最终攻占幽州，作为以后南进的大本营，一旦辽国占领幽州，后果将非常严重。李存勖等汉人上层，对契丹贵族的南下扩张，还是有自己的心理底线，毕竟中原地区不是统一的王朝，全力对付辽国等少数民族政权的进攻，受许多因素的限制，因此，可以"允许"他们，适度的南下骚扰和掠夺财物、人畜，正如李严所说："天生四夷，当置度外，不在九州之本，未欲穷兵黩武也。"① 但是，如果辽国占领幽云一带汉人的传统生活区，传统的战略屏障区的话，必须予以反击。因此，不再顾及李克用与阿保机的情谊，他先是命周德威率兵三万筑营于新州城东，由于辽国加大进攻的兵力，周德威只好率军回到幽州，但沿路"师徒多丧"，辽国军队乘胜包围幽州，"是时言契丹者，或云五十万，或云百万，渔阳以北，山谷之间，毡车毳幕，羊马弥漫"②，在辽国军队的猛攻之下，幽州一带的汉人，心理上非常恐惧，辽国军队五十万、一百万的说法，一来估计是阿保机打的心理战，夸耀自己的兵力来吓唬对方；二来估计也和汉人的自我恐惧心理有关。再加上卢文进招诱幽州亡命之人，"教辽国为攻城之具，飞梯、冲车之类，毕陈于城下。凿地道，起土山，四面攻城，半月之间，机变百端"，卢文进等汉人上层的加盟，大大提高了辽国军队进攻城池的能力，导致幽州"城中随机以应之，仅得保全，军民困弊，上下恐惧"③。周德威间道驰使报告战况，李存勖听到后"忧形于色"，于是召集诸将商讨对策，诸将都说："敌势不能持久，野无所掠，食尽自还，然后踵而击之可也。"④ 看来许多将领对阿保机军事意图的了解，还是停留在辽国军队惯常的抢掠为主的目的上。而李存审则请求急救燕、蓟，他说道："我若犹豫未行，但恐城中生事！"李嗣源也说道："愿假臣突骑五千，以破契丹"；阎宝则提出了具体的战术，"但当搜选锐兵，控制山险，

---

① 《旧五代史》卷七〇，《李严传》，第930页。

② 《旧五代史》卷二八，《庄宗纪二》，第389页。

③ 同上书，第390页。

④ 《旧五代史》卷三五，《明宗纪一》，第485页。

强弓劲弩，设伏待之”，听了三员大将的话，李存勖方有了反攻的勇气，说道：“吾有三将，无复忧矣！”①

四月，李存勖命李嗣源率师赴援幽州，次于涞水；又遣阎宝率师夜过祁沟，俘擒而还。而周德威又遣人将对晋军来说非常有利的军情，告诉了李嗣源，“契丹三十万，马牛不知其数，近日所食羊马过半”②，阿保机为此责备卢文进，深悔南下。辽兵为了解决吃饭问题，只好四处打猎，连阿保机帐前的卫兵，都不满万人。因此，应该夜出奇兵，趁其不备。李嗣源马上把该军情报告给了李存勖。辽国军队以骑兵为主的作战方式，长于野战和速决战，短于攻城和持久战，三个月的拉锯战，导致辽国军队的后勤供应紧张，直接引发了阿保机和卢文进之间的冲突，而且盛夏已到，辽国军队和马匹不适应气候的毛病马上显现出来。

七月，李存勖又派遣李存审领军与李嗣源汇军于易州，步骑达到七万人，于是“三将同谋，衔枚束甲，寻涧谷而行，直抵幽州”；八月，自易州北循山而行，李嗣源率三千骑为前锋，循大房岭而东，距幽州仅六十里。辽国军队急忙迎战，“万骑遽至”，李存审、李嗣源率军“极力以拒之，契丹大败，委弃毳幕、毡庐、弓矢、羊马不可胜纪”，晋军乘胜追讨，俘斩辽军上万。晋军进入幽州，周德威“见诸将，握手流涕”③，后唐军队，终于取得了幽州保卫战的胜利。当然，胜利的因素中，还应该加上辽国军队“以大暑霖潦，班师”④ 的客观因素。

幽州保卫战的胜利，大大增强了晋军将领的自信心。八月初一，李存勖在魏郊举行大规模的阅兵式，“河东、魏博、幽、沧、镇定、邢洺、麟、胜、云、朔十镇之师，及奚、契丹、室韦、吐浑之众十余万，部阵严肃，旌甲照耀，师旅之盛，近代为最”⑤，宏大的阅兵式，展示了晋军的军威和实力，对于辽国来说，构成强大威慑之势。此后三年，辽国军队没有对幽州发动过大规模的进攻。天祐十六年（919）正月，李存勖命令昭义军节度使李嗣昭权知幽州军府事；三月，鉴于幽州地位的重要性，李存勖亲自兼领幽州军府事，命近臣李绍宏提举府事。

① 《旧五代史》卷二八，《庄宗纪二》，第390页。
② 同上。
③ 同上。
④ 《辽史》卷一，《太祖纪上》，第12页。
⑤ 《旧五代史》卷二八，《庄宗纪二》，第391—392页。

天祐十八年（921）十一月，李存勖率军进攻镇州，王处直认为镇、定唇齿相依，一旦镇州失守，定州马上成为一座孤城。于是让其子王郁前去贿赂辽国，求其犯塞以救镇州之围。王郁对阿保机说："镇州美女如云，金帛似山，天皇速往，则皆为己物也。不然，则为晋主所有矣。"①十二月，辽国军队绕过幽州，攻下涿州，又进攻定州。王都遣使告急，李存勖于是亲自率五千骑兵前去增援。天祐十九年（922）正月，李存勖军队抵达新城，辽国前锋三千骑则到了新乐。是时，后梁大将戴思远乘机进攻魏州，攻下成安，李存勖军队处于被南北夹击的局面。当时辽国军队已经渡过沙河，诸将闻之，相顾失色；又听说梁军内侵，邺城危急，皆请班师，只有李存勖认为不可，亲率骑兵到新城。辽国万余骑，遽与李存勖军相遇，仓皇而退。李存勖率军追击数十里，俘获阿保机的儿子，当时沙河虽然结冰，但是冰层很薄，辽军无法踩冰过河，桥梁又窄，辽兵争着过河，很多人都被淹死，阿保机当时在定州，听到前军战败，连忙退保望都（今河北省望都县），第二日，李存勖又率军追至望都，双方军队展开激战，李存勖"身先士伍，驰击数四，敌退而结阵，帝之徒兵亦阵于水次"，李嗣昭则"跃马奋击，敌众大溃，俘斩数千"，一直追到易州，"获毡裘、毳幕、羊马不可胜纪。时岁且北至，大雪平地五尺，敌乏刍粮，人马毙踣道路，累累不绝"②，李存勖率军乘胜追袭至幽州。此次战役，面对中原宿敌后梁军队和辽国军队的同时进攻，李存勖没有选择后退，而是首先把辽国军队作为主要敌人，在民族矛盾和中原地主阶级内部矛盾同时成为威胁的时候，李存勖首先选择的是解决民族矛盾。

同光元年（923）三月，李存勖任命久经沙场的老将、横海军节度使、内外蕃汉马步总管符存审为幽州节度使。后梁龙德三年（923）四月，晋王李存勖在魏州（今河北大名东北）正式称帝（史称后唐庄宗），国号大唐（史称后唐），改元同光，正式建国。鉴于与辽国交界地区的民众屡经战火之蹂躏，也为了稳定该地区汉民的民心，诏令"云、应、蔚、朔、易、定、幽、燕及山后八军，秋夏税率量与蠲减"③。十月，后唐灭梁，基业初成。

---

① 《旧五代史》卷二九，《庄宗纪三》，第399页。
② 同上书，第400页。
③ 同上书，第403页。

且看后唐建国后，中原地区汉人上层对辽国国力的认识及其反映出的民族心理。

李严，本名李让坤，幽州人。“初仕燕，为刺史，涉猎书传，便弓马，有口辩”，作为出身幽州且在幽州一带做过官的李严，对辽国的情况，应该比较了解。后唐同光年间（923—925），李严以客省使的身份，奉使前蜀，与前蜀枢密使宋光嗣谈及当时的政情，宋光嗣问道：“似闻契丹部族，近日稍强，大国可无虑乎”？李严反问道：“子言契丹之强盛，孰若伪梁?”宋光嗣说：“比梁差劣也”，李严说道：“吾国视契丹如蚤虱耳，以其无害，不足爬搔。……但以天生四夷，当置度外。”① 张敬达，后唐明宗长兴四年（933）任云州节度使，当时“契丹率族帐自黑榆林捺剌泊至没越泊，云借汉界水草，敬达每聚兵塞下，以遏其冲。契丹竟不敢南牧，边人赖之”②。后唐时期，中原虽然仍处于动荡和割裂的时期，但是对于辽国，凭借自己的实力，汉人上层在民族心理上还是颇为强势。但是，“以其无害，不足爬搔”一语，则反映了汉人上层，对辽国势力的崛起，没有应该足以引起警惕的了解，甚至还有传统中原王朝，狂妄自大的民族心理。殊不知，契丹族在经过了几百年的发展，到阿保机掌权后，已经开始了其发展的质的飞跃时期。庄宗去世，明宗继位后，姚坤受命前去辽国告哀，阿保机与姚坤纵论辽国与中原王朝的关系，表露出其在征服渤海国之后还要南下夺取幽州乃至黄河以北广大地区的雄心③。

尽管李克用在去世之前的遗言中，将辽国列为“三仇敌”之一，但晋王李存勖从自身利益出发，还是希望把辽国作为不固定的盟友，“欲结援，以叔母事后（太祖后述律平）”④。

在借辽国之力，争夺中原的角逐中，李克用父子的模仿者，委实不少，刘守文与刘守光兄弟两个多年争夺地盘，刘守文为了取胜，开平三年（909）五月，“以重贿招契丹”⑤；刘守光也曾经于败亡前夕，派韩延徽去向辽国求援，“契丹以其无信，竟不救”⑥。

① 《旧五代史》卷七〇，《李严传》，第930页。

② 《旧五代史》卷七〇，《张敬达传》，第933页。

③ 该问题可参见姚从吾《东北史论丛》所载《阿保机与后唐使臣姚坤会见谈话集录》，台湾正中书局1977年版，第239—247页。

④ 《辽史》卷七一，《后妃传》，第1199页。

⑤ 《资治通鉴》卷二六七，《后梁纪二》，开平三年正月，第8830页。

⑥ 《资治通鉴》卷二六八，《后梁纪三》，乾化三年十月，第8897页。

庄宗虽然“于马上取天下，不懂政治”[①]，但是凭借其统治时期比较强大的军事实力，在处理与辽国关系方面，还是显示出很强的民族自信心和比较成熟的政治家心理。

（三）明宗李嗣源时期

天成元年（926）四月，明宗继位；七月，辽国派遣使节前来朝贡。但是，是年八月，幽州上奏，辽国寇边，明宗下诏让齐州防御使安审通率军队前去防御。案：阿保机于七月二十七日卒，故八月份辽国军队的行动规模应该非常小。十月，辽国遣使来告哀，尽管两国不断交兵，可明宗还是发布了冠冕堂皇的外交诏令，“朕近缵皇图，恭修帝道，务安夷夏，贵洽雍熙。契丹王世预欢盟，礼交聘问，遽闻凶讣，倍轸悲怀，可辍今月十九日朝参”[②]。明宗尽管是沙陀族的后代，可俨然以中原王朝正统自居，在其心目中，辽国则是夷人建立的国家。

阿保机去世之后，辽国发生了卢文进率领的汉民大规模南逃事件。

卢文进，字国用，范阳人。天祐十四年（917）二月，因为不堪新州团练使李存矩的暴政，杀死李存矩后，叛入辽国。案：从《旧五代史·卢文进传》的记载来看，杀死李存矩的主导者并不是卢文进。当时李存勖与刘鄩两军对垒于莘县，命令李存矩于山后召募劲兵，又命令山北居民“出战马器仗，每鬻牛十头易马一匹”，导致人心怨怒；李存矩与卢文进率军出新州到祁沟关后，军士们聚谋议论说：“我辈边人，弃父母妻子，为他血战，千里送死，固不能也”[③]，生长于长城沿线的“边民”，渴望安定的生活，并不愿意参与中原地区的血腥争夺战争，于是拥卢文进回到新州，据城自守，并杀死了李存矩。而按《新五代史》的记载，“文进有女幼而美，存矩求之为侧室，文进以其大将不敢拒，虽与，心常歉之也，因与乱军杀存矩反”[④]，卢文进应该又参与了杀死李存矩的密谋。卢文进事后所说的“奴辈累我”“此辈既害郎君，我何面目见王!”的话，及“环尸而泣”[⑤]的行为，应该是一种掩饰。又据马令《南唐书》记载：“（卢）文进攻新州，不克，夜走坠堑，一跃而出，明日视之，乃郡之黑

---

① 王仲荦：《隋唐五代史》（下），上海人民出版社 2004 年版，第 765 页。

② 《旧五代史》卷三七，《明宗纪三》，第 512 页。

③ 《旧五代史》卷九七，《卢文进传》，第 1294—1295 页。

④ 《新五代史》卷四八，《卢文进传》，第 539 页。

⑤ 《旧五代史》卷九七，《卢文进传》，第 1294—1295 页。

龙潭也，绝岸数丈，深不可测。又尝有大蛇，径至座间，引首及膝，文进取食饲之而去。由是自负。"① 五代乱世之中，一些偶然发生的事情，常常会让一些有野心的汉人上层，萌发无尽的联想。卢文进夜里能够从深不可测的黑龙潭一跃而出，自然想到了"神助"，一直爬到他座位前且昂首到他膝上，然后饲之而去的大蛇，又让他联想到了龙，想到了龙椅，想到了天命所归，在这种心理导引下，美梦一个个呈现。但是，现实是残酷的，杀死李存矩后的卢文进军队，先是攻武州失败，在周德威军队的追讨下，只好亡命辽国，辽国命其为幽州兵马留后，"部分汉军，常别为营寨"。随后，卢文进"引契丹寇新州。自是戎师数至，驱掳数州士女，教其织纴工作，中国所为者悉备"，辽国的强盛，和卢文进的北逃有很大关系，之后辽国又让他做幽州节度使、卢龙节度使，"同光之世，为患尤深……燕、赵诸州，荆榛满目"，尤其是后唐军队屯兵涿州，"每岁运粮，自瓦桥至幽州，劲兵猛将，援递粮车，然犹为寇所钞，奔命不暇，皆文进导之"②，辽军随时骚扰、截断甚至断绝后唐军队的粮道，抢走军粮，对后唐在幽州一带的防守，形成致命威胁。

明宗即位后，估计是了解到了卢文进等汉人渴望回归的心理，派遣间谍前去说服卢文进，"以易代之后，无复嫌怨"③ 的理由，打消了卢文进害怕回归后秋后算账的顾虑。天成二年（927）十月，卢文进自平州率所部十余万众回归，到幽州之前，先遣使上表说："顷以新州团练使李存矩，提衡郡邑，掌握恩威，虐黎庶则毒甚于豺狼，聚赋敛则贪盈于沟壑，人不堪命，士各离心，臣即抛父母之邦，入朔漠之地"，卢文进以李存矩的暴政为自己投奔辽国的理由，也有道理，史载李存矩"治民失政，御下无恩"④。但是，到了辽国后，"几年雁塞，徒向日以倾心；一望家山，每销魂而断目"。听到明宗继位后，后唐国内，政治清明，一派繁荣景象后，于是决定杀死平州城内的契丹人，带领七八千车乘，十五万汉人兵民，回归后唐。卢文进选择这个时间回归，一是由于耶律阿保机去世，述律太后称制，朝政处于过渡期，矛盾尖锐，辽国境内的汉人上层们面临很危险的政治环境。二是后唐明宗即位后，废除了危害百姓的夏秋两税省

---

① 《旧五代史》卷九七，《卢文进传》，第 1295 页。

② 同上。

③ 《资治通鉴》卷二七五，《后唐纪四》，天成元年十月，第 9119 页。

④ 《旧五代史》卷二八，《唐书四》，《庄宗纪第二》，第 389 页。

耗，在位八年，“年谷屡丰，兵革罕用，校于五代，粗为小康”①；而在平州卢龙生活了三代的郭氏家族，祖父郭海，平州两治使，父郭令奇，卢台军使，郭琼则“少以勇力闻，事契丹，为蕃汉都指挥使”，后唐天成年间，“挈其族来归”②，应该也是随同卢文进的队伍一起回归。

对于卢文进等汉人上层主导的大规模回归事件，后唐朝廷，百僚称贺，接着给予妥善安置，“准诏卢文进所率归业户口，蠲放租税三年，仍每口给粮五斗”③。十二月，卢文进及将吏四百人受到明宗皇帝的召见，赐予鞍马、玉带、衣被、器玩、钱帛等；卢文进则被任命为检校太尉、同平章事、滑州节度使。卢文进领导的大规模回归活动，对辽国是沉重的打击，对后唐则有莫大的好处，对北方汉人上层，也是莫大的欣慰。

天成二年（927）八月，辽国请求在边界地区互市。九月，又遣梅老没骨等来朝贡。十月，又遣使“持书求碑石，欲为其父表其葬所”④。十一月，又遣梅老没骨来请求和好。十二月，明宗派飞顺指挥使安年德出使辽国，赐予耶律德光及其母礼物。十二月，蔚州刺史周令武得代归阙，明宗特意询问与辽国交界地区的情况，周令武说道：“山北甚安，诸蕃不相侵扰。雁门以北，东西数千里，斗粟不过十钱。”⑤ 政治安定、经济发展、民族融合，可见明宗对该地区的局势，还是保持高度的关注。

天成三年（928）一月，辽国军队攻陷平州，从新、旧《五代史》及《资治通鉴》该月后唐历史的记载来看，后唐没有任何反应。幽州东北700里的榆关（今山海关，辽称榆关），下有渝水通渤海，自关沿海向东北，最狭处仅数尺，傍山依海，是辽西走廊的西南出口。唐朝以来在此布置重兵，防范东北地区的少数民族入关，这一咽喉要道的丢失，使幽州的防守失去了左臂支撑。后唐统治者对辽国如此重要的军事行动没有反应，说明较之唐朝的统治者，他们的政治、军事眼光过于短浅。当然，也和他们把过多精力放在中原地区的争夺中有很大关系。五月，契丹大将秃馁领二千骑兵绕道幽州西南，直趋定州，增援据守定州的王都。但是，是月二十一日，王都与秃馁联军数千人在曲阳，被王晏球率领的军队或杀死或被

① 《资治通鉴》卷二七八，《后唐纪七》，长兴四年十一月，第9222页。
② 《宋史》卷二六一，《郭琼传》，第9032页。
③ 《旧五代史》卷三七，《明宗纪三》，第513页。
④ 《旧五代史》卷三八，《明宗纪四》，第528页。
⑤ 同上书，第530页。

俘，剩下的数十骑狼狈逃入定州。六月，辽国数千余人，在幽州东面被赵德钧的军队杀死，估计应该是辽国后续增援定州的军队。七月十九日，辽国七千骑增援定州的军队，又被王晏球军队击败于唐河北，后唐军队一直追击辽军到满城（今河北省满城县），此战大大扭转了中原政权在和辽国军队作战中长期被动的局面，也有力地鼓舞了中原汉人的士气和民族自信心，此前“契丹自中国多故，强于北方，北方诸夷无大小皆畏伏，而中国之兵遭契丹者，未尝少得志”；该战胜利后，“明宗下诏责诮契丹。契丹后数遣使至中国，求归惕隐等，辞甚卑逊，辄斩其使以绝之。于是时，中国之威几于大震，而契丹少衰伏矣，自晏球始也”①，在和辽国的外交关系方面，后唐明宗也表现得非常强硬。

八月，在幽州西边，又有辽国军队数千人被赵德钧的军队杀死，首领惕隐等五十余人被俘。而且，附近的汉人民众，也自发参加了这场战斗，“是时，官军袭杀契丹，属秋雨继降，泥泞莫进，人饥马乏，散投村落，所在村民持白梃殴杀之”②，这是尤其需要关注的一则史料，它客观上是当时民族矛盾在社会底层的反应。

闰八月，赵德钧献辽国战俘于阙下，“其蕃将惕隐等五十人留于亲卫，余契丹六百人皆斩之”③，一次斩杀辽国战俘六百多人，充分显示了后唐政权对辽国的强硬态度。而辽国平州刺史张希崇，也于是月上表归顺，十月，张希崇等八十余人被明宗召见于元德殿，颁赐有差。张希崇等的回归，是继卢文进等回归之后的又一件大事，充分显示了辽地汉人强烈的民族归属感。

这两件事，再加上辽国该年进攻华北地区军事上的接连失利，对耶律德光夺取幽州的战略计划打击不小。耶律德光被迫放弃对幽州的正面进攻，转而把进攻的重点转向了西线，也就是幽州的右臂。

天成四年（929）二月，王晏球率军收复定州，获王都首级，生擒辽国秃馁等两千余人，百官称贺，有功人员受奖，王晏球改任郓州节度使、加兼侍中；幽州节度使赵德钧也加兼侍中；明宗则“御咸安楼受定州俘馘，百官就列，宣露布于楼前，礼毕，以王都首级献于太社。王都男四

---

① 《新五代史》卷四六，《王晏球传》，第510页。

② 《旧五代史》卷三九，《明宗纪五》，第541页。

③ 同上。

人、弟一人，秃馁父子二人，并磔于市”①，再次斩杀辽国战俘。四月，辽国“捺括梅里等来朝贡，称取秃馁等骸骨，并斩于北市”②，两国交兵，不斩来使，这次连辽国的使节都被斩首。

长兴元年（930）四月，云州上奏：“掩袭契丹，获头口万计。”③案：掩袭指突然袭击，该次战斗应该是后唐军队在云州边界地区，对辽国军队发动的主动进攻，且战果很不错。随后，明宗到文明殿受册徽号，册文特别提到“北讨而王都歼，破契丹而燕、赵无虞”的功勋④。

十一月，青州上奏，“得登州状，契丹阿保机男东丹王突欲越海来归国”⑤，东丹王叛辽逃唐的行为，其内在原因自然很明显，“太宗既立，见疑，以东平为南京，徙倍居之，尽迁其民。又置卫士阴伺动静”⑥。需要分析的是在其叛逃过程中，是否有后唐主动介入的因素。从《辽史·义宗倍传》来看，后唐确有主动介入，“唐明宗闻之，遣人跨海持书密召倍”⑦，李锡厚、白滨《辽金西夏史》一书也持这一观点⑧。研究者认为此观点较为可靠，即使耶律倍因为皇位继承问题经受了极大的磨难，心理上倍感痛苦，在不了解敌对国家后唐朝廷的态度时，是不会贸然叛逃的。而从辽东半岛到山东半岛的航线，五代以前早已开通，后来宋、金密谈联合灭辽的使节，也是走的这一航路。

估计后唐间谍（专职或者兼职），在了解了耶律德光继位后，对耶律倍采取了一定的控制措施，导致耶律倍非常苦恼、甚至非常愤怒，于是把这　情报汇报给了后唐朝廷，明宗丁是决定主动反击辽国，从内部对其最高层进行瓦解。能够做出这种决策，可以看出后唐朝廷的智慧和民族自信心。

长兴二年（931）正月，耶律倍等人到阙，明宗“慰劳久之，锡赉加等，是日，百僚称贺”⑨，此前一直是汉人上层北逃辽国，现在则是辽国

① 《旧五代史》卷四〇，《明宗纪六》，第548页。
② 同上书，第549—550页。
③ 《旧五代史》卷四一，《明宗纪七》，第563页。
④ 同上书，第564页。
⑤ 同上书，第571页。
⑥ 《辽史》卷七二，《义宗倍传》，第1210页。
⑦ 同上。
⑧ 李锡厚、白滨：《辽金西夏史》，上海人民出版社2010年版，第22页。
⑨ 《旧五代史》卷四二，《明宗纪八》，第575页。

差点做了皇帝的东丹王耶律倍叛辽逃唐，这对辽朝朝廷将是何等大的打击，对后唐朝野又是何等的鼓舞，所以，后唐朝廷很高调地处理此问题。

三月，耶律倍被赐姓东丹，名慕华，授检校太保、安东都护，充怀华军节度使、瑞镇等州观察使。赐姓东丹，估计是出于耶律倍的请求，因为当时并没有东丹这个汉姓，而这个姓氏，也说明耶律倍牢记自己的王爵，并不打算完全隔断和辽国的联系。慕华二字，估计应该是后唐汉人士大夫的选择，显示汉文化的优越，也显示耶律倍的汉文化修养，《辽史》记载“（耶律）倍初市书至万卷，藏于医巫闾绝顶之望海堂”，而耶律倍则“通阴阳，知音律，精医药、砭概之术。工辽、汉文章，尝译阴符经。善画本国人物，如射骑、猎雪骑、千鹿图，（后）皆入宋秘府”①。追随耶律倍叛辽归唐的人，也各授怀化、归德将军中郎将等官衔。而先前于定州被擒获的蕃将，惕隐赐姓狄，名怀惠；则骨赐姓列，名知恩，并授检校右散骑常侍。舍利则剌赐姓原，名知感；楲骨赐姓服，名怀造；奚王副使竭失讫赐姓乙，名怀宥，三人并授检校太子宾客。这些战俘也不再被杀掉，如此做法，是希望更多的辽朝官员，向耶律倍学习。九月，耶律倍又被赐姓李，名赞华，改封陇西县开国公。再次改姓，而且改姓李，应该是后唐朝廷和耶律倍协商的结果，耶律倍也明白改赐国姓的重要性和意义，于是欣然接受。后唐从耶律倍的叛逃中，也得到了直接的好处，长兴三年（932）二月，耶律倍“进契丹地图”②。

辽国不断派遣使节前来会谈，求归则剌、惕隐等战俘，赵德钧奏请不允许。明宗问侍臣意见，亦以为不可。但是，明宗从缓和两国关系的愿望出发，欲归还战俘，正好冀州刺史杨檀于四月至阙，明宗问他的意见，他上奏说：“此辈来援王都，谋危社稷，陛下宽慈，贷其生命。苟若归之，必复向南放箭，既知中国事情，为患深矣。”③ 杨檀的意见，应该也就是赵德钧的观点。明宗接受了他的建议，但是，从长远愿望出发，明宗还是让则骨舍利一人，随辽使归国。

三月，明宗让耶律倍做怀华军节度使，范延光等上奏，以为不可。明宗解释道：“吾（疑漏掉先人二字——笔者注）与其先人约为兄弟，故赞

① 《辽史》卷七二，《义宗倍传》，第 1211 页。

② 《旧五代史》卷四三，《明宗纪九》，第 589 页。

③ 同上书，第 591 页。

华来附。吾老矣，倘后世有守文之主，则此辈招之亦不来矣。”① 听了明宗的解释，范延光等不再反对。从明宗的这句话来看，他认为李克用和阿保机之间的兄弟盟约，即使到了他这一代，仍然有影响；五月，明宗又授以怀化军节度使李赞华为滑州节度使。

由于辽国当时一直把主攻方向放在了幽州的右翼，明宗君臣考虑到应该派有威望的大臣前去镇守该地区，于是，以河阳节度使兼六军诸卫副使石敬瑭为河东节度使，兼大同、彰国、振武、威塞等军蕃汉马步总管。岂料，就此埋下祸根。

纵观后唐一朝，尤其是庄宗和明宗时期，汉人上层在对辽国的民族心理上，基本上一直处于强势，需要再次强调的是，这当和幽云十六州主要地区还在后唐手中有关。

二　后晋时期

由于后晋王朝的建立者石敬瑭，是在辽国一手扶植下，以割占幽云十六州的巨额回报作为代价称帝的，所以，从后晋开始到北宋结束，幽云十六州的丢失，成为中原汉人二百多年难以释怀的耻辱，收回幽云十六州，也成为几代英主的梦想。本节主要分析石敬瑭等人的屈辱心理，以及赵德钧、杜威等人的丑陋心理及其根源和影响。

明宗去世后，后唐局势开始动荡，先是明宗养子秦王从荣趁明宗病危之机密谋抢班夺权，未遂，伏诛。明宗死后，其第五子宋王从厚即位，是为愍帝。不过数月，又被明宗养子潞王从珂推翻。这时，流亡在洛阳的耶律倍，向辽国密报后唐宫廷内乱的情报，建议讨伐李从珂，实际上是借讨伐之名，趁后唐内乱之机向南扩张。辽国于是在后唐北部边境，发动试探性进攻，而后唐卢龙节度使、北平王赵德钧和河东节度使兼北面都总管石敬瑭，都是寡廉鲜耻的野心家，都想趁后唐内乱之机，勾结辽国，谋取帝位。

（一）石敬瑭割地称儿坐龙椅

1．无耻的密谋

后唐天福元年（936）三月，石敬瑭把他在洛阳及诸道多年经营的财货，全部送到晋阳，托词说是助军费，了解内情的人，都知道他是心怀异

---

① 《旧五代史》卷四三，《明宗纪九》，第591页。

志。石敬瑭还不断制造有利于自己的舆论，马重绩是当时有名的星象家，石敬瑭被后唐军队包围后，形势非常危急，命马重绩占筮，遇《同人》卦，马重绩解释道："天火之象，乾健而离明。健者君之德也，明者南面而向之，所以治天下也。同人者人所同也，必有同我者焉。《易》曰：'战乎乾。'乾，西北也。又曰：'相见乎离。'离，南方也。其同我者自北而南乎？乾，西北也，战而胜，其九月十月之交乎？"① 马重绩的"御用"占卜活动，很明显是串通后的阴谋，"其同我者自北而南"，显然指的是北方的辽国，这种颇含神秘性的舆论宣传，在当时能够起到很大的蛊惑作用。

面对危机，李从珂夜间同近臣商讨对策，他说："石郎于朕至亲，无可疑者，但流言不释，万一失欢，何以解之？"② 由于李从珂当时对石敬瑭的野心并没有彻底的了解，更没有保持高度的警惕，所以近臣都不回答。端明殿学士、给事中李崧和同僚吕琦，都认为石敬瑭必定与辽国勾结，以谋异志，因此，他俩主张以毒攻毒，后唐朝廷抢在石敬瑭之前和辽国再度结盟，述律太后因为耶律倍在中国，屡次要求和亲，只是由于后唐还扣押着辽国被俘的将领不放，因此和议未能成功。如果现在放归辽国战俘，每年再送"礼币"十几万缗，和议一定能够达成。

后唐朝廷为了对付自己内部的敌对势力，也谋划勾结辽国，李从珂听后觉得有理，愉快地答应，并命二人起草遗辽国书以待命。但是，第二天，有大臣提出相反意见后，李从珂又转而反对，而且非常愤怒。于是，再无人敢提与辽国结盟一事。后唐朝廷和辽国结盟，目的是对付自己内部的割据势力，而其所允诺的条件，和后来石敬瑭等允诺的条件比较起来，代价要小得多，可见在此问题上，李从珂的不明智。但是，辽国是否会以如此低廉的条件，答应和后唐结盟，这不是后唐朝廷所能决定的。李崧和吕琦的主张，也是主观的臆测。

李从珂与石敬瑭，终于关系破裂，李从珂于是宣布讨伐石敬瑭，石敬

---

① 《新五代史》卷五七，《马重绩传》，第664—665页。案：《新五代史·马重绩传》记载："马重绩，字洞微，其先出于北狄，而世事军中。重绩少学数术，明太一、五纪、八象、《三统大历》，居于太原。唐庄宗镇太原，每用兵征伐，必以问之，重绩所言无不中，拜大理司直。明宗时，废不用。"马重绩在唐庄宗时期颇获重用，唐明宗时期却被废弃不用，转而投奔石敬瑭，自然要为石敬瑭称帝摇旗呐喊；由于其有在唐庄宗时期"所言无不中"的经历，因此，他借助占卜活动为石敬瑭所作的宣传，应该颇具"权威性"和煽动性。

② 《资治通鉴》卷二八〇，《后晋纪一》，天福元年三月，第9266页。

瑭马上派使节向辽国求援，并令桑维翰草表向耶律德光称臣，还表示要向这个比自己年轻得多的契丹族首领以“父礼事之”，并许诺事成之后，割让卢龙一道及雁门关以北诸州作为酬谢。耶律德光一见石敬瑭的草表，对其母亲述律太后说：“儿比梦石郎遣使来，今果然，此天意也。”① 此梦说明石敬瑭和辽国勾结已久，绝非石敬瑭所说的是被后唐皇帝逼反。石敬瑭实施此计划的过程中，桑维翰充当了最重要的帮凶的角色。

由于赵德钧也妄图借辽国之力称帝，毕竟幽州紧邻辽国，从各方面来说，对辽国都更有吸引力。石敬瑭害怕耶律德光因此而改变援助自己的计划，赶忙命桑维翰到辽国，“述其始终利害之义”②，双方的盟约才得以确定。

司马光主编的《资治通鉴》对该事情的始末记载得更为详细，赵德钧先以金帛贿赂耶律德光，并许诺，“若立己为帝，请即以见兵南平洛阳，与契丹为兄弟之国，仍许石氏常镇河东”③，而耶律德光考虑到如果深入河东援助石敬瑭，由于当时晋安寨尚未攻下，赵德钧兵力又比较强大，范延光在他的东面，也有比较多的军队，再加上与自己敌对的山北诸州的军队，如果他们联合起来，趁机截断自己的归路，后果不堪设想，于是又准备转而答应赵德钧的请求。石敬瑭听到后非常害怕，急忙派桑维翰去见耶律德光，桑维翰说道：“赵北平父子不忠不信，畏大国之强，且素蓄异志，按兵观变，非以死徇国之人，何足可畏，而信其诞妄之辞，贪毫末之利，弃垂成之功乎！”在历数了赵德钧父子的劣迹后，又厚颜无耻地用厚利来诱惑耶律德光，如果辽国能够帮助石敬瑭夺得帝位，“将竭中国之财以奉大国！”但耶律德光还是不放心，说道：“尔见捕鼠者乎？不备之，犹或啮伤其手，况大敌乎！”桑维翰回答道：“今大国已扼其喉，安能啮人乎！”耶律德光又说道：“吾非有渝前约也，但兵家权谋，不得不尔”，桑维翰回答道：“皇帝以信义救人之急，四海之人俱属耳目，奈何二三其命，使大义不终！臣窃为皇帝不取也。”耶律德光还是没有答应，桑维翰见状，“跪于帐前，自旦至暮，涕泣争之”，桑维翰的真情与无耻，终于打动了耶律德光，耶律德光指着帐前的石头，对赵德钧的使者说：

---

① 《资治通鉴》卷二八〇，《后晋纪一》，天福元年七月，第 9274 页。

② 《旧五代史》卷八九，《桑维翰传》，第 1162 页。

③ 《资治通鉴》卷二八〇，《后晋纪一》，天福元年闰十一月，第 9283 页。

"我已许石郎，此石烂，可改矣。"[①] 其实，打动耶律德光的关键因素，还是石敬瑭许诺的非常优厚的条件。

桑维翰此行中表现出来的无耻，较之石敬瑭，于伯仲之间。王夫之评价桑维翰时说道："谋国而贻天下之大患，斯为天下之罪人，而有差等焉。祸在一时之天下，则一时之罪人，卢杞是也；祸及一代，则一代之罪人，李林甫是也；祸及万世，则万世之罪人，自生民以来，唯桑维翰当之"，桑维翰"急请屈节以事契丹，敬瑭智劣胆虚，遽从其策，称臣割地，授予夺之权于夷狄，知远争之而不胜。于是而生民之肝脑，五帝三王之衣冠礼乐，驱以入于狂流。契丹弱而女直乘之，女直弱而蒙古乘之，贻祸无穷，人胥为夷，非敬瑭之始念也，维翰使之也"[②]，王夫之把罪过大多加到桑维翰头上，显欠公允，毕竟主导者是石敬瑭，急着做皇帝的也是石敬瑭。

石敬瑭此举，就连他的同谋刘知远也认为太过分，"称臣可矣，以父事之太过。厚以金帛赂之，自足致其兵，不必许以土田，恐异日大为中国之患，悔之无及"[③]，刘知远所希望答应的条件，和后唐朝廷原先准备允诺给辽国的条件差不多。他尤其反对割地，恐怕日后为中原之害，他的眼光还是比较远的。所以，王夫之如此评价刘知远，"刘知远之智，过于石敬瑭也远甚"[④]。当然，刘知远在这个过程中，也扮演了重要角色，"劝晋高祖举义，赞成密计，经纶之始，中外赖之"[⑤]。然而石敬瑭不接受刘知远提出的与耶律德光结盟的条件，一意孤行。石敬瑭的无耻行为，连他的从父弟石敬威都坚决反对，石敬瑭密谋靠卖国以换取帝位之时，石敬威在洛阳，他知道石敬瑭的如此做法，是历史的罪人，最终将大祸难逃，于是对亲朋们说："夫人生而有死，理之常也。我兄方图大举，余固不可偷生待辱，取笑一时。"[⑥] 随后自杀于私邸，人们听说后，都很佩服他的壮举，石敬威还是很有民族气节和正义感的。

耶律德光看了石敬瑭派人送来的正式上表后，非常高兴，因为石敬瑭

---

① 《资治通鉴》卷二八〇，《后晋纪一》，天福元年十一月，第 9283 页。

② 王夫之著，舒士彦点校：《读通鉴论》卷二九，《五代中》，中华书局 2013 年版，第 885—886 页。

③ 《资治通鉴》卷二八〇，《后晋纪一》，天福元年七月，第 9274 页。

④ 《读通鉴论》卷二九，《五代中》，第 885 页。

⑤ 《旧五代史》卷九九，《汉书一》，《高祖纪上》，第 1322 页。

⑥ 《旧五代史》卷八七，《晋书十三》，第 1137 页。

提出的条件极具诱惑力，这些条件，是中原地区以往任何一个割据者，都未曾提出过的。而辽国一旦得到幽云十六州，对辽国下一步的发展，具有决定性的意义。耶律德光认为是进军中原的绝佳良机，于是会书石敬瑭，约定秋后起兵赴援。

2. 儿皇帝登基

清泰三年（936）九月，秋高马肥时节，耶律德光率领五万骑兵，号称三十万，自扬武谷（今山西省原平市境内）一路南下，直抵晋阳城外，没用几天时间，就将后唐军队主力消灭干净。

仔细分析晋阳之战的经过，就会发觉，该战实际上是辽国势力介入中原争夺的分水岭，从此之后，辽国势力大盛。

后唐军队包围晋阳城后，任太原四面招讨副使的杨光远对前来犒军的端明殿学士吕琦说："愿附奏陛下，幸宽宵旰。贼若无援，旦夕当平；若引契丹，当纵之令入，可一战破也。"① 杨光远夸下的海口，李从珂听后竟然非常高兴。但是，到了九月，后唐军队很快被包围于晋安寨，石敬瑭军队和辽国军队构筑的包围圈"长百余里，厚五十里，多设铃索吠犬，人跬步不能过"②，石敬瑭和耶律德光的联军，给后唐军队造成了巨大的心理压力，陡然增加了他们的恐惧感，剩余的五万人马竟然不知所措。

十一月，前坊州刺史刘景岩对准备去援助被围后唐军队的彰武节度使杨汉章手下数千将士说："契丹强盛，汝曹有去无归。"③ 众人听后，更加恐惧，杀杨汉章，以刘景岩为留后。还未见辽国军队的面，几句恐吓性的话，就吓破了胆。当后唐军队失败的消息传到洛阳后，"众心大震，居人四出，逃窜山谷"④，对辽国军队的极度恐惧心理，像传染病一样在全国传播，包括李从珂本人，也患上了严重的"恐辽症"。

其实，当时的辽国军队，并非无懈可击，耶律德光虽然驻军柳林，但是，"其辎重老弱皆在虎北口，每日暝辄结束，以备仓猝遁逃"⑤。后唐末帝李从珂命幽州守将赵德钧出兵讨伐石敬瑭，而赵德钧却另有自己的阴谋，他并未把即将灭亡的后唐政权放在眼中，反欲趁机扩展自己的势力，

---

① 《资治通鉴》卷二八〇，《后晋纪一》，天福元年八月，第9274—9275页。

② 《资治通鉴》卷二八〇，《后晋纪一》，天福元年九月，第9276页。

③ 《资治通鉴》卷二八〇，《后晋纪一》，天福元年十一月，第9281页。

④ 《资治通鉴》卷二八〇，《后晋纪一》，天福元年闰十一月，第9287页。

⑤ 《资治通鉴》卷二八〇，《后晋纪一》，天福元年十一月，第9282页。

进一步霸占整个河北地区。为此，他也不愿再与辽国对抗，反而与其暗中勾结，妄图让辽国立自己为帝，只是因为石敬瑭的缘故，赵德钧称帝的阴谋才没有得逞。述律太后对赵德钧父子的训话，更反映了汉人上层个人的野心和他们与辽国之间的勾结与争夺，在石敬瑭称帝过程中起到推波助澜的可耻作用，史载，赵德钧投降后见述律太后，太后说："吾儿将行，吾戒之云：'赵大王若引兵北向榆关，亟须引归，太原不可救也。'汝欲为天子，何不先击退吾儿，徐图亦未晚。汝为人臣，既负其主，不能击敌，又欲乘乱邀利，所为如此，何面目复求生乎?"[①] 极度鄙视之情，溢于言表。赵德钧低着头，无法回答。以往史学界多对石敬瑭割让幽云十六州的行为大加鞭笞，其实，在此问题上，赵德钧等的行为一样可耻。在一定程度上可以说，"幽州的丢失，完全是中原军阀彼此钩心斗角的结果"[②]。

重围之中，后唐军队"始则削木筛粪，以饲其马，日望朝廷救军，及渐羸死，则与将士分食之，马尽食殚。副将杨光远、次将安审琦知不济，劝（张）敬达宜早降以求自安。敬达曰：'吾受恩于明宗，位历方镇，主上授我大柄，而失律如此，已有愧于心也。今救军在近，旦暮雪耻有期，诸公何相迫耶。待势穷，则请杀吾，携首以降，亦未为晚'，光远、审琦知敬达意未决，恐坐成鱼肉，遂斩敬达以降"[③]。杨光远、安审琦之流已经被联军尤其是辽国军队吓破了胆，投降只是迟早之事。

晋安寨战役结束后，耶律德光旋即以五千骑兵护送石敬瑭进入洛阳城，后唐清泰帝李从珂赴火而死，后唐统治结束。

后晋天福元年（937）十一月，耶律德光册封石敬瑭为大晋皇帝，约为父子之国。

辽国主作册书，命石敬瑭为大晋皇帝，并亲自解衣冠授之，"筑坛于柳林，是日，即皇帝位。割幽、蓟、瀛、莫、涿、檀、顺、新、妫、儒、武、云、应、寰、朔、蔚十六州以与契丹，仍许岁输帛三十万匹"[④]。

后晋割让幽州管内及新、武、云、应、朔州之地给辽国，每岁许输帛三十万匹，加上此前被辽国占有的幽州等十一州，北方与辽国接壤的十六

---

① 《资治通鉴》卷二八〇，《后晋纪一》，天福元年十一月，第9288页。

② 曹子西主编：《北京通史》第三卷（王玲著），中国书店出版社1994年版，第20页。

③ 《旧五代史》卷七〇，《张敬达传》，第934页。

④ 《资治通鉴》卷二八〇，《后晋纪一》，天福元年十一月，第9281页。

州尽入辽国，此举“加深了民族关系的紧张因素”①。

割弃幽云十六州，自毁长城，直接导致了后来宋、辽对峙中北宋始终处于劣势地位，也间接导致金朝能轻而易举地灭亡北宋，从而形成宋、金之间南北对峙的局面。从地缘政治学的角度分析，两宋三百余年的外患局面，和石敬瑭此举种下的恶果有很大关系。石敬瑭个人之无耻，自不待言，王夫之痛斥说：“德不可恃，恃其功；功不可恃，恃其权；权不可恃，恃其力；俱无可恃，所恃以偷立乎汴邑而自谓为天子者，唯契丹之虚声以恐吓臣民而已。”② 石敬瑭在中华民族的历史上绝对是千古罪人，不能因为现在是多民族统一国家就否定这一点，或忽略这一点，该问题必须放到当时的历史环境中去考察。当时，中原与辽国分明是敌国，石敬瑭为了做皇帝，不惜出卖国家和民族的核心利益，由于他的无耻举动，中原社会经济在数百年间，蒙受巨大的损失，历史发展因此增加了许多负面的变数，石敬瑭对此难辞其咎。“同时我们还要看清，当日华北沿长城一带是一个汉人的多数民族的农业社会与少数民族游牧社会互为出入的地区，终唐之世没有一方取得绝对优势。《新唐书》的《北狄传》还说最后的一个卢龙节度使刘仁恭，曾和契丹订约，以牧地换战马。而且936年之前，契丹之侵略山西北部也见诸形迹。所以这一套的发展，并不完全由于石敬瑭之开门揖盗，契丹立国后进出华北，已是迟早的事，只是阿保机和耶律德光父子利用中国国内的间隙做拓土的根据手腕灵活而已”③，黄仁宇此言，也绝非为石敬瑭开脱历史罪责，只是在陈述历史的真实存在。范恩实则对石敬瑭所列的条件进行具体评价，“称儿源于胡族习俗，纳币源于长期的历史传统，割地是割让尚处于政敌之手并已半属契丹且有强大独立倾向的燕云地区……都不构成难题”④，割让处于政敌之手的地盘，自然不会心疼，而幽云十六州对于中原政权的重要性，石敬瑭之流是不会去考虑的，他们唯一考虑的就是如何坐龙椅，至于手段如何无耻、如何下流，他们根本不顾忌。专制体制下的汉人上层，即使在和平年代也会这样做，割据混

---

① 邓小南：《试谈五代宋初“胡汉”语境的消解》，载张希清等主编《10—13世纪中国文化的碰撞与融合》一书，第122页。

② 《读通鉴论》卷三〇，《五代下》，第890页。

③ 黄仁宇：《赫逊河畔谈中国历史》，生活·读书·新知三联书店1992年版，第136页。

④ 范恩实：《石敬瑭割让幽云（幽蓟）的历史背景》，王小甫主编：《盛唐时代与东北亚政局》，上海辞书出版社2003年版，第319页。

战的时期，这种心理更会膨胀和蔓延。

吕思勉先生从种族背景分析了“称臣”“称儿”问题，“石敬瑭称臣于耶律德光，沙陀之种，原未必贵于契丹也”①，这一分析角度，有助于学术界加深对该问题的认识；“由‘契丹主’册立为帝，透露出源自沙陀人的石敬瑭，面对契丹的心理弱势”；“幽云地区的割出，不仅伤害了中原人民的民族感情，亦且直接影响到此后数百年的民族关系的走势及政局起伏”②；“中原政权首次承认外族王朝的宗主权”③，这对汉人上层的民族心理，是一个巨大的痛苦的挑战。

但是，称臣一事首先还是取决于政治形势。石敬瑭为做皇帝，却以牺牲疆域为代价，落下千古骂名。“称臣”“称儿”这种父子关系绝非仅存在于寻常百姓之间，“而是在两个君主之间缔结的，它一经确立，就意味着后晋王朝统治下的中原百姓直至百官公卿，同时都沦为辽国统治者的奴仆”④。

当然，辽国占领幽云十六州地区，以征服者的姿态出现，固然会引起部分汉人上层领导汉人进行反抗，但是，总的来讲，该地区当时并没有发生太大的民族冲突所导致的动荡。与以后的金、元二朝相比，由少数民族入主所引起的社会动荡的幅度，要小得多。究其原因，主要是辽国在占领该地区后，能够因地制宜，实行比较开明的政策，“政策、制度、生产方式并未因此有多大变更，这是减轻汉族人民的对抗心理的重要原因”⑤。此外，“和平转让”的领土变更方式，也减少了汉人对占领者的抗拒心理，辽国贵族自然也就不必采取过分强硬的手段，来改变此前汉人久已习惯的制度。

但是，并不是没有汉人上层对石敬瑭割地称臣无耻行为的鄙视和反击。郭崇，应州金城人，“重厚寡言，有方略。……父祖俱代北酋长。崇弱冠以勇力应募为卒。后唐清泰中。为应州骑军都校。晋祖割云应地入为

---

① 《吕思勉读书札记》下册，上海古籍出版社 1982 年版。

② 邓小南：《试谈五代宋初“胡汉”语境的消解》，载张希清等主编《10—13 世纪中国文化的碰撞与融合》一书，第 123 页。

③ 《剑桥中国辽西夏金元史》，第 71 页。

④ 《辽金西夏史》第 26 页。但是王明荪先生指出：“石敬瑭以父礼事德光，实由因其非汉人，故无汉人观念，为人义子，本为游牧民族之习俗，并无屈辱之意念。”《宋辽金史论文稿》第 13 页。关键是，石敬瑭等极少数非完全意义上的汉人的观念，不能为广大汉人接受。

⑤ 《北京通史》第三卷，第 46 页。

契丹，崇耻事之，奋身南归”①；耶律德光北归途中路过云州，云州节度判官吴峦对城中的汉人民众说：“吾属礼义之俗，安可臣于夷狄乎!”② 于是，众人推吴峦领州事，闭城不接受辽国的诏令，辽国军队攻城，却落得不克而逃。今容城县所辖区域（今河北省容城县）被割让给辽国后，汉人民众不愿在异族统治下生活，大多跑到拒马河南，北宋建国后，为此专门设置了容城县，隶属于雄州。

3. 痛苦的儿皇帝

做儿皇帝，从汉人的传统观念来看，毕竟不是光彩之事，石敬瑭开始还为自己的无耻行为辩护，“前世与虏和亲，皆所以为天下计。今吾以天下臣之，尔以一镇抗之，大小不等，无自辱焉”③。西汉、唐朝等朝代的皇帝在处理和匈奴、突厥等民族的关系时，所实行的和亲政策的确是为天下计；石敬瑭也拿出这个理由来说服安重荣，而他所谓的“天下”，本质上是野心家加阴谋家的个人图谋。

石敬瑭做了儿皇帝后，“事契丹甚谨……每契丹使至，帝于别殿拜受诏敕”，每岁输金帛三十万之外，吉凶庆吊，岁时赠遗，玩好珍异，不绝于路，上至应天太后，元帅太子，伟王，南、北二王，下至韩延徽、赵延寿等诸大臣，皆有赂遗；但是，后晋政权如果“小不如意，（辽国就）辄来责让”，如此耻辱的处境，石敬瑭“常卑辞谢之”。后晋使者到辽国，“契丹骄倨，多不逊语”④，王夫之评价石敬瑭“名为天子，贱同仆隶”⑤。

会同元年（938），辽国改幽州为南京，以后唐降将赵思温为留守，当时赵思温子赵延照在后晋任祁州刺史，赵思温“密令延照言虏情终变，请以幽州内附”⑥，石敬瑭不允许。义武节度使王处直子王威，避王都之难，逃往辽国，天福四年（939）七月，义武节度使位置空缺，耶律德光遣使来后晋，要求让王威世袭其父义武节度使一职，石敬瑭辞以中国之法必自刺史、团练、防御序迁才能到节度使的理由，请求王威到后晋后，渐加进用，然后升迁，耶律德光闻之大怒，又遣使来，责备石敬瑭说：“尔

① 《宋史》卷二五五，《郭崇传》，第 8901 页。《资治通鉴》卷二八一作郭崇威。

② 《资治通鉴》卷二八一，《后晋纪二》，天福二年二月，第 9297 页。

③ 《新五代史》卷五一，《安重荣传》，第 584 页。

④ 《资治通鉴》卷二八一，《后晋纪二》，天福三年八月，第 9316—9317 页。

⑤ 《读通鉴论》卷三〇，《五代下》，第 895 页。

⑥ 《资治通鉴》卷二八一，《后晋纪二》，天福三年八月，第 9317 页。

自节度使为天子，亦有阶级耶!”① 耶律德光把石敬瑭的老底彻底揭穿。但是，石敬瑭害怕一旦答应此事，类似的事情将接踵而至，于是厚赂辽国，且请以王处直兄长的孙子彰德节度使王廷胤为义武节度使，借此来满足辽国的要求，耶律德光的怒意才稍微缓解。安重荣虽然屡屡发起和辽国的冲突，但是暗中遣人与幽州节度使刘晞勾结，辽国“亦利晋多事，幸重荣之乱，期两敝之，欲因以窥中国”②，辽国统治者为了牢牢控制石敬瑭，也希望后晋统治阶级内部，不断内讧，这也是辽国贵族对五代诸中原政权的持续性民族心理和政策。天福五年（940）二月，北都留守、同平章事安彦威入朝，石敬瑭对他说：“吾所重者信与义。昔契丹以义救我，我今以信报之；闻其征求不已，公能屈节奉之，深称朕意。”安彦威回答说：“陛下以苍生之故，犹卑辞厚币以事之，臣何屈节之有!”③ 石敬瑭听后，非常高兴，他希望后晋的所有官员和百姓，都能像自己一样，悉心执行卑辱的对辽外交政策。

石敬瑭割雁门以北给辽国后，原来生活在这一带的吐谷浑部皆归属辽国，吐谷浑部“苦其贪虐，思归中国；成德节度使安重荣复诱之，于是吐谷浑率部落千余帐自五台来奔。契丹大怒，遣使让帝以招纳叛人”，主子大怒，奴才受惊，于是马上执行主子的指示，天福六年（941）正月，石敬瑭派遣供奉官张澄率兵二千“索吐谷浑在并、镇、忻、代四州山谷者，逐之使还故土”④。对于安重荣在北部边界地区的主动“生事”行为，石敬瑭屡敕其“承奉契丹，勿自起衅端”⑤。八月，石敬瑭因为安重荣杀辽国使者，害怕辽国以此为由犯塞，于是遣安国节度使杨彦询出使辽国，杨彦询到辽国后，耶律德光责问辽国使者死事，杨彦询说：“譬如人家有恶子，父母所不能制，将如之何?”⑥ 耶律德光听后，愤怒的心情，稍微减轻，但是扣留了杨彦询，直到安重荣被杀后，方被放回。天福七年（942）四月，辽国以后晋招纳吐谷浑，遣使问责，石敬瑭“忧悒不知为计”⑦，五月开始发病，六月就去世，时年五十一岁。石敬瑭的死因，应

① 《资治通鉴》卷二八二，《后晋纪三》，天福四年七月，第 9332 页。
② 《新五代史》卷五一，《安重荣传》，第 585 页。
③ 《资治通鉴》卷二八二，《后晋纪三》，天福五年二月，第 9338 页。
④ 《资治通鉴》卷二八二，《后晋纪三》，天福六年正月，第 9348 页。
⑤ 《资治通鉴》卷二八二，《后晋纪三》，天福六年四月，第 9351 页。
⑥ 《资治通鉴》卷二八二，《后晋纪三》，天福六年八月，第 9356 页。
⑦ 《资治通鉴》卷二八三，《后晋纪四》，天福七年四月，第 9364 页。

该主要是心理因素导致，长期生活在恐惧、屈辱、压抑、忧悒等多种有害心理交织的环境中，健康状况肯定每况愈下。而病的起因和加重，又和后晋如何妥善处理和辽国的外交关系相关。靠辽国的“援助”起家，所以石敬瑭必须带头不折不扣地执行主子的所有指示；但是在后唐境内，像安重荣这样和国家外交政策对着干的藩镇官员，在当时的背景下，石敬瑭又无法完全使其和自己保持一致，内外交攻，没有几天舒心的日子。而儿皇帝的角色，时间一长，也让他从心理上日益感觉不快。

石敬瑭即位后六年，虽然后晋和辽国之间“彼此通欢，亭障无事”，但对于儿皇帝这一角色，心理上逐渐感到不舒服，“朕比以北面事之，烦懑不快”[①]，再加上辽国和南唐及吴国的勾结[②]，进一步加剧了石敬瑭的这种心理。石敬瑭为此对辽国也有所防备，耶律德光得到赵延寿后，“情甚狎密，使秉政”，由于赵延寿非常熟悉中原地区的山川险要、风土人情，一旦其为辽国大用的话，危害匪浅，石敬瑭于是偷偷给耶律德光上表，倍言赵延寿父子的劣迹，“于上党拥重兵窥玩神器，清泰亡国，不忠不孝，天下共知”，孰料被无耻的赵延寿识破，赵延寿又向耶律德光力表忠心，耶律德光表示“誓不疑汝”[③]；赵德钧死后，耶律德光以赵延寿为幽州节度使，封燕王；后改幽州为南京，赵延寿迁留守，总山南事。天福三年（938）十一月，石敬瑭“虑契丹为后世之患”[④]，遣前淄州刺史刘继勋将澶州治所由顿丘县（今河南省南乐县）迁往跨黄河的德胜津（今河南省濮阳市境内）。史学界以往人多忽略此条史料，没有注意到石敬瑭在割让幽云十六州之后，为了对付辽国的南下扩张，所采取的一些补救举措。他的这种软反抗心理，又对在晋、辽问题上持强硬态度的臣僚，如安重荣等，客观上产生了一定程度的鼓励作用。天福六年（941）四月，南唐主遣通事舍人欧阳遇请求“假道以通契丹”[⑤]，石敬瑭坚决拒绝。

---

① 《旧五代史》卷八九，《桑维翰传》，第 1166 页。

② 据《辽史》太宗本纪记载，耶律德光在位时期，辽和南唐之间使节来往非常频繁。尤其是会同四年（940）十一月己巳，“南唐遣使奉蜡丸书言晋密事”，包括本次南唐送蜡丸书到辽的记载，就有四次。但是，正如《资治通鉴》卷二九〇、《后周纪一》所记：“唐自烈祖以来，常遣使泛海与契丹相结，欲与之共制中国，更相馈遗，约为兄弟。然契丹利其货，徒以虚语往来，实不为唐用也。”

③ 《辽史纪事本末》卷七，《太宗灭晋》。

④ 《资治通鉴》卷二八一，《后晋纪二》，天福三年十一月，第 9322 页。

⑤ 《资治通鉴》卷二八二，《后晋纪三》，天福六年四月，第 9349 页。

抛开安重荣的个人野心不说，仔细分析安重荣对辽国的心理，颇有代表性。天福年间，“朝廷姑息契丹，务安边塞，重荣每见蕃使，必以箕踞谩骂。会有梅里数十骑由其境内，交言不逊，因尽杀之”①，耶律德光闻之大怒，斥责石敬瑭。而石敬瑭当时对安重荣等武将的反辽国行为，隐忍以就，未即加罪。石敬瑭的此种做法，在客观上助长了安重荣的此种行为，“密与吐浑深相结，至是纳焉，而致于朝。既而安重荣抗表请讨契丹，且言吐浑之请。……晋祖览表，犹豫未决”②。

安重荣在上表中谈到讨伐辽国的两个有利条件，第一，熟吐浑节度使白承福、赫连公德等，“各领本族三万余帐，自应州地界奔归王化。续准生吐浑并浑葜苾两突厥三部落，南北将沙陀、安庆、九府等，各领部族老小，并牛羊、车帐、甲马，七八路慕化归奔，俱至五台及当府地界已来安泊。累据告劳，具说被契丹残害，平取生口，率略羊马，凌害至甚。又自今年二月后来，须令点检强壮，置办人马衣甲，告报上秋向南行营，诸蕃部等实恐上天不祐，杀败后随例不存家族，所以预先归顺，兼随府族，各量点检强壮人马约十万众。又准沿河党项及山前、山后、逸利、越利诸族部落等首领，并差人各将契丹所授官告、职牒、旗号来送纳，例皆号泣告劳，称被契丹凌虐，愤惋不已，情愿点集甲马，会合杀戮”，后晋和辽国交界处的吐浑等部族，不满辽国的压迫和凌辱，积极请求归附后晋，而且愿意和后晋一起反抗辽国的压迫。第二，朔州节度副使赵崇与本城将校杀伪节度使刘山，“寻已安抚军城，乞归朝廷”③，割让给辽国的朔州的汉人上层，也有要求回归的愿望，甚至不惜采取武装暴动的行为回归。这两件事背后，估计都有安重荣的策动，而且安重荣陆续将这两件事情的仔细经过上报了朝廷，但是后晋朝廷给他的指示是“凡有往复契丹，更须承奉，当候彼生头角，不欲自起衅端，贵守初终，不愆信誓”④，石敬瑭托以反抗辽国的机遇还没有来到，要求安重荣不要主动生事。而安重荣则认为“机不可失，时不再来。窃以诸蕃不招呼而自至，朔郡不攻伐而自归，盖系人情，尽由天意。更念诸陷蕃节度使等，本自勋劳，早居富贵，没身边

① 《旧五代史》卷九八，《安重荣传》，第1302页。
② 《旧五代史》卷八九，《桑维翰传》，第1163页。
③ 《旧五代史》卷九八，《安重荣传》，第1302—1303页。
④ 同上书，第1303页。

塞，遭酷虐以异常，企足朝廷，冀倾输而不已，如闻传檄，尽愿倒戈”①，安重荣的上表，估计语言非常激烈，“指斥高祖称臣奉表，罄中国珍异，贡献契丹，凌虐汉人，竟无厌足”，王夫之如此评价安重荣，“事虽逆而名正者，安重荣也”②，安重荣还把此表以其他形式，“遗诸朝贵及藩镇诸侯”③，力图通过宣传，在后晋朝野寻找自己的同盟者。

石敬瑭对安重荣讨伐辽国的上表“犹豫未决”，说明他在心理上也有和辽国断绝这种屈辱关系的想法。犹豫心理，表露出其矛盾的意图，从王朝利益和长期的屈辱心理出发，该反；从国家实力出发，又不敢反。

但是桑维翰的密奏，又使他断绝了这种不切实际的想法。桑维翰首先谈到屈辱关系背后的利益，“虽卑辞降节，屈万乘之尊，而庇国息民，实数世之利”，然后从七个方面分析后晋不可与辽国关系破裂的原因。

第一，契丹最近几年势力最强盛，“侵伐邻国，吞灭诸蕃，救援河东，功成师克。山后之名藩大郡，尽入封疆；中华之精甲利兵，悉归庐帐。即今土地广而人民众，戎器备而战马多”。第二，契丹自告捷之后，“锋锐气雄；南军因败衄已来，心沮胆怯。况今秋夏虽稔，而帑廪无余；黎庶虽安，而贫敝益甚；戈甲虽备，而锻砺未精；士马虽多，而训练未至”，国家的综合实力，尤其是军事和经济实力是战争胜负的决定性因素，在这两个方面，后晋与辽国的实力不成正比。第三，辽国与后晋，“恩义非轻，信誓甚笃，虽多求取，未至侵凌，岂可先发衅端，自为戎首。纵使因兹大克，则后患仍存；其或偶失沈机，则追悔何及”，辽国每年从后晋勒索的财富不少，但后晋还不至于承受不起。若主动攻击辽国，后晋并没有必胜的把握。第四，“王者用兵，观衅而动。是以汉宣帝得志于匈奴，因单于之争立；唐太宗立功于突厥，由颉利之不道。方今契丹主抱雄武之量，有战伐之机，部族辑睦，蕃国畏伏，土地无灾，孳畜繁庶，蕃汉杂用，国无衅隙”，汉、唐二朝能够击败匈奴和突厥，皆因为对方内部出了问题，有机可乘，目前辽国内部则没有这种迹象。第五，“引弓之民，迁徙鸟举，行逐水草，军无馈运，居无灶幕，住无营栅，便苦涩，任劳役，不畏风霜，不顾饥渴，皆华人之所不能”，辽国军队和中原政权军

---

① 《旧五代史》卷九八，《安重荣传》，第1303页。

② 《读通鉴论》卷二九，《五代中》，第886页。

③ 《旧五代史》卷九八，《安重荣传》，第1303页。

队的作战方式、将士耐力等比较起来，中原政权军队明显处于劣势。第六，“戎人皆骑士，利在坦途；中国用徒兵，喜于隘险。赵、魏之北，燕蓟之南，千里之间，地平如砥，步骑之便，较然可知。国家若与契丹相持，则必屯兵边上。少则惧强敌之众，固须坚壁以自全；多则患飞輓之劳，必须逐寇而速返。我归而彼至，我出而彼回，则禁卫之骁雄，疲于奔命，镇、定之封境，略无遗民”，幽云十六州丢掉之后，双方大战的主战场，已经转移到华北大平原，这种地理态势，非常不利于中原政权以步兵为主的军队的作战态势。第七，“议者以陛下于契丹有所供亿，谓之耗蠹；有所卑逊，谓之屈辱，微臣所见，则曰不然。且以汉祖英雄，犹输货于冒顿；神尧武略，尚称臣于可汗。此谓达于权变，善于屈伸，所损者微，所利者大。必若因兹交构，遂成衅隙，自此则岁岁征发，日日转输，困天下之生灵，空国家之府藏，此谓耗蠹，不亦甚乎！兵戈既起，将帅擅权，武吏功臣，过求姑息，边藩远郡，得以骄矜，外刚内柔，上陵下僭，此为屈辱，又非多乎！”① 汉、唐盛世，也曾有受屈辱于北方游牧民族的历史，因此，要根据双方实力的变化做出外交上的调整，有屈有伸。双方一旦开战，后晋物质上的损失，绝对不可与每年送给辽国的岁币数量相比。而且战争一起，武将趁机生事，攘外未见胜果，安内已成为首要事宜，后果不堪设想。最后一点，才是最能打动石敬瑭的地方，来之不易的龙椅，比什么都重要。

最后桑维翰希望石敬瑭“思社稷之大计，采将相之善谋，勿听樊哙之空言，宜纳娄敬之逆耳。然后训抚士卒，养育黔黎，积谷聚人，劝农习战，以俟国有九年之积，兵有十倍之强，主无内忧，民有余力，便可以观彼之变，待彼之衰，用己之长，攻彼之短，举无不克，动必成功。此计之上者也”②，桑维翰所言，也即卧薪尝胆之策。左拾遗张谊也上书石敬瑭，“北狄有援立之功，宜外敦信好，内谨边备，不可自逸，以启戎心”③。

桑维翰的密奏，“留中不出”，随后石敬瑭召使人于内寝，传密旨于桑维翰，“朕比以北面事之，烦懑不快，今省所奏，释然如醒。朕计已决，卿可无忧”④。桑维翰的密奏，应该说许多方面很有道理，石敬瑭慎

① 《旧五代史》卷八九，《桑维翰传》，第1164—1165页。

② 同上书，第1166页。

③ 《资治通鉴》卷二八一，《后晋纪二》，天福二年六月，第9303页。

④ 《旧五代史》卷八九，《桑维翰传》，第1166页。

重考虑后，接受了他的建议。石敬瑭唯恐安重荣惹出大乱，“遂幸邺都，以诏谕之，凡有十焉”，石敬瑭对安重荣的说服工作做得很艰难，诏书达到十道，显见安重荣的坚决和固执，也可能支持安重荣的臣僚，不在少数。石敬瑭在给安重荣的诏书中已经没有羞耻二字，“尔身为大臣，家有老母，忿不思难，弃君与亲。吾因契丹而兴基业，尔因吾而致富贵，吾不敢忘，尔可忘耶！且前代和亲，只为安边，今吾以天下臣之，尔欲以一镇抗之，大小不等，无自辱焉”①。

但是，安重荣最后还是走上了反叛的道路，而其反叛很快失败，石敬瑭则“御楼阅其俘馘，宣露布讫，遣漆其头颅，函送契丹”②，送安重荣的头颅给辽国，进一步暴露了石敬瑭之流的无耻。

《旧五代史》站在封建史观的立场评价石敬瑭，可谓中肯，“图事之初，召戎为援，猃狁自兹而孔炽，黔黎由是以罹殃。迨至嗣君，兵连祸结，卒使都城失守，举族为俘。亦犹决鲸海以救焚，何逃没溺；饮鸩浆而止渴，终取丧亡。谋之不臧，何至于是！傥使非由外援之力，自副皇天之命，以兹睿德，惠彼蒸民，虽未足以方驾前王，亦可谓仁慈恭俭之主也”③。

《旧五代史》对桑维翰的评价也算公允，“维翰之辅晋室也，罄弼谐之志，参缔构之功，观其效忠，亦可谓社稷臣矣。况和戎之策，固非误计，及国之亡也，彼以灭口为谋，此掇殒身之祸，则画策之难也，岂期如是哉！是以韩非慨慷而著《说难》者，当为此也，悲夫！”④充分肯定了其作为谋臣的智慧和功劳。

欧阳修《新五代史》将桑维翰与景延广放在一起评价，“晋氏之事，维翰成之，延广坏之，二人之用心者异，而其受祸也同，其故何哉？盖夫本末不顺而与夷狄共事者，常见其祸，未见其福也”⑤，欧阳氏之评价，不是将二人放在当时特定之历史环境进行评价的，一味强调夷夏之分，其评价自然不客观。

---

① 《旧五代史》卷九八，《安重荣传》，第1303—1304页。

② 同上书，第1304页。

③ 《旧五代史》卷八〇，《晋书六》，《高祖纪第六》，第1063页。

④ 《旧五代史》卷八九，《桑维翰传》，第1175页。

⑤ 《新五代史》卷二九，《晋臣传第十七》，第324页。

（二）石重贵败盟惹祸端

1. 对辽外交急转弯

天福七年（942）六月，出帝石重贵即位后，后晋大臣讨论是否应该奉表称臣告哀于辽国的问题，出现了三种观点，景延广等主张致书称孙而不称臣，力图改变后晋与辽国之间称呼上不平等的屈辱的外交局面；李崧则认为："屈身以为社稷，何耻之有！陛下如此，他日必躬擐甲胄，与契丹战，于时悔无益矣。"① 该派主张继续执行石敬瑭时期对辽国的屈辱外交政策，两派观点截然对立，冯道等则依违于两派之间，石重贵接受了景延广一派的观点。耶律德光闻之大怒，派遣使节乔荣来问罪，且言："何得不先承禀，遽即帝位？"② 景延广让乔荣转告耶律德光说："先帝则北朝所立，今上则中国自策，为邻为孙则可，无臣之理"，且言："晋朝有十万口横磨剑，翁若要战则早来，他日不禁孙子，则取笑天下，当成后悔矣"③，又像杨光远一样夸下海口。此时，辽国卢龙节度使赵延寿欲趁机取代后晋称帝中国，屡次劝说耶律德光讨伐后晋，赵延寿的野心与辽国最高统治者的贪婪心理不谋而合，耶律德光答应择机讨伐。后晋当时的实力，诚如刘知远所说："中国疲弊，自守恐不足，乃横挑强胡，胜之犹有后患，况不胜乎！"④

后晋朝廷对辽国外交政策的急转弯，主要是桑维翰、景延广、刘继勋⑤、冯道等几个大臣的主张，"晋开运初，桑维翰辅政，欲图大举以制北戎"⑥，他们认为卧薪尝胆的历史已经过去，力图摆脱辽国的控制。而石重贵作为皇帝之所以敢与辽国对抗，是因为后晋也还有一定的实力。其实，他们对后晋军事实力的估计过高。这从对乔荣问题的处理可以看出，河阳牙将乔荣从赵延寿入辽，辽帝以为回国使，"置邸大梁。至是，景延广说帝囚荣于狱，凡辽国贩易在晋境者，皆杀之，夺其货。大臣皆言辽国

---

① 《资治通鉴》卷二八三，《后晋纪四》，天福七年十一月，第 9371 页。

② 同上。

③ 《旧五代史》卷八八，《景延广传》，第 1144 页。

④ 《资治通鉴》卷二八四，《后晋纪五》，开运二年二月，第 9412 页。

⑤ 《资治通鉴》卷二八六，《后汉纪一》，第 9462 页，天福十二年正月载，刘继勋"颇预其谋。契丹主入汴，刘继勋入朝，契丹主责之。时冯道在殿上，继勋急指道曰：'冯道为首相，与景延广实为此谋。臣位卑，何敢发言！'"

⑥ 《旧五代史》卷一二五，《冯晖传》，第 1645 页。《资治通鉴》卷二八三，《后晋纪四》则记载有异，"桑维翰屡请逊辞以谢契丹，每为延广所阻"。

不可负，乃释荣，慰赐而遣之”①。景延广想杀掉所有在后晋的辽国商人，抢夺他们的财物，这样做势必导致两国关系完全破裂，所以绝大多数后晋大臣不同意，晋出帝也没有接受景延广这一鲁莽加愚蠢的建议。见此情景，河东节度使刘知远，“知延广必致寇，而畏其方用事，不敢言，但益募兵，奏置兴捷、武节等十余军以备契丹”②。是年，后晋境内灾祸连绵，“春夏旱，秋冬水、蝗大起，东自海壖，西距陇坻，南逾江、淮，北抵幽蓟，原野、山谷、城郭、庐舍皆满，竹木叶俱尽。重以官括民谷，使者督责严急，至封碓硙，不留其食，有坐匿谷抵死者。县令往往以督趣不办，纳印自劾去。民馁死者数十万口，流亡不可胜数”③。内难方殷，还要主动挑起外战。杨光远趁机密告辽国，“晋主负德违盟，境内大饥，公私困竭，乘此际攻之，一举可取”④。

2．辽军南下灭后晋

第一阶段：

耶律德光集山后及卢龙兵共五万人，由赵延寿率领，讨伐后晋，许诺说“若得之，当立汝为帝”，又常指着赵延寿对在辽国的后晋人说：“此汝主也”，赵延寿信以为真，由是“为契丹尽力，画取中国之策”⑤。很明显，耶律德光在此次战争中，采取了“以汉制汉”的策略。

对于辽国的讨伐计划，后晋朝廷也全部获悉，于是，在军事上也做出了防御的对策。天福八年（943）十二月，石重贵派遣部下前去加固南乐及德清军的城池，并且征集近道百姓充军以加强防御的力量。

开运元年（944），辽国大军三路南下，讨伐后晋。西路自雁门关进攻河东，被刘知远的军队击败于秀容；中路军由赵延寿、赵延照率领，共五万兵马，是进攻的主力，进逼贝州（治清河，今河北省清河县）。东路进逼沧州。贝州位于水陆要冲，后晋“多聚刍粟，为大军数年之储，以备契丹”，贝州军校邵珂，由于永清节度使王令温罢了他的官，于是密遣人逃入辽国，说“贝州粟多而兵弱，易取也”⑥，邵珂引辽国军队自南门

---

① 叶隆礼撰：《契丹国志》卷二，《太宗嗣圣皇帝上》。文渊阁四库全书版。

② 《资治通鉴》卷二八三，《后晋纪四》，天福八年九月，第9382页。

③ 《资治通鉴》卷二八三，《后晋纪四》，天福八年十二月，第9386页。

④ 同上书，第9384页。

⑤ 同上书，第9385页。

⑥ 《资治通鉴》卷二八三，《后晋纪四》，开运元年正月，第9389页。

攻入贝州，杀上万人。石重贵连忙遣使者孟守忠致书于辽国，求修旧好。耶律德光回书说："已成之势，不可改也。"① 博州（治聊城，今山东省聊城市东北）刺史周儒投降辽国，又与杨光远一起引辽军自马家口渡河，一旦渡河成功，后晋必定失败。但是，在戚城及马家口，辽国军队被后晋军队先后击败。耶律德光还为此改变对后晋占领区的政策，"初，契丹主得贝州、博州，皆抚慰其人，或拜官赐服章"，至此则变为"忿恚，所得民，皆杀之，得军士，焚炙之。由是晋人愤怒，戮力争奋"②。耶律德光此举，必然导致中原汉人全民族的抵抗，辽国与后晋之间的战争也转为旷日持久的战争。开运元年（944）的澶州之战，尤其是开运二年的阳城（今河北省顺平县东南）之战，更以辽国军队的惨败而宣告结束，史载耶律德光"乘奚车走十余里，追兵急，获一橐驼，乘之而走"③。

接近两年的战争，可谓两败俱伤，"契丹连岁入寇，中国疲于奔命，边民涂地；契丹人畜亦多死，国人厌苦之"。述律太后对耶律德光说："使汉人为胡主，可乎？"对曰："不可。"太后曰："然则汝何故欲为汉主？"对曰："石氏负恩，不可容。"太后曰："汝今虽得汉地，不能居也；万一蹉跌，悔何所及！"述律太后又对其群下说："汉儿何得一向眠！自古但闻汉和蕃，未闻蕃和汉。汉儿果能回意，我亦何惜与和！"④ 桑维翰也屡次劝石重贵复请和于辽国，以纾国患；石重贵派张晖奉表称臣于辽国，卑辞谢过。耶律德光说："使景延广、桑维翰自来，仍割镇、定两道隶我，则可和。"⑤ 后晋朝廷看耶律德光怒意未解，且又提出割地的要求，认为其没有谈和的诚意，谈和一事，就此搁置。

该次讨伐战，说明辽国军队也没强大到使后晋军队一败涂地的程度，而其经不起长期战争拖延的弊病，更彻底显露，也验证了此前桑维翰"七不可"分析的偏颇之处。后晋军队如果能团结一致，战术得当的话，同样可以在一些关键战役中取得胜利。

石重贵经过阳城之捷，以为"天下无虞，骄侈益甚。四方贡献珍奇，皆归内府。多造器玩，广宫室，崇饰后庭，近朝莫之及。作织锦楼以织地

① 《资治通鉴》卷二八三，《后晋纪四》，开运元年正月，第9392页。
② 《资治通鉴》卷二八四，《后晋纪五》，开运元年二月，第9394页。
③ 《资治通鉴》卷二八四，《后晋纪五》，开运二年三月，第9418页。
④ 《资治通鉴》卷二八四，《后晋纪五》，开运二年六月，第9421—9422页。
⑤ 同上书，第9422页。

衣，用织工数百，期年乃成。又赏赐优伶无度”，无数将士的鲜血和生命，换来的是荒淫无道的石重贵的“幸福时光”。见此情景，桑维翰劝谏说：“向者陛下亲御胡寇，战士重伤者，赏不过帛数端。今优人一谈一笑称旨，往往赐束帛、万钱、锦袍、银带，彼战士见之，能不觖望，曰：‘我曹冒白刃，绝筋折骨，曾不如一谈一笑之功乎！’如此，则士卒解体，陛下谁与卫社稷乎！”① 忠言逆耳，石重贵听不进去。

石重贵甚至拿出了“以夷制夷”的策略，妄图主动夹击辽国，“初，高丽王建用兵吞灭邻国，颇强大，因胡僧袜啰言于高祖曰：‘勃海，我婚姻也，其王为契丹所虏，请与朝廷共击取之。’”石敬瑭当时正实行对辽国小心供奉的政策，对此自然不予理睬。现在石重贵与耶律德光关系破裂，袜啰于是旧事重提。石重贵“欲使高丽扰契丹东边以分其兵势”，派郭仁遇出使其国，谕旨使击辽国。郭仁遇到了高丽，“见其兵极弱，向者袜啰之言，特建为夸诞耳”②，高丽根本不敢与辽国为敌，妄图依靠弱小的高丽来以夷制夷，只能是旋生旋灭的幻想。

第二阶段：

开运三年（946）七月，有汉人自幽州来归，说赵延寿有意归国。后晋枢密使李崧、冯玉信以为真，命天雄军节度使杜威致书于赵延寿，“具述朝旨，啖以厚利”，洺州军将赵行实曾经在赵延寿手下供职，石重贵派其携信前往幽州，劝其回归。赵延寿复书写道：“久处异域，思归中国。乞发大军应接，拔身南去。”③ 赵延寿辞旨恳切，后晋朝廷欣喜万分，又遣赵行实偷偷面见赵延寿，约定“回归”的具体计划。九月，辽国使用诈降计策，让瀛州刺史刘延祚送信给后晋乐寿监军王峦，请求举城内附。信中写道：“城中契丹兵不满千人，乞朝廷发轻兵袭之，己为内应。又，今秋多雨，自瓦桥以北，积水无际，契丹主已归牙帐，虽闻关南有变，地远阻水，不能救也。”④ 王峦与天雄军节度使兼中书令杜威屡奏朝廷，认为瀛、莫可乘此夺取，深州刺史慕容迁又献上《瀛莫图》，冯玉、李崧信以为真，欲发大兵迎赵延寿及刘延祚“回归”。

十月，石重贵在冯玉、李崧、杜威、李守贞等的鼓动下，决定北征。

---

① 《资治通鉴》卷二八五，《后晋纪六》，开运二年八月，第 9423—9424 页。

② 《资治通鉴》卷二八五，《后晋纪六》，开运二年十月，第 9426 页。

③ 《资治通鉴》卷二八五，《后晋纪六》，开运三年七月，第 9434 页。

④ 《资治通鉴》卷二八五，《后晋纪六》，开运三年九月，第 9439 页。

以杜威为北面行营都招讨使，以李守贞为兵马都监，泰宁节度使安审琦为左右厢都指挥使，武宁节度使符彦卿为马军左厢都指挥使，义成节度使皇甫遇为马军右厢都指挥使，永清节度使梁汉璋为马军都排阵使，前威胜节度使宋彦筠为步军左厢都指挥使，奉国左厢都指挥使王饶为步军右厢都指挥使，洺州团练使薛怀让为先锋都指挥使。大军出发之前，仍下敕榜，其中写道："专发大军，往平黠虏。先取瀛、莫，安定关南；次复幽、燕，荡平塞北。"① 石重贵竟然首先担当起了收复幽、云的历史重任。由于这一带战区自六月开始阴雨连绵，到十月也未停止，军队的行军及后勤供应都极为艰苦。

杜威、李守贞会兵于广晋后继续北行，杜威又屡使公主入奏，请求增兵，说道："今深入虏境，必资众力。"② 因此禁军皆在其麾下，而皇帝身边的宿卫之士已近空虚。十一月，石重贵以李守贞权知幽州行府事。杜威等率军至瀛州，只见城门洞开，寂若无人，杜威恐有埋伏，不敢进去。后闻辽国大将高谟翰已经引兵潜出，杜威遣梁汉璋领二千骑兵追击，在南阳务附近，梁汉璋战死。杜威等闻之，连忙领兵南撤。当时束城等数县请降，杜威等焚其庐舍，掠其妇女而还。

了解了后晋军队的虚实后，耶律德光率军大举入寇，自易州、定州直取恒州。杜威领军到武强，听说耶律德光亲自领军南下，赶忙决定自冀州、贝州南逃，彰德节度使张彦泽当时领军在恒州，引兵与杜威军会师，"言契丹可破之状"，杜威等又决定去恒州，以张彦泽军队为前锋，杜威领军至中度桥，辽国军队已占据该桥。张彦泽率骑争之，辽国军队焚桥而退，后晋军队与辽国军队夹滹沱河对峙。开初，辽国军队见后晋军队大至，又争桥不胜，恐晋军急渡滹沱河，与恒州兵合力攻击他们，准备引兵北撤。后看到后晋军修筑营垒准备持久对峙，于是决定北撤。

杜威作为军中主帅，"性懦怯。偏裨皆节度使，但日相承迎，置酒作乐，罕议军事"③。磁州刺史兼北面转运使李谷对杜威及李守贞说："今大军去恒州咫尺，烟火相望。若多以三股木置水中，积薪布土其上，桥可立成。密约城中举火相应，夜募将士斫虏营而入，表里合势，虏必遁逃。"④

① 《资治通鉴》卷二八五，《后晋纪六》，开运三年十月，第 9440 页。

② 《资治通鉴》卷二八五，《后晋纪六》，开运三年九月，第 9442 页。

③ 《资治通鉴》卷二八五，《后晋纪六》，开运三年十一月，第 9444 页。

④ 同上。

诸将皆认为可行，独杜威认为不可。反而派李谷到怀州、孟州去督运军粮，实际上是排斥他。

辽国军队表面上以大兵与后晋军队对峙，暗中派萧翰和通事刘重进率百余骑兵及一些老弱士卒，从西山出晋军之后，准备切断后晋军队的粮道及退路。山上的砍柴人，“尽为所掠；有逸归者，皆称虏众之盛，军中恟惧”，萧翰等到栾城，城中戍兵只千余人，不觉其至，狼狈投降。辽国军队抓住后晋老百姓，皆黥其面曰“奉敕不杀”①，纵之南走。运粮车夫在道遇见，皆弃车惊溃。辽国军队的此种做法，大大打击了后晋军队及民众的士气。

十二月李谷自书密奏，遣军将关勋骑马送往开封。奏中写到大军危急之势，请皇帝御驾亲征到滑州，由高行舟、符彦卿扈从，又请发兵守澶州、河阳，以备辽国军队之奔冲。石重贵知道后晋军队屯驻中度后，诏发守宫禁者数百人前去援助，可见后晋后方空虚到何种程度。又诏发河北及滑、孟、泽、潞刍粮五十万石到军前，“督迫严急，所在鼎沸”；杜威又遣张祚等来告急，张祚回军时候，被辽国军队抓获，从此朝廷与杜威军队之间的联络中断。当时宿卫兵皆在行营，“人心懔懔，莫知为计”，开封尹桑维翰，以国家危在旦夕，求见石重贵，石重贵方在苑中调鹰，辞不见。桑维翰又求见执政，执政不以为然。桑维翰回家后对亲旧说：“晋氏不血食矣！”②

心血来潮的石重贵，旋又欲自将北征，李彦韬劝谏后，才终止了这一天真的想法。于是下诏以归德节度使高行周为北面都部署，符彦卿副之，共戍澶州；以西京留守景延广戍守河阳，防守黄河上的两处要地。耶律德光南下讨伐石重贵，景延广贪生怕死，不敢出击，被后晋臣僚羞辱，“昔与契丹绝好，言何勇也；今契丹至若是，气何惫也”③，景延广后因为和桑维翰合不来，少帝石重贵也感到难以驾驭他，于是罢其兵权，出为洛都留守、兼侍中。景延广“由是郁郁不得志，亦意契丹强盛，国家不济，身将危矣，但纵长夜饮，无复以夹辅为意”④，景延广这时候才知道，实力才是硬道理。

---

① 《资治通鉴》卷二八五，《后晋纪六》，开运三年十一月，第 9444 页。

② 《资治通鉴》卷二八五，《后晋纪六》，开运三年十二月，第 9445 页。

③ 《旧五代史》卷八八，《景延广传》，第 1144 页。

④ 同上书，第 1145 页。

绝境中的后晋军队，一筹莫展，杜威更是无计可施。奉国都指挥使王清对杜威说："今大军去恒州五里，守此何为！营孤食尽，势将自溃。请以步卒二千为前锋，夺桥开道，公帅诸军继之。得入恒州，则无忧矣"，杜威答应了他的请求，派遣王清与宋彦筠俱进。王清军队"战甚锐，契丹不能支，势小却"，见此有利形势，诸将请以大军继之，杜威却不允许。宋彦筠军队为辽国所败，他本人"浮水抵岸得免"；王清独率麾下于河北力战辽国军队，他屡次向杜威求救，杜威竟不遣一卒相助，王清对手下说："上将握兵，坐观吾辈困急而不救，此必有异志。吾辈当以死报国耳！"王清及手下将士全部战死，"由是诸军皆夺气"①。

被辽国军队彻底包围的后晋军队，"内外断绝，军中食且尽"，杜威与李守贞、宋彦筠等密谋投降。杜威暗中遣心腹到耶律德光牙帐，邀求重赏。耶律德光说道："赵延寿威望素浅，恐不能帝中国。汝果降者，当以汝为之"，杜威听后，非常高兴，遂定降计，实际上是耶律德光又在玩弄杜威。看来杜威的投降计划已有一段时间，而且其背后还有肮脏的动机。杜威于是"伏甲召诸将，出降表示之，使署名。诸将骇愕，莫敢言者，但唯唯听命"，杜威遣阁门使高勋赍表到辽军军营，耶律德光赐诏慰纳之。是日，杜威"悉命军士出阵于外，军士皆踊跃，以为且战"，孰料杜威说道："今食尽途穷，当与汝曹共求生计"，命令大家放下武器。"军士皆恸哭，声振原野"，杜威、李守贞为了把投降的责任推给石重贵，扬言道："主上失德，信任奸邪，猜忌于己"；耶律德光遣赵延寿衣赭袍至晋营抚慰士卒，说："彼皆汝物也。"杜威以下，皆迎谒于马前，亦以赭袍给杜威穿上，以给后晋军将们看，"其实皆戏之耳"②。又宣布以杜威为太傅，李守贞为司徒。在杜威等的示范效应下，恒州、代州、易州守将也先后投降。

耶律德光随后领军由邢州、相州南下，以张彦泽领两千骑兵为先锋，进攻开封，张彦泽军队很快攻入开封，后晋亡国。

（三）耶律德光激化民族矛盾

辽军占领开封后，以耶律德光为代表的契丹贵族，被胜利冲昏头脑，野蛮本性暴露无遗，采取的一系列举措，使占领区的民族矛盾迅速激化。

---

① 《资治通鉴》卷二八五，《后晋纪六》，开运三年十二月，第9446页。

② 同上书，第9446—9447页。

1. 残酷的杀戮

耶律德光占领开封后，如何处理以杜威为首的数量颇大的汉人降军问题，成为耶律德光首先要考虑的问题。如此多的汉人组成的军队，又处在他们非常熟悉的中原地区，一旦发生变故，辽军将很难对付，“契丹主以晋兵之众，恐其为变，欲悉以胡骑拥而纳之河流。或谏曰：‘晋兵在它所者尚多，彼闻降者尽死，必皆拒命。不若且抚之，徐思其策。’”① 耶律德光害怕大量杀降引起其他地区汉人军队的反抗，于是让杜威的军队驻扎在陈桥。但是，耶律德光随之又萌生了屠杀的打算，赵延寿对耶律德光说：“皇帝亲冒矢石以取晋国，欲自有之乎，将为他人取之乎？”耶律德光生气地说道：“朕举国南征，五年不解甲，仅能得之，岂为他人乎！”赵延寿问道：“晋国南有唐，西有蜀，常为仇敌，皇帝亦知之乎？”耶律德光说道：“知之。”赵延寿又说道：“晋国东自沂、密，西及秦、凤，延袤数千里，边于吴、蜀，常以兵戍之。南方暑湿，上国之人不能居也。他日车驾北归，以晋国如此之大，无兵守之，吴、蜀必相与乘虚入寇，如此，岂非为他人取之乎？”耶律德光恍然大悟，问道：“我不知也。然则奈何？”赵延寿说道：“陈桥降卒，可分以戍南边，则吴、蜀不能为患矣。”耶律德光说道：“吾昔在上党，失于断割，悉以唐兵授晋。既而返为寇仇，北向与吾战，辛勤累年，仅能胜之。今幸入吾手，不因此时悉除之，岂可复留以为后患乎？”赵延寿说道：“向留晋兵于河南，不质其妻子，故有此忧。今若悉徙其家于恒、定、云、朔之间，每岁分番使戍南边，何忧其为变哉！此上策也。”耶律德光听了赵延寿的“上策”，说道：“善！惟大王所以处之。”② 要不是赵延寿的“上策”，十几万后晋降军，势将不免长平之战中降军的命运。

辽军对占领区民众的屠杀则非常血腥。四月，辽军攻占相州后，“悉杀城中男子，驱其妇女而北，胡人掷婴孩于空中，举刃接之以为乐。留高唐英守相州。唐英阅城中，遗民男女得七百余人。其后节度使王继弘敛城中髑髅瘗之，凡得十余万”③。

契丹族将领麻荅，“贪猾残忍，民间有珍货、美妇女，必夺取之。又

① 《资治通鉴》卷二八六，《后汉纪一》，天福十二年正月，第9459页。

② 《资治通鉴》卷二八六，《后汉纪一》，开运十二年正月，第9459—9460页。

③ 《资治通鉴》卷二八六，《后汉纪一》，天福十二年四月，第9479—9480页。

捕村民，诬以为盗，披面，抉目，断腕，焚炙而杀之，欲以威众。常以其具自随，左右悬人肝、胆、手、足，饮食起居于其间，语笑自若”①。麻荅的行为，俨然魔鬼。

耶律德光占领汴京后，还没忘记惩办“战犯”，重要战犯就是景延广，“如延广奔吴走蜀，便当追而致之”，景延广被抓住后，遭到百般羞辱，“将送之北土。是日，至于陈桥民家草舍，延广惧焚灼之害，至夜分伺守者怠，则引手自扼其吭，寻卒焉。虽事已穷顿，人亦壮之”②。景延广最后的表现，博得了后晋汉人的同情。《旧五代史》对他的评价，也可谓中肯，“功扶二帝，任掌六师，亦可谓晋之勋臣矣。然而昧经国之远图，肆狂言于强敌，卒使邦家荡覆，宇县丘墟，《书》所谓‘惟口起羞’者，其斯人之谓欤！”③

2. 疯狂掠夺财物

耶律德光率军占领汴京后，对后晋判三司刘昫说：“契丹兵三十万，既平晋国，应有优赐，速宜营办。”当时府库空竭，刘昫不知所出，只好请求括借都城士民钱帛，自将相以下皆不免。又分遣使者数十人诣诸州括借，皆“迫以严诛，民不聊生”，其实括借来的钱物，“无所颁给，皆蓄之内库，欲辇归其国。于是内外怨愤，始患苦契丹，皆思逐之矣”④。汴京城内“契丹充斥，都人士庶，若在涂炭”⑤；右谏议大夫赵熙在晋州，“括率钱帛，征督甚急”；镇宁节度使耶律郎五，“性残虐，澶州人苦之”⑥。“皆思逐之”，说明民族矛盾非常尖锐。

赵延寿请求供给辽军粮草，耶律德光说：“‘吾国无此法’，乃纵胡骑四出，以牧马为名，分番剽掠，谓之‘打草谷’。”⑦ 赵延寿的请求，是中原王朝传统的、行之有效的军需供应体制，而北方游牧民族的“打草谷”式的军需供应体制，也有悠久的历史，耶律德光说“吾国无此法”，断然拒绝了赵延寿的请求。括钱和“打草谷”，导致“丁壮毙于锋刃，老

---

① 《资治通鉴》卷二八七，《后汉纪二》，天福十二年七月，第9499页。
② 《旧五代史》卷八八，《景延广传》，第1146页。
③ 同上书，第1158页。
④ 《资治通鉴》卷二八六，《后汉纪一》，天福十二年正月，第9463页。
⑤ 《旧五代史》卷一〇九，《李守贞传》，第1439页。
⑥ 《资治通鉴》卷二八六，《后汉纪一》，天福十二年正月，第9473页。
⑦ 同上书，第9463页。

弱委以沟壑，自东、西两畿及郑、滑、曹、濮，数百里间，财畜殆尽”①，给所在地区汉族民众带来了极大的危害。

耶律德光甚至强迫在中原地区，用辽国的年号。宋张世南《游宦纪闻》一书记载杨凝式所撰《年谱》《家谱》《传》《赞》等，其中三首诗的写作年代的记载颇耐人寻味，“开运四年丁未，是年二月并七月，有寄惠才大师左郎中诗三首，称会同丁未岁。会同，即辽国人晋改元之号也”②。案：耶律德光于开运四年（947）二月初一，改国号为大辽，年号为大同，看来此年号曾经在该年二月到七月间，在辽国控制的中原地区强制实行，上引史料中的会同应为大同之误。

众多因素结合起来，使中原地区广大汉人民众，在刘知远等汉人上层领导下，为了生存和保卫自己的文化，奋起驱逐驻扎在中原的辽国军队。

三月，耶律德光离开汴京，“晋文武诸司从者数千人，诸军吏卒又数千人，宫女、宦官数百人，尽载府库之实以行，所留乐器仪仗而已”③。

耶律德光离开汴京北上之后，留萧翰镇守河南，当时后汉高祖刘知远已建号于太原，萧翰很害怕，也准备赶快北归，但是考虑到京师无主，必定陷于混乱局面，“乃遣蕃骑至洛京，迎唐明宗幼子许王从益知南朝军国事”，李从益到后，萧翰率蕃将拜于殿上。第二日，萧翰带着掠夺的宝物北归，“汉人以许王既立，不复为乱，果中其狡计”④，开封局势由乱到安定的过程，立汉人李从益为帝，成为一个转折点，可见其时汉人的民族意识。

李从益即位后，百官谒见淑妃，淑妃哭着说道：“吾母子单弱如此，而为诸公所推，是祸吾家也。”萧翰留燕兵千人守卫宫城诸门，为李从益的宿卫，实际上是监管他。萧翰走后，李从益遣使节召高行周于宋州，武行德于河阳，均不至，淑妃很害怕，与大臣们商议说：“吾母子为萧翰所逼，分当灭亡。诸公无罪，宜早迎新主，自求多福，勿以吾母子为意!”有人说道：“今集诸营，不减五千，与燕兵并力坚守一月，北救必至。”淑妃答道：“吾母子亡国之余，安敢与人争天下！不幸至此，死生惟人所裁。若新主见察，当知我无所负。今更为计画，则祸及他人，阖城涂炭，

① 《资治通鉴》卷二八六，《后汉纪一》，天福十二年正月，第9463页。

② 《游宦纪闻》卷一〇。

③ 《资治通鉴》卷二八六，《后汉纪一》，天福十二年三月，第9478页。

④ 《旧五代史》卷九八，《萧翰传》，第1317页。

终何益乎！”众人还想拒守，时任三司使的幽州人刘审交说道：“余燕人，岂不为燕兵计！顾事有不可如何者。今城中大乱之余，公私穷竭，遗民无几，若复受围一月，无噍类矣。愿诸公勿复言，一从太妃处分。”① 刘审交虽然是幽州汉人，但是他的主张，却最能代表当时广大汉人上层的利益。朝廷于是遣使奉表称臣去迎接刘知远，请其早赴京师，安定中原。

（四）败类竞相比无耻

后唐时期，尽管也有赵德钧欲借契丹贵族之“援助”，在中原称帝的打算，但是，整个五代时期，汉人上层中的竞相比无耻的行为，却以后晋最多，这种现象应该还是和石敬瑭的“成功”有关联，“石敬瑭起而为天子，于是人皆可为，而人思为之”②，王夫之此处所说的人，应该是特指的人，即妄图以契丹贵族为靠山称帝的汉人上层中的野心家和阴谋家。

后晋灭亡过程中，张彦泽、赵延寿、杜威等汉人上层，为了达到通过取悦契丹贵族而在中原称帝或获取最大利益的目的，开展了一场竞相攀比谁更无耻的活动，其乱中取利的心理彻底暴露。

后晋灭亡时期的汉人上层人物中最无耻的人非张彦泽莫属。张彦泽，其先出于突厥，后为太原人。开运三年（946）冬，辽国南下攻打后晋，张彦泽为辽国所引诱，“通款于戎王，请为前导，因促骑说重威，引军沿滹沱西援常山，既而与重威通谋。及王师降于中渡，契丹主遣彦泽统二千骑趋京师，以制少帝，且示公卿兆民以存抚之意”，张彦泽率军于十二月十六日夜，自封丘门攻入开封。翌日，迁晋少帝于开封府舍。张彦泽自认为有功于辽国，“昼夜以酒乐自娱。当在京巡检之时，出入骑从常数百人，旗帜之上题曰‘赤心为主’，观者无不窃笑”③。张彦泽旗帜上的“主”，当然指耶律德光，这种厚颜无耻之徒，当然为汉人所窃笑。

赵德钧与石敬瑭竞相借力辽国称帝，赵的阴谋失败之后，其子赵延寿继续乃父之志，仍希图借辽国之力称帝中原。耶律德光决定讨伐后晋，“委延寿以图南之事，许以中原帝之。延寿乃导诱蕃戎，蚕食河朔。晋军既降于中渡，戎王命延寿就寨安抚诸军，仍赐龙凤赭袍，使衣之而往。谓之曰：‘汉儿兵士，皆尔有之，尔宜亲自慰抚。’”许以称帝，又赐以龙凤

① 《资治通鉴》卷二八七，《后汉纪二》，天福十二年五月，第 9492—9493 页。

② 《读通鉴论》卷三〇，《五代下》，第 896 页。

③ 《旧五代史》卷九八，《张彦泽传》，第 1307 页。

赭袍，所有的汉军又归其统领，赵延寿自以为美梦即将成真。孰料称帝的许诺仅仅是耶律德光的权宜之计，仅仅是利用赵延寿的一种手段。

前边已经谈及杜威作为后晋军队的主帅，在和辽军作战中的无耻行径，下边看看他的结局，耶律德光南行，命杜威部晋军跟随，既至东京，晋军驻于陈桥，“士伍饥冻，不胜其苦。重威（即杜威）每出入衢路，为市民所诟，俯首而已”①，可见当时东京城内，人心之去就以及汉人民众对杜威等叛君卖国行为的痛恨。后汉高祖刘知远去世后，后汉朝廷按照他临终时的遗愿处死了杜威父子，杜威被处死后，“陈尸于通衢，都人聚观者诟骂蹴击，军吏不能禁，尸首狼藉，斯须而尽”②。投靠辽国、做皇帝美梦的杜威之流，落此下场，实属必然，也可谓罪有应得。

后晋一朝，石敬瑭靠契丹贵族的支持，靠出卖幽云地区起家，过着痛苦的皇帝时光，最终抑郁而死。石重贵继位后，以他为代表的汉人上层，在实力不济的背景下，狂妄心理支配的对辽外交，反复无常，终致身死国灭，也给后晋民众带来极大的灾难。

三　后汉时期

后汉立国时间比较短，是五代中最短命的王朝，所以，本目主要探讨刘知远在后晋灭亡时期的心理，以及这种心理在其称帝过程中起到的作用。

后晋灭亡，耶律德光妄图一统天下，但是辽国军队的滥杀和疯狂掠夺，导致辽军占领区广大汉人民众的强烈反抗，耶律德光见势不妙，准备北撤。在此背景之下，刘知远高举光复大旗，卒成帝业。

（一）观望

石重贵贸然与辽国结怨，刘知远委实知道这种外交决策的危险后果，但是却听之任之；作为臣子、作为石敬瑭的亲密战友，他听任石重贵走向深渊而不劝谏，用心可想而知。辽国军队屡屡进入后晋地盘，刘知远一开始就没有“邀遮、入援之志”，借契丹人之手干掉愚蠢的石重贵，然后浑水摸鱼，这就是他当时的心理。等到耶律德光占领开封，刘知远马上分兵

---

① 《旧五代史》卷一〇九，《杜重威传》，第 1435 页。石重贵即位后，避讳，改称杜威。《旧五代史》卷一〇九《李守贞传》则记载：“二帅（指杜重威和李守贞）出入扬扬，市人诟之，略无惭色。”

② 《旧五代史》卷一〇九，《杜重威传》，第 1437 页。

守四境“以防侵轶”，先把自己的篱笆扎紧，防止辽国势力染指。同时遣客将王峻奉三表去拜会耶律德光，“一、贺入汴；二、以太原夷、夏杂居，戍兵所聚，未敢离镇；三、以应有贡物，值契丹将刘九一军自土门西入屯于南川，城中忧惧，俟召还此军”①。道路打通后，才可入贡，刘知远的这三点做法是非常高明的，反映了其成熟的政治家心理。第一，必须向耶律德光示好，现在还不是和他翻脸的时候；第二，刘知远不能离开河东去汴京拜见耶律德光，一旦离开，河东就乱了，所说理由很充足；第三，耶律德光必须召回威胁河东的辽国军队，否则刘知远不会和耶律德光走的太近，讨价还价的价码恰到好处。耶律德光也知道不能得罪当时华北地区汉人上层中地方实力派的最重要代表人物刘知远，于是赐诏褒美刘知远，“及进画，亲加‘儿’字于知远姓名之上，仍赐以木枴”②，耶律德光也从感情上拉拢刘知远。刘知远又遣北都副留守白文珂向耶律德光贡献奇缯、名马。耶律德光看到刘知远观望不至，等白文珂回河东的时候，捎话给刘知远说：“汝不事南朝，又不事北朝，意欲何所俟耶?”③ 耶律德光应该看出来刘知远另有他图。

郭威对刘知远说：“虏恨我深矣！王峻言契丹贪残失人心，必不能久有中国。”④ 刘知远和他的密友们，都已经看出了耶律德光妄图吞并河东的打算，也看出来耶律德光占领汴京后的所作所为必然导致的严重后果，于是有人劝刘知远开始采取行动，但是，聪明的刘知远知道最合适的起兵时机还没有到来，于是，他耐心地解释说用兵有缓有急，应该因时制宜，现在辽国有新降晋军十万，“虎据京邑，未有他变，岂可轻动哉！且观其所利止于货财，货财既足，必将北去”⑤，况且冰雪已消，由于气候的因素，辽军势难久留，等到他们走后，然后动手，方可万全。耶律德光刚刚占领开封，势头正劲，等到他们掠夺的中原财富差不多了，天气也转暖了，他们就该离开了，那时候才是自己起兵的时候。刘知远的决策，把天时、地利、人和诸因素，都考虑进来，心态非常平静。

---

① 《资治通鉴》卷二八六，《后汉纪一》，天福十二年正月，第 9464 页。

② 同上。记载此种做法“胡法，优礼大臣则赐之，如汉赐几杖之比，惟伟王以叔父之尊得之”。

③ 同上。

④ 同上。

⑤ 同上书，第 9465 页。

首先劝刘知远称帝的是荆南节度使高从诲。当然，当时也有潜在的称帝对手，南唐虞部员外郎、史馆修撰韩熙载上疏南唐皇帝，认为此时是恢复祖业的大好时机，“若虏主北归，中原有主，则未易图也”，当时南唐精兵都在江西、福建一带，未暇北顾，把收复中原的大好时机丢掉，南唐人“皆以为恨，唐主亦悔之”[①]。其实，南唐当时无论是领导者的智慧和能力，还是国家的实力，都不具备恢复帝业的条件，韩熙载的想法和南唐人的怨恨，以及南唐主的后悔，都是受虚幻的理想主义心态支配的产物。

天福十二年（947）正月，后晋雄武节度使何重建斩辽国使者，以秦、成、阶三州归降后蜀政权。二月，何重建请后蜀出兵与阶、成兵共同扼守散关以攻取凤州，后蜀皇帝孟昶于是发山南兵三千七百人前去赴援。刘知远听到何重建归降后蜀的消息后，感叹地说：“戎狄凭陵，中原无主，令藩镇外附，吾为方伯，良可愧也!”[②] 刘知远把自己称作方伯，在中原无主、辽国内侵的背景下，其含义自不待言。又有将佐劝刘知远称帝，以号令四方，观诸侯去就，刘知远不答应，他知道还需要耐心等待。等耶律德光押送石重贵等北还，刘知远声言准备出兵井陉，迎石重贵等到晋阳，要尊王攘夷，要挟天子以令诸侯，尤其要救助落难中的天子，这样的旗号，最有感召力。刘知远命武节都指挥使史弘肇集手下诸军于球场，告以出师之期。军士皆曰：“今契丹陷京城，执天子，天下无主。主天下者，非我王而谁！宜先正位号，然后出师。”将士们争呼万岁不已，刘知远赶忙制止，他说道：“虏势尚强，吾军威未振，当且建功业。士卒何知!”[③] 耶律德光的势力还比较强大，自己也还没有攒够足以威令四方的资本，还需要耐心等待。

仅隔一天，行军司马张彦威等三上笺劝进，刘知远仍迟疑未决，郭威与都押牙杨邠对刘知远说：“今远近之心，不谋而同，此天意也。王不乘此际取之，谦让不居，恐人心且移，移则反受其咎矣。”[④] 刘知远听后，认为天时、地利、人和三个要件皆已具备，于是决定称帝。

担任保义节度副使的辽国人刘愿的暴虐政策遭到了所在地区汉人民众的普遍仇视，奉国都头王晏与指挥使赵晖、都头侯章决定联合民众一起起

---

① 《资治通鉴》卷二八六，《后汉纪一》，天福十二年正月，第9466页。

② 《资治通鉴》卷二八六，《后汉纪一》，天福十二年二月，第9468页。

③ 同上。

④ 同上。

来反抗，王晏说道：“今胡虏乱华，乃吾属奋发之秋。河东刘公，威德远著，吾辈若杀愿，举陕城归之，为天下唱，取富贵如反掌耳。”① 王晏与壮士数人，夜逾牙城跳入府内，拿出武器发给众人，斩刘愿首并杀死辽军监军，以赵晖为留后。可见，刘知远的影响已经扩展到陕西地区。

（二）称帝

二月，刘知远即皇帝位。但是，他还想利用后晋的旗帜，以号召更多的汉人民众参与反契丹族统治的斗争；但又厌恶开运年号，乃改称天福十二年，随即发布第一道诏令：“诸道为契丹括率钱帛者，皆罢之。其晋臣被迫胁为使者勿问，令诣行在。自余契丹，所在诛之。”② 公开举起反辽国占领的大旗，团结一切可以团结的汉人上层及民众。刘知远且亲自率军出河东，准备半路从辽军手中解救石重贵及太后，到寿阳后，听说他们已经过了恒州数日，于是留兵戍守承天军。其实，刘知远的这种行为只是一种收买人心的手段。

耶律德光听说刘知远称帝后，以通事耿崇美为昭义节度使、高唐英为彰德节度使、崔廷勋为河阳节度使，以控扼进出河东的要害地区。

此时，辽国占领区汉人上层和普通民众为了生存自发起来反抗契丹人的括钱和打草谷的斗争也风起云涌。梁晖趁高唐英还未到相州上任，城内储存许多兵器却没有多少士兵守备的良机，遣壮士逾城而入，打开城门，“杀契丹数百，其守将突围走”③，梁晖据州自称留后，很快将此战果报告刘知远；刘知远遣使者张晏洪等到晋州，告以自己即位之事，孰料竟被建雄节度副使骆从朗囚禁，大将药可俦等杀掉骆从朗，推张晏洪权留后，遣使以闻。晋州民众先是杀掉主管括钱的赵熙，又在赵晖领导下杀死辽国使者，遣支使赵矩到晋阳奉表。耶律德光遣其将高模翰进攻晋州，但被击败。刘知远见到赵矩，非常高兴，说道：“子挈咽喉之地以归我，天下不足定也!”赵矩趁机劝刘知远“早引兵南向以副天下之望”④；在昭义军，高防与王守恩、李万超等杀辽国使者，举镇来降。三月，延州录事参军高允权、彰武节度使周密也先后来投奔；丹州都指挥使高彦珣杀辽国所署刺史，自领州事，也来投奔刘知远。

① 《资治通鉴》卷二八六，《后汉纪一》，天福十二年二月，第9469页。
② 同上书，第9469—9470页。
③ 同上书，第9471页。
④ 同上书，第9472页。

四月，耶律德光准备用船数十艘将掠夺到的后晋的铠仗，自汴溯河运回辽国，命宁国都虞侯武行德率将士千余人护送。到河阴后，武行德对将士们说："今为虏所制，将远去乡里。人生会有死，安能为异域之鬼乎！虏势不能久留中国，不若共逐其党，坚守河阳，以俟天命之所归者而臣之，岂非长策乎！"① 众人都同意他的建议，于是，杀辽国监军使，乘虚入据河阳，众推武行德为河阳都部署。武行德遣弟武行友奉蜡表间道诣晋阳，刘知远遂以武行德为河阳节度使。冀州人杀辽国刺史何行通，推牢城指挥使张廷翰知州事。

不为"异域之鬼"、"虏势不能久留中国"，已成为中原汉人上层的共识，也说明当时汉人和契丹人矛盾的尖锐，而刘知远则成为驱虏的旗帜，投奔和支持他的汉人上层越来越多，如水之就下，刘知远的势力也像滚雪球一样越滚越大。这种态势甚至对在辽国生活的汉人上层也产生了连锁反应。董遵诲，涿州范阳人，父董宗本，当时隶属于赵延寿，后汉初期，"举族南奔"②，刘知远擢拜董宗本为随州刺史，董遵诲署随州牙校。世代生活于云中（今山西省大同市）的折氏家族，幽云十六州割让后，"由是以郡北属"，刘知远称帝后，在折从阮的领导下，"引兵南下"③，归附后汉。

（三）心理阴影的消除

耶律德光占领汴京，后晋灭亡，"晋之藩镇争上表称臣，被召者无不奔驰而至"④。刘知远称帝，高举反辽国占领的大旗，曾经委身于契丹贵族的官员，不能不产生心理阴影，不能不考虑刘知远会如何处置他们。尤其是和耶律德光关系最为密切的几个汉人上层，比如杜威，"自以附契丹，负中国，内常疑惧"⑤；再如赵延寿子赵匡赞，自认为自己作过辽国委任的官，父亲又在辽国，害怕被追究，于是决定逃往后蜀；安叔千，"自以常私附契丹，颇怀愧惧"⑥。一旦对这些官员全部秋后算账，势必把他们逼到自己的对立面，他们要么北逃辽国，要么南逃，要么作最后的垂

① 《资治通鉴》卷二八六，《后汉纪一》，天福十二年四月，第 9481 页。

② 《宋史》卷二七三，《董遵诲传》，第 9342 页。

③ 《旧五代史》卷一二五，《折从阮传》，第 1648 页。

④ 《资治通鉴》卷二八六，《后汉纪一》，天福十二年正月，第 9458 页。

⑤ 《资治通鉴》卷二八七，《后汉纪二》，天福十二年七月，第 9498 页。

⑥ 《新五代史》卷四八，《安叔千传》，第 551 页。

死挣扎，不利于刘知远势力的发展，也不利于局势的迅速稳定。

针对这种情况，天福十二年（947）二月，刘知远即位后发布的第一道诏令中，明确指出："其晋臣被迫胁为使者勿问，令诣行在。"① 六月，刘知远到洛阳，入居宫中，汴州百官奉表来迎，诏谕东京"以受契丹补署者皆勿自疑，聚其告牒而焚之"②；六月，刘知远又下诏大赦，"凡契丹所除节度使，下至将吏，各安职任，不复变更"③，这些诏令的颁布，打消了有污点的汉人上层内心的疑虑，最大程度地维护了这些汉人上层的既得利益，也避免了大换血所导致的社会大动荡。

而对赵匡赞，则给予了特别的关照。天福十二年（947）五月，刘知远到霍邑，遣使谕河中节度使赵匡赞，"仍以契丹囚其父延寿告之"；七月，或传赵延寿已死，郭威对刘知远说："赵匡赞，契丹所署，今犹在河中，宜遣使吊祭，因起复移镇。彼既家国无归，必感恩承命。"刘知远接受了郭威的建议。但晋昌节度使赵匡赞，恐怕终不为朝廷所容，十月，遣使降后蜀，而且请后蜀自终南山路出兵应援。乾祐元年（948）正月，晋昌节度判官李恕，曾经长期在赵延寿幕下做幕僚，赵延寿使他辅佐赵匡赞，听说赵匡赞准备入蜀，李恕劝谏说："燕王入朝，岂所愿哉！今汉家新得天下，方务招怀，若谢罪归朝，必保富贵。入蜀非全计也。"赵匡赞听了李恕的劝谏，乃遣李恕奉表入朝。刘知远问李恕赵匡赞为何归附后蜀，李恕回答说："匡赞自以身受虏官，父在虏庭，恐陛下未之察，故附蜀求苟免耳。"刘知远听后说道："匡赞父子，本吾人也，不幸陷虏。今延寿方坠槛阱，吾何忍更害匡赞乎！"④ 答应让他们赶快入朝。"匡赞父子，本吾人也"，这句话很有代表性，也很有人情味，代表了一种同族认同，一种国家认同和文化认同，因此，也很有感染力。

即使对罪恶深重的杜威，刘知远也是仁至义尽，杜威投降后，刘知远以之为太傅兼中书令、楚国公，对他的处理，司马光认为过于宽大，"罪大而赦之，非刑也"⑤。

对在后晋和辽国之间反复无常的孙方简的处理，对于稳固后汉的北部

---

① 《资治通鉴》卷二八六，《后汉纪一》，天福十二年二月，第 9469—9470 页。

② 《资治通鉴》卷二八七，《后汉纪二》，天福十二年六月，第 9495 页。

③ 同上书，第 9496 页。

④ 《资治通鉴》卷二八七，《后汉纪二》，乾祐元年正月，第 9511—9512 页。

⑤ 《资治通鉴》卷二八七，《后汉纪二》，天福十二年十一月，第 9508 页。

边防，意义重大。耶律德光北归，至定州，以义武节度副使耶律忠为节度使，徙故节度使孙方简为大同节度使。孙方简愤怒，“且惧入朝为契丹所留，迁延不受命，帅其党三千人保狼山故寨，控守要害。契丹攻之，不克”，未几，孙方简遣使请降，刘知远复其旧官，让他率军防御辽国。辽军撤退后，孙方简占据定州，又奏以其弟孙行友为易州刺史，方遇为泰州刺史；“每契丹入寇，兄弟奔命，契丹颇畏之。于是晋末州县陷契丹者，皆复为汉有矣”①。

此外，刘知远即位后，“禁造契丹样鞍辔、器械、服装”②，禁止制造带有契丹族印记的物品，显见是为了消除契丹文化在中原地区的影响，而且高举汉人的旗帜、汉文化的旗帜。

后汉建国后，汉、辽边境形势一度趋向缓和，因为耶律德光死后，继位的辽世宗兀欲，“慕中华风俗，多用晋臣，而荒于酒色，轻慢诸酋长，由是国人不附，诸部数叛，兴兵诛讨，故数年之间，不暇南寇”③。但刘知远称帝后，席不暇暖，一年之后去世，隐帝刘承祐继位，年方十八岁，大权逐渐落入郭威手中。

后汉虽然历史短暂，但在后唐、后晋、后汉三个沙陀族建立的政权中，却最具有汉人和汉文化色彩。刘知远在后晋灭亡、耶律德光入主中原，事乱纷纷的时刻，显示出非常成熟的政治家心理，高举光复汉人政权的大旗，妥善处理曾经归附耶律德光的后晋汉人臣僚，团结一切可以团结的人，最终得以顺利地成就帝业。

本章结语：

五代为安史之乱之后，分裂割据局势的继续。辽国的迅速崛起，实际上从晚唐即已经开始。中原地区持续的分裂割据，也非常有利于辽国势力的南侵，但是，辽国要想向南有大的发展，与中原汉人政权分享天下，必须控制幽云十六州地区，这是几代辽国汗（皇帝）梦寐以求的愿望。后梁时期，由于后梁和辽国之间没有直接的领土接壤，所以双方之间的来往较少，以朱温为首的汉人上层，在此问题上的民族心理，没有多少值得研

① 《资治通鉴》卷二八八，《后汉纪三》，乾祐元年三月，第9518页。

② 《旧五代史》卷一〇〇，《高祖纪下》，第1335页。

③ 《资治通鉴》卷二八七，《后汉纪二》，天福十二年六月，第9496页。

究的问题。但是从李克用开始，由于后唐、后晋、后汉、北汉几个王朝的统治者，均有沙陀族血统，尽管大多学者把他们归为汉人政权，实际上他们身上，都还有程度不同的北方少数民族首领的印记，这种印记深刻影响他们处理与辽国关系时候的民族心理，尤其见之于石敬瑭身上，因此，他们在处理和契丹贵族关系时，其民族心理的变化，和传统的汉人上层，如后周的郭威和柴荣相比，还是有显著的不同。后唐一朝，尤其是庄宗和明宗时期，汉人上层在对辽国的民族心理上基本上一直处于强势，这和幽云十六州主要地区在后唐掌控之中也有关联。石敬瑭为了做皇帝，公然以割让幽云十六州为筹码，换取契丹贵族对他的支持，石敬瑭开了一个很坏的例子，所以，在后晋时期，妄图依靠辽国“支援”，当皇帝或者谋取私利的，比之前的后梁和后唐，比之后的后汉和后周，都要多得多，汉人上层一些野心家和阴谋家乱世取利的心理，在此时期表现得尤为突出。但是，作为“儿皇帝”石敬瑭，其心中的苦楚，也通过各种形式表现出来。后汉的建立者刘知远，在后晋灭亡、耶律德光入主中原，事乱纷纷的时刻，显示出非常成熟的政治家心理，他高举光复汉人政权的大旗，使他的势力迅速壮大，最终得以顺利地建立帝业。后周世宗皇帝，作为汉人出身的帝王，在经过继位后的短期历练后，政治家所需要的心理素质很快具备，也具备了成就一番伟业的综合素质，在他短暂的统治时期内，打北汉、攻南唐，在做了充分准备后，又发起了收复幽云十六州的战争，如果不是他的突然大病，后周真有收回幽云地区、一雪汉人割地称臣之耻的希望。但是，历史就是这样，充满了神秘性、偶然性，千载难逢的历史机遇，一旦因为偶然因素丧失，其发展的方向即充满了变数。

第二章　辽代汉人上层的民族心理

有辽一代，占领幽云十六州之前，汉人上层主要是被契丹贵族通过战争掳掠过来，少部分为躲避唐末和五代的战乱或苛政而主动逃到辽国。占领幽云十六州之后，世世代代在这一代地区生活的汉人上层，也就成为辽国的臣民，极少数最上层的汉人和契丹贵族分享政治权利。但是，有辽一代汉人上层的民族心理，由于其在国家中所处的地位不同、原住地不同、历史文化背景不同，颇为复杂，呈现出共性与个性并存的状态。

第一节　汉人上层的来源及契丹贵族对他们的心理安慰

有辽一代，辽国占有幽云十六州之前，其境内汉人的数量较少；之后，汉人人口骤然增加，汉人生活区急剧扩大，由于幽、云一带又为辽国经济最为发达地区，且以农耕生产方式为主，所以，也应该是辽国境内汉人最为集中的地区。以来到辽国的途径来划分，王善军教授将其分为五个来源，一是辽建国前就生活在辽朝腹心地区的；二是被契丹贵族通过战争掳掠而来的；三是由于各种原因，主动投附契丹贵族的；四是随幽云十六州被割让而来的；五是被辽朝扣留的汉人使臣①。下面主要分析被掳掠而来和主动归附这两部分汉人上层的来源。

一　被掳掠而来

（一）辽太祖和辽太宗时期

1. 辽太祖时期

---

①《世家大族和辽代社会》，第 97—99 页。

自唐朝末年耶律阿保机执掌契丹迭剌部政权到石敬瑭投靠耶律德光称“儿皇帝”（901—936），其间共三十七年的时间，契丹贵族通过频繁的掳掠，不断有汉人上层被强制迁徙到辽国。

唐昭宗天复二年（902）七月，辽朝以兵四十万攻打河东和代北地区，攻下九郡，“获生口九万五千”①，耿延毅的祖父耿崇美，时家居上谷，“圣元皇帝，肇国辽东，破上谷，乃归于我”②。此次军事行动后，耶律阿保机在今内蒙古自治区奈曼旗东北建立龙化州，以安置这些被掳掠的汉人，也借以在塞外扩充自己的实力。次年（903）十月，耶律阿保机“引军略至蓟北，俘获以还”③，韩知古，“太祖平蓟时，知古六岁，为淳钦皇后兄欲稳所得”④；康默记，本名照，少为蓟州衙校，“太祖侵蓟州得之”⑤。韩知古和康默记，应都是在这次军事行动中被掳掠到辽国的。韩延徽，作为刘守光的使节，出使辽国，“太祖怒其不屈，留之”⑥，韩延徽当时还是表现出了很高的民族气节的。天复四年（904）三月，阿保机扩建龙化州的东城，应该是为了安置更多的被掳掠汉人。九月，辽军讨伐黑车子室韦部，唐朝卢龙军节度使刘仁恭发兵数万，派其养子赵霸率军前去援助黑车子室韦部，赵霸军至武州前，阿保机早已通过谍报获知这一消息，于是，“伏劲兵桃山下。遣室韦人牟里诈称其酋长所遣，约霸兵会平原。既至，四面伏发，擒霸”⑦，和赵霸一起被俘的，应该还有其他将领。次年（907）十月，阿保机率军攻打刘仁恭的军队，“拔数州，尽徙其民以归”⑧。

辽太祖神册元年（916）八月，辽军攻下朔州，擒节度使李嗣本；十月，又乘胜向东发动进攻，十一月，攻下蔚、新、武、妫、儒五州，“斩首，万四千七百余级。自代北至河曲踰阴山，尽有其地”⑨，遂改武州为归化州，妫州为可汗州，置西南面招讨司，选有功者领之。十二月，收山

① 脱脱等撰：《辽史》卷一，《太祖上》，中华书局1974年版。
② 向南：《辽代石刻文编》，《耿延毅墓志》，河北教育出版社1995年版，第159页。
③ 《辽史》卷一，《太祖上》，第2页。
④ 《辽史》卷七四，《韩知古传》，第1233页。
⑤ 《辽史》卷七四，《康默记传》，第1230页。
⑥ 《辽史》卷七四，《韩延徽传》，第1231页。
⑦ 《辽史》卷一，《太祖上》，第2页。
⑧ 同上。
⑨ 同上书，第11页。

北八军。至此，辽国基本上完成了在河东地区的军事部署，于是将进攻的主方向转向河朔地区。

神册四年（919）二月，修辽阳故城，“以汉民、渤海户实之，改为东平郡，置防御使”①，修城主要是汉人增多的结果。

神册五年（920）九月，辽国皇太子率迭刺部夷离堇汙里轸等略地云内、天德军，十月，攻下天德军，节度使宋瑶降，辽太祖赐予他弓矢、鞍马、旗鼓，更其军曰应天；后宋瑶复叛，辽军于是“拔其城，擒宋瑶，俘其家属，徙其民于阴山南”②。

神册六年（921）十月，辽太祖率大军入居庸关，十一月，攻下古北口后，“分兵略檀、顺、安远、三河、良乡、望都、潞、满城、遂城等十余城，俘其民徙内地”③，这一次俘虏的汉人应当很多。十二月，皇太子率刚刚归附的王郁略地定州，康默记率军攻长芦，战争结束后，“诏徙檀、顺民于东平、沈州”④。

天赞二年（923）正月，大元帅尧骨“克平州，获刺史赵思温、裨将张崇”⑤；四月，尧骨军幽州东，节度使符存审遣人出战，“败之，擒其将裴信父子”⑥。天赞三年（924）五月，“徙蓟州民实辽州地”⑦。端拱二年（989），宋琪在上奏中指出“自阿保机时至近日，河朔户口，掳掠极多，并在锦帐”⑧。

阿保机将掳掠到的汉人，“依唐州县置城以居之”，有政治经验的汉人上层对阿保机说：“中国之王无代立者。”以此投其所好，进一步诱发了阿保机搞汗位终身制的思想，“益以威制诸部而不肯代”，但是，九年之后，“诸部以其久不代，共责诮之”，阿保机不得已，施展阴谋手段，传其旗鼓，对诸部首领说：“吾立九年，所得汉人多矣，吾欲自为一部以治汉城，可乎?”⑨ 对汉人作用重要性的了解很陌生的诸部首领，爽快地

---

① 《辽史》卷二，《太祖下》，第15页。
② 同上书，第16页。
③ 同上书，第17页。
④ 同上。
⑤ 同上书，第18页。
⑥ 同上。
⑦ 同上书，第19页。
⑧ 《宋史》卷二六四，《宋琪传》，第9125页。
⑨ 《新五代史》卷七二，《四夷附录第一》，第886页。

答应了阿保机的请求，阿保机于是修筑汉城，“在炭山东南滦河上，有盐铁之利，乃后魏滑盐县也。其地可植五谷，阿保机率汉人耕种，为治城郭邑屋廛市如幽州制度，汉人安之，不复思归”①，尽管是新的城郭，但和自己原先的生活地比较起来，却没有多少陌生感，生产方式不变，生活方式也没有大的变化，社会环境又相对安定，较之幽云及河朔地区战乱不息的恶劣社会环境，汉人自然“不复思归”。

2. 辽太宗时期

天显十一年（936）十二月，后唐大同、彰国、振武三节度使“迎见，留之不遣”②。涿州人刘晞，“少以儒学称于乡里，尝为唐将周德威从事，后陷于契丹”③。大同元年（947）三月，辽军自汴京返国，后晋“诸司僚吏、嫔御、宦寺、方技、百工……悉送上京”④，这次被俘虏到上京的汉人上层应该非常多，辽代燕京四大家族之一的医巫闾马氏第一代人物马胤卿，原为石晋青州刺史，辽太宗举兵灭晋，“城破被执，太宗义而释之，徙其族于医巫闾山，因家焉”⑤。王白、魏璘“太宗得之于汴”⑥。李澣，初仕晋，为中书舍人，“晋亡归辽”⑦。崔廷勋，户贯不明，“幼陷契丹”⑧。

《辽史·地理志》中记载的36个州县中，有24个是太祖、太宗时期设置的，所以，该时期应该是辽国从内地掳掠汉人最多的时期。

（二）世宗及其以后诸帝时期

世宗天禄三年（949）十月，“遣诸将率兵攻下贝州高老镇，徇地邺都、南宫、堂阳，杀深州刺史史万山，俘获甚众”⑨；天禄四年（950）十月，辽世宗亲自率军“南伐，攻下安平、内丘、束鹿等城，大获而还”⑩。

---

① 《新五代史》卷七二，《四夷附录第一》，第886页。
② 《辽史》卷三，《太宗上》，第40页。
③ 《旧五代史》卷九八，《刘晞传》，第1317页。
④ 《辽史》卷四，《太宗下》，第59—60页。
⑤ 《辽史》卷一〇五，《马人望传》，第1461页。
⑥ 《辽史》卷一〇八，《王白传》和《魏璘传》，第1476页。
⑦ 《辽史》卷一〇三，《李澣传》，第1450页。
⑧ 《旧五代史》卷九八，《崔廷勋传》，第1317页。
⑨ 《辽史》卷五，《世宗》，第65页。
⑩ 同上。

辽景宗保宁九年（977）三月，耶律沙、敌烈“献援汉之役所获宋俘”①。辽圣宗统和四年（986）三月，统军使耶律颇德击败宋军于固安，休哥则“绝其粮饷，擒将吏”②；四月，“诸将校各以所俘获来上”，攻下固安城后，“大纵俘获”③；五月，休哥、筹宁、蒲奴宁“进俘获”④；七月，“以宋归命者二百四十人分赐从臣”⑤；八月，斜轸“还自军，献俘”⑥；十二月，休哥败宋军于望都，“遣人献俘”，后又“擒宋将贺令图、杨重进等”⑦。

统和五年（987）正月，辽军攻下文安，“尽杀其丁壮，俘其老幼”⑧。统和六年（988）十月，辽军攻下涿州等地后，“以宋降军分置七指挥，号归圣军”⑨，本次战役俘虏的宋军应当很多；十一月，辽军攻打满城，“上使谕其将领，乃率众降”⑩。

统和七年（989）正月，辽军攻破易州，“降刺史刘墀……迁易州军民于燕京”⑪；二月，“诏南征所俘有亲属分隶诸帐者，给官钱赎之，使相从”⑫，辽朝还给予部分被掠夺的汉人以家庭归属感；五月，休哥引军至满城，“招降卒七百余人，遣使来献，诏隶东京”⑬。

统和八年（990）三月，“城杏埚，以宋俘实之”⑭；统和九年（991）正月，“选宋降卒五百置为宣力军”⑮；统和十七年（999）十月，辽军在瀛州附近与宋军作战，“擒其将康昭裔、宋顺”⑯；统和二十年（1002）

---

① 《辽史》《景宗下》，第 99 页。
② 《辽史》卷一一，《圣宗二》，第 120 页。
③ 同上书，第 122 页。
④ 同上。
⑤ 同上书，第 123 页。
⑥ 同上书，第 124 页
⑦ 同上书，第 126 页。
⑧ 《辽史》卷一二，《圣宗三》，第 129 页。
⑨ 同上书，第 132 页。
⑩ 同上。
⑪ 同上书，第 133 页。
⑫ 同上。
⑬ 同上书，第 135 页。
⑭ 《辽史》卷一三，《圣宗四》，第 139 页。
⑮ 同上书，第 141 页。
⑯ 《辽史》卷一四，《圣宗五》，第 154—155 页。

四月，“南征将校献俘”①；统和二十一年（1003），宋将王继忠屯兵望都，率轻骑外出视察敌情，遇辽国南府宰相耶律奴瓜等，被俘②；北宋国子博士武白，“差知相州，至通利军”③，被辽军俘虏。

《辽史》记载的辽军对汉地的军事行动之后，也有无掠夺汉人北迁的记载，实际上，辽国发动的对汉地的所有军事行动，不管规模大小，几乎每次都有汉人被掳掠走，只不过打胜仗尤其是大的胜仗之后，掠夺的多一些，所以必须记录下来。

二 主动归附

从晚唐开始的华北和中原地区频繁的战乱，再加上刘仁恭父子等的暴政，导致部分汉人为了寻求安定的生活环境，主动归附辽国，诚如王明荪所述，“长城一线虽然分别夷夏两个天下，但外族人入居中国，不能严分内外，也是长期的历史事实，而胡汉之畛在社会上也淡于政治上。社会上一般人们所爱者是安定的生活，合理的待遇”④。

（一）辽太祖和辽太宗时期

当阿保机为来到辽国的汉人修筑汉城提供较好的生存环境的时候，幽云地区却是刘守光暴虐统治的时期，于是，“幽、涿之人，多亡入契丹”⑤。辽太祖元年（907）四月，刘仁恭子刘守光囚其父，自称幽州卢龙军节度使，七月，刘守光兄、平州刺史刘守奇“率其众数千人来降”，辽太祖命“置之平卢城”⑥，但是刘守奇后又“自契丹奔太原”⑦；王绍，因为与刘仁恭发生矛盾，“遂慕义向风，自南徂北，式会我太祖大圣皇帝”⑧；瀛洲人张谏，“值我北朝大圣皇帝，初建乾坤……遂步龙沙，皆归凤阙”⑨；后唐怀来县丞李内贞，“大圣皇帝兵至，迎降”⑩；太祖九年

---

① 《辽史》卷一四，《圣宗五》，第157页。
② 《辽史》卷八一，《王继忠传》，第1284页。
③ 《辽史》卷八二，《武白传》，第1294页。
④ 王明荪：《元代的士人与政治》，台湾学生书局1992年版，第15页。
⑤ 《新五代史》卷七二，《四夷附录第一》，第886页。
⑥ 《辽史》卷一，《太祖上》，第3页。
⑦ 《旧五代史》卷一三三，《高季兴传》，第1753页。
⑧ 《辽代石刻文编》，《王敦裕墓志》，第378页。
⑨ 《辽代石刻文编》，《张正嵩墓志》，第68页。
⑩ 《辽代石刻文编》，《李内贞墓志》，第53页。

(915) 六月，幽州军校齐行本率领“其族及其部曲男女三千人请降”，辽太祖诏授其为检校尚书、左仆射，并“赐名兀欲，给其廪食”①，但是不知何故，齐行本等数日后又逃走，且被幽州守将周德威接纳，辽太祖于是下诏臣向周德威索要；神册元年 (916) 四月，后晋幽州节度使卢国用来降，辽太祖任命其为幽州兵马留后②。神册二年 (917)，辽太祖“遣大将经略燕地，(赵) 思温来降”③；二月，由于后晋新州节度使李存矩“治民失政，御下无恩”④，导致裨将卢文进等于岐沟关杀死李存矩，叛逃辽国，又联合辽军进攻新州，后晋接任刺史安金全逃走，辽国于是以卢文进部将刘殷为刺史⑤。神册六年 (921) 十月，后晋新州防御使王郁“以所部山北兵马内附”⑥；十二月，王郁“率其众来朝……徙其众于潢水之南”⑦。天显三年 (928) 三月，后唐义武军节度使王都“遣人以定州来归”⑧。天显十一年 (936) 闰十一月，赵德钧父子战败后，“乃率众降”⑨；张砺，磁州人，后唐翰林学士。“从赵德钧援张敬达于河东。及敬达败，砺入契丹”⑩。

(二) 世宗至辽朝灭亡时期

辽景宗乾亨元年 (979) 五月，北宋军队攻打北汉，刘继文、卢俊战败后逃奔辽国⑪。辽圣宗统和元年 (983) 二月，辽南京统军使耶律善补奏“宋边七十余村来附，诏抚存之”⑫，七十余村庄的汉人来归附，但是五月又记载“耶律善补招亡入宋者，得千余户归国，诏令抚慰”⑬，这些人应当是先逃入北宋，后又被辽国召回。统和七年 (989) 正月，宋鸡壁

---

① 《辽史》卷一，《太祖上》，第 10 页。
② 同上书，第 11 页。据冯家昇先生考证：相关史籍中的卢文进、卢国用、卢大用为同一人。见氏著《辽史证误三种》，中华书局 1959 年版，第 105 页。
③ 《辽史》卷七六，《赵思温传》，第 1250 页。
④ 《旧五代史》卷二八，《唐书四》，《庄宗纪第二》，第 389 页。
⑤ 《辽史》卷一，《太祖上》，第 11—12 页。
⑥ 《辽史》卷二，《太祖下》，第 17 页。
⑦ 同上。
⑧ 《辽史》卷三，《太宗上》，第 28 页。
⑨ 同上书，第 39 页。
⑩ 《辽史》卷七六，《张砺传》，第 1251 页。
⑪ 《辽史》卷九，《景宗下》，第 101 页。
⑫ 《辽史》卷一〇，《圣宗一》，第 109 页。
⑬ 《辽史》卷一〇，《圣宗一》，第 110 页。

砦守将郭荣“率众来降”①；二月，将鸡壁砦民二百户徙居檀、顺、蓟三州安置；三月，北宋进士十七人“挈家来归”②。

当然，被掳掠到辽国的汉人，要远远多于主动归附到辽国的汉人。

三 契丹贵族安抚人心的举措

如此多的汉人来到了和自己原先生活的文化环境差异很大的辽国，如何让他们从心理上逐渐认同这个异民族建立的国家，从而在契丹贵族掌握政权核心部分的背景下，利用汉人上层的智慧，维护自己的统治，是辽朝初期契丹贵族特别是皇帝，时刻在考虑的问题。在分析契丹贵族采取的该方面措施时，一定要注意历史的经验问题，契丹族的历史在南北朝时期的史书上已开始出现，唐朝末年即开始称雄塞外，其间有长达五百年的发展过程，可称为历史发展过程的中时段，在漫长的成长过程中，作为一个民族，并非孤悬塞外的“孤儿”，而是通过各种方式，和汉人及汉文化有长期的接触，积累了宝贵的和汉人上层相处的经验③。

（一）侨置郡县

阿保机是一个非常有智慧的政治家，在部分汉人上层的辅佐下，其对汉人的治理举措，较之以往的少数民族政治家在同一问题上的举措，明显高出一筹。比如掳掠汉人到辽国境内后汉城的建立问题，不仅仅要照顾汉人的生产和生活方式，在汉城名字的命名等问题上，也可看出其对汉人精神的抚慰，“多因旧居名之”④；《阴山杂录》一书也有同样的记载，“置州县以居之，不改中国州县之名”⑤，这实际上是比拟东晋时期侨置郡县的做法。

而在众多汉城的建筑布局、功能和人文景观等方面，几乎就是中原王

① 《辽史》卷一二，《圣宗三》，第133页。

② 同上书，第134页。

③ 辽太祖起自朔漠，但长子耶律倍已经能够“通阴阳，知音律，精医药、砭楲之术。工辽、汉文章，尝译阴符经。善画本国人物，如射骑、猎雪骑、千鹿图，皆入宋秘府”（见《辽史》卷七二，《义宗倍传》），高度的、综合的汉文化素养，不能仅仅归之于当时辽国境内汉人士大夫对他的辅导和教育等因素，应该也和长期的历史积淀因素及在一定范围内能够允许汉文化发展的环境有很大关系。契丹贵族允许汉人、渤海人等保留农耕民族的生产方式、发型、服饰等习俗，应当也与此有关。这与以后骤然而起的金朝、清朝在发型、服饰等习俗方面的残暴性做法，形成鲜明对比。

④ 《辽史》卷三七，《地理一》，第438页。

⑤ 厉鄂：《辽史拾遗》卷一。丛书集成初编本。

朝城池的翻版，上京临潢府，“城高二丈，不设敌楼，幅员二十七里。门，东曰迎春，曰雁儿；南曰顺阳，曰南福；西曰金凤，曰西雁儿。其北谓之皇城，高三丈，有楼橹。门，东曰安东，南曰大顺，西曰乾德，北曰拱辰。中有大内。内南门曰承天，有楼阁；东门曰东华，西曰西华。此通内出入之所。正南街东，留守司衙，次盐铁司，次南门，龙寺街。南曰临潢府，其侧临潢县。县西南崇孝寺，承天皇后建。寺西长泰县，又西天长观。西南国子监，监北孔子庙，庙东节义寺。又西北安国寺……其南贝圣尼寺，绫锦院、内省司、曲院，赡国、省司二仓……南城谓之汉城，南当横街，各有楼对峙，下列井肆……南门之东回鹘营，回鹘商贩留居上京，置营居之。西南同文驿，诸国信使居之。驿西南临潢驿，以待夏国使。驿西福先寺”①。后周广顺年间，汉使胡峤在他的出使记中写道：“上京西楼，有邑屋市肆……有绫锦诸工作、宦者、翰林、伎术、教坊、角抵、儒、僧尼、道士。中国人并、汾、幽、蓟为多。”② 东京辽阳府，“城名天福，高三丈，有楼橹，幅员三十里。八门：东曰迎阳，东南曰韶阳，南曰龙原，西南曰显德，西曰大顺，西北曰大辽，北曰怀远，东北曰安远。宫城在东北隅，高三丈，具敌楼，南为三门，壮以楼观，四隅有角楼，相去各二里。宫墙北有让国皇帝御容殿……外城谓之汉城，分南北市，中为看楼；晨集南市，夕集北市。街西有金德寺；大悲寺；驸马寺，铁幡竿在焉；赵头陀寺”③。当然，东京的修筑非辽朝才开始，此前已有一定的基础。中京大定府，修筑时期，“择良工于燕、蓟，董役二岁，郛郭、宫掖、楼阁、府库、市肆、廊庑，拟神都之制”④，有鉴于此，姚从吾先生认为：“当时推行到热河、辽宁一带的汉城，完全保持关内汉城的特点。有城墙，有楼橹，四面有门。街市中心有中国式的钟鼓楼。”之所以有这种现象，是因为“凡是两种文化不同的民族，无论是语言不通，生活习惯不同，宗教不同，或者人种不同，互相接触，都可以发生聚族而居的现象”⑤，来到辽国的汉人，很快与契丹族、奚人等聚居在一起，当然，汉城内当以汉人为主；“汉城不是被奴役的殖民地，也不是流放犯的居所，

① 《辽史》卷三七，《地理一》，第441页。

② 同上。

③ 《辽史》卷三八，《地理二》，第456页。

④ 《辽史》卷三九，《地理三》，第481页。

⑤ 姚从吾：《东北史论丛》上，第212—213页。

而是变成充满活力的商业和制造业中心”①。

汉人尽管有安土重迁的传统，但是当新的居住地除了气候、地貌等不可改变的因素外，生产方式、生活方式、人文景观则和原居住地没有什么大的不同的话，他们适应新环境最大的障碍——心理因素，随着岁月的迁移及对新环境的熟悉和适应，会逐渐变得越来越小，直至基本适应新环境。而汉人上层，在庞大的汉人群体中，一般都是原住地有知识、有威望的宗族领袖或有影响的地方士绅，在原住地的乡党中也较有影响，“由于宗族是父系的亲族组织，乡党是同乡人的结合形成，所以虽说在原理上，二者之间有血缘与地缘的区别，但是实际上二者相互重合之处并不少，这是因为宗族一旦扩大，势必在地域上进行全面的占有”②，因此，刚到新居住地后，由于远离家乡，又面临异民族的统治，不管是客观环境还是主观因素，生存所面临的困难，肯定都会大大增加，汉人之间的团结，必然会加强，他们在汉人中的地位和影响，只会扩大而不会缩小，需要出头露面的事情，大多由他们来承担，如康默记到辽国后，阿保机“爱其材，隶麾下。一切蕃、汉相涉事，属默记折衷之，悉合上意”③。程延超，“为郡邑之仪形，作乡党之领袖”④。此类汉人上层，也得以重新获得自己在原居住地对宗族和乡党的支配感，以及宗族和乡党对他们的尊重，进而拥有领袖感等心理领域的享受。而契丹贵族在防范他们的同时，也最大程度地满足他们各方面的合理要求。

这种精神的抚慰，对于绝大多数以被掠夺方式来到辽国的汉人而言，所起的作用却是很大的，使他们逐渐放弃了强烈的或消极的对契丹人的抵触心理，逐渐适应了新的生活环境，转而逐渐与契丹贵族合作。而由于汉人作为一个群体到了辽国之后，面临作为一个民族的整体的压力，从而有共同的心理，而这些有影响的汉人上层的心理与选择，无形中对普通汉人民众，有很大的引领作用。

根据《辽史·地理志》的记载，制作了辽朝的侨置郡县表，由于辽代史料的欠缺，这些记载，只可能是其中的极少部分。

---

① 《剑桥中国辽西夏金元史》，第 59 页。

② 谷川道雄著，马彪译：《中国中世社会与共同体》，中华书局 2002 年版，第 318 页。

③ 《辽史》卷七四，《康默记传》，第 1230 页。

④ 《辽代石刻文编》，《程延超墓志》，第 167 页。

时期	原生活地	新汉城名	后更名	史料来源
太祖时期	幽州潞县	潞县	未改名	《辽史》卷三十七《地理一》
太祖时期	燕、蓟、顺州	顺州	未改名	《辽史》卷三十七《地理一》
太祖时期	蓟州三河	三河县	乐郊县	《辽史》卷三十八《地理二》
太祖时期	蓟州	渔阳县	灵源县	《辽史》卷三十八《地理二》
太祖时期	檀州	檀州	祺州	《辽史》卷三十八《地理二》
太祖时期	密云	密云县	庆云县	《辽史》卷三十八《地理二》
太祖时期	定州行唐县	行唐县	未改名	《辽史》卷四十《地理四》
太祖时期	安喜县	安喜县	未改名	《辽史》卷四十《地理四》
太祖时期	望都县	望都县	未改名	《辽史》卷四十《地理四》
太祖时期	卫州	卫州	未改名	《文献通考》,《契丹上》

这种类似东晋南朝时期侨置郡县的措施①，虽然不再和高标郡望的风气相联系，但是其中蕴含的深固的地域、乡里观念，却能使这些被掳掠到辽国的汉人尤其是汉人上层，在新的生活地以旧的、世代生活过的地名为旗帜，重新唤起和地名密切联系的内心深处的家园意识，共同生活，患难相恤，建设新家园，喜欢新家园，尽力嫁接并复活自己一度失去的物质、精神等方面的利益。

（二）精神抚慰场所的建立

要使这些汉人能够真正在辽国扎下根来，就不能斩断他们的文化脐带，因为文化脐带是他们的安身立命之本。以阿保机为代表的契丹贵族，在部分汉人上层的建议和协助下，先后在辽国许多地区，建立了孔子庙及佛教、道教的寺观，尤其以佛寺见多。

神册三年（918）五月，辽太祖“诏建孔子庙、佛寺、道观”②，在建孔子庙的问题上，耶律倍发挥了很大的作用，当时辽太祖问周围的侍臣说：“受命之君，当事天敬神。有大功德者，朕欲祀之，何先？”由于契

① 姚从吾先生认为这类汉城当更多，在其《说阿保机时代的汉城》一文中罗列了三十八处，见氏著《东北史论丛》上，第212—213页。韩茂莉教授认为有三十六处，见氏著《草原与田园》一书第15页，生活·读书·新知三联书店2006年版。武玉环教授认为有六十四处，见氏著《辽代的移民、治理与民族融合》一文，收入张希清等主编的《10—13世纪中国文化的碰撞与融合》一书，上海人民出版社2006年版，第409页。

② 《辽史》卷一，《太祖上》，第13页。

丹贵族信奉佛教的很多，且佛教在辽国的影响也很大，于是，侍臣都对以佛教。辽太祖说："佛非中国教。"此言可见阿保机对汉文化的了解有一定的深度，对汉文化深有了解的耶律倍说道："孔子大圣，万世所尊，宜先。"辽太祖听后很高兴，于是建孔子庙，而且"诏皇太子春秋释奠"①，笔者很怀疑阿保机父子二人在此问题上搞默契，如果阿保机自己一手操纵此事，反会招致契丹贵族的不满，毕竟他们大多信仰佛教，而由对汉文化了解很深的耶律倍提出，自己再予以肯定，阻力会较小，反而会收到更好的效果。《辽史》记载的还建有的孔子庙，是渤海人大公鼎担任良乡县令时在当地建立的②。辽国境内建孔子庙的地方肯定不止这两处，应当更多。

阿保机首先答应建孔子庙，主要原因应该不是受耶律倍的影响，而是由于他周围的汉人上层越来越多，发挥的作用也越来越大，需要满足他们的精神需求，避免更多的汉人由于思乡等精神因素导致的分别焦虑而南逃③。而"宣圣庙是汉族民众世世代代尊奉的精神支柱"④，在汉人的心理结构中，占非常重要的地位，能满足其强大的心理需求，而且对孔夫子的顶礼膜拜，不需要像有些宗教一样，必须到固定的地方去朝拜，随处都可以建孔子庙，经济条件好的话，建的金碧辉煌、美轮美奂；经济条件差点儿的话，建的简陋一点儿也可以，并不因为其外观的差别，就影响其信仰的纯粹性和心理安慰作用的效果。有了孔圣人的保佑，心中有信仰，人生有希望，做事守规矩，对维护社会的稳定与发展，有强大的精神力量。而且由于契丹贵族主导建立孔子庙，很容易使汉人上层联想到韩愈《原道》中的那句至理名言，"孔子之作《春秋》也，诸侯用夷礼则夷之，进于中国则中国之"，也就是说，不管你原来属于哪个民族，只要遵循中原之礼就是华夏，遵循夷礼就是夷狄。这种用"礼"来区分中国和夷狄、以及中国和夷狄可以互相变化的思想，为后来的许多思想家所接受，在民间也很有影响。神册四年（919）八月，辽太祖还亲自"谒孔子庙，命皇

① 《辽史》卷七二，《义宗倍传》，第1209页。

② 《辽史》卷一〇五，《大公鼎传》，第1460页。

③ 韩延徽就是因为"居久之，慨然怀其乡里，赋诗见意，遂亡归唐"（《辽史》卷七四，《韩延徽传》），韩延徽南逃的原因就是典型的分别焦虑，这种心理，在当时辽国境内的汉人中，极具普遍性。

④ 李国钧主编：《中国书院史》，湖南教育出版社1994年版，第406页。

后、皇太子分谒寺观"[①]，辽太祖的此番作为，显示其对汉人信仰的极力支持，对于汉人而言，自是很大的心理安慰。诚如葛兆光教授所析，"一旦儒者得到权力的些许尊重，特别是在儒家所企盼与认同的文化秩序得以全面确立的情况下，那种激烈的民族主义情感，终于可以抚平和消解了"[②]。建立孔子庙，祭祀孔子，尽管不是汉人上层所期盼、所认同的文化秩序的全面建立，但在精神需求饥渴的背景下，仍然可以起到较大的心理抚慰的作用。

后周太祖广顺年间（951—953），胡峤在上京西楼见到"儒、僧尼、道士"，而当地"中国人并、汾、幽、蓟为多"[③]。自辽初以来，"佛教和道教就已经随汉人而俱来"[④]，由于辽朝统治者的大力提倡和支持，佛教在辽国发展很快，藩汉各族人民信仰佛教的很多，以至于有"辽以释废"[⑤] 的说法。从已经发现的辽代汉人的墓志铭及其他史料来看，汉人生活区建立的佛教寺庙很多，信仰佛教的应该不少。

除了共同的信仰之外，汉人上层一般还有家族祭祀场所——家庙，以满足其个体的祖宗崇拜、家族繁衍、家族昌盛的心理，因此，在同姓、同宗汉人生活地比较集中、人数比较多、影响比较大、本身财力比较大的地方，汉人上层当建有自己祭祀祖先的家庙；辽世宗天禄二年（948）"故石晋太后诣世宗，求于汉城侧耕垦自赡。许于建州南四十里给地五十顷，营构房室，创立宗庙"[⑥]。对祖先的崇拜，是汉人宗教意识和社会生活的核心，在血浓于水的亲情中，"将孝悌等伦理道德规范与外化的对祖先的祭祀活动融为一体，使人们的人性意识、血缘感情、宗教心理有机地结合在一起，无须如何玄奥的信仰体系，便得到了理性的与神秘性的双重满足"[⑦]，被掠到了远离家乡的辽国，尽管祖辈的坟墓，不能在规定的节日去祭祀，但是，在新建的家庙等祭祀场所，可以进行替代性的祭祀活动，内心对去世祖宗的怀念、崇拜以及希望下一代延续这种祭祀传统的心理，

---

① 《辽史》卷二，《太祖下》，第 15 页。

② 葛兆光：《中国思想史》第二卷，复旦大学出版社 2001 年版，第 286 页。

③ 《辽史》卷三七，《地理二》，第 441 页。

④ 《辽金西夏史》，第 408 页。

⑤ 《元史》卷一六三，《张德辉传》，第 3823 页。

⑥ 《辽史》卷三九，《地理三》，第 488 页。

⑦ 侯杰、范丽珠：《世俗与神圣——中国民众宗教意识》，天津人民出版社 2001 年版，第 226 页。

也就得到了满足。

在信仰领域，甚至“可能着眼于众多的汉人臣民，契丹皇族宣称自己是中国传说中的英雄，中国农业保护神神农氏的后裔”①，尽管这个传说没有白马青牛的传说重要，但对汉人来说，却又是一个古老的共同信仰。

总之，通过上述举措的有效实施，族类差异的主要障碍，得以逐渐减少，如果“族类差异的障碍能够得到妥善安置，那么从天下中国观的立场出发，一个少数民族集团或政权征服并统治了汉族社会的事实，也是可以接受的”②。

第二节　辽朝初、中期汉人上层的民族心理

在契丹贵族掌握政权核心部分的情况下③，作为异民族的汉人上层的民族心理，就共同性而言，其心理的变化，从“我”方面而言，即从汉人上层本身而论，既受相关的长时段因素的影响，又受相关的短时段因素的影响，这两方面因素，不管他们是否感觉到，都会自觉不自觉地时刻影响着他们的民族心理的变化，而其中的利益性因素的变化，则是影响其民族心理变化的最关键因素。从“他”方面而言，即撇开汉人上层自身的因素，其心理的变化，既受契丹贵族施之于他们的法律、政策尤其是潜规则因素的影响，又受南方汉人政权相关行动的影响；辽代末期，还受刚刚兴起的女真贵族行动的影响④。

本章只能从若干角度分析汉人上层在辽朝初期和中期民族心理的变化。而辽末汉人上层民族心理的遽变，主要放在下一章进行分析。

一　影响汉人上层民族心理变化的时段因素

（一）长时段因素

长时段因素指经过长期的历史积淀过程而逐渐形成且有相对稳定性的

---

① 《剑桥中国辽西夏金元史》，第51页。

② 《北方民族史十论》一书的《中国历史上的民族关系与国家认同》一文，第267页。

③ 《辽史》卷一〇二，《张琳传》记载“凡军国大计，汉人不与”，第1441页。

④ 金、元二代影响汉人上层民族心理变化的共同性因素，与辽朝大致一样，故在分析金、元二代汉人上层民族心理变化的背景时，这些共同性因素，不再展开分析。

并为后代逐渐传承的影响汉人上层民族心理变化的深层次因素。

辽朝建国以前，在北方少数民族政权向华北乃至中原地区扩张，取代中原地区汉民族政权的过程中，利用汉人（包括其前身华夏族）势力的例子，有悠久的历史。

最早可追的先例为西周晚期，周幽王因为宠爱褒姒的原因，与申侯产生尖锐的矛盾，“申侯怒，而与犬戎共攻杀周幽王于骊山之下”①，导致周平王被迫将国都东迁洛邑（今河南省洛阳市）；到了春秋时期，“周襄王欲伐郑，故取戎狄女为后，与戎狄兵共伐郑”②，但是周襄王的这次借力行动，却带来了很大的后患，后周襄王欲废掉狄后，导致狄后怨恨，而襄王后母惠后，有个儿子子带，她想趁时局混乱之际，立子带为国王，于是惠后以狄后、子带为内应，“开戎狄，戎狄以故得入，破逐周襄王，而立子带为天子。于是戎狄或居于陆浑、东至于卫，侵盗暴虐中国”③，后靠晋文公的势力，才把戎狄驱逐出去。

在秦帝国瓦解的过程中，“诸侯畔秦，中国扰乱，诸秦所徙谪戍边者皆复去，于是匈奴得宽，复稍度河南与中国界于故塞”④，匈奴再度对华夏族政权形成较大的威胁，个中缘由，不仅仅是秦帝国的短命而亡、王朝更替，中原王朝无法拿出足够的人力、物力和精力来对付匈奴，还和西汉降附匈奴的将领的加盟有很大关系。

刘邦建立西汉后，徙韩王信于代，都马邑，“匈奴大攻马邑，韩王信降匈奴。匈奴得信，因引兵南逾句注，攻太原，至晋阳下”⑤，是后韩王信成为匈奴的战将，再加上“赵利、王广等数倍约，侵盗代、云中。居无几何，陈豨反，又与韩信合谋击代……是时匈奴以汉将众往降，故冒顿常往来侵盗代地……后燕王卢绾反，率其党数千人降匈奴，往来苦上谷以东”⑥。余英时先生为此指出：“匈奴对汉帝国的威胁是双重的：他们经常侵入中国边境，并且在边境地区的中国人中间，特别是那些强有力的地方

① 《史记》卷一一〇，《匈奴列传》，中华书局1959年版，第2881页。
② 同上。
③ 同上书，第2882页。
④ 《史记》卷一一〇，《匈奴列传》，第2887—2888页。
⑤ 同上书，第2894页。
⑥ 《史记》卷一一〇，《匈奴列传》，第2895页。

领袖，散布不和的政治影响，这种威胁在叛变问题上表现的最为清楚。"①余英时先生还特别指出："汉朝边境将领中，有些人以前是商人，因此很可能仍维持着在王朝建立以前便已开始的和匈奴的贸易关系。他们对汉朝的忠诚不是没有问题的。这个时期在中国的亡命者中间流行着一句话：'不北走胡则南走越耳！'此语表明，即使普通百姓与汉朝之间，一种政治上的认同，仍需要发展。"②

新莽王朝建国三年（11），戊己校尉史陈良、终带、司马丞韩玄、右曲候任商等，见西域诸国纷纷背叛新朝，又听说匈奴准备大举入侵西域，害怕被杀死，于是劫掠吏卒数百人，杀死戊己校尉刀护，遣人报告匈奴南犁汗王的属下南将军，南将军于是率领二千骑到西域，迎接陈良等，"协掠戊己校尉吏士男女二千余人入匈奴……单于号良、带曰乌桓都将军，留居单于所，数呼与饮食"③。陈良等人的叛降，使新莽政权内政、外交更趋向艰难。有些汉人上层在此方面表现得更主动，东汉安帝永初三年（109），早已归附匈奴的汉人韩琮，随南单于入朝，回去后，对南单于说："关东水潦，人民饥饿死尽"④，应该趁机发兵攻打东汉的边境地区，南单于听后，于是起兵反叛。

如果说东汉结束以前的这种"合作"，基本上属于边关将士个人的行为，那么，从魏晋南北朝开始，随着世家大族的崛起，每逢北方游牧民族政权入主中原导致的社会大动荡，尽管有大量北方汉人以家族为单位逃往秦淮以南或长江以南地区，但也有一些北方汉人家族，出于种种原因而留在家乡和少数民族政权合作，这种合作方式对当时和以后的历史都产生了

---

① ［英］崔瑞德、鲁惟一编，杨品泉等译：《剑桥中国秦汉史》，中国社会科学出版社 1992 年版，第 415 页。

② 《剑桥中国秦汉史》，第 415 页。"不北走胡则南走越耳"，见《史记》卷一〇〇，《季布传》和《汉书》卷三七，《季布传》；类似的话，频繁见之于以后的史书，曹操骂魏种"不南走越、北走胡，不置汝也！"《三国志》《魏书一·武帝纪一》；萧道成起兵之前，纪僧真对他说："如其不胜，则应北走胡中，窃谓此非万全策也。"《南齐书》卷五六，《纪僧真传》；"吾欲收其才用，岂怀前忿也。今复不来，便须南走越，北走胡耳！"《魏书》卷九一，《温子昇传》；"乘兹困穷，或致骚动，便恐南走越，北走胡，非唯流逆齐人，亦自搅乱殊俗。"《旧唐书》卷九八，《崔融传》；"延光反覆奸臣，若不图之，非北走胡则南走吴越，请拘之洛阳。"《新五代史》卷五一，《范延光传》；"不南走吴、楚以息肩，则北走契丹以幸利。"《读通鉴论》卷三〇，《五代下》。这句话，逐渐成为一句很有历史积淀感的、非常值得分析的话语。

③ 《汉书》卷九四，《匈奴传》，中华书局 1962 年版，第 3823 页。

④ 《后汉书》卷八九，《南匈奴列传》，中华书局 1965 年版，第 2957 页。

很大的影响，并以历史积淀的方式留存在北方汉人上层自觉或不自觉的记忆之中，成为一种生存经验，指导着他们在异常复杂的民族关系中的选择和行动。

鲜卑族首领慕容廆，“政事修明，爱重人物，故士民多归之。举其英俊，随才授任”，以河东裴嶷、北平阳耽、庐江黄泓、代郡鲁昌为谋主，广平游邃、北海逄羡、北平西方虔、西河宋奭及封抽、裴开为股肱，平原宋该、安定皇甫岌、皇甫真、兰陵缪恺、昌黎刘斌及封弈、封裕“典机要”①，而且“立郡以统流人，冀州人为冀阳郡，豫州人为成周郡，青州人为营丘郡，并州人为唐国郡”②，这么多汉人士大夫成为谋主或参与机要事物的处理，在鲜卑族的发展史上，应该是一个重要的转折点。这些措施有利于冲淡汉人传统的“华夷之辨”。

尤其需要指出的是，幽州由于其偏处北方一隅的地理优势，因战争导致的直接的动荡较少，更成为汉人世家大族避难和发展的好地方。范阳卢氏、祖氏，北平无终阳氏，上谷寇氏、侯氏，燕国刘氏，既有家学渊源，又有政治权利和丰厚的经济利益，“无论是尔朱氏集团，还是与之对立的高欢集团，他们在争取幽州时，都必须依靠这些门阀士族的支持和参与”③。因此，日本学者川本芳昭认为，北方汉人对渗透型北族王朝的征服与统治的态度的关键转折，大概发生在这一时期的北魏太武帝拓跋焘时代④。

陈寅恪先生在分析魏晋南北朝时期的这种情况时说道：“绝不能忽视北方不能走或不愿走的人们屯聚堡坞的作用，屯聚与人口的大流动，对历史产生的影响，是难分轻重的。”⑤ 隋唐时期，随着民族融合高潮的进行，河朔地区汉人上层的“胡化”现象，较为严重，该类行为更多，而且深刻影响他们的夷夏观念。

随着北方民族斗争和民族融合一次次高潮的到来，必将出现的是北方汉人上层家族和少数民族政权的一次次合作，规模越来越大，层次也越来

---

① 《资治通鉴》卷八八，《晋纪十》，晋愍帝建兴元年四月，中华书局 2012 年版，第 2844—2845 页。

② 《晋书》卷一〇八，《慕容廆传》，第 2806 页。

③ 《北京通史》第一卷，第 377 页。

④ 姚大力：《北方民族史十论》一书的《中国历史上的民族关系与国家认同》一文，第 270 页。

⑤ 万绳楠整理：《陈寅恪魏晋南北朝史演讲录》，黄山书社 1987 年版，第 141 页。

越高，由单纯的军事合作，发展到全面的合作，当然，并不否认双方存在的矛盾，有时候矛盾还会很尖锐甚至走向激化，导致很大的社会危机。由此，对于北方的汉人上层而言，自觉不自觉地就形成了一种集体心理，这种心理，在少数民族政权进攻华北乃至中原所导致的战乱中，常常支配着一部分汉人上层的选择——避战自保然后和少数民族政权合作而不南逃，这种选择虽然也有痛苦，但却是他们所认为的合情合理的选择。诚如布罗代尔所说："在每个时期，都有一种确定的世界观，都有一种集体心理，支配着社会的全体大众。强加给社会一种态度，引导着社会的选择，坚持社会偏见，指导社会行动，这在很大程度上是文明中的一种事实。这种世界观，这种集体心理，远非源于偶然事件，或一个时期的历史和社会环境，它们源于今天人们几乎已察觉不到的古代的信仰、恐惧和焦虑——这是一种巨大的污染，它们的'细菌'已在人们的记忆中消失，但还是代代相传。"①

（二）短时段因素

短时段因素指辽朝统治者所施行的影响汉人上层民族心理变化的法律、政策，抑或各种各样的潜规则，从其影响而言，又可以分为积极性因素和消极性因素两个方面②。

1. 积极性因素

从辽太宗耶律德光开始，辽朝的中央官制实施南北面官制，"官分南、北，以国制治契丹，以汉制待汉人。国制简朴，汉制则沿名之风固存也。辽国官制，分北、南院。北面治宫帐、部族、属国之政，南面治汉人州县、租赋、军马之事。因俗而治，得其宜矣"③，虽然北南面官制，并没有涵盖辽朝中央官制的所有领域，更别说部族官和州县官④，但其起到

---

① ［法］费尔南德·布罗代尔著，王明毅译：《文明研究涉及所有社会科学》，《史学理论研究》2004 年第 1 期。

② 在分析辽代和金代汉人上层民族心理变化的背景时，笔者都要从这两方面进行分析，元代则结合具体问题进行分析。实际上，在分析这三朝汉人上层的民族心理时，除了考虑这两方面背景外，还要考虑心理允许值和实现值之间的关系问题。在契丹、女真、蒙古族掌握核心权力的背景下，在这三个王朝存在的绝大部分时间段，汉人上层大多对自己由于族群身份的限制而可能达到的个人人生奋斗目标和家族奋斗目标，有一个比较清楚的刻度线，笔者把其称为允许值，允许值和实现值之间差距越小，心理就相对满足一些、愉悦一些，反之，不满足感就很强，如果不能正确调适自己的心理的话，就比较痛苦。在许多具体事情的处理上，也有这个现象。

③ 《辽史》卷四五，《百官志一》，第 685 页。

④ 李锡厚：《临潢集》，《论辽朝的政治体制》一文所述观点，河北大学出版社 2001 年版。

的重要作用，不容忽视，“在这种政治体制之下，可以保证农耕民族和游牧民族在生产和生活领域互不干扰……可以避免和减轻游牧民族对中原社会经济、文化造成的严重破坏，因而有利于各民族之间和睦相处”①。这种体制，对于汉人臣僚而言，他们尽管不掌握核心权力，但是其“因俗而治，得其宜矣”的实施背景和效果，却会使汉人臣僚认为是契丹贵族对汉文化的尊重，再加上辽朝初期，针对汉人的许多政策本身，即出于韩延徽等汉人臣僚之手，无形中会增强他们对辽朝的认同感。

随着辽国社会的发展和汉人与契丹人的长期交流，辽朝初期，契丹人与汉人在刑法条文中“轻重不均”的做法，也逐渐变得不合时宜。为了缓和国内的民族矛盾，换取汉人上层对辽政权的支持，在承天太后和韩德让的主持下，辽朝于圣宗时期修改了刑法。统和十二年（994）七月，“诏契丹人犯十恶者依汉律”②，《辽史·刑法志》的记载更加明确，“先是，契丹及汉人相殴致死，其法轻重不均，至是一等科之。统和十二年，诏契丹人犯十恶，亦断以律”③“一依汉法论”④“一等科之”，自然指的是在该方面法律地位的平等。《辽史·刑法志》则提及该法律修改的背景，辽圣宗幼年嗣位，睿智皇后临朝称制，留心听断，经常告诫圣宗治国的法律宜宽。圣宗成年之后逐渐熟悉国事，锐意求治，“当时更定法令凡十数事，多合人心，其用刑又能详慎”⑤。修改后的法律条文一是从宽，二是“多合人心”，人心自然指的是汉人的民心，因为它提高了汉人在法律上的地位。咸雍六年（1070），辽道宗又因为“契丹、汉人风俗不同，国法不可异施”，命惕隐苏、枢密使乙辛等更订条制，“凡合于律令者，具载之；其不合者，别存之”⑥。

辽道宗时期，南京一带汉人上层的法律地位，明显提高。宋仁宗庆历五年（1045），欧阳修上奏指出：“往时虏杀汉人者罚，汉人杀虏者死，近闻反此二法，欲悦汉人。”⑦ 宋哲宗元祐四年（1089，辽道宗大安五年）

---

① 李锡厚、白滨：《中国政治制度通史》（辽金西夏卷），第203页。

② 《辽史》卷一三，《圣宗四》，第145页。

③ 《辽史》卷六一，《刑法志上》，第939页。

④ 《东都事略》卷一二三，《辽国上》。

⑤ 《辽史》卷六一，《刑法志上》，第939页。

⑥ 《辽史》卷六二，《刑法志下》，第945页。

⑦ 欧阳修著，李逸安点校：《欧阳修全集》（第五册）卷一一八，《论契丹侵地界状》，中华书局2001年版，第1823页。

苏辙出使辽国归国后，在其所写的出访报告中写道："北朝之政，宽契丹，虐燕人，盖已旧矣。然臣等访闻山前诸州祗候公人，止是小民争斗杀伤之狱，则有此弊，至于燕人强家富族，似不至如此。契丹之人，每冬月多避寒于燕地，牧放住坐，亦止在天荒地上，不敢侵犯税土。"①

针对北、南枢密院分设的问题，辽圣宗太平六年（1026）下诏说："朕以国家有契丹、汉人，故以南、北二院分治之，盖欲去贪枉，除烦扰也；若贵贱异法，则怨必生。夫小民犯罪，必不能动有司以达于朝，惟内族、外戚多恃恩行贿，以图苟免，如是则法废矣。自今贵戚以事被告，不以事之大小，并令所在官司按问，具申北、南院覆问得实以闻；其不按辄申，及受请托为奏言者，以本犯人罪罪之。"② 南枢密院也要了解、受理契丹贵族的犯法事宜。辽朝统治集团中的开明人士也深刻认识到了这种分立的危害，辽兴宗重熙十二年（1043），担任北院枢密使的萧孝忠上奏说："一国二枢密，风俗所以不同。若并为一，天下幸甚。"③ 可惜，上奏还未来得及施行，萧孝忠去世。萧孝忠是契丹贵族中比较反对民族歧视政策的人，重熙七年（1039），他担任东京留守时，法律禁渤海人打马球，萧孝忠说道："东京最为重镇，无从禽之地，若非球马，何以习武？且天子以四海为家，何分彼此？宜弛其禁。"④ 朝廷接受了他的这一建议。总之，辽代汉人的法律地位渐趋提高。

随着幽云十六州并入辽国，汉人人数成为辽朝国内居首位的民族，治理这一地区，势必需要大批汉人出身的官员，为此，必须沿用中原王朝的人事选拔制度——科举制度，因为它是一种较为公正的选人、用人制度，对于广大汉人而言有很大的吸引力。辽太宗耶律德光时期，"岁开贡举，以登汉民之俊秀者，榜帖授官，一效中国之制。"⑤ 室昉就是在会同初年，"登进士第，为卢龙巡捕官"⑥。辽世宗天禄元年（947），诏辟贡举，立经童科，次年，正式开科取士，录取 222 人。辽景宗保宁八年（976），下诏在南京（幽州）"复礼部贡院"，保宁九年（977）、统和二年（984）

① 苏辙著，陈宏天、高秀芳点校：《苏辙集》卷四二，《北使还论北边事劄子五道·二论北朝政事大略》，中华书局 1990 年版，第 749 页。

② 《辽史》卷六一，《刑法志上》，第 940 页。

③ 《辽史》卷八一，《萧孝忠传》，第 1285 页。

④ 同上。

⑤ 《宋朝事实类苑》卷七七。

⑥ 《辽史》卷七九，《室昉传》，第 1271 页。

和五年（987），相继开科取士①。统和六年（988）诏开贡举，“放高举一人及第”②，此后，科举考试便持续进行，正式成为选人、用人的制度，“至景、圣间，则科目聿兴，士由下僚擢升侍从，骎骎崇儒之美”③，必须指出，辽朝的科举制在选官制度领域，并不重要；但也必须指出，它毕竟为幽、云地区汉人上层，提供了一个升迁的机会，使他们看到了一线改变命运的希望，“契丹既有燕蓟及雁门以北，亦开选举，以收士人”④，故而在辽朝对汉人上层的诸多拉拢手段中，科举制度的实施显得尤其重要。

与科举同时进行的，在任官领域，对汉人上层，契丹贵族也极力拉拢和利用。万斯同编写的《辽大臣年表》中，总计有72名汉人臣僚担任过辽朝中央政府的高级官员，不仅包括南院枢密使、中书令、同中书门下平章事、参知政事等官职，还有北院枢密使、北南府宰相、于越、夷离毕、惕隐、南院大王等北面官职。辽圣宗统和二十九年（1011）三月，枢密直学士高正为北院枢密副使，参知政事刘慎行兼知南院枢密使事，二人均为汉人⑤；辽道宗清宁六年（1060），也曾有汉人臣僚同时任北、南两府宰相⑥。吴廷燮所编《辽方镇年表》记载，担任过辽朝除东京外另四京留守的汉人臣僚共有25人，担任有实际权力的彰武、辽兴、武定等军节度使者也有31人⑦。整体而言，辽代汉人臣僚在国家权力机构中是契丹人的重要伙伴和辅助力量。漆侠先生指出，《辽史》列传所记人物中，契丹人为234人，占总数的76.72%，而汉人作为第二大类，有58人，占总数的19%⑧。

除科举和选官之外，契丹贵族也运用其他手段笼络汉人上层，例如积极推动契、汉间的族际联姻。太宗会同三年（940）十二月，“诏契丹人授汉官者从汉仪，听与汉人婚姻”⑨。契丹族官员和汉人上层通婚，有利于加深他们相互之间的了解和感情，从而减少误解，促进民族融合。

---

① 《辽史拾遗》卷一六。

② 《辽史》卷一二，《圣宗三》，第133页。

③ 《辽史》卷一〇三，《文学传》序，第1445页。

④ 田况：《儒林公议》卷下。

⑤ 《辽史》卷一五，《圣宗六》，第169页。

⑥ 《二十五史补编》（六），中华书局1955年版，第8045—8068页。

⑦ 同上书，第8069—8093页。所用数据为东北师大2006年纪楠楠硕士学位论文《论辽代幽云十六州的汉人问题》。

⑧ 漆侠：《漆侠全集》第九卷，河北大学出版社2008年版，第125页。

⑨ 《辽史》卷四，《太宗下》，第49页。

契丹贵族和汉人上层之间的联姻，事例不少，最为显著的是玉田韩氏和契丹贵族之间的世代联姻，兹列简表如下：

世代	姓名	联姻简况	资料来源
二	韩匡嗣	妻萧氏	《韩匡嗣墓志》
二	韩匡美	三娶萧氏	《韩瑜墓志》
三	韩德威	两娶萧氏	《韩德威墓志》
三	韩德凝	妻萧氏	《韩匡嗣墓志》
三	韩瑜	两娶萧氏	《韩瑜墓志》
四	韩椅	两娶萧氏，两女嫁给萧氏	《韩椅墓志》
四	韩相	续妻萧氏	《韩相墓志》
五	韩元佐	先娶枢密使萧孝穆女，继娶北宰相萧善宁女	《韩元佐墓志》

此外，河间刘氏刘三嘏、刘四端兄弟，“俱尚主，为驸马都尉”①；赵匡禹的继室也是契丹萧氏②；耿崇美和高唐英妻均为耶律氏③。特别需要指出的是，辽世宗还立汉人甄氏为皇后④。

针对辽朝前期频繁的战争所导致的汉人税赋沉重的状况，在韩德让等人的建议下，辽圣宗乾亨五年（983）下诏：“五稼不登，开帑藏而代民税；螟蝗为灾，罢徭役以恤饥贫”⑤，汉人的税赋有所减轻；刘六符去世之前，辽道宗耶律洪基亲自去慰问，并最后请教治国方略，刘六符在遗言中说道：“燕云实大辽根本之地，愿深结民心，无使萌南思也。”“无使萌南思”，说明到该时期，汉人中仍然有对南方汉人政权的认同感及对契丹族政权的疏离感，耶律洪基赶忙咨询“深结之道”，刘六符以省徭役、薄

① 《辽史》卷八六，《刘六符传》，第1323页。

② 《辽代石刻文编》，《赵匡禹墓志》，第300页。

③ 向南等辑注：《辽代石刻文续编》，第13页；《耿崇美墓志》，第37页，《高嵩墓志》。辽宁人民出版社2010年版。

④ 《辽史》卷七一，《后妃传》中记载：“世宗妃甄氏，后唐宫人，有姿色。帝从太宗南征得之，宠遇甚厚，生宁王只没。及即位，立为皇后。严明端重，风神闲雅。内治有法，莫干以私。刘知远、郭威称帝，世宗承强盛之资，奄奄岁时。后与参帷幄，密赞大谋。”第1201页，甄氏集容貌、智慧、修养于一身，才能够母仪天下。

⑤ 《辽史》卷五九，《食货志上》，第924页。

赋敛作答，耶律洪基听后，“深嘉纳之，遂减税赋三分之一”①，减三分之一税赋后，汉人的税赋比临近北宋地区的赋税还要轻。余靖为此感叹说：“臣尝痛燕蓟之地陷虏且百年，而民无南顾之思者，戎狄之法大率简易，盐、麴俱贱，科役不烦故也。”② 余靖曾经三次出使辽国，他的感叹，应该是他在出使期间仔细观察、思考后得出的结论。

对不同于契丹族的汉人的外在的服饰、发式等民族象征，契丹贵族也不采用后来女真族及满族入主中原时期采取的暴力改移措施，而是一仍其旧，国服：“定衣冠之制，北班国制，南班汉制，各从其便”③。舆服：“自太宗入晋之后，皇帝与南班汉官用汉服；太后与北班契丹臣僚用国服，其汉服即五代晋之遗制也”④。朝服：“会同中，太后、北面臣僚国服；皇帝、南面臣僚汉服。乾亨以后，大礼虽北面三品以上亦用汉服；重熙以后，大礼并汉服矣”⑤，连辽国皇帝，自辽太宗入晋之后，穿舆服与朝服的场合，也穿汉服。这种做法，显见是对汉文化的尊敬，对汉人臣僚的尊重。

这些举措的实施，基本上收到了不错的效果。生计问题解决了，而且有一个比较安定的环境，这是正值频繁战乱的中原政权所不能提供的。所以大多汉人上层，也就不在乎是否汉人政权，而夷狄华夏之分，主要表现在生活习俗及文化上，但这些领域，都是可以通过融合后慢慢习惯的⑥。

2. 消极性因素

一般来说，在中国古代少数民族主导建立的，且由其掌握核心权力的多民族的国家，如辽、金、元三朝，各民族平等或较为平等的法律、政策

---

① 《三朝北盟会编》卷一九，政宣上帙十九，宣和六年八月，第137页。

② 马端临：《文献通考》卷一六，《征榷考三·盐铁》。中华书局1986年版。案：刘六符去世于辽道宗即位之年，即清宁元年（1055），此时距离幽云十六州被割让已经一百年稍多一点的时间，四代人的岁月，当地汉人中仍然有“南思”之念。

③ 《辽史》卷五六，《仪卫志二》，第905页。

④ 《辽史》卷五五，《仪卫志一》，第900页。

⑤ 《辽史》卷五六，《仪卫志二》，第908页。

⑥ 王德忠教授对此时期“华夷”格局、“华夷”观念变化的分析非常深刻，“由于石敬瑭以晋代唐，对辽朝具有臣子和儿皇帝的双重身份，更由于辽太宗在灭亡后晋后，改其国号为辽，实际上是宣布了作为中原王朝象征的后晋灭亡，使历史上向来是周边民族或政权向中原王朝称藩纳贡的体制被彻底粉碎，这是‘华夷’格局发生颠覆的标志。辽太宗此举的意义在于宣布他不仅是契丹族的皇帝，而且是全中国的皇帝，按照会同年号的字面来理解，其中蕴含的政治意义昭然若揭。更为严重的是，这一事件给接下来中原王朝与周边少数民族王朝的关系带来一系列影响，对‘华夷’格局、‘华夷’观念造成的冲击更加深刻”。见氏著《唐朝中叶以后“华夷”格局的新变化及其影响》，《古代文明》2009年第3期。

和意识，不会引起汉人较多的关注；相反，种种针对汉人的（自然包括汉人上层，极少数汉人上层在极少数情况下例外）歧视性的法律、政策和意识，抑或各种潜规则，则会引起汉人上层，特别是素来敏感的士人出身的汉人上层非常大的关注，因为从心理学的规律来看，人们更倾向于关注对自己不利的法律或政策等，并为此去斗争，从而力图改变对自己不利的局面。而辽、金、元三朝作为统治民族的契丹、女真和蒙古族，则在许多领域，制定了种种针对汉人的歧视性的法律、政策，抑或各种潜规则，这都会促使绝大多数汉人上层，产生不同程度的消极性心理；相对而言，由于元代实行赤裸裸的四等人制度，对汉人和南人的歧视，较之辽、金二朝后期汉化较快的阶段存在很大的落差，导致汉人上层的消极性心理表现得更强烈一些。消极性心理压抑的时间越长，平时又没有有效的发泄渠道和发泄机会的话，如果遇到大的导火线点燃，则会导致几乎全民族性的愤怒心理主导的反抗行为的总爆发。

相对而言，对在辽国生活的大多数汉人上层而言，政治上发展的机会并不多，虽然漆侠先生认为辽代汉人臣僚在国家权力机构中是契丹人的重要伙伴和辅助力量，但是，幽、云地区被割让后，汉人人口总数骤然增加，变为了辽国境内的第一大民族，仅《辽史·地理志》所载南京、西京两道户数，就有 40 余万户，人口则超过 200 万，远多于契丹人，而能进入《辽史》列传者却只占契丹人的 1/4，做官人数和汉人总人数很不成比例，也就是说，大量的汉人上层并没有进入政权机构。这并非元代《辽史》编写者的问题，而是辽代留下的史料中，关于汉人臣僚的材料就非常少。辽朝重用契丹人的机会远比汉人多，从整体上说，契丹贵族并不信任汉人，到辽朝灭亡的前夕，对汉人上层的信任度更达到最低点，《三朝北盟会编》引《封氏编年》记载，知易州高凤与王悰商议时局时说道："天祚播迁，燕王厌世，女主初立，谋迁汉人，或闻欲行诛戮，汉人被害，吾辈安得奠枕。"① 世乱纷纷，燕云一带的汉人上层，心理极为焦虑，其选择一旦出现错误，身家性命势将不保。而供他们做出判断的信息，既多又乱，可供做出判断的时间，又非常的短暂。

辽朝统治者还制定了诸多专门针对汉人的歧视性法律和政策，对他们

---

① 《三朝北盟会编》卷九，政宣上帙九，宣和四年九月，第 63 页。

心理变化的影响尤其大。

"凡军国大计，汉人不与"①，即使到辽朝末年的国家最危急时刻，这种"祖宗家法"，契丹贵族仍然顽固坚持，金兵已攻克上京，北枢密院害怕皇帝知道后不高兴，因此不按时上奏，而按照辽朝的军事事宜处理规则，军政大事皆必须通过北枢密院讨论，然后上奏皇帝，当时任知南枢密院事的左企弓据实上报，天祚帝反问道："兵事无乃非卿职耶?"② 左企弓等不作多少抵抗，就投降女真人，应该和契丹贵族对他们的不信任也有关系。

辽朝初期，"河朔之民，数被其毒，驱掠善良入国中，分诸路落。鞭笞凌辱，酷不可闻"③；在刑法领域，辽朝初期，渗透了浓厚的民族不平等思想，"先是，契丹及汉人相殴致死，其法轻重不均"④，"蕃氏殴汉人死者，偿以牛马，汉人则斩之，仍以其亲属为奴婢"⑤。辽圣宗开泰九年（1020）九月，"括诸道汉民马赐东征军"⑥，此前辽军刚刚东征高丽，凯旋，需要犒劳军队，但是，仅仅"括诸道汉民马"，显见其歧视性，而且汉人拥有的马，和契丹人相比，非常少。辽兴宗重熙十二年（1043）二月，"禁关南汉民弓矢"⑦，此前两年，辽国希图用军事讹诈手段，索要北宋的晋阳及瓦桥以南十县地，后以北宋给辽国增加岁币的方式和平解决。紧接着下达这一道针对关南汉民的武器禁令，估计还是对汉人的不信任。重熙十五年（1046）正月，"禁契丹以奴婢鬻与汉人"⑧，能够购买奴婢的都是汉人上层，这条禁令，主要为了制约汉人上层经济上的发展。辽道

---

① 《辽史》卷一〇二，《张琳传》，第1441页。
② 《金史》卷七五，《左企弓传》，第1723页。
③ 《儒林公议》卷下。
④ 《辽史》卷六一，《刑法志上》，第939页。
⑤ 《东都事略》卷一二三，《辽国上》。
⑥ 《辽史》卷一六，《圣宗七》，第187页。
⑦ 《辽史》卷一九，《兴宗二》，第228页。
⑧ 同上书，第233页。

宗咸雍六年（1070）十二月，“禁汉人捕猎”[①]，打猎对于契丹人来说，兼具谋生手段和练习军事技能两种功能，禁止汉人打猎，一来害怕汉人抢了契丹人的饭碗，最重要的恐怕是担心汉人也趁机练习了军事技能，不利于契丹人的统治。“汉奚单弱契丹横，目视汉使心凄然”[②]，这是苏辙在宋哲宗元祐四年（1089，辽道宗大安五年）出使辽国，过了古北口后看到的现象，苏辙在诗中特别标明这是引用的燕人的原话。

辽朝前期，幽云地区汉人的赋税和力役负担，还是较重的，路振于大中祥符元年（1008，辽圣宗统和二十六年），以知制诰的身份充任贺契丹国主生辰使出使辽国，下条史料，为其归国后所写的出使报告中记载的在辽南京城的见闻，“虏政苛刻，幽蓟苦之。围桑税亩，数倍于中国，水旱虫蝗之灾，无蠲减焉。以是服田之家，十夫并耨，而老者之食，不得精凿；力蚕之妇，十手并织，而老者之衣，不得缯絮。征敛调发，急于剽掠”[③]。上引材料，虽然其中不乏宋人路振作为敌国使节的夸大之语，但幽云地区汉人的赋税和力役负担较重，应该是合乎历史事实的。最让汉人心理上难以接受，也最为难堪的是那些侮辱性称呼，在辽国的汉人，常被契丹人凌辱、欺侮，并被骂为“十里鼻”，由此而演变为“鼻头”，武珪《燕北杂记》写道：“北界汉儿多为契丹凌辱，骂作十里鼻。十里鼻，奴婢也。”[④] 陆游《老学庵笔记》记载，一宋使使辽，汉人出身的少卿李愈前来迎接，他对宋使说道：“女真、契丹、奚皆同朝，只汉儿不好。北人指曰汉儿，南人却骂作番人。”[⑤] 两边不讨好，其心中的苦楚可想而知。

---

① 《辽史》卷二二，《道宗二》，第270页。作为儿皇帝的石敬瑭，颇为称职，会同三年（940）九月，石敬瑭听说父皇帝耶律德光“数游猎，意请节之。上曰：‘朕之畋猎，非徒从乐，所以练习武事也’，乃诏谕之”，作为汉民族的皇帝，和平时期，其角色要求是深居宫中，万不可频频外出，如果像耶律德光这样频繁外出打猎，不惟有受伤害的危险，还给百官及百姓留下皇帝不理政事、好游玩的印象。岂不知北方游牧民族包括其最高领导人在内的打猎活动，不仅是打猎，还是军事的操练，已经汉化的石敬瑭，则对这种打猎行为的深层含义，完全不了解。耶律德光只好把这个“机密”，告诉了孝顺自己的儿皇帝石敬瑭（见《辽史》卷四，《太宗下》，第48页）。《辽史》卷八一《萧孝忠传》（第1285页）也有类似记载，辽兴宗重熙年间，一度禁止在东京打马球，萧孝忠上书皇帝，反对这样做，上书中写道：“若非球马，何以习武。”

② 《苏辙集》卷一六，《奉使契丹二十八首·出山》，第320页。

③ 路振：《乘轺录》，贾敬颜编：《五代宋金元人边疆行记十三种疏证稿》，中华书局2004年版，第52页。

④ 武珪：《燕北杂记》，陶宗仪等编：《说郛三种》，《说郛》卷四，上海古籍出版社1988年版。

⑤ 《老学庵笔记》卷六，第76页。

从以上的分析可以看出，主导辽朝汉人民族心理变化的短时段诸因素中，初期的消极性因素居多，积极性因素较少，故该时期，应该是汉人心理上最为痛苦的时期；随着契丹贵族对汉人法律和政策的调整，积极性的因素逐渐增多，再加上岁月的更替，汉人的痛苦逐渐减缓。而主导汉人上层民族心理变化的最重要因素，则为利益性因素。但是侮辱性的称呼，在民族歧视、民族不平等的环境下，最容易对汉人带来巨大的心理伤害，这种伤害，有时候只能埋之于心底，一到合适时机则会以报复、背离等方式爆发出来。

二　既得利益者的心理

有辽一代，就政权结构中所起到的作用而言，契丹族无疑是主体民族。但就人口数量而言，汉族无疑又是多数民族，但是，就利益享有及在国家的地位而言，汉人内部的结构又相当复杂。长期的任官与联姻，使辽朝的一些汉人上层盛极一时且绵延数世，或是世宦之家，或为文化世家；这些世家大族或雄踞乡里，称雄一方；或世代任职中央，有很大的影响力。契丹贵族通过对他们的优抚，以稳定当地民心，维系政府与汉人百姓之间的关系，“分茅土之荣，并拥旌幢之贵”，和契丹贵族分享政治权利，难怪元人王恽感叹道：“辽氏开国二百载，跨有燕云，雄长夷夏。虽其创业之君规模宏远，守成之主善于继述。亦由一时谋臣猛将与夫子孙蕃衍众多，克肖肯构，有以维持藩翰而致然也。……迄今燕之故老谈勋阀富盛，照映前后者，必曰韩、刘、马、赵四大族焉。呜呼盛哉！”① “相当数量的家族凭借各种有利的社会条件，逐渐跻身辽朝统治阶级各阶层，形成世家大族，在政治、社会以及社会生活中发挥十分重要的作用”②，成为辽政权中最大的既得利益者的一部分。

汉人上层中的世家大族和非世家大族，虽然同为既得利益者，但是由于其和契丹贵族关系的亲疏程度不同，在国家机构中的地位不同，自身势力的强弱不同等，其民族心理的差异也较为明显。

（一）玉田韩氏

玉田韩氏，可以说是汉人世家大族中的另类，漆侠先生干脆称其为

① 王恽：《秋涧先生大全集》卷七三，《元人文集珍本丛刊》本。

② 王善军：《世家大族和辽代社会》，第97页。

"契丹化了的汉人地主"①；傅海波、崔瑞德则认为："种族的同一性问题是个复杂的问题。某些取得成功的汉人家庭变得越来越像他们的统治者，他们与契丹的贵族家族通婚，他们在朝任职的时间一长，就不可避免地要采用契丹人的生活方式。"② 因此，考察玉田韩氏这一类汉人上层的民族心理时，必须考虑到这个因素。

第一代韩知古，是第一个受契丹贵族重用的汉人上层。但是，玉田韩氏家族势力的顶峰却在第三代韩德让（耶律隆运）时期，元人编《辽史》，以耶律隆运的姓名为其立本传，可见在元朝编史人的心目中，韩德让的民族属性，应该是契丹人，最起码以契丹人属性为主。有辽一代的汉人辅政大臣中，韩德让是权力最大，影响也最大的一位。经过七十多年的积累，作为第三代人中的佼佼者，到其盛年时期，其政治、军事才能均非第一代韩知古所敢想象。玉田韩氏的民族心理主要通过韩德让表现出来。

辽景宗时期，韩德让先后做东头承奉官、枢密院通事、上京皇城使，上京留守等官职。辽景宗去世后，韩德让与其他契丹臣僚一起，拥立辽圣宗即位，并积极支持承天太后临朝听政。由于他的拥立之功及和承天太后的特殊关系③，其权势急剧扩张。乾亨四年（982）以南院枢密使领宿卫事，负责宫廷的安全保卫事宜；统和三年（985）兼政事令；统和十二年（994）做北府宰相兼枢密使；统和十七年（999）又兼任北院枢密使；统和十八年（1000）前后，拜大丞相，总理北、南两院枢密院事。在很长一段时间内辽朝朝政实际上是由他和承天太后共掌，成为当时所有辅政大臣中权力最大、影响最大的一员。

契丹贵族给了韩德让最高的官位、最大的物质利益和无以复加的荣誉。辽圣宗统和六年（988），"太后（承天太后）观击鞠，胡里室突隆运坠马，命立斩之"④，胡里室的身份不清楚，具体情节应该是韩德让与胡里室等人在举行马球比赛，承天太后在观看，胡里室的马突然和韩德让的马撞在一起，导致韩德让坠马受伤，估计也无大碍，这种事情应该是马球

---

① 漆侠：《漆侠全集》第九卷，第 134 页。

② 《剑桥中国辽西夏金元史》，第 40 页。

③ 据路振《乘轺录》一书所述，承天太后年轻时曾许嫁韩德让，后被皇族萧氏夺爱。景宗去世后，承天太后缢杀韩德让妻李氏，与韩德让"同穹庐而处"。因此，《契丹国志》卷一三《后妃传・景宗萧皇后传》记载，韩德让"有辟阳侯之幸，宠荣始终，朝臣莫及焉"。

④ 《辽史》卷八二，《耶律隆运传》，第 1290 页。

比赛中的常事，但韩德让的身份太不寻常，与太后的关系更不寻常，所以，契丹人胡里室为此丢了脑袋又成为正常之事。统和十九年（1001）三月，辽圣宗“赐大丞相韩德让名德昌”。统和二十二年（1004）十二月，承天太后“赐大丞相齐王韩德昌姓耶律，徙王晋”；下年十一月，辽圣宗诏“大丞相耶律德昌出宫籍，属于横帐”①，至此，韩氏家族不但摆脱了家奴的身份，还获得了皇族的身份，韩德让还比拟帝、后斡鲁朵建立了王府，这在皇族中也是绝无仅有的。统和二十八年（1010）四月，辽圣宗葬太后于乾陵，同时，“赐大丞相耶律德昌名曰隆运”②，而且“位亲王上，赐田宅及陪葬地”③，同年十一月，韩德让伐高丽回来后得重病，皇帝与皇后亲自去看望，并询问用药事宜；下年三月，韩德让去世，追赠尚书令，谥文忠，官给葬具，建庙于乾陵旁边。由于耶律隆运没有儿子，辽道宗清宁三年（1057），以魏王贴不孑耶鲁为嗣，天祚帝即位后，又以皇子敖卢斡继之。

士为知己者死，韩德让与契丹贵族承天太后等人互为知己，契丹贵族既然给了他及其家族最高的荣誉和享受，韩德让也就给予了契丹贵族最大的利益回报。宋军攻河东胜利之后，又攻打幽州，辽军大将奚底、萧讨古等先后败归，“宋兵围城，招胁甚急，人怀二心”④，“人怀二心”，主要指幽州城内的汉人心理随辽、宋战争局势的变化而变化，危急关头，作为汉人的韩德让却登上城头，日夜守御，辽援军到达后，击败宋军，解了幽州之围。后辽、宋高梁河之战，韩德让率军勇战宋军，大破之。

面对宋军力图收复幽云十六州的战争，尽管幽州城内有的汉人上层心怀二心，有的甚至已经秘密和宋朝接触，而韩德让却一心保辽，何以有此心理上的区别，主要是由于在辽朝的汉人上层中，韩德让家族是最大的既得利益者，他们和契丹贵族已经形成了盘根错节的关系。宋军一旦收复了幽云十六州，由于他们和契丹族的特殊关系，他们的既得利益肯定完全丢掉，肉体上的大清洗也在所难免；而协助契丹贵族保住这一带地区，也就

---

① 《辽史》卷一四，《圣宗五》，第162页。按照民族社会学的理论，“在有些特殊场景下，某些个人虽然没有血缘因素，但有可能通过一段时期的共同生活和共同患难，而被另一个族群的成员在感情上接纳为‘自己人’”。《民族社会学》，第84页。

② 《辽史》卷一五，《圣宗六》，第167页。

③ 《辽史》卷八二，《耶律隆运传》，第1290页。

④ 同上书，第1289页。

是保住自己的既得利益，还可以在此基础上使其利益最大化。后来历史的发展也充分说明了这一点。

韩德让家族，也得以由于他的得势，一人得道，鸡犬升天，主要表现在以下几个方面。

第一，彻底摆脱辽朝皇家私奴的卑贱身份。统和二十二年（1004），辽廷对韩德让及其近亲家族赐姓耶律氏，出宫籍，隶横帐季父房，而且获得了皇族身份。

第二，经济实力进一步膨胀。在第二代韩氏族人拥有私城的基础上，韩德让还比拟帝后斡鲁朵建立了王府，这在皇族中绝无仅有。

第三，大批韩氏家族子弟列于中、上官僚行列。据王善军教授研究，从韩知古算起，有辽一代，韩氏家族十代人（缺第八、第九两代人的仕宦材料），包括韩德让在内，共有60人做各级官吏①。

韩氏家族权倾一时，心理上也颇为猖狂，史载“虏政苛刻，幽蓟苦之……加以耶律、萧、韩三姓恣横，岁求良家子以为妻妾，幽蓟之女，有姿质者，父母不令施粉白，敝衣而藏之。比嫁，不与亲族相往来”②。耶律、萧二姓，是辽朝契丹族最显赫的姓氏，韩氏也得以和他们一起被幽蓟之民归入“恣横”三大姓的行列，一起鱼肉民众，特别是汉人民众，可见其猖狂的程度。耶律虎古，“与韩德让以事相忤，德让怒，取护卫所执戎仗击其脑，卒”③，即使对在其眼中处于弱势地位的契丹人，韩德让也显出其凶残的一面。韩氏子弟在朝中也为人所诟，耶律失鲁后接任韩德让的北院枢密使一职，史载“自韩德让知北院，职多废旷，失鲁拜命之日，朝野相庆”④，“朝野相庆”，可见时人对韩德让做北院枢密使一官的真实评价。

“燕人”奸猾的历史形象，正是耶律隆运首先提出，统和九年（991），他在上奏中提出“燕人挟奸，苟免赋役，贵族因为囊橐”⑤，极力主张在经济上打压“燕人”上层，避免使他们的势力膨胀，并请求派北院宣徽使赵智前去警告“燕人”上层，辽圣宗接受了他的主张。

---

① 《世家大族与辽代社会》，第112—117页。
② 路振：《宋朝事实类苑》卷七七引《乘轺录》。
③ 《辽史》卷八二，《耶律虎古传》，第1295页。
④ 《辽史》卷八一，《耶律失鲁传》，第1283页。
⑤ 《辽史》卷八二，《耶律隆运传》，第1290页。

（二）安次韩氏

安次韩氏，在刘仁恭、刘守光父子控制幽州的时候，就是当地的显宦家族。韩延徽父韩梦殷，累官蓟、儒、顺三州刺史。韩延徽早年就崭露头角，在刘仁恭治下，先后做幽都府文学、平州录事参军、幽州观察度支使等官。

刘守光派遣韩延徽代表自己去向阿保机求援，但是，见面之后，韩延徽却不以契丹人的礼节拜见阿保机，显见韩延徽的气节，在同一问题上，他和后来的桑维翰等人的表现对比鲜明；阿保机为之大怒，把他扣下，替自己牧马，以侮辱他，由于述律太后说韩延徽，“守节不屈，贤者也，宜礼用之”①，韩延徽的命运才发生了重大的转折；阿保机在了解了韩延徽的能力后，让韩延徽做自己的谋主。

探讨一下韩延徽降附契丹且为其所用的心理历程，应该颇有代表性。

韩延徽所服务的刘氏父子，都是反复无常之人。刘守光割据政权灭亡前夕，“求援于契丹，契丹以其无信，竟不救”②，连契丹人都抛弃了他，这样的割据政权，对于绝大多数汉人臣僚而言，自然不存在牢固的忠诚心理，为官仅仅是乱世谋生的手段，一旦遇到赏识自己的新主人，即使是“夷狄”，也不会有太大的抵触心理。在这个问题上，韩延徽和韩知古的经历不一样，从而影响其后来民族心理的变化，韩知古六岁时被掠到辽国，六岁的孩子，对其被掳掠到辽朝腹地以前自己所生活的自然地理环境，虽然会有一些记忆，但是其对人文环境应该只有很少的体会和记忆，所以，他到了辽国后不需要像韩延徽那样的心理调适过程，他们二人的例子，可以推及其他类似汉人上层。

阿保机命韩延徽与他一起参与军事行动，“攻党项、室韦，服诸部落，延徽之筹居多”；但是，韩延徽的主要贡献，应该体现在他作为幕僚方面的出谋划策行为，对和自己一个族属的被掳掠到辽国的普通汉人民众，韩延徽最了解他们的心理，也更有妥当的治理之法，“乃请树城郭，分市里，以居汉人之降者。又为定配偶，教垦艺，以生养之”③，这实际上等于在辽国境内开辟了一个个小特区，也即汉人习以为常的生存环境；

① 《辽史》卷七一，《后妃》，第1200页。

② 《资治通鉴》卷二六八，《后梁纪三》，乾化三年十月，第8897页。

③ 《辽史》卷七四，《韩延徽传》，第1231页。

和原先的生活环境比较起来，只不过自然地理环境发生了一些变化，但是，人类对变异的环境的适应，最难适应的是语言、风俗习惯等人文环境，一旦人文环境没有太大的变化，人们会很快适应，心理上不会有太大的不舒适感。再加上可以躲开中原地区频繁的战乱，逃来的汉人自然越来越多。

天赞四年（925），韩延徽跟随阿保机从征渤海，以功拜左仆射。阿保机去世后，韩延徽“哀恸左右”，他的哀恸应该是对知遇之主恩情的真心流露。辽穆宗应历初年，韩延徽才致仕，历仕太祖、太宗、世宗、穆宗四朝；韩延徽子韩德枢当时镇守东平，穆宗特许他每岁回去看望父亲。应历九年（959），韩延徽去世，享年七十八岁。穆宗“闻震悼，赠尚书令，葬幽州之鲁郭，世为崇文令公”①。

王夫之如此评价韩延徽：

> 韩延徽为刘守光所遣，入契丹，拘留不返，因教以建牙、筑城、立市、垦田、分族类、辨婚姻、称帝改元，契丹以是威服小夷，而契丹之俗变矣；阿保机之悍，亦自此而柔矣。非石敬瑭延而进之，莫能如中国何也。杂华夷而两用之，其害天下也乃烈。中国有明君良将，则夷以之衰；无人焉，则导之以中国之可欲，而人思掠夺，则中国以亡。延徽虽曰：“我在此，契丹不南牧。”然其以贻毒中国者，不如中行衍之强匈奴即以安汉也②。

王夫之的评价，虽然指出了韩延徽在辽国制度、风俗变革中的作用，然而，站在大汉族主义的立场上，对韩延徽大加挞伐，对其积极方面的作用又完全否定，这是我们应该批判的。漆侠先生说过：“只有在正确的民族观的认识基础上，才有可能正确评价契丹、党项和女真诸族建立的国家”，“对于契丹等族不论是在政治上、军事上，还是经济上和文化上，只要是有益于中华民族发展的创造和活动，都应当予以肯定和称赞……评价契丹诸族及其国家政权，同评价汉族及其国家政权，用的是一个标准和

① 《辽史》卷七四，《韩延徽传》，第1232页。
② 《读通鉴论》卷二八，《五代上》，第856页。

尺度，这个标准和尺度就是历史唯物主义”①。评价韩延徽，分析其心理的转换，进而分析其在辽国历史及辽宋关系中的作用，同样应该用这个标准。

（三）析津李氏

析津李氏为辽朝后起的汉人家族，奠基者为李仲禧，辽兴宗重熙年间开始做官，辽道宗清宁年间任同知南院宣徽使事，清宁四年（1058），拜北院宣徽使，咸雍六年（1070），赐国姓，封韩国公。李仲禧之子李俨②，咸雍年间中进士，做官最高至参知政事。天祚帝乾统六年（1106），封漆水郡王，“相延禧，专作威福，穷极富贵而死”③；李俨三子：李处贞，太常少卿；李处廉，同知中京留守事；李处能，少府少监。但三子历史影响均不及其侄子李处温，辽末为相，“贪污尤甚”④，但却是当时左右政局的重要人物。

（四）河间刘氏

河间刘景家族，出自昌平刘氏，“四世祖怦，即朱滔之甥，唐右仆射、卢龙军节度使”⑤；刘景父刘守敬，南京副留守，应该是刘氏入辽后的第一代。刘景官职最高至礼部侍郎，子刘慎行，官至北府宰相、监修国史。刘景六个孙子中，排行第六的刘六符最为知名。有辽一代，河间刘氏七代人中，有20人作各级官吏⑥。

耶律淳即位后，“燕中父老再告随驾内库都点检刘彦良，奸佞之人，导引天祚，为一切失德之事，国人呼为肉拄杖”，刘彦良应该属于河间刘氏第六代，耶律淳于是下诏“枭彦良夫妇之首于市，人争脔食之”⑦。刘彦良夫妻最后被“人争脔食之”，可见其平日作恶的程度。

---

① 《漆侠全集》第5卷，第2页。

② 《辽史》卷九八以耶律俨名字作传。

③ 陆游著，孔凡礼点校：《家世旧闻》，中华书局1993年版，第191页。《辽史》卷九八（第1416页）载李俨“素廉洁，一芥不取于人。经籍一览成诵。又善伺人主意。妻邢氏有美色，常出入禁中，俨教之曰：‘慎勿失上意！’由是权宠益固”。“素廉洁”当为不实之词，元人所修《辽史》的重要史料就是李俨所修的《皇朝实录》。

④ 《辽史》卷一〇二，《李处温传》，第1440页。

⑤ 《辽史》卷八六，《刘景传》，第1322页。据冯家昇先生考证：相关史籍中的刘晟、刘慎行为同一人，见《辽史证误三种》第134页。

⑥ 王善军：《世家大族与辽代社会》，第120—121页。《辽史拾遗》卷一二所载刘彦良估计也应该属于河间刘氏家族，如果加上他，就是21人。

⑦ 《辽史拾遗》卷一二。

对同为汉人上层的中小官僚，这些汉人世家大族则利用自己的权势和影响，极力排挤他们，压缩他们的发展空间。杜防，涿州归义县人，辽圣宗开泰五年（1016）进士，“人以为有宰相器”，但是，韩绍芳、刘六符忌之，直到辽兴宗重熙十二年（1043），刘绍芳等被罢官，才“愈见信任”①。辽末宰相耶律俨（李俨），“恶（马）人望与己异”②，迁马人望为南京诸宫提辖制置，此前马人望为上京副留守。马人望在《辽史》中列于能吏传，足见其人品和能力俱佳，因为不附和耶律俨（李俨），就被贬官。

（五）中小汉人上层家族

太宗天显年间归辽的定州人（今河北定州市）梁文规，其子梁廷嗣甚至得到了“以大水泺之侧地四十里，契丹人凡七户皆赐之”③ 的封赏，能将契丹牧民赐予汉人为奴，其宠遇不可谓不高。祖籍并、汾一带的李知顺，被俘到辽国后，辽圣宗时期担任中京内省使、知宫苑司事，在中京一带，“庄宅田园，奴仆人户，牛驰车马等，卒不能知其数矣！至如黄金白玉，珠犀佩带，器合衣物，玩好之具，又何复暇算也”④。

辽道宗时期的张孝杰则为另一个典型，张氏是建州永霸县（今辽宁省朝阳市境内）人。张孝杰自幼家贫，然好学不倦，为辽兴宗重熙二十四年（1055）科考状元。辽道宗咸雍三年（1067）任参知政事、同知枢密院事，加工部侍郎。咸雍八年（1072），封陈国公，后又为北府宰相。“汉人贵幸无比”，大康元年（1075），又得赐国姓的殊遇。大康三年（1078），某日群臣侍燕，辽道宗说道：“先帝用仁先、化葛，以贤智也。朕有孝杰、乙辛，不在仁先、化葛下，诚为得人。”可见辽道宗对他的赏识。但是，张孝杰随着个人地位的急剧攀升，贪得无厌，尝与亲戚会饮时说道：“无百万两黄金，不足为宰相家”⑤，其巨贪心理，溢于言表。

在耶律乙辛谮毁皇太子的问题上，张孝杰“同力相济。及乙辛受诏按皇太子党人，诬害忠良，孝杰之谋居多”，耶律乙辛对道宗说张孝杰忠于社稷，道宗随之说到张孝杰可比狄仁杰，于是赐名仁杰。天祚帝乾统

① 《辽史》卷八六，《杜防传》，第1325页。
② 《辽史》卷一〇五，《马人望传》，第1462页。
③ 《辽代石刻文编》，《梁援墓志》，第520页。
④ 《辽代石刻文编》，《李知顺墓志》，第188页。
⑤ 《辽史》卷一一〇，《张孝杰传》，第1487页。

初，重新审查皇太子被害案，张孝杰被“剖棺戮尸，以族产分赐臣下”①，多行不义必自毙。

张孝杰等汉人上层，在辽道宗统治时期能够如此被重用，有其特殊的背景，其时出访辽国的苏辙，将其所见所闻，记录下来，就辽朝当时的政局动向，呈奏北宋朝廷，其中说道：因为辽国大臣“诛杀其（指天祚帝）父，常有求报之心，故欲依汉人，托附本朝，为自固之计，虽北界小民，亦能道此”②。在国人皆知的特殊背景下，张孝杰等汉人上层心理急剧膨胀，忘乎所以。

总之，在辽朝的汉人上层，不管是世家大族，还是其他不知名的家族，依附契丹贵族，成为既得利益者，官职越高，依附性越强，所得利益越大，心理膨胀得越厉害，比如韩德让、张孝杰和李俨等人，面对财富，极具掠夺性。面对恶行，则助纣为虐。

三　对中原政权的民族心理

不管以什么途径来到辽朝的汉人上层及其后代，关键的民族印记是磨灭不掉的，“燕俗嗟犹在”③“汉人何年被流徙，衣服渐变存语言”④，苏辙出使辽国的时间是在宋哲宗元祐四年（1089，辽道宗大安五年），即使从后晋天福元年（937）幽云十六州被割走算起，也已经过去150多年，将近六代人的岁月，汉人的语言、风俗习惯还在顽固地代代相传。那么，对于生活在辽国的汉人上层，不可避免地牵涉如何看待汉人的中原政权的问题，从该角度考察，也可见其民族心理之一面，甚至是深层次的一面。

（一）依稀的故国之念

辽太宗会同元年（938），契丹改幽州为南京，以后唐降将赵思温为留守，当时赵思温子赵延照在后晋任祁州刺史，赵思温“密令延照言虏情终变，请以幽州内附”⑤，“儿皇帝”石敬瑭忠实于和辽国的盟约，坚决不允许。

李澣，仕后晋为中书舍人，晋亡归辽，授翰林学士。辽穆宗即位后，

---

① 《辽史》卷一一〇，《张孝杰传》，第1487页。

② 《苏辙集》卷四二，《北使还论北边事札子五道·论北朝政事大略》，第749页。

③ 《苏辙集》卷一六，《奉使契丹二十八首·出山》，第320页。

④ 《苏辙集》卷一六，《奉使契丹二十八首·奚君》，第321页。

⑤ 《资治通鉴》卷二八一，《后晋纪二》，天福三年八月，第9317页。

升工部侍郎。与幽州节度使萧海真关系很好，萧海真是契丹主兀欲的妻弟。李澣做工作让萧海真归顺后周，萧海真欣然答应。李澣通过后周间谍田重霸把这个情报送给后周朝廷，而且在给其兄李涛的信中写道："契丹主童騃，专事宴游，无远志，非前人之比，朝廷若能用兵，必克；不然，与和，必得。二者皆利于速，度其情势，他日终不能力助河东者也。"① 但是，由于后周朝廷忙于平定中原的内乱，此事无果而终。辽圣宗统和六年（988）十月下诏把宋降军分置七指挥，号归圣军，估计宋降军不接受，行军参谋、宣政殿学士马得臣说"宋降军，恐终不为用，请并放还"②，尽管圣宗没有接受他的建议，但可看出马得臣对宋降军民族感情的了解和尊重。姚景行，始名景禧，祖姚汉英，本后周将领。咸雍二年（1066），任南院枢密使。辽道宗当时有意发动对北宋的战争，先对姚景行说："宋人好生边事，如何？"姚景行回答说："自圣宗皇帝以威德怀远，宋修职贡，迨今几六十年。若以细故用兵，恐违先帝成约。"③ 听了姚景行的话后，道宗打消了发动战争的意念。

辽兴宗统治时期，因为北宋送给辽国的国书有违礼节，辽兴宗决定御驾亲征，讨伐北宋，先到已经致政的左丞相张俭家问计，张俭极陈利害，并且说道："帝遣一使问之，何必远劳车驾？"④ 辽兴宗听后，停止了这一冲动性的对宋军事行动。

任南京副留守的马得臣，曾经扈从辽圣宗伐宋，进言"降不可杀，亡不可追，二三其德者别议"⑤。

总之，从他们的一些言行中可以看出，依稀的故国之念，还是残留在心底，关键时刻，还是尽其所能，减少故国或故国民众遇到的来自辽国的侵害。

（二）坚定的他国之实

应历九年（959）春，周世宗发动收复幽云的战争，面对后周军队的凌厉攻势，幽州留守萧思温急忙上奏军情，但是辽穆宗却欲到秋高马肥的时候再出师，也即辽军出师南下的固定时刻，时为右拾遗、知制诰、翰林

① 《资治通鉴》卷二九〇，《后周纪一》，广顺二年六月，第 9610 页。

② 《辽史》卷一二，《圣宗三》，第 132 页。

③ 《辽史》卷九六，《姚景行传》，第 1403 页。

④ 《辽史》卷八〇，《张俭传》，第 1278 页。

⑤ 《辽史》卷八〇，《马得臣传》，第 1279 页。

学士的刘景劝谏说："河北三关已陷于敌，今复侵燕，安可坐视！"① 但辽穆宗并没有马上接受他的观点，和契丹贵族比较起来，刘景等汉人上层，更关心幽州的得失，因为他们的既得利益都在幽州。

如果说五代诸中原政权还不具备完全汉人传统的正统王朝资格的话，那么北宋应该基本上具备，且看汉人上层对北宋的民族心理。

高勋担任南京留守期间，北宋欲在益津关修筑城池，高勋上书建议派兵破坏其修城计划，朝廷接受了他的建议，导致北宋最终修城失败。应历十七年（967），北宋军队"略地益津关"②，高勋派兵击败宋军。刘六符，作为世家大族刘氏第三代中的佼佼者，一心维护辽朝的国家利益，向北宋索要关南地区的动议就是由他首先提出的，"燕、蓟、云、朔，本皆中国地，不乐属我。非有以大收其心，必不能久"，辽兴宗耶律宗真问他："如何可收其心？"刘答道："敛于民者十减其四五，则民惟恐不为北朝人矣。"辽兴宗又问道："如国用何？"刘说道："臣愿使南朝，求割关南地，而增戍阅兵以胁之。南朝重于割地，必求增岁币。我托不得已受之。俟得币，则以其数对减民赋可也。"③ 辽兴宗接受了他的这一很具谋略且很有眼光的建议。重熙十一年（1142，宋仁宗庆历二年），刘六符奉诏使宋，向宋索取被后周收复的关南十县土地，谈判过程中，刘六符对这一无理要求，态度非常强硬，先是责备宋朝，"营筑长堤，填塞隘路，开决塘水，添置边军，既潜稔于猜嫌，虑难敦于信睦"，后又对北宋谈判代表贾昌朝说："南朝塘泺何为者哉？一苇可杭，投箠可平。不然，决其堤，十万土囊，遂可逾矣。"④ 在刘六符的军事讹诈面前，北宋只好妥协退让，屈辱地接受以金钱换土地的协议。双方谈判北宋增加给辽朝的岁币名称问题，辽欲用"进贡"一词，来侮辱北宋，宋使难之。刘六符又说道："本朝兵强将勇，海内共知，人人愿从事于宋。若恣其俘获以饱所欲，与'进贡'字孰多？况大兵驻燕，万一南进，何以御之！顾小节，忘大患，悔将何及！"⑤ 由于宋仁宗对此问题缺乏坚定、明确的立场，坚持妥协退让的外交方针，致使刘六符的军事讹诈阴谋，又得以成功。随后

---

① 《辽史》卷八六，《刘景传》，第 1322 页。
② 《辽史》卷八五，《高勋传》，第 1317 页。
③ 《老学庵笔记》卷七，第 92 页。
④ 《宋史》卷九五，《河渠五》，第 2360 页。
⑤ 《辽史》卷八六，《刘六符传》，第 1323 页。

辽国主管该事的大臣，仅仅拿出北宋所增加岁币的十分之二用以减赋，幽云十六州一代的汉人，已经非常满足。辽道宗继位后，刘六符为参知政事，“复请用元议。洪基亦仁厚，遂尽用银绢二十万之数，减燕、云租赋。故其后虏政虽乱，而人心不离”①。刘六符的作为，也使他成为辽朝契丹贵族和汉人上层都能够接受的人物。

自宋仁宗庆历年间给辽国增岁赂，契丹贵族更加浸骄，枢密副使杜防去世之前，遗言“教契丹以辩争小事，无辄置使”，北宋此后常为辽国小事“所挠”，只好“金帛时至”，勒索外交，成为辽国外交的“持久之术”②，了解了北宋外交的弱点后，辽国可谓敲诈有术。

牛温舒，范阳人，咸雍年间中进士。乾统初年，任知南院枢密使事。乾统五年（1105），西夏因为被北宋攻打，请求辽国出面调解。牛温舒与萧得里底为此出使北宋，宴席期间，北宋优人着道士装，假装索土泥药炉，边做边说：“土少不能和”，所说之语，实际上是婉拒辽国出面调和，牛温舒马上站起来，“以手藉土怀之”，宋徽宗忙问何故，牛温舒回答说：“臣奉天子威命来和，若不从，则当卷土收去”③，此一语双关之言，透漏出非常强硬的外交谋略，懦弱的宋徽宗闻此大惊，赶忙允许调和。

刘辉，辽道宗大康五年（1079）进士，大安末（最后一年为1094年）为太子洗马，上书说道：“西边诸番为患，士卒远戍，中国之民疲于飞挽，非长久之策。为今之务，莫若城于盐泺，实以汉户，使耕田聚粮，以为西北之费。”④ 言虽不行，识者韪之。汉人儒士刘辉毫不掩饰地称辽国为“中国”，并非《辽史》校勘之错，因为南监本、北监本和百衲本的《辽史》都这样写，也非刘辉的笔误，因为臣僚写奏折是一件非常慎重的事，需要非常认真地去写，来不得半点马虎，在国家称谓上更不能出错，只能解释为称呼辽国为中国，这种称呼在当时的辽国有一定的市场。寿隆二年（1096），刘辉上书指出：“宋欧阳修编五代史，附我朝于四夷，妄加贬訾。且宋人赖我朝宽大，许通和好，得尽兄弟之礼。今反令臣下妄意作史，恬不经意。臣请以赵氏初起事迹，详附国史。”⑤ 刘辉主张以其人

---

① 《老学庵笔记》卷七，第92页。

② 《文献通考》卷三四六，《契丹下》。

③ 《辽史》卷八六，《牛温舒传》，第1325页。

④ 《辽史》卷一〇四，《刘辉传》，第1455页。

⑤ 同上书，第1455—1456页。

之道还治其人之身，辽道宗听后非常高兴，迁其官为礼部郎中。孟古托力评价说“该现象无疑是以正统自信之心理的强烈反应”①。

四 痛苦与回归

如果仔细梳理史料，会发觉生活在辽国的汉人上层，心中的苦楚常常难以言表。

（一）痛苦

1．分离焦虑之苦

流入辽国的汉人上层，身处异域，又面临和中原文化有很大差异的游牧文化环境，再加上辽国内部统治者争斗的复杂政治环境，他们的生存环境有时候颇为险恶。辽朝初期，以阿保机为代表的契丹族统治者，对被征服部族往往采取高压政策，就连与契丹人同源的奚族也不堪忍受，“苦其苛虐，奚王去诸怨叛，以别部西徙妫州，依北山射猎，常采北山麝香、人参赂刘守光以自託”②。对待汉人上层，自然也不会好，初期并未真正信任他们，所以，韩延徽、王郁、卢文进等汉人上层，与契丹统治者相处并不容易，和奚族贵族比较起来，他们还要面临语言的隔阂、风俗习惯的迥异等外部环境的适应问题，尤其需要处理的是心理上调适的问题，这才是最复杂也最难以处理的问题。由于自唐朝后期以来中原地区频繁的、长期的战乱，辽国势力趁机迅速崛起并不断南下，一升一降，契丹统治者内心自然看不起来到辽国的汉人上层，而汉人上层对此应该有切身的感受。北投辽国的汉人上层，大多因为在政治斗争中失败而被迫流亡，和游牧民族相比，农耕民族安土重迁，对自己的家庭和土地更有依恋感，一旦离开，必定乡愁浓重，心理学上叫作分离焦虑。因此，他们“对中原故地的思念之情是不言而喻的，他们对契丹并不十分忠心，加之契丹统治者的粗暴和猜忌，一旦中原稳定，回归中原也就成为大势所趋”③。胡峤《陷辽记》一书记载，有契丹人对胡峤说：“夷狄之人岂能胜中国，然晋所以败者，主暗而臣不忠”，“子归悉以语汉人，使汉人努力事其主，无为夷狄

---

① 孟古托力：《辽人“汉契一体”的中华观念述论》，《辽金史论丛》第五辑，第146页。

② 《新五代史》卷七四，《四夷附录第三》，第909页。

③ 郑毅、李鑫：《汉族武装与辽初政治》。见辽宁省辽金契丹女真史研究会编《辽金历史与考古》第三辑，辽宁教育出版社2011年版，第140页。

所虏，吾国非人境也”①。从该段话中的两处夷狄用词看来，说该话的肯定是汉人。胡峤是后晋灭亡后被俘虏到辽国的，他所记录的辽地汉人的心理，正是辽朝初期的情况，“吾国非人境”，可见当时汉人在辽国的悲惨处境。

韩延徽到辽国后，时间稍长，故土之思油然而生，于是又偷偷逃回后唐，但是，又与武将王缄发生矛盾，害怕遇害，又偷跑到幽州看望亲友，藏于朋友王德明家，王德明问他以后的打算，韩延徽说：“吾将复走契丹”，王德明不同意。韩延徽笑着说道：“彼失我，如失左右手，其见我必喜”，韩延徽非常明白阿保机对汉人谋臣的心理；回到辽国后，阿保机问起逃而复返的原因，韩延徽说道：“忘亲非孝，弃君非忠。臣虽挺身逃，臣心在陛下。臣是以复来。”② 阿保机听后，非常高兴，命为守政事令、崇文馆大学士，中外事悉令参与谋划。韩延徽南逃后，阿保机梦到一只白鹤自帐中飞出，飞回来后又飞入帐中，第二天他对侍臣说：“延徽至矣。”如果阿保机此梦确切的话，一来表明他潜意识中对韩延徽在辽国作用的重视，二来表明他对中原战乱环境中士人生存状况的了解。而韩延徽先是出使被扣，又跑回故国，但故国还是难留，迫不得已又回到辽国，像一只蝙蝠一样，既不是鸟，也不是兽，只好晚上出来飞来飞去，何处才是其安身立命、施展才华的真正舞台？

阿保机死后，汉人臣僚们的生存环境，一度变得非常险恶。天显元年（926）七月，阿保机病故，辽国内部围绕皇位继承问题，展开了激烈的斗争，最终，太后述律氏通过对部族上层贵族的清洗，掌握了大权。在此背景下，汉人臣僚几乎人人自危，连英勇善战的赵思温，也差点被述律氏作为阿保机的殉葬品前去陪葬。史载：阿保机死后，辽国改元天显，安葬阿保机于木叶山，述律太后趁机处置政治对手，其名义则为神圣的借口：“为我达语于先帝！”以此理由被杀者达上百人。最后，轮到赵思温前去，赵思温拒绝，述律太后说：“汝事先帝尝亲近，何为不行？”赵思温回答说：“亲近莫如后，后行，臣则继之。”述律太后只好违心地说：“吾非不欲从先帝于地下也，顾嗣子幼弱，国家无主，不得往耳。”③ 为了证明自

① 《文献通考》卷三四五，《契丹上》。
② 《辽史》卷七四，《韩延徽传》，第 1231 页。
③ 《资治通鉴》卷二七五，《后唐纪四》，天成二年二月，第 9126—9127 页。

己所言真实，这个果敢的女人，竟然自断右腕，放进阿保机的灵柩，以代全身。赵思温凭借自己的能言善辩，才得以幸免于难。

没有赵思温那样幸运的汉人上层，有的则选择南逃。首先拉开南逃序幕的是卢文进，后唐明宗天成二年（927）十月，卢文进自平州率所部十余万众来归，到幽州之前，先遣使上表说："顷以新州团练使李存矩，提衡群邑，掌握恩威，虐黎庶则毒甚于豺狼，聚赋敛则贪盈于沟壑，人不堪命，士各离心，臣即抛父母之邦，入朔漠之地。"① 卢文进以李存矩的暴政作为自己投奔辽国的理由，也符合史事，史载李存矩"治民失政，御下无恩"②。但到了辽国后，"几年雁塞，徒向日以倾心；一望家山，每销魂而断目"③，故国家山，始终在心中默念，在梦中呈现；听说后唐明宗继位后，"清明在躬，握纪乘乾，鼎新革故，始知大幸，有路朝宗，便贮归心，祗伺良会"④。卢文进在辽国听到的后唐明宗的传闻也符合事实，明宗即位后，废除了危害百姓的夏秋凉水省耗，在位八年，年谷丰登，兵革罕用，堪称小康岁月。卢文进决定于"十月十日，决计杀在城契丹，取十一日离州，押七八千车乘，领十五万生灵，十四日已达幽州"⑤，"几年雁塞，徒向日以倾心；一望家山，每销魂而断目"，这两句对仗工整的语句，不能简单理解为卢文进等的欺世之言，在一定程度上反映了他们在契丹生活十年时期的心理，思念故国、思念亲人，时间越长，在辽国的生活越不顺利，思念感也就越强。但回到后唐不久，中原地区又政权鼎革，石敬瑭割地称帝，其与契丹贵族的特殊关系，让卢文进"惧不自安"，也即担心契丹贵族乘机秋后算账，于是，在天福元年（936）冬天，卢文进杀死后晋行军司马冯知兆、副使杜重贵，又跑到了南唐，到南唐后，"始屈身晦迹，务为恭谨，礼接文士，谦谦若不足，其所谈论，近代朝廷仪制、台阁故事而已，未尝言兵"⑥，投奔南唐的卢文进再不言兵，个中原因，估计也应该包含他北逃辽国后，在辽国军队南进中所发挥重要作用及对汉人杀戮的痛苦记忆，史载："自其奔契丹也，数引契丹攻掠幽、蓟之

① 《旧五代史》卷九七，《卢文进传》，第1295—1296页。

② 《旧五代史》卷二八，《唐书四》，《庄宗纪第二》，第389页。

③ 《旧五代史》卷九七，《卢文进传》，第1296页。

④ 同上。

⑤ 同上。

⑥ 《新五代史》卷四八，《卢文进传》，第540页。

间，虏其人民，教契丹以中国织纴工作无不备，契丹由此益强。同光中，契丹数以奚骑出入塞上，攻掠燕、赵，人无宁岁。唐兵屯涿州，岁时馈运，自瓦桥关至幽州，严兵斥候，常苦钞夺，为唐患者十余年，皆文进为之也”①。

卢文进南逃后，辽国以张希崇为平州节度使。张希崇字德峰，幽州蓟人。在刘守光军中为偏将，戍守平州。契丹攻陷平州后，张希崇被俘，阿保机得知张希崇的儒士身份后，先任命他为元帅府判官，后迁卢龙军行军司马，继改蕃汉都提举。鉴于卢文进南逃的教训，契丹统治者“遣其亲将以三百骑监之”②，几年以后，监视者见他为人比较实在，监视才放松。见此情景，张希崇于是召集当地汉人中有威望的人说：“我陷身此地，饮酪被毛，生不见其所亲，死为穷荒之鬼，南望山川，度日如岁，尔辈得无思乡者乎！”③ 张希崇的话，深刻描绘了身处异域的汉人的痛苦心理，说出了他们的心里话，大家听后，无不泣下沾襟。张希崇于是筹划大规模的汉人南逃计划，利用宴饮的机会，杀死契丹大将，其余契丹士兵见势不妙，狼狈逃走。张希崇率其麾下及民众二万人南归，后唐明宗嘉奖他，任其为汝州防御使，后又迁灵武节度使。

张砺，磁州人，初仕后唐为掌书记，迁翰林学士。随张敬达战败后，归附辽国。尽管耶律德光很器重他，但是，张砺还是“谋亡归，为追骑所获”，耶律德光责问他为何跑，张砺回答说：“臣不习北方土俗、饮食、居处，意常郁郁，以是亡耳。”④ 张砺的回答，最具代表性，最能解释入辽汉人南逃的实质性原因。

辽朝自世宗朝即出现中衰的迹象，穆宗朝更为明显。辽穆宗的统治既昏聩又残暴，政局不稳，谋反不断，汉人臣僚南逃的情况，也影响到了燕京地区。

穆宗朝，燕京不少官员心怀贰意，不断发生逃宋的事件。辽应历十一年（961），解利降宋。应历十三年（963），燕京歧沟关使庭柴翰降宋。十六年（966）辽南京横海军节度使桑进兴降宋，宋以其为左千牛卫将军。这种状况一直延续到景宗初，辽景宗保宁元年（969）九月，辽南京

① 《新五代史》卷四八，《卢文进传》，第540页。
② 《新五代史》卷四七，《张希崇传》，第528页。
③ 《旧五代史》卷八八，《张希崇传》，第1148页。
④ 《辽史》卷七六，《张砺传》，第1252页。

涿州刺史许周琼降宋，宋命其为右羽林将军。同年十月，辽右千牛卫将军王甲降宋，宋以其子为丰州衙内指挥使。在此期间，还发生了不少契丹部族首领率众降宋的事件。

发生在穆宗朝的李澣的南逃过程，可谓辛苦百端、危险之至。他先是假托到南京看病，易服夜出，欲逃亡汴京；到涿州后，被巡逻人员抓住，关到南京监狱；看到狱吏熟睡，于是准备以衣带自杀，被发现后，监视愈严；又被押往上京，途中又跳入潢河水自杀，被铁索绊住，又未死成；到上京后，由于他的南逃行为，穆宗要杀死他，亏得高勋极力营救，方获活命。高勋多次对穆宗说："（李澣）本非负恩，以母年八十，急于省觐致罪。且澣富于文学，方今少有伦比，若留掌词命，可以增光国体"，高勋的解释，最能反映李澣南逃的最强动因——看望八十多岁的老母亲，难以释怀的思亲之苦，让他冒死也要实现自己的愿望；穆宗听后虽然怒气稍解，仍命令把李澣禁锢于奉国寺，"凡六年，艰苦万状"①。

2．被愚弄后的苦楚

契丹贵族为了利用汉人上层，常常拿"儿皇帝"或高官厚禄等作为诱饵，来诱惑中原混战时期有野心的汉人上层，但是最终许多的诱饵都成为镜中月、水中花；被愚弄之苦还无处诉说，只好闷在心中。

赵延寿虽然在耶律德光灭掉后晋的过程中发挥了重要作用，但是，耶律德光先前对其称帝的许诺，仅仅是利用他的一种手段，可赵延寿还是贼心不死，遣李崧上奏耶律德光，求立为皇太子，做皇太子，自然还是想以耶律德光为靠山，在中原称帝，耶律德光说道："我于燕王，无所爱惜，但我皮肉堪与燕王使用，亦可割也，何况他事！我闻皇太子，天子之子合作，燕王岂得为之也！"② 耶律德光的话，彻底打消了赵延寿的称帝美梦。为了安慰赵延寿，决定迁其官。当时契丹以恒州为中京，翰林承旨张砺奏拟赵延寿官职为：中京留守、大丞相、录尚书事、都督中外诸军事，枢密使，耶律德光看后，抹去"录尚书事、都督中外诸军事"③ 这几个关键的字。久处辽国的赵延寿，看来还是不了解契丹贵族治国的核心原则，"凡军国大计，汉人不与"④。赵延寿痛恨耶律德光违约，对人说："我不复入

---

① 《辽史》卷一〇三，《李澣传》，第 1451 页。

② 《旧五代史》卷九八，《赵延寿传》，第 1312 页。

③ 《资治通鉴》第二八六，《后汉纪一》，天福十二年二月，第 9467 页。

④ 《辽史》卷一〇二，《张琳传》，第 1441 页。

龙沙矣。”于是，在耶律德光死后，先领兵进入恒州，契丹永康王兀欲及南北二王，也各以所部兵相继而入。赵延寿想拒绝，又恐怕失去契丹人这座靠山，于是，只好让他们进来。当时契丹诸将已密议立兀欲为主，兀欲已登鼓角楼接受其叔、兄的朝拜。赵延寿却被蒙在鼓里，他自称受耶律德光遗诏，权知南朝军国事，“仍下教布告诸道，所以供给兀欲与诸将同”①，把兀欲待遇搞得和其他人相同，马上就要称帝的兀欲焉能不痛恨。所以，恒州诸门管钥及仓库物资的出入，都被兀欲夺走，赵延寿请求给自己，被兀欲拒绝。

天福十二年（947）五月，永康王兀欲召赵延寿及张砺、和凝、李崧、冯道等饮酒。兀欲妻素以兄事赵延寿，兀欲从容谓赵延寿说：“妹自上国来，宁欲见之乎？”赵延寿欣然与之俱入。过了一会儿，兀欲出来，对张砺等说：“燕王谋反，适已锁之矣”，又说：“先帝在汴时，遗我一筹，许我知南朝军国。近者临崩，别无遗诏。而燕王擅自知南朝军国，岂理耶！”②

3．不被信任之苦

世代生活于云中（今山西省大同市）的折氏家族，在幽云十六州被割让后，“由是以郡北属”，但是，契丹贵族对他们并不信任，“欲尽徙河西之民以实辽东”，导致“人心大扰”③，强迫他们离开世代居住的家园，岂能不痛苦，不反抗，折从阮率领当地民众拒绝迁徙。后晋孙方谏由于少不得志，后叛逃辽国被任命为定州节度使，但是，很快就被耶律忠取代，孙方谏“恚愤，与其党归狼山，不受契丹命”④。高勋降辽后，由于其素来好结交权贵，因此许多臣僚都为他美言，官职得以步步高升，辽世宗天禄年间，为南枢密使，总汉军事，辽穆宗应历年间，封赵王，后担任上京留守，辽景宗即位后，高勋因为有定策之功，进封秦王。保宁年间，高勋看到南京四郊荒地很多，水利条件又很好，于是建议疏畦种稻，辽景宗接受了他的建议，但是林牙耶律昆宣马上向皇帝上奏，提出反对意见，“高勋此奏，必有异志。果令种稻，引水为畦，设以京叛，官军何自而入？”⑤

① 《资治通鉴》第二八六，《后汉纪一》，天福十二年四月，第9485页。
② 《资治通鉴》第二八七，《后汉纪二》，天福十二年五月，第9487页。
③ 《旧五代史》卷一二五，《折从阮传》，第1647页。
④ 《旧五代史》卷一二五，《孙方谏传》，第1650页。
⑤ 《辽史》卷八五，《高勋传》，第1317页。

辽景宗听后，马上否决了高勋的建议。作为汉人出身的南京留守高勋，提出此建议，种植水稻，既可增加政府的收入，又可丰富人民的饮食生活。而作为契丹人的耶律昆宣，首先想到的却是种植水稻，沟渠纵横，一旦这帮汉人反叛，契丹贵族的骑兵必将难以进城平叛。辽朝皇帝自然接受了耶律昆宣的建议。高勋还是没有意识到在契丹贵族心中，对待汉人臣僚的许多潜规则，表面上步步高升的官职，并不能使他免除潜规则的怀疑和惩罚。

即使是汉人上层中最为得势的玉田韩氏，也遇到过类似的情况。韩匡嗣早年因为善医而得到述律太后的宠爱，成为辽景宗在藩邸时期的密友，但是，“帝一日与韩匡嗣语及时事，耶律贤适止之。帝悟，不复言”①，此事发生的背景尽管有穆宗晚期危险的政治生态因素，但由于只有他们三人在场，韩匡嗣又是辽景宗当时的密友，耶律贤适此举，显然是对汉人臣僚韩匡嗣的不信任。

契丹贵族萧敌烈，“为人宽厚，达政体，廷臣皆谓有王佐才”，北宋降臣王继忠，后担任汉人行宫都部署，他推荐契丹人萧敌烈作枢密使，“帝疑其党而止”②，辽圣宗怀疑萧敌烈有结党的背景，矛头其实主要指向从北宋投降过来的王继忠，对王继忠不信任。

辽道宗大安二年（1086），朝廷准备将生活于奚中其部的四百户汉人迁走，宰相已经准备奉诏执行，时任枢密副使的汉人臣僚贾师训认为，自松亭关以北到黄河（即潢河，今西拉木伦河）河畔，其间泽、利、潭、榆、松山、北安数州千里之地，皆肥田沃土，“汉民杂居者半，今一部之民可徙，则数州之人尽可徙矣。然则恐非国家之利，亦如辽东旧为渤海之国，自汉民更居者众，迄今数世无患”③，从贾师训的谏词看来，契丹贵族还是对汉人不放心，害怕他们鼓动奚人造反；辽道宗见贾师训言之在理，才停止了这一行动。

4．小心谨慎心理

当辽太宗驾崩、辽世宗与李胡争夺皇位的过程中，契丹贵族基本上都在根据自己对时局的判断“站队”，在局势“恟恟没定”④ 的时刻，李澣

① 《辽史》卷八，《景宗上》，第 89 页。

② 《辽史》卷八八，《萧敌烈传》，第 1340 页。

③ 《辽代石刻文编》，《贾师训墓志》，第 479 页。

④ 《辽史》卷一〇三，《李澣传》，第 1450 页。

与高勋等十几名汉人臣僚却羁留南京，他们之所以这样做，是因为他们不知道应该站在哪一方，只等世宗即位后才到上京。辽末重臣李俨，虽然大权在握，却“素廉洁，一芥不取于人”，其妻邢氏有美色，常出入禁中，李俨对她说：“慎勿失上意!”靠着这份小心和忍耻，李俨才得以“权宠益固”①。

《松漠纪闻》记述的汉人给道宗讲《论语》的故事，“至‘夷狄之有君’，疾读不敢讲”②，还是反映了汉人士大夫的谨慎和小心，唯恐惹祸。

辽末能吏马人望，“有操守，喜怒不形，未尝附丽求进。初除执政，家人贺之。人望愀然曰：‘得勿喜，失勿忧。抗之甚高，挤之必酷’，其畏慎如此”③。即使到了辽朝败亡的前夕，部分汉人上层仍然不被信任，张琳，沈州人。天祚帝因为萧奉先征女真失败，诏张琳并付以东征事宜，张琳以“军国大计，汉人不与”的理由坚决推辞，天祚帝不答应，只好接受。耶律淳称帝后，诸将咸居权要，张琳独守太师，十日一朝，平章军国大事，“阳以元老尊之，实则不使与政”④，张琳因此郁悒而死。

天祚帝时期，重新审查辽道宗时期的皇太子遇害案，张孝杰等汉人上层被追究，虞仲文为同年汉人进士宁鉴写的墓志铭中写道：“今上即位。诏覆张孝杰狱。流议中君。深文其实。根株之外。一切湔浣”，宁鉴后任“接伴南宋人使，以小心得过，出为忠顺军节度副使”。乾统四年（1104）宁鉴去世，年仅四十七岁。乾统十年（1110），虞仲文写此墓志铭时，在最后的铭文中写道：“物既忌芳，天不福仁，不悲宁君悲吾人。”⑤ 在辽国灭亡前夕，虞仲文等汉人上层已经有万念俱灰的感受。

（二）辽宋交界地区汉军将领的回归

辽宋交界地区的汉军将领的心理，最容易受中原政权在边境地区发起的大规模军事行动的影响。

辽穆宗应历九年（959，后周世宗显德六年），周世宗亲率大军北伐，力图收复幽云十六州，所经之处，辽朝汉人守将纷纷投降，四月，周世宗至乾宁军，契丹宁州刺史王洪举城降；至益津关，契丹守将终廷辉以城

---

① 《辽史》卷九八，《耶律俨传》，第 1416 页。
② 洪皓：《松漠纪闻》卷上。文渊阁四库全书版。
③ 《辽史》卷一〇五，《马人望传》，第 1463 页。
④ 《辽史》卷一〇二，《张琳传》，第 1442 页。
⑤ 《辽代石刻文编》，《宁鑑墓志》，第 607 页。

降。赵匡胤军至瓦桥关，契丹守将姚内斌举城降。五月，侍卫亲军都指挥使、天平节度使李重进等引兵继至，契丹瀛州刺史高彦晖举城降，“……于是关南悉平”①，正因如此，周世宗才能轻而易举地收复瀛、莫、易等州，“王师数万不亡一矢，而虏界城邑皆迎刃而下”②。要不是周世宗突发重病，否则在辽国汉军将领的积极配合下，后周极有可能收回幽云十六州。

辽景宗乾亨元年（979，北宋太宗太平兴国四年）六月，宋太宗灭亡北汉后，企图借胜利之余威，一举收复幽云地区，所至之处，幽云汉臣投降者又是接踵而至，过岐沟关，关使刘禹“解悬桥……，听命”③；“涿州判官刘原德以城降”④；“幽州神武厅直并乡兵四百余来降”⑤；“幽州山后八军瓷窑务官三人以所受契丹牌印来献”⑥；“幽州诸县令佐及乡民百五十人来降”⑦。七月，契丹建雄节度使“刘延素与官属十四人来降”，紧接着，知蓟州“刘守思与官属十七人来降”⑧。虽然宋军最终由于连续作战等不利因素的影响北伐失利，但辽国那么多的汉人上层望风归附，可看出幽云汉人心向中原的故国情怀。

北宋太宗雍熙三年（986，辽圣宗统和四年）三月，北宋又发动了收复幽云十六州的战争。是月，辽寰州刺史赵彦章、顺义军节度副使赵希赞、彰国军节度使艾正、观察判官宋雄、武定军马步军都指挥使、郢州防御使吕行德及副都指挥使张继从、马军都指挥使刘知进、步军都指挥使穆超等先后叛附于宋。四月，蔚州左右都押衙李存璋、许彦钦等杀节度使萧啜里，执监城使、铜州节度使耿绍忠，以城叛附于宋。不到一个月，六起归宋事件⑨，充分说明了汉人上层强烈的民族归属感。当时这样做，他们是冒着家眷被杀害或者做奴隶的危险，艾正、赵希赞等人的家属随即被辽

---

① 《资治通鉴》卷二九四，《后周纪五》，显德六年四月，第9729页。

② 李焘：《册府元龟》卷一一八，《帝王部·亲征第三》。

③ 李焘：《续资治通鉴长编》卷二〇，太宗·太平兴国四年六月，中华书局1979年版，第455页。

④ 同上。

⑤ 同上书，第456页。

⑥ 同上。

⑦ 同上。

⑧ 同上书，第456—457页。

⑨ 《续资治通鉴长编》卷二七，太宗·雍熙三年三月、四月，第608—611页。

国朝廷“分赐有功将校”① 作奴婢，结果可想而知。

宋太宗的两次北伐，均以失败告终，这对幽云地区盼望回归的汉人上层的民族心理，是沉重的打击，“始石晋时，关南山后初莅虏，民既不乐附，又为虏所侵夺。日久企思中国声教，常若偷息苟生。周世宗止平关南，功不克就。岁月既久，汉民宿齿尽逝。新少者渐习不怪。然居常右虏下汉，其间士人及有识者，亦尝怅然，无奈何矣！”②

但是，汉人上层单枪匹马的、偶然因素导致的回归活动，还是时有发生。刘三嘏，刘慎行第三子，进士，驸马都尉，刘三嘏因为与公主夫妻关系不谐，南逃北宋，“辅臣议厚馆之，以诘契丹阴事”，谏官欧阳修等亦请留下刘三嘏，宋仁宗向杜衍问策，杜衍说道：“中国主忠信，若自违誓约，纳叛亡，则不直在我。且三嘏为契丹近亲，而逋逃来归，其谋身若此，尚足与谋国乎！纳之何益，不如还之”③，杜衍的分析很有道理，如果北宋接纳了刘三嘏，等于单方面破坏和辽国此前达成的有关协定，由于刘三嘏的特殊身份，辽国甚至可能在用外交手段索回刘三嘏无效的情况下，以此为由发动战争。于是，投奔北宋的刘三嘏又被遣送回国，史载刘三嘏此行有诗一首，可以窥其心理，“虽惭涔勺赴沧溟，仰诉丹衷不为名。寅分星辰将降割，兑方疆寓即交兵。春秋大义惟观衅，王者雄师但有征。救得燕民归旧主，免于通问自称兄”④，刘三嘏被送回辽国后，其妾与子被杀，刘三嘏则因为其兄弟大权在握，契丹贵族碍于面子，将其监锢起来。辽宋关系缓和的时代，投奔北宋的刘三嘏之类的汉人上层反而更痛苦。而北宋从国家利益出发，不管辽国境内的汉人上层民族心理如何向宋，也只能听之任之。

本章结语：

从春秋时代开始的北方游牧民族政权，在利用中原汉人（含其前身华夏族）上层势力向南扩展其势力的漫长过程中，逐渐形成一种影响历史发展的长时段因素，形成一种集体心理，影响着北方汉人上层战乱时候的选择。一到北方游牧民族势力大发展，进而南下的时期，这种心理支配

---

① 《辽史》卷一一，《圣宗二》，第 121 页。

② 《儒林公议》卷下。

③ 《宋史》卷三一〇，《杜衍传》，第 10191 页。

④ 周春：《辽诗话》。

下的部分北方汉人上层，不是南走江、淮，而是就地避战自保或北走大漠，这种选择对中国历史的影响，像汉人南迁一样，同样很大。而辽朝开国之后，北方汉人上层的这种选择，是中原地区频繁的、长期的战乱因素所致，再加上幽云十六州被割让给辽国，汉人上层在契丹族主导的辽国，占到该国人口总数的绝大部分，这对辽国的历史乃至中原地区汉人政权的历史，都产生了很大影响。汉人传统的生产方式、政治制度、生活方式等在北方少数民族政权中的影响日益扩大，加速了他们汉化的过程，也加速了民族融合的过程。而在辽国境内的汉人上层，在辽国存在的二百多年岁月中，其民族心理变化的历程也较为复杂。初期，由于分离焦虑、契丹贵族对他们的歧视、不信任等因素的影响，汉人心理非常痛苦，转而南逃的不少；中期，由于契丹贵族采取了诸多拉拢汉人上层的政策和策略，痛苦逐渐减少；后期，面对辽、宋、金争夺的复杂态势，由于辽国气数已尽，忠于辽国的汉人上层，委实太少，他们大多从心理上对北宋还有不同程度的认同感、归属感，但是，北宋君臣的腐朽无能，很快使他们的希望变成失望，只好转而投金，开始新一轮的心理调试。

第三章　辽、宋、金鼎革时期“燕人”和渤海人上层的民族心理

除了在第一章、第二章、第四章的有些节、目探讨幽云地区汉人上层的民族心理外，又以“燕人”这一角度，集中探讨辽、宋、金鼎革时期“燕人”上层的民族心理，一是因为如果把他们按照朝代断限来分析的话，势必显得支离破碎，难以有一个完整的印象；二是因为“燕人”上层的民族心理，在王朝鼎革时期最能显现其永远在“制作”、永远在“创造”的特点。这样的研究，才能弥补长时段研究的缺陷①。

第一节　幽、云地区的地理态势和历史文化生态

尽管我们坚决反对地理环境决定论，但是不可否认，一定的地理环境及成长于其中的文化生态，对一定地域人的社会心理、性格等的形成及变化，有一定的影响。

一　幽、云地区的地理态势及战略地位

（一）政治版图变动的短时段回顾（后晋—辽亡）

“幽云”作为包含历史、地理、文化、民族等许多含义的名词，是“宋朝人从北宋末年开始说开了的，但这也是以原有地名为依据”的②，幽指幽州（今北京市），云指云州（今山西省大同市），一东一西，宛如

---

① 弗朗索瓦·多斯著：《碎片化的历史学——从〈年鉴〉到“新史学”》，马胜利译，该书的再版序言指出“着眼长时段虽可顾及历史的常态，但会无视其断裂和变化，因此过分强调长时段是危险的”。见该书再版序言 V 页。北京大学出版社 2008 年版。

② 舒焚：《辽史稿》，湖北人民出版社 1984 年版，第 270 页。

一双明亮的大眼睛，一会儿看着北边辽阔的草原和东北广阔的平原，一会儿又扭头看看辽阔的华北大平原及其脊梁——黄土高原。而“幽云”二字，把幽、云地区最重要的两个经济、文化、军事中心联结起来，作为该区的简称，可谓是宋人最传神的缩略语。

幽云地区，通常说幽云十六州，其实这种说法并不完全符合历史事实。准确来说，还应该包括耶律阿保机时期占领的平［今河北省卢龙县和昌黎县西南，后梁乾化二年（912，辽军第一次攻破）］、营（辽宁省朝阳市）二州。耶律德光在位期间，会同元年（938）十一月，后晋石敬瑭以“以幽、蓟、瀛、莫、涿、檀、顺、妫、儒、新、武、云、应、朔、寰、蔚十六州并图籍来献”①，将幽云十六州割让给辽国，其实，“这在很大程度上，只不过是对既成事实的一种认可而已”②，因为在此之前，辽国经过多年的一系列的军事行动，实际上已经控制了代北和河朔的大部分地区，虽然其名义上仍然属于中原王朝。此后，辽国灭后晋途中，又占领了易州（今河北省易县）；辽穆宗时期，后周军队夺回了易州和瀛、莫二州（今河北省河间市和任丘市）；辽圣宗时期，易州又被辽国控制。这样，在北宋建国之时，幽云区域实际上包含“近二十州的地区”③。北宋太祖、太宗收复幽云地区的努力失败后，一直到辽朝灭亡之前，幽云地区的政治版图，基本上没有什么大的变化。

（二）地理态势与战略地位

幽云地区战略地位的重要性，时人认识的非常清楚。

辽圣宗统和二十六年（1008），辽国伴宋使牛营，曾经对宋使谈及幽州一带的地理大势及其重要性，“松亭关在幽州东二百六十里，虎北口在幽州北（以上五字，从《续谈助》三引增）三百里，石关门在幽州西一百八十里，其险统悉类虎北口，皆古控扼奚（虏）要害之地也。（以上十九字，《续谈助》漏引）虎北口东三十余里，又有奚关，奚兵多由此关而南入。山路险隘。止通单骑（以上十七字，《续谈助》漏引）”④。可见辽

① 《辽史》卷四，《太宗下》，第 44—45 页。

② 《草原与田园》，第 14 页。

③ 《辽史稿》，第 270 页。但是，本书为了不致引起阅读者的误解，还是按照约定俗成的说法，称作幽云十六州。

④ 《宋朝事实类苑》卷七七引《乘轺录》。该段引文中的考证皆为陈述先生的成果，见陈述辑校《全辽文》卷一二，中华书局 1982 年版，第 362 页。

人对这一带关口的情况，了如指掌。

金朝进士梁襄在给金世宗的上奏中说：“燕都地处雄要，北倚山险，南压区夏，若坐堂隍，俯视庭宇，本地所生，人马勇劲，亡辽虽小，止以得燕，故能控制南北，坐致宋币。燕盖京都之选首也，况今又有宫阙井邑之繁丽，仓府武库之充实，百官家属皆处其内，非同曩日之陪京也。居庸、古北、松亭、榆林等关，东西千里，山峻相连，近在都畿，易于据守，皇天本以限中外，开大金万世之基而设也。”① 金人在辽人的基础上，进一步认识到了该区域地理态势的重要性，因此，完颜亮迁都燕京，绝非心血来潮之举，而是顺应了金代历史发展的必然趋势。

元代郝经写有《居庸关铭》一文，其中写道：居庸关“瞰临悬绝，以建瓴之势，居高走下，每制诸夏死命……营、幽、并、代之北，山岭隔阂，连高夹深，呀口伛脊，数千里岩壑重复，扼制出入，是天所以限南北，界内外，固中原之圉，壮天地之势者也……居庸关在幽州之北，最为深阻，号天下四塞之一。大山中断，两岩峡束，石路盘肠，萦带隙罅。南曰南口，北曰北口……中原能守，则为阳国北门；中原失守，则为阴国南门”②，连蒙古人木华黎的孙子霸突鲁，也认识到该区域的重要性，“幽燕之地，龙蟠虎踞，形势雄伟，南控江淮，北连朔漠”③。一统天下的元朝，既要照顾漠北草原蒙古贵族的利益，又要统治广大的汉地，定都大都，成为唯一的、最好的选择。经过长期的发展，燕京终于成为全国性政治、军事、文化中心。

幽云地区主要包括今北京、天津、河北中北部、山西北部一带地区，东西横亘的燕山山脉，成为中国古代农耕民族和游牧民族活动的天然分界线，人为的分界线——长城的几个最重要的关口，也在这一带地区，如紫荆关（今河北省易县西北）、飞狐口（今河北省涞源县境内）、居庸关（今延庆县与昌平县交界处）、古北口（今密云县与河北省滦平县交界处）、松亭关（今河北省遵化县境内）、榆关（今山海关，河北省秦皇岛市境内）。对于中原政权而言，失去云、朔固然也是很大的损失，但尚有雁门关和内长城一线可守；而幽云地区若落入北方少数民族之手，华北平

① 《金史》卷九六，《梁襄传》，第2134页。

② 郝经：《郝文忠公陵川文集》，卷一二。北京图书馆古籍珍藏丛刊本。

③ 《元史》卷一一九，《霸突鲁传》，第2942页。

原的门户，则彻底洞开，无险可守。

二 文化生态

（一）文化生态的变异与核心价值观

从文化生态上而言，幽、云地区和今天的河北省南部、山东省北部、山西省大部以及河南省的黄河以北地区，都属于燕赵文化圈，概而言之，燕赵文化的特质是慷慨悲歌、好气任侠。虽然慷慨悲歌一词可以用来概括许多地区人物的普遍人格特质和文化特征，但在历史上，却以燕赵区域最为典型。这种特质，在隋唐时期就为人们所称道，离石、雁门、马邑、定襄、楼烦、涿郡、上谷、渔阳、北平、安乐、辽西，“皆连接边郡，……故自古言勇侠者，皆推幽、并”①；五代到金，处于特殊地理区域的“燕人”，继续秉承祖辈相传已久的慷慨悲歌的气质，“燕俗重气义”②；宋真宗咸平三年（1000），益州发生王均兵变，官员闻变，皆奔窜，只有都巡检使刘绍荣与叛兵格斗，由于叛兵仓促起事，一盘散沙，有人欲让刘绍荣做头领，刘绍荣摄弓骂道：“我燕人也，比弃乡土来归本朝，岂能与汝同逆，汝亟杀我，我肯负朝廷哉!”③ 元明清时期，幽云地区，慷慨悲歌的民俗，犹有遗风。

安史之乱后，唐代宗广德元年（763），以田承嗣为魏博节度使、李怀仙为卢龙节度使、李宝臣为成德节度使，是谓河北三镇，“其风俗犷戾，过于蛮貊”④。陈述先生指出，自唐朝后期开始，河朔地区，在政治上早已不听从朝廷的号令，世袭诸镇，不再向朝廷输纳贡赋，不受朝廷征发调遣，俨然独立王国。不但成为长安失意文人的避难所，也融入了相当数量的草原人口，如契丹、奚等都有一定数量人口居住在这里，政治、文化上都呈现出明显的“胡风”⑤。范恩实先生认为：“幽蓟地区汉化、胡化的交替演进以及营州地区的不断汉化，最终使幽、蓟、营地区形成一个具有特殊文化取向的特殊区域”，其中“华夷观念的淡漠又为幽、蓟、营

① 《隋书》卷三〇，《地理中》，中华书局 1973 年版，第 860 页。

② 《新五代史》卷四八，《高行周传》，第 547 页。

③ 《宋史》卷二七八，《雷有终传》，第 9461 页。

④ 王说：《唐语林》卷八，中华书局 1987 年版。

⑤ 陈述：《契丹政治史稿》，人民出版社 1986 年版，第 94—98 页。

地区特殊地域化的形成开辟了道路”①。马一虹博士指出：“幽州地区一向为多族聚居之地，文化多元，特别是‘胡化’严重，缺乏秩序传统。”②而缺乏秩序传统的地区，直接影响汉人上层对中原政权乃至其他民族政权的“忠”的观念。

但是笔者认为，不可过于夸大幽云地区汉人所秉承文化基因中的“胡化”成分。从文化的积淀而言，尽管这里经历过较长时期文化上的“胡风”浸染，又经历过辽和金两个少数民族政权近三百年的统治（其中辽主要限于幽、云地区），但是由于辽统治时期，“以国制治契丹，以汉制待汉人”，故而出现了“领燕中职事者，虽胡人也汉服，谓之汉官，执政者，则曰南宰相、南枢密”的现象③，而幽州“幅员二十五里……城中凡二十六坊，坊有门楼，大署其额，有……卢龙等坊，并唐时旧坊名也……俗皆汉服，中有胡服者，盖杂契丹、渤海妇女耳”④。金统治者汉化速度更是惊人，以致有人认为金因汉化过度而亡⑤。所以这一带地区汉人民众所受的文化浸染，仍以传统的汉民族文化为主，其人格取向，则以儒家的传统思想为导向。即使到了辽末，仍然如此，从燕人对北宋使金使节刘韐的死后纪念也可看出，刘韐忠义而死，“燕人叹其忠，瘗之寺西冈上，遍题窗壁，识其处”⑥；李邈死后，“燕人为之流涕”⑦。

幽云这一地理名词，在“儿皇帝”石敬瑭去世后，又融入了更多的文化含义，对于中原汉人政权而言，收回这一带地区则是一统天下的象征；否则，只能听任北方的契丹人及女真人和自己分享天下。而宋徽宗时期对该地区的“得而复失”，更是耻辱的象征。对于生活在辽、金时代该地区的汉人上层而言，又包含着难以言传的非常复杂的民族心理。对于契丹族，尤其是女真贵族而言，对这一带汉人上层的评价，其民族心理也异常复杂，其中尤以金世宗最为典型。

---

① 《盛唐时代与东北亚政局》一书所载范恩实《石敬瑭割让幽云（幽蓟）的历史背景》一文，第309—311页。

② 马一虹：《靺鞨、渤海与周边国家、部族关系史研究》，第299页。

③ 余靖：《武溪集》，文渊阁四库全书本。

④ 《宋朝事实类苑》卷七七，《契丹》篇。

⑤ 《元史》卷一六三，忽必烈问张德辉，“或云，辽以释废，金以儒亡，有诸?”第3823页。

⑥ 《宋史》卷四四六，《刘韐传》，第13164页。

⑦ 《宋史》卷四四七，《李邈传》，第13179页。

（二）固守本族文化深层传统

契丹族自四世纪以来开始见于中国史籍的记载，“本东胡种，其先为匈奴所破，保鲜卑山”①，据王国维先生考证，“西胡”这一称呼最早见之于东汉人的记载，“后汉人于葱岭东西诸国，皆谓之西胡也；魏晋六朝犹袭此名……是南北朝人亦并谓葱岭东西诸国为西胡也”②，“东胡”自然指居于“西胡”以东的胡人。所谓“胡”，其外貌突出特征是深目、高鼻、多须，当然，契丹人体态外貌在长期的演变过程中，像先后生活于亚欧大陆北部草原地带的匈奴、突厥等民族一样，经过了不断的种族融合，应该有些微的变化，但由于其融合的范围，主要还在“胡人”中间，因此新中国成立以来出土的辽墓壁画上的契丹人，虽不像西域胡人那样显著地具备以上特征，但也多高鼻。杨星宇和郑承燕曾经以长城为界，把辽墓分为南北两区，长城以北的为北区，以南的为南区，他们对辽墓的壁画做了分期研究，其中北区的辽墓壁画又分为早、中、晚三期五阶段，早期从辽建国到辽穆宗时期（906—969），全部涵盖了中原王朝的五代时期。经过仔细的观察、分析、比对，他们竟然未发现“汉人、契丹人形象同时出现于一个墓葬中”③。辽朝末年，曾经出使过辽国的陆佃对此深有感触，“辽人虽外窥中国礼文，然实安于夷狄之俗”④。

这种现象说明，当时的族群分野还是非常清晰的，无论是契丹人还是汉人，即使是汉人上层，不管其在辽政权中的政治地位如何，和契丹贵族的关系如何，都很清楚自己的族群属性，都顽固地坚持自己的文化属性。而丧葬文化，更是一种非常顽固的深层次文化，变革非常缓慢⑤。

（三）“燕人”习知“胡事”

由于地缘政治因素的影响，长期活跃于汉民族和游牧民族交界地区的“燕人”，习知“胡事”，成为一种悠久的传统。

汉高祖十一年（前196）秋，陈豨在代地发动叛乱，汉高祖到邯郸反击陈豨叛兵，燕王绾亦率军攻打陈豨叛兵的东北部，陈豨派王黄向匈奴求

① 欧阳修、宋祁：《新唐书》卷二一九，《契丹传》，中华书局1975年版，第6167页。

② 王国维：《观堂集林》卷一三，《西胡考》。中华书局1959年版。

③ 杨星宇、郑承燕：《辽代墓葬壁画的分期研究》，见辽宁省辽金契丹女真史研究会编《辽金历史与考古国际学术研讨会论文集》（上），辽宁教育出版社2012年版，第55页。

④ 陆游：《家世旧闻》，第196页。

⑤ 直到今天，在中国的广大农村地区，推广火化、平坟的过程非常艰难，即为明证。

救，燕王绾亦派张胜出使匈奴，张胜到匈奴汗廷后，故燕王臧荼子臧衍也逃亡到匈奴，他见到张胜后说道：“公所以重于燕者，以习胡事也”①，“大行王恢，燕人也，数为边吏，习知胡事”②。这种传统，一直延续到北宋。

宋琪，字俶宝，幽州蓟人，“以故究知蕃部兵马山川形势”。宋太宗端拱二年（989），将讨幽蓟，诏令群臣各言边事。宋琪在上奏中，除了仔细分析幽云一带的山川形势及进军策略和路线外，特别讲到了收复失地后的人员安置问题，“宣布守臣，令于燕境及山后云、朔诸州，厚给衣粮料钱，别作禁军名额，召募三五万人，教以骑射，隶于本州。此人生长塞垣，谙练戎事，乘机战斗，一以当十，兼得奚、霫、渤海以为外臣，乃守在四夷也”。而被辽国掳掠到幽蓟及其以北地区的汉人民众，“既殄异类，悉为王民。变其衣冠，被以声教，愿归者俾复旧贯，怀安者因而抚之，申画郊圻，列为州县，则前代所建松漠、饶落等郡，未为开拓之盛也”③。随后，宋琪又在另一上奏中提出对辽政策十策：“一、契丹种族；二、料贼众寡；三、贼来布置；四、备边；五、命将；六、排阵讨伐；七、和蕃；八、馈运；九、收幽州；十、灭契丹。”④ 分析得非常全面，也很有可操作性。宋琪可谓习知“胡事”之集大成者。张鉴，字德明，瀛州团练使张藏英之孙。宋太宗命曹彬等进讨幽州之前，询问群臣进攻方略，张鉴上疏极言不可，“论者以鉴燕人，沮议非忠”⑤，宋太宗于是把张鉴的上疏，搁置不论。

在不同民族政权对峙的时期，习知“胡事”的“燕人”，有的则充当间谍，“燕人有梁济世，为雄州谍者，尝以诗书教契丹公卿子弟”，某次宋辽外交谈判之前，他竟然“先得其国书本以献”⑥。易州民李秀在辽国做北宋的“雄州探事”，但是，“有边民遁入契丹以告秀，秀畏罪乃求归”⑦，北宋特补其为三班差使、殿侍，作为奖励。幽州人杜清在辽国

① 《史记》卷九三，《韩信卢绾列传》，第2638页。

② 《史记》卷一〇八，《韩长孺列传》，第2861页。

③ 《宋史》卷二六四，《宋琪传》，第9124—9125页。

④ 同上书，第9125页。

⑤ 《宋史》卷二七七，《张鉴传》，第9415页。

⑥ 苏辙：《龙川略志》卷四，《契丹来议和亲》，中华书局点校本。

⑦ 《续资治通鉴长编》卷一七六，仁宗至和元年八月乙巳，第4272页。

“自来与雄州探刺事宜。今事觉挈家来归”①，北宋政府给其全家以妥善安置。

本节在几个问题上都使用了长时段的分析视角，之所以这样分析，一是心理史学研究方法之必然要求；二是如马戎教授所言：“民族集团之间历史上的关系的影响，或称为历史因素。民族间过去是否长期融洽或争战，历史上在政治、军事、经济、文化人员的交往方面是什么情况，会影响现今的民族关系。”② 当然，上文中的“现今”一词，并非指当今，而是视具体历史时期而言。

第二节　“燕人”名称的由来和演变

“燕人”作为对一定地域人的统称，始于春秋战国，盛行于五代，金朝后期以后，在史书中的记载越来越少，本节主要分析其名称的由来和演变。

一　五代以前

最早的“燕人”的称呼，应该是春秋、战国时期其他诸侯国人对燕国人的称呼，当然燕国人在其他诸侯国人面前也这样称呼自己，“齐人”“楚人”“卫人”等称呼的来源也一样。称呼和一定的行政区域相联系，以便互相区分，这也使一定区域的人通过这种称呼，形成一种共同的地域意识（乡党意识），又逐渐滋生共同的文化意识等。导致有些称呼，例如“燕人”，虽然经历了王朝的多次变革，但是该称呼还是延续下来③。

《史记》记载“（秦）武王死时，昭襄王为质于燕，燕人送归，得立”④。“二年，而燕人共立太子平，是为燕昭王”⑤。《史记》中明确记

① 《续资治通鉴长编》卷一九一，仁宗嘉祐五年三月癸丑，第4616页。

② 《西方民族社会学的理论与方法》，第22页。

③ 与“燕人”称呼形成鲜明对比的是，春秋战国时期非常流行的“齐人”“卫人”“郑人”“宋人”“楚人”等称呼，却没有像“燕人”一样，流传这么长的时间，这个现象很值得用社会称谓学理论进行分析。

④ 《史记》卷五，《秦本纪第五》，第209页。

⑤ 《史记》卷三四，《燕召公世家》，第1557页。

载是“燕人”的有：周竖[①]、蔡泽[②]、乐巨公[③]、大行王恢[④]、中行说[⑤]、朝鲜王卫满[⑥]、韩生[⑦]；《汉书》中明确记载的有宋毋忌、正伯侨、元尚、羡门高[⑧]。秦始皇统一全国之后，这一称呼继续流传下来，不过不再和燕国联系起来。秦始皇三十二年（前215），“始皇之碣石，使燕人卢生求羡门、高誓”[⑨]。两汉，这一称呼继续延续，韩延寿“字长公，燕人”[⑩]；韩婴，“燕人也。孝文时为博士，景帝时至常山太傅”[⑪]。三国两晋南北朝时期，“燕人”这一称呼，见于史籍的记载颇少，这种情况的出现，估计和该时期北方少数民族势力的崛起有关，在“五胡乱华”的大背景下，“燕人”的活动，影响自然小得多，自然也不会引起史学家太多的关注。

《旧唐书》和《新唐书》在记述户贯属于这一带地区的人物时，绝大多数仅仅冠以“幽州”二字，少数在幽州二字之后冠以所属县的名字，这和幽州地理态势的重要性空前抬高有很大关系，由于所属县的名字不断变更，所以记载比较乱，如祖孝孙“幽州范阳人”[⑫]、郑义宗妻卢氏“幽州范阳人”[⑬]、李忠臣“幽州蓟人”[⑭]、吴少诚“幽州潞人”[⑮]。

二 五代及辽宋时期

从五代开始，“燕人”称呼，频繁见诸史籍（包括当时写的墓志铭），这一现象说明，和幽云地区相关的各民族成员的活动，特别是“燕人”上层的活动，对中国历史的影响越来越大，自然引起了史学家

① 《史记》卷六七，《仲尼弟子列传》，第2211页。
② 《史记》卷七九，《范雎蔡泽列传》，第2418页。
③ 《史记》卷一〇四，《田叔列传》，第2775页。
④ 《史记》卷一〇八，《韩长孺列传》，第2861页。
⑤ 《史记》卷一一〇，《匈奴列传》，第2898页。
⑥ 《史记》卷一一五，《朝鲜列传》，第2985页。
⑦ 《史记》卷一二一，《儒林列传》，第3124页。
⑧ 《汉书》卷二五（上），《郊祀志第五》（上），第1203页。
⑨ 《史记》卷六，《秦始皇本纪第六》，第251页。
⑩ 《汉书》卷七六，《赵尹韩张两王传》，第3210页。
⑪ 《汉书》卷八八，《儒林传》，第3613页。
⑫ 《旧唐书》卷七九，《祖孝孙传》，第2709页。
⑬ 《旧唐书》卷一九三，《列女传》，第5142页。
⑭ 《新唐书》卷二二四（下），《叛臣下》，第6387页。
⑮ 《新唐书》卷二一四，《吴少诚传》，第6002页。

的关注。

撰刻于辽道宗寿昌三年（1097）的贾师训墓志铭写道：“公讳师训，字公范。……因籍为燕人。”① 撰刻于辽朝天祚帝天庆元年（1111）的丁洪墓志铭写道：“子讳洪，小字五斤，姓丁氏，世为燕人。”②

《旧五代史》、《新五代史》、《宋史》及同期其他史籍中，关于“燕人”及其活动的记载颇多。龙敏，字欲讷，幽州永清（今河北省永清县）人。后唐末年，面对赵德钧父子的异图，晋安寨战役的危机，后唐君臣讨论对策，龙敏说道：“仆燕人也，谙赵德钧之为人，胆小谋拙，所长者守城寨、婴壕堑、笃励健儿耳！若见大敌，奋不顾身，摧坚陷阵，必不能矣。”③ 刘审交，字求益，幽州文安人（今河北省文安县）。后唐灭亡前夕，刘审交谈自己对时局的应对之策时首先说道：“余燕人也。”④ 王殷，瀛州（今河北省河间市）人。后晋天福年间，丁内艰，寻有诏起复，授宪州刺史，王殷上章婉辞时说道：“臣本燕人，值乡国离乱，少罹偏罚，因母鞠养训导，方得成人，不忍遽释苴麻，远离庐墓，伏愿许臣终母丧纪。”⑤ 耿崇美，祖上原为高阳人，后被掳掠到辽国后，“遂世为大燕人”⑥。《旧五代史》一书中指明是燕人的还有马慎交⑦、马郁⑧、张文礼⑨、高行珪和高行周兄弟⑩、周元豹⑪、何福殷⑫。欧阳修《新五代史》一书中指明是燕人的有张荐明⑬。元人所修《宋

---

① 《辽代石刻文编》，第476页。

② 《辽代石刻文编》，第618页。

③ 《旧五代史》卷一〇八，《龙敏传》，第1427页。

④ 《旧五代史》卷一〇六，《刘审交传》，第1393页。

⑤ 《旧五代史》卷一二四，《王殷传》，第1626页。

⑥ 《辽代石刻文续编》，《耿崇美墓志》，第13页。

⑦ 《旧五代史》卷八，《末帝纪上》，第114页。

⑧ 《旧五代史》卷六〇，《王缄传》，第805页。

⑨ 《旧五代史》卷六二，《孟方立传》，第829页。

⑩ 《旧五代史》卷六五，《高行珪传》，第866页。

⑪ 《旧五代史》卷七一，《周元豹传》，第945页。

⑫ 《旧五代史》卷一〇七，《史宏肇传》，第1404页，《新五代史》卷三十将何福殷记作何福进。

⑬ 《新五代史》卷三四，《张荐明传》，第371页。

史》一书中指明是燕人的有马植[1]（赵良嗣）、李玉[2]、宋琪[3]、张鉴[4]、刘绍荣[5]、高琼[6]、张佶[7]、何仲祖[8]、吴孝民[9]、赵伦[10]、王世修、张逵、王钧甫、马柔吉[11]等。赵凤，幽州人，少以儒学知名，“燕王刘守光时，悉黥燕人以为兵，凤惧，因髡为僧”[12]，幽州人是当然的“燕人”；刘守光，“深州乐寿人”，也即今河北省深州市人。但是《旧五代史·太祖纪二》却说“燕人刘守光赴援中山，寨于易水之上，继为康怀英、张存敬等所败”[13]；估计深州应该是刘守光的祖居地，后刘仁恭父子移居幽州后，长期控制这一带地区，所以也被视为“燕人”。

“燕人”又可以分为“北燕人”“燕人”两部分，后逐渐合称为“燕人”。北燕作为地名，最早见于《史记》，“周武王之灭纣，封召公于北燕”[14]；北齐“置北燕州，领长宁、永丰二郡。后（北）周去北字”[15]，把北燕二字和个人的户贯连起来当始于十六国时期，王齐，北燕人[16]，案：王齐为十六国时期后燕国人；武德七年（624），唐朝复置北燕州[17]。隋末唐初人国公盎，北燕人[18]；唐初冯盎，本北燕人，“以军功进总管”[19]；扈载，字仲熙，“北燕人也。少好学，善属文”[20]；刻于后唐清泰二年（935）、出土于洛阳的《商在吉墓志》载墓主“北燕蓟门人”[21]。干州永

① 《宋史》卷四七二，《赵良嗣传》，第13733页。
② 《宋史》卷二六一，《白重赞传》，第9036页。
③ 《宋史》卷二六四，《宋琪传》，第9121页。
④ 《宋史》卷二七七，《张鉴传》，第9415页。
⑤ 《宋史》卷二七八，《雷德骧传》，第9461页。
⑥ 《宋史》卷二八九，《高琼传》，第9691页。
⑦ 《宋史》卷三〇八，《张佶传》，第10150页。
⑧ 《宋史》卷三六〇，《宗泽传》，第11282页。
⑨ 《宋史》卷四六四，《外戚中》，第13578页。
⑩ 《宋史》卷四七一，《邢恕传》，第13705页。
⑪ 《宋史》卷四七五，《苗傅传》，第13803页。
⑫ 《新五代史》卷二八，《赵凤传》，第308页。
⑬ 《旧五代史》卷二，《太祖纪二》，第26页。
⑭ 《史记》卷三四，《燕召公世家》，第1549页。
⑮ 《隋书》卷三〇，《地理中》，第857页。
⑯ 《册府元龟》卷八四三。
⑰ 《旧唐书》卷三九，《地理二》，第1519页。
⑱ 《册府元龟》卷一六四。
⑲ 潘自牧：《记纂渊海》卷四七。文渊阁四库全书版。
⑳ 《新五代史》卷三一，《扈载传》，第345页。
㉑ 周阿根：《五代墓志汇考》，黄山书社2012年版，第261页。

寿县主簿赵应良，“北燕人”[①]；张傃，北燕人[②]；杨公（名和字，该文没有记载）“北燕人，世为巨族”[③]；曹居一，字通甫，北燕人，“有文章，善谈议”[④]；李班，字晋伯，北燕人，“性介特”[⑤]；崔遵，字怀祖，北燕人，父崔建昌，字曼卿，大定二十五年进士[⑥]。

《旧唐书》和《新唐书》均记载幽州范阳郡管辖九县，包括蓟、幽都、广平、潞、武清、永清、安次、良乡、昌平[⑦]。但是到了五代时期，唐朝时期并不归幽州管辖的瀛州、深州、文安人，也把自己称作“燕人”，甚至平州人也把自己称作“燕人”，刻于后周显德元年（954）出土于洛阳的《刘彦融墓志》载其父亲刘清“皇任平州刺史……遂代为燕人”[⑧]。所以五代、辽和北宋时期，“燕人”的指称范围，已经不止于唐代幽州所辖范围，已经大大扩充。

这种称呼的变化，也许和刘仁恭控制幽州时期地域范围的扩大以及刘守光大燕国的建立有关，因为“地缘因素和行政区域会成为认同的基础”[⑨]。唐末刘仁恭时期的幽州节镇，其辖地包括“幽州、涿州、莫州、妫州、檀州、蓟州、顺州、营州、平州、新州、武州”[⑩]，而幽州所管属县也由9县变为10县（刘仁恭于唐昭宗乾宁中析蓟县置三河县）；刘仁恭之子刘守文，占有沧州、景州、德州三地，这些地方的行政事务，也纳入幽州节镇管辖范围之内。

后梁乾化元年（911）八月，刘守光自称大燕皇帝，国号为燕，建元应天，以幽州城为国都，其管辖范围，大致与刘仁恭时期所占有的政区相同。乾化三年（913）十一月，幽州被河东李存勖军队攻占，刘守光被俘，称帝结束。

刘守光的大燕国虽然只存在了两年多，但是大燕国作为一个历史名词

---

① 《辽史拾遗》，卷一五。

② 《秋涧先生大全集》卷一七，《哭张总判行甫并序》。

③ 《秋涧先生大全集》卷四五，《犬相乳说》。

④ 《秋涧先生大全集》卷五九，《碑阴先友记》。

⑤ 同上。

⑥ 元好问著，姚奠中主编，李正民增订：《元好问全集》卷四一，山西古籍出版社2004年版，第896页。

⑦ 《新唐书》卷三九，《地理三》，第1019—1020页。

⑧ 周阿根：《五代墓志汇考》，第519页。

⑨ 《民族社会学》，第73页。

⑩ 《北京通史》第二卷（向燕生著），第218页。

却传了下来，撰刻于辽圣宗开泰六年（1017，距离刘守光称帝结束已经104年）的《韩相墓志》中如此介绍墓主“府君姓韩氏，讳相，字世棋，大燕国人也”①。

辽末出访辽国的陆游祖父陆佃，辽国朝廷派遣的陪伴使是朝议大夫、守太常少卿、充史馆修撰李俦，“俦自言燕人，年四十三”②，李氏祖籍是析津。

案：辽代的户贯实行的是依据家庭生活的地区确定户贯③的制度，如孟有孚，“其先平昌（疑为昌平之误——引者注）之著姓，迨至我朝，分其族而北，从土断例，遂为中都人”④；再如贾师训，“曾王父讳嵒，朝廷以其才望为民所推服，诏起家继领始平军事。遂家于辽，入充辽滨县贯”⑤。但是，偶尔也有把户贯和“燕人”二字连起来写的，如贾师训墓志铭，“其后有游仕于渤碣之间者，因籍为燕人”⑥。

“燕人”称呼的外延越来越大，为何会有这种变化呢？在该地区生活的汉人能够接受这一称呼，说明这一称呼能够让他们感到荣耀，最起码没有贬义。这么多的汉人把大片的燕云地区统称为自己的户贯，自然是因为他们对这一地区有感情，而这一带地区的汉人，语言及风俗习惯等又基本相同，生活在辽国这样的多民族国家，汉人人数虽多，但大多数汉人上层，在国家政权机构中的地位并不高，承受着共同的压迫，于是有了相同或者大致相同的心理，为了加强相互间的凝聚力，为了反抗共同的压迫，维护自己的共同利益，慢慢地，把整个汉人集中生活的地区，也即燕云地区，作为他们共同认可的“大户贯”，也是合乎逻辑的推理。这也是从五代开始，“燕人”这一称呼开始频繁出现的原因。

还有一个需要解释的原因，正像民族名称的一般规律，就像人的姓名一样，先有“自称”，然后在自我圈内获得认可并开始流行，之后在自我圈外获得认可并扩大流行的范围，最终为圈内外广泛认可一样。地域名称的被认可和流行也应该遵循这一规律。范恩实教授指出，“在十六国时

① 《辽代石刻文编》，第151页。

② 《家世旧闻》，第191页。

③ 据王毓铨先生考证，古时贯与籍不同，故籍贯应称为户贯，虽然也有学者不同意王毓铨先生的观点。见王毓铨《籍·贯·籍贯》，《文史知识》1988年第2期。

④ 《辽代石刻文编》，第470页。

⑤ 同上书，第476—477页。

⑥ 同上书，第476页。

期，幽、蓟、营地区的特殊地域化，已经基本形成，以后历经北魏、北齐汉化、胡化的反复，并未能有根本性变化。隋唐时期，中原王朝重新恢复大一统局面，并且收复了辽西、辽东地区，但是幽、蓟、营地区文化有异于中原的局面仍未有大的改变"①，长期处在有异于中原文化环境中生活的幽、蓟、营地区的汉人，其社会心理等和中原汉人相比，肯定有显著区别，于是，他们逐渐以"燕人"这一"大户贯"或"泛户贯"身份自称，幽、蓟、营周边地区的少数民族和中原地区的汉人，也认可这一称呼，"燕人"这一称呼遂逐渐流行，随着历史的发展，愈加饱含丰厚的文化沉积感。金朝初期，逐渐把原辽统治区的汉人，统称为"燕人"，而把原北宋统治区的汉人，叫作"南人"，以作区分；金朝后期，这种区分，逐渐模糊，后统称其为汉人。

三　"燕人"强烈的身份意识

由于五代、辽、宋、金时期诸政权的长期并存，民族之间的交往非常密切而其间关系又非常复杂，所以，此时期的"燕人"心理表现出强烈的不同于其他地域汉人，更不同于其他民族的身份意识，而其他地域的汉人，以及契丹人、女真人等少数民族，也以异样的眼光和心理，来看待、评价这部分特殊的汉人。

王殷，瀛州人。曾祖王昌裔，本州别驾。祖王光，沧州教练使，遂安家于沧州。唐末，幽、沧大乱，王殷父亲王咸珪避地南迁，因投于魏军。王殷自言生于魏州之开元寺，既长从军，渐为偏将。后唐同光末，为华州马步军副指挥使，又安家于华州。丁忧结束，授宪州刺史，王殷上章请辞，他说道："臣为末将，出处无损益于国家。臣本燕人，值乡国离乱，少罹偏罚，因母鞠养训导，方得成人，不忍遽释苴麻，远离庐墓，伏愿许臣终母丧纪。"② 后晋高祖石敬瑭嘉奖他的孝行，并答应了他的要求。王殷家从祖父到他本人，生活地从沧州到魏州再到华州，但是他却牢记着自己的族属地"燕"，有强烈的燕人身份意识。李从益即位后，百官谒见淑妃，淑妃哭着说道："吾母子单弱如此，而为诸公所推，是祸吾家也。"

① 《盛唐时代与东北亚政局》一书所载范恩实《石敬瑭割让幽云（幽蓟）的历史背景》一文，第312页。

② 《旧五代史》卷一二四，《王殷传》，第1625—1626页。

萧翰留燕兵千人守卫宫城诸门，为李从益的宿卫，实际上是监管他。萧翰走后，李从益遣使节召高行周于宋州，武行德于河阳，都不来，淑妃很害怕，与大臣们商议说：“吾母子为萧翰所逼，分当灭亡。诸公无罪，宜早迎新主，自求多福，勿以吾母子为意！”有人说道：“今集诸营，不减五千，与燕兵并力坚守一月，北救必至”，主张后晋残余军队与燕兵并力坚守，以等待辽军增援。淑妃答道：“吾母子亡国之余，安敢与人争天下！不幸至此，死生惟人所裁。若新主见察，当知我无所负。今更为计画，则祸及他人，阖城涂炭，终何益乎！”众人还想拒守，时任三司使的幽州人刘审交说道：“余燕人，岂不为燕兵计！顾事有不可如何者。今城中大乱之余，公私穷竭，遗民无几，若复受围一月，无噍类矣。愿诸公勿复言，一从太妃处分。”① 刘审交虽然是幽州汉人，但是他的主张却最能代表当时广大汉人上层的利益。淑妃于是遣使奉表称臣去迎接刘知远，请其早赴京师，稳定局面。张鉴，字德明，瀛州人。太平兴国三年，擢进士第，先后做过知婺州、著作郎、监察御史等官。宋太宗命曹彬等进讨幽州，问群臣以方略，张鉴上疏极言不可，“论者以鉴燕人，沮议非忠也，太宗置不问”②。

北宋初期，部分中原汉人从“他者”的眼光来看待燕人，对出生于燕地，但在北宋任职的汉人上层已经显露出不信任的心理。

第三节　辽、宋、金之交燕人和渤海人上层的民族心理

女真族在阿骨打掌权后，骤然勃兴；辽朝从辽兴宗后期开始，衰败迹象已经显露，辽道宗和天祚帝统治时期，则进入了危机四伏、危如累卵的王朝倾覆阶段。北宋王朝自王安石变法失败后，社会矛盾日益尖锐化，尤其是宋徽宗继位后，很快把北宋王朝推向危机的边缘。貌似强大的北宋王朝，实际上已经不堪一击，在大致了解到了东北地区辽、金二政权的状况后，宋徽宗和童贯等腐朽君臣，竟然做起了联金灭辽、收复幽云地区的美梦，以完成自赵匡胤称帝后北宋君臣一直未能完成的“六合一统”的设想，也洗刷汉人自石敬瑭割让幽云十六州后开始的将近二百年的耻辱。为

① 《资治通鉴》卷二八七，《后汉纪二》，天福十二年五月，第 9492—9493 页。
② 《宋史》卷二七七，《张鉴传》，第 9415 页。

此，围绕所有辽国境内汉人生活区，特别是幽云一带“燕人”生活区的“三国演义”，拉开了异常悲壮、诡异也非常复杂的一幕大戏。为了便于进行深度的剖析，兹将幽云地区汉人上层的民族心理，分成两大区域、四大集团来进行细节的分析，此外，还将分析其他不知名的汉人上层的心理。

一 宋、金之交“燕人”上层的民族心理

（一）平州区域

辽朝平州，治今河北省卢龙县，下辖卢龙、安喜和望都三县。金朝攻下平州后，改为南京，以张觉为留守。宋徽宗宣和四年（1122）十月，北宋朝廷将燕京改名为燕山府，以山前八州县为燕山府路，管辖一府、九州、三十县，其中平州下辖卢龙、石城、马城三县，位于东北通往关内的重要交通要道上。

该区域“燕人”上层的活动，主要是张觉集团。主要人物有张觉（又名张瑴、赵秀才）及其父亲和弟弟①、李石②（后更名为李安弼）、张谦③、高党（又名高履）④、张钧、张敦固⑤、卫甫、赵仁彦⑥、李瞻⑦等人。

张觉，平州义丰人，进士⑧，为辽兴军节度副使。宋、金联合灭辽的战争爆发后，当地汉人民众杀死了节度使萧谛里，由于平州当时的居民，绝大多数为汉人，因此，杀死萧谛里的行为，显然具有民族仇杀的因素。

---

① 事迹见《金史》卷一三三，《张觉传》，第2843—2845页；《宋史》卷四七二，《赵良嗣传》附《张觉传》。《三朝北盟会编》记载更多。

② 事迹见《辽史》卷二九，《天祚皇帝三》。也散见于《三朝北盟会编》。李石时为辽朝翰林学士。

③ 事迹见《辽史》卷二九，《天祚皇帝三》。

④ 事迹见《宋史》卷四七二，《赵良嗣传》附《张觉传》；也散见于《三朝北盟会编》。高党曾经为辽朝三司使。

⑤ 事迹见《宋史》卷四七二，《赵良嗣传》附《张觉传》；也散见于《三朝北盟会编》。张钧时为掌书记，张敦固时为参谋军事。

⑥ 以上二人事迹散见于《三朝北盟会编》。

⑦ 李瞻为蓟州玉田人，辽天庆二年进士，当时为平州望云县令。张觉“据平州叛，以瞻从事。宗望复平州，觉亡去，城中复叛，瞻逾城出降，其子不能出，为贼所害”。《金史》卷一二八，《李瞻传》，第2762页。

⑧ 《辽史》卷二四，《道宗四》记载大安二年（1086）“放进士张瑴等二十六人”，疑即此人。

张觉则在平定了平州及其附近短暂的乱局后，被平州人推为领州事，张觉应该参与了杀死萧谛里的行为。燕王耶律淳死后，张觉知辽必亡，招募丁壮五万人，征集马千匹，组建自己的武装，准备应付复杂的局势。元朝人所修的辽、宋、金三史，关于此时期平州问题的叙述非常混乱。《宋史》载："萧后遣时立爱来知州，（张觉）拒弗纳"①；《金史》则记载："（时立爱）丁母忧，起复旧职，迁辽兴军节度使兼汉军都统。"② 后一种记载才是正确的，辽朝官方派来的时立爱和民众推举的张觉共同掌管平州，但是实权应该在张觉手中。

金军占领燕京后，必须解决处于关内关外交通咽喉的平州问题，于是访求到平州人韩询，让他持诏前去诏谕平州。当时，奚王回离保的军队盘踞在卢能岭，因此，时立爱未敢马上去拜见，但是，天辅七年（1123）正月，先使人送款说："民情愚执，不即顺从，愿降宽恩，以慰反侧"，平州的汉人并不希望跟随时立爱归附女真贵族，阿骨打诏示时立爱说："朕亲巡西土，底定全燕，号令所加，城邑皆下。爰嘉忠款，特示优恩，应在彼大小官员，可皆充旧职，诸囚禁配隶并从释免"，得到"皆充旧职"③ 的保证后，时立爱和张觉等汉人上层才以平州归附。但是，由于辽中央政府还在天德，平州虽降，民心未固。奚王回离保军又在卢能岭，蓟州则已降复叛。民间又不断有流言说"金人所下城邑，始则存抚，后则俘掠。"该流言也符合当时的事实，金军的确在有些占领区这样做过，因此部分地区的民众也相信该流言，时立爱虽然屡屡开谕平州民众，替金军"辟谣"，但是大家还是不相信，时立爱于是上表请求："乞下明诏，遣官分行郡邑，宣谕德义。他日兵临于宋，顺则抚之，逆则讨之，兵不劳而天下定矣。"④ 时立爱此时已经谈及对北宋的用兵策略，显见他对女真贵族的心理，及对金国可能在灭辽后进攻北宋的准确预测，阿骨打览表称赞，诏答曰："卿始率吏民归附，复条利害，悉合朕意，嘉叹不忘。……或有将卒贪悍，冒犯纪律，辄掠降人者。已谕诸部及军帅，约束兵士，秋毫有犯，必刑无赦。今遣斡罗阿里等为卿副贰，以抚斯民，其告谕所部，使知

① 《宋史》卷四七二，《赵良嗣传》附《张觉传》，第 13735 页。

② 《金史》卷七八，《时立爱传》，第 1775 页。

③ 同上书，第 1776 页。

④ 同上。

朕意。"① 正月，金国"以时立爱言招抚诸部"，于是宜、锦、乾、显、成、川、豪、懿等州皆降，二月，辽来州节度使田颢、隰州刺史杜师回、迁州刺史高永福、润州刺史张成纷纷投降金国，显见时立爱在当地汉人中的影响力。随后阿骨打下诏让"平州官与宋使同分割所与燕京六州之地"②，时立爱应该参与了这次谈判。二月，金人以平州为南京，用张觉为留守，这种人事安排，说明张觉在平州汉人中的地位和影响。时立爱则离开平州回到老家涿州新城，静观时局的变化。

据《三朝北盟会编》记载，宣和五年（1123）六月五日，张觉到燕山宣抚司纳土。张觉在奏状中写了平州汉人归附北宋的背景，在北宋累遣人赍到文字招谕的前提下，"寻奉表款附，复蒙降到敕赦并处置宣命"③。但是，按照《宋史·张觉传》的记载，应该是张觉首先派人到燕山宣抚司游说王安中，请求归附。

> 时燕民尽徙，流离道路。或诣觉诉："公弼、企弓等不能守燕，致吾民如是。能免我者，非公而谁？"觉召僚属议，皆曰："近闻天祚复振于松漠，金人所以急趋山西者，畏契丹议其后也。公能仗大义，迎故主以图兴复，责企弓等之罪而杀之，纵燕人归燕，南朝宜无不纳。倘金人西来，内用营、平之兵，外藉南朝之援，何所惧乎？"觉又访于翰林学士李石，亦以为然。乃杀企弓等四人，复称保大三年，绘天祚像于厅事，每事告而后行。呼父老谕曰："女真，仇也，岂可从？"指其像曰："此非汝主乎，岂可背？当相约以死，必不得已则归中国。"燕人尚义，皆景从。于是悉遣徙民归。石更名安弼，偕故三司使高党往燕山说王安中曰："平州自古形胜之区，地方数百里，带甲十余万，觉文武全才，若为我用，必能屏翰王室。苟为不然，彼西迎天祚，北通萧干，将为吾肘腋患矣。"安中深然之，具奏于朝，愿以身任其责，令安弼、党诣京师。徽宗以手札付詹度曰："本朝与金国通好，信誓甚重，岂当首违？金人昨所以不即讨觉者，以兵在关中而觉抗榆关故也。今既已东去，他日西来，则觉蕞尔数

① 《金史》卷七八，《时立爱传》，第1776页。
② 《金史》卷二，《太祖》，第40页。
③ 《三朝北盟会编》卷一八，政宣上帙十八，宣和五年六月，第125页。

城，恐未易当。为今之计，姑当密示羁縻足矣。”而度数诱致之，讽令内附①。

燕民尽徙的时间，发生在金太祖天辅七年（1123，北宋徽宗宣和五年）五月，当时北宋军队在白沟附近被辽国打败之后，势力还局促在白沟以南。燕京则尽在金人掌控之中，而金人当时发动的战争目的，主要还停留在掠夺人口和财物的阶段，故此，才会有将空城交给北宋的盟约。因此，当时北宋政权主动去招纳张觉的事情，可能性很小，条件也不具备。前引《三朝北盟会编》的记载，显见是为了表现宋徽宗君臣“开疆拓土”的“进取心”；而张觉主动派人去游说王安中，通过他谈归附问题的可能性则非常大。之所以探讨时间上的迟早问题，是为了进一步说明平州一带汉人对北宋政权的心理问题。

张觉先和僚属商议对策，大家建议“迎故主以图兴复，责企弓等之罪而杀之，纵燕人归燕，南朝宜无不纳”，故主自然指的是契丹贵族的残余势力，但是，迎接故主的目的是为了扩张自己的实力，扩张实力之后最后的归宿则是归附北宋政权。张觉还就此建议咨询翰林学士李石，得到了他的肯定。于是李石更名李安弼，偕同原辽朝三司使高党前往燕京游说王安中，王安中见到他们后非常高兴，于是又派人护送他们两人到汴京，估计宋徽宗接见了他们，但是徽宗鉴于北宋和金国的盟约，主张“密示羁縻”，而詹度则极力“数诱致之，讽令内附”，徐梦梓在此问题上应该是极力为宋徽宗开脱责任。

张觉在奏状中又解释自己接受金国官职的原因，“适值女真袭下燕城，远近震惧，当道地隔力弱，姑务应从，以缓攻侵，图安境土”，张觉的解释，合乎当时的军事形势，在金国强大武力攻势面前，虽然已经“奉表款附”，北宋的张觉，也只能暂时接受金国的官职。张觉又写到“燕城本中国旧地”，作为进士出身②的土生平州人，张觉自然对幽云十六州一带地域的历史变革非常清楚。而当燕京和云中一带的富裕的汉人上层

① 《宋史》卷四七二，《赵良嗣传》附《张觉传》，第13735—13736页。

② 张觉不是文弱书生型的进士，《三朝北盟会编》卷一八（第130页）载《北征纪实》一书谈到张觉是“燕地之豪杰”。该书卷八七（第651页）王以宁的上书中说“平州之张觉，勇而善守”。姜青青在《马扩研究》一书中说张觉是一个“摇摆多变而又毫无远见的人”，笔者认为该评价为妄断之语，缺乏史料依据。见该书第161页。

被掠往东北，途经平州之时，“云中富家巨室，悉被驱虏……冤痛之声，盈于道路”，同为汉人的张觉等自然感觉“是用不忍”，于是共同做出“抗贼命以全生灵”的决议。在金朝军队北返已过居庸的形势下，张觉天真地以为北宋必定抓住此有利时机，“措置屯守，使（金军）无回路”，南北夹击，使北返的金军遭受重大打击；安土重迁、万室流离、祀奠无主的汉人才能“复父母之邦，是成终始之义”，而张觉等则可以“一则为大朝守圉之计，二则快流民归国之心”①。张觉旋又派遣都统府掌书、鸿胪少卿张钧和将作监、参谋军事张敦固二人到安抚使司纳土，但是知燕山府事詹度得到张觉的奏状后却不敢马上接受，急忙密奏徽宗。因为根据张觉的奏状，“当迁之人在平、滦者，皆欲求归”，而且已经“分路遣之过界”，但是“东迁之人田宅悉为常胜军所有，无宿食之地”②，如果他们回去，势必导致他们和常胜军之间矛盾的激化。在考虑此时期这一带汉人上层的民族心理时，必须考虑到他们内部基于物质利益所产生的矛盾。《宋史》将张觉打入“奸臣传”，委实冤枉，《金史》则将张觉打入叛臣传，叛臣，自然指其叛逃北宋。元末修《宋史》和《金史》的儒生，评价张觉的道德标准，非常矛盾。北宋的奸臣，自然张觉应该是北宋的臣子。金国的叛臣，张觉又应该是金国的臣子，把张觉的历史形象搞得面目全非，评价很不公允。这不是对张觉一个人的评价问题，而是对平州燕人上层代表“张觉们”的共同评价问题。

北宋政府得到詹度的密报后，拜张觉为泰宁军节度使、世袭平州，其下属卫甫、赵仁彦、张钧、张敦固等皆除徽猷阁待制。而对返回燕京的汉人，则予以抚纳。

有的学者认为张觉的真实目的是欲在辽末“趁乱在平州称雄割据”③，这种说法应该源于《金史》对张觉之评价，“金人以燕山与宋，遂启张觉跳梁之心，觉岂为宋者哉，盖欲乘时以徼利耳”④，这种评价，尚有商榷之余地。处于东北和关内交通要道咽喉的平州，仅从地理大势而言，就不适于搞割据，遑论其他。而张觉的实力，又绝非新兴金国的对手。投靠北宋，一来出于同族、同文化的考虑，二来平州顺利归附北宋之后，做一个

① 《三朝北盟会编》卷一八，政宣上帙十八，宣和五年六月，第125页。

② 同上书，第126页。

③ 《辽金西夏史》，第143页。

④ 《金史》卷一三三，《张觉传》，第2860页。

有实权、有地盘的世袭官员，也是一种不错的选择，当然，这种选择如果成功的话，也是一种模糊性的割据。

虽然张觉在平州仍称年号为保大三年，“画天祚像，朝夕谒，事必告而后行，称辽官秩”①，但是这种做法，我们只能理解为一种取悦人心的行动，一种权宜之计。因为当时辽朝还没有灭亡，张觉等汉人上层和北宋之间的关系，也仅仅是一种同种、同文的文化血缘关系，实质性的关系还谈不上。张觉在处死左企弓等的罪名中即包括不谋守燕而降、不顾大义、臣事于金以及根据燕财、取悦于金三条。而《宋史》在关于张觉的记载中谈到“燕王淳死，觉知辽必亡”②，耶律淳死于辽保大二年（1122），更验证了这一说法。而且张觉在天祚像前对平州父老说：“女真，仇也，岂可从?”又指其像曰：“此非汝主乎，岂可背?当相约以死，必不得已则归中国。”③ 最后一句话，才能反映张觉等当时的真实心理。

张觉的势力一时颇盛，参与和张觉军队作战的金军很多，《金史·乌延蒲卢浑传》记载：天辅七年（1123）十月，“阇母败于兔耳山，张觉复整兵来，诸将皆不敢战。蒲卢浑登山望之，乃绐诸将曰：‘敌军少，急击可破也。若入城，不可复制。’遂合战，破之”④，“诸将皆不敢战”。可见张觉军队的战斗力，也可见平州一带汉人的团结及张觉的感召力，张觉的军队并不是训练有素的常备军，而是临时召集起来的汉人民众。十一月，金太宗命宗望问阇母败兵之罪，史载：“阇母之败，谴罚之亟，诸将慑焉。”⑤ 对阇母的处罚，达到让众将领惊恐的程度，自然因为兔耳山战役，金军被张觉军给予沉重打击，不如此处罚阇母，无以重振军心。又命宗望率领阇母余兵继续讨伐张觉，经过激烈的战斗，才打败张觉及其余部。在金军讨伐张觉的过程中，“应州有兵万余来援”，金将阿鲁补与阿里带率军前去堵截，“斩首数千而还”⑥。应州在今山西应县一带，距离平州有上千里路程，此地有汉人前来应援，可见幽云一带汉人的团结及向宋之心。张觉兵败逃往燕京，平州一带的汉人推张敦固为都统，杀死金国派

① 《辽史》卷二九，《天祚皇帝三》，第 348 页。
② 《宋史》卷四七二，《赵良嗣传》后附《张觉传》，第 13735 页。
③ 同上书，第 13736 页。
④ 《金史》卷八〇，《乌延蒲卢浑传》，第 1803 页。
⑤ 《金史》卷七二，第 1667 页。
⑥ 《金史》卷六八，《阿鲁补传》，第 1596 页。

来的劝降使者，“乘城拒守，攻之不肯下”，张敦固以八千兵分四路出战，由于寡不敌众，大败。宗望再三开谕，张敦固等说：“屡尝拒战，不敢遽降。”① 宗望许其望阙遥拜，拜的应该是北宋朝廷。张敦固兵败投降后，阇母为了报仇，背信弃义，杀死了张敦固。

张觉逃入燕京后，郭药师“留之，易姓名曰赵秀才，匿常胜军中”②。“赵秀才”这一化名，不管是张、郭二人的主意，还是其中一人的主意，抑或他人的主意，都代表心向赵宋的民族心理。金国则按照盟约屡屡向北宋索要张觉，宋徽宗也深知一旦将张觉送给金人，必将大失燕人之心，于是下诏不许遣送，但是在金国的紧逼之下，由王安中代表北宋朝廷，与郭药师经过再三论奏，“不得已而缢杀之，以水银渍其首，函送平州”，投靠北宋的张觉，最终家破身亡③，张觉被害之前，破口大骂昏庸无能的宋徽宗君臣。北宋的这一做法，使燕京向宋的汉人上层的民族心理，发生了重大转折。至此，平州地区，以张觉为代表的“燕人”上层，被北宋昏庸君臣彻底出卖。而他们的悲剧，对燕京和云州一带汉人上层民族心理的变化，必将产生较大的影响。

（二）幽州和云州地区

平州地区，“燕人”上层民族心理的变化虽然比较激烈，但时间却较短。而幽州和云州地区，特别是幽云十六州的心脏地区，幽州城及其周边地区，“燕人”上层民族心理的变化，则更激烈，持续时间则较长。首先这一带地区是汉人的传统生活区，其次也是辽国境内汉人最集中，经济、文化都最为发达的地区，而契丹贵族长期的歧视广大汉人的政策，在辽、宋、金围绕燕京地区展开激烈争夺的时刻，汉人之间的团结和内聚力必然会骤然加强，因为“当外族入侵本族的传统居住地区时，或者在一个多族群社区里，当本族成员对社会公共资源的占用和分配情况，趋向恶化时，就会‘团结一致’，以族群为单位，发生保护原有利益、争取新利益

---

① 《金史》卷七四，《宗望传》，第1703页。

② 《三朝北盟会编》卷一八，政宣上帙十八，宣和五年七月，第129页。

③ 有趣的是张觉子张仅言的经历，张觉遇害时，张仅言还在襁褓间，里人刘承宣得之，养于家。其邻韩夫人甚爱之。年数岁，因随韩夫人得见贞懿皇后。留之籓邸，稍长，侍世宗读书，遂使仅言主家事，绳检部曲，一府惮之。世宗留守东京，海陵用兵江、淮，将士往往亡归，诣东京，愿推戴世宗为天子。仅言劝进，世宗即位，除内藏库副使，权发遣宫籍监事。……仅言能心计，世宗倚任之，凡宫室营造、府库出纳、行幸顿舍皆委之。世宗尝曰：“一经仅言，无不惬朕意者。”（《金史》卷一三三《张觉传》附《张仅言传》，第2845页。）

的呼声”①，而心理永远在“制作”之中、“创造”之中的特点，在此期、此地表现的最为充分。耶律德光时期，辽国占领了幽云十六州，但是该地并没有发生汉人上层主导的大规模的反占领运动，因为当时中原地区没有幽云汉人希望的强大政权支撑，没有强大的中央集权的政府作为依靠，一盘散沙，再加上长期的胡化和汉化的反复，传统汉人的民族心理已经不完全存在，所以只好听任命运摆布。但是，现在的三国争夺，辽国衰落、女真族的金国崛起，北宋帝国在燕云汉人上层的心目中不失为一个标准的中原汉人政权的形象。而这个时期，汉人、女真人、契丹人激烈争夺，辽国的退出是必然的事情；由于当时女真贵族发动战争的主要目的是掠夺财物和人口，因此，如果让女真人控制的话，本族成员对社会公共资源的占用和分配情况，则相当可能趋向恶化，人被掠往遥远的金国的腹地，除了不动产房屋和土地外，其他的财产，则可能完全被抢走，相较于汉人普通民众，汉人上层拥有的财产要多，特别是那些世家大族，所以损失会更大；大多汉人原本就被契丹人歧视，如果再被女真人控制，其地位不会比以前好多少，也许更坏，他们已经对女真人占领云中等地后的大屠杀了解的非常清楚，“所在肝脑涂地，腥闻于天，山西良民，所遭如此，岂不痛心疾首耶?”② 如果能够归附北宋，在汉人掌权的国度里，首先不会有民族间的歧视；其次，关键时刻的主动归附，按照历史的经验，只会在原有的基础上得到更多的利益。至于中原汉人政权对他们的心理，对他们的深层次认识，他们并不了解多少，有的只是一厢情愿的回归意识。

1．马植、李处温集团

马植潜见童贯之前，辽国境内武、应等州的汉人屡来投附，宋朝官员则悉予接纳，其中王师中全家回归后，皇上令王师中知登州，“以伺其事，然未有以发”③，王师中回归后即被任命为登州知州，估计其在辽国时期应该就是一个地方官员。将王师中安排到登州做官，而不是在和辽国接壤的北宋河东路做官，可见北宋政权在此问题上的谨慎心理，当然也便于王师中的新工作和生活。王师中的职责之一便是观察、刺探辽国国内的动静，以便北宋采取对策。

---

① 《民族社会学》，第 79 页。

② 《三朝北盟会编》卷八，政宣上帙八，宣和四年六月，第 57 页。

③ 《三朝北盟会编》卷一，政宣上帙一，政和七年七月，第 1 页。

政和元年（1111），童贯出使辽国，马植潜见童贯于路。马植，燕京霍阴人①，自远祖已来，世代为官；马植本人，则"有口才，能文辞，长于智数"，见契丹为女真所侵，边害益深，盗贼纷起，知辽国必亡在即，于是密谋归附北宋，偷偷面见童贯，"是时童贯奉密旨使觇其国，于是约其来归"，此后，马植多次把辽国的重要事宜，上奏北宋朝廷，宋徽宗很高兴，赐姓李，名良嗣。蔡京、童贯"力主之，以图取燕"②；而《宋史·赵良嗣传》的记载，关于马植的才能则一字不言，只说其"行污而内乱，不齿于人"③，应该是不实之词，而马植以后在"与金人的多次外交谈判和外交事务处置中，虽然对时事有时候也有敏锐的观察和正确的预见，却远远没有展示其能说会道或谋术心计的才能"，而按照《宋史·赵良嗣传》所说的"无耻的好色乱伦的品行，连蛛丝马迹也不见了"④。所以，相关史料中对马植活动的记载，很值得怀疑。

辽天祚帝天庆五年（1115，金太祖收国元年），马植与出使女真的王环一起亲自见证了女真军队攻克辽上京的战役，随后马植赋诗一首，"建国旧碑胡日暗，兴王故地野风乾。回头笑谓王公子，骑马随军上五銮"⑤。岳珂就此诗评价马植说："上京盖今虏会宁，乃契丹所谓西楼者，实耶律氏之咸、镐、丰、沛。犬羊固不足恤，而良嗣世仕其国，身践其朝，贵为九卿，一旦决去，视宗国颠覆殊无禾黍之悲，反吟咏以志喜。"⑥ 马植此诗，一来显示了他对女真贵族的钦佩之情，二来也显示了他对契丹贵族的决绝之情。而岳珂的评价，纯粹从道德角度作出评判，没有考虑部分汉人

---

① 顾宏义：《天裂——十二世纪宋金和战实录》第一章《旌旗入燕云》之《降臣献策》：霍阴"当作'潞阴'，在今北京市通州区东南"。上海书店出版社2000年版，第9页。王善军在《世家大族与辽代社会》一书中指出，"由于医巫闾马氏家族传世的资料太少，家族迁徙状况不明，许多辽代的马姓人物难以判断是否出自这个家族"，见该书第123页下注。

② 《三朝北盟会编》卷一，政宣上帙一，政和七年七月，第1页。

③ 《宋史》卷四七二，《赵良嗣传》，第13733页。北宋非但没有收复幽云十六州，反而落得靖康国耻，马植也被处死，积极主张和参与该运动的北宋臣僚，很少有好下场，而出于为尊者讳的目的，把责任大都推到了他们头上，在此背景下，南宋相关史籍的记载，肯定不会客观；而"宋史的编撰，多是元人而南籍的文士，习于传统的观念"（孙克宽：《元代汉文化之活动》，第71页）。并根据南宋人的选择性记载来编写《宋史》，记载和评价也不会公允。赵翼也为马植鸣不平，"衔命往来，能以口舌抗强邻……谋国不臧，与良嗣无与也……修史者又入之奸臣传中，与蔡京等同列，殊非平情之论也"。见《廿二史札记校证》，第517—518页。

④ 姜青青：《马扩研究》，人民出版社2008年版，第13页。

⑤ 《三朝北盟会编》卷四，政宣上帙四，宣和二年三月，第25页。

⑥ 岳珂撰，吴敏霞校注：《桯史》，卷五，三秦出版社2001年版。

上层在契丹贵族掌权之下长期受压抑的痛苦心理，一旦有了合适的机会，其爆发的程度会很让人难以预料。岳珂此论，同样秉承了部分宋朝官员和士大夫对“燕人”上层的不信任心理。

政和五年（1115，辽天庆五年）三月，马植在上童贯的书中提到，“良嗣族本汉人……虽披裘食禄，不绝如线，然未尝少忘尧风，欲褫左衽而莫遂其志”①，从该段材料来看，虽然长期生活在契丹族统治之下，但其所接受的文化基因，仍然以汉文化为主，其中主要是儒家文化的熏陶，在该上书中马植还提到，“因省易系有云：‘见几而作，不俟终日’。语不云乎：‘危邦不入，乱邦不居’，良嗣久服先王之教，敢佩斯言，欲举家贪生，南归圣域，得复汉家衣裳，以酬素志”②，显见马植对先秦儒家的经典著作《易经》和《论语》都非常熟悉，且念念不忘其作为汉人的族属感。马植恳请宋徽宗“念旧民遭涂炭之苦，复中国往昔之疆。代天谴责，以顺伐逆，王师一出，必壶浆来迎。愿陛下速行薄伐，脱或后时，恐为女真得志，盖先动则制人，后动则制于人”③，该段话虽然有夸大之语，但是在辽国将亡、女真勃兴和归宋有望的三元选择中，大多汉人上层还是心向中原，渴望回归。更何况，幽云十六州一带的汉人对女真人残酷屠杀汉人，已经有过惨痛的记忆。天庆五年（1115）八月，辽天祚帝御驾亲征，结果却是苏、复、渤海、辽阳所辖的五十四州陷落，金军则“杀戮汉民计数百万”④，即使李处温等权倾一时的汉人上层，也害怕“东虏近日复有深入，虑遭族诛之难”⑤。

马植的回归活动，应该属于燕京汉人上层中的一种小团体运动，其主要代表人物应该有马植⑥、李处温⑦、李处能⑧（后改名赵敏修）、李奭、

① 《三朝北盟会编》卷一，政宣上帙一，政和七年七月，第2页。

② 同上。

③ 同上书，第2—3页。

④ 《三朝北盟会编》卷三，政宣上帙三，重和二年正月，第22页。

⑤ 《三朝北盟会编》卷八，政宣上帙八，宣和四年六月，第58页，《李处温使李奭回马植书》。

⑥ 事迹见《宋史》卷四七二，《赵良嗣传》；《三朝北盟会编》记载更多。

⑦ 事迹见《辽史》卷一〇二，《李处温传》；《三朝北盟会编》记载更多。

⑧ 《三朝北盟会编》卷一八，政宣上帙十八，宣和五年六月条记载：“延康殿学士、提举太一宫赵敏修，辽国宰相李俨之子处能也。先在海岛，萧太后诏令归俗，乘驿骑赴阙，将复用，行次平州，闻金人已下燕，因越境归朝，在京师赐第，有母国夫人邢氏等骨肉，亦自平州归，三人旦夕出入王黼、蔡攸府第议事，朝廷遂信其说，通平州纳燕人。”

刘范、马柔吉、董才、傅遵说、赵履仁、刘耀、耶律策、高緦、马谔、彭城、范与、韩堇、山甫①、赵温信、王硕儒、韩昉、张钤②、陈泌③等。马植和李处温之间是姑舅亲戚关系，在《李处温使李奭回马植书》的末尾署名部分，李奭自称表弟。尤其应该注意的是李良嗣的《与李奭刘范马柔吉等书》中的时间表述，“顷年沥酒于北极庙中，以归朝灭虏为誓。倏忽十年，未即如愿。今幸朝廷遣大臣，领兵百万，将次于近境。足下速集义士，开门迎降，如能拘执虏因，可以变祸为福。……如能完我全燕人以归中国。则是足下阴德”④，可见马植等人的密谋归顺行为，并非一时的心血来潮，也不是看到宋军北伐后才有的心思，而是萌芽于十年以前。李良嗣此信写于宣和四年（1122），上推十年为辽天祚帝天庆二年（1112），是年春天，混同江钩鱼宴上，阿骨打拒绝为天祚帝歌舞为乐，天祚帝密谋让萧奉先杀死阿骨打，萧奉先“谏而止，阿骨打自宴渔河归，即怀异志，疑辽见伐”⑤，估计这次宴会，李处温等汉人上层当有人参加了，随后阿骨打的势力越来越大，而辽国的国势从辽道宗后期开始已经进入溃灭的边缘，李处温等汉人上层对北宋的政局估计不太清楚，但是，对正在发生的新兴女真贵族势力对辽朝的威胁，以及以天祚帝为首的契丹贵族的腐朽和没落，却非常清楚，密谋归附北宋一事，也就成为情理中的事情。但是，何时回归的条件会成熟，他们也没有把握，只能做一些秘密的、力所能及的准备类的活动，以等待和促使时机的成熟，也设计一些时机成熟后的活动计划，可谓精心准备。政和元年（1111），童贯出使辽国，马植潜见童贯于路，就是其归附计划中重要的一步。因为只有通过北宋出使辽国使团中的重要官员，他们才能和北宋朝廷挂上钩，只有北宋政权在适当时机发起收复幽云十六州的战争，他们才能里应外合，也才能“坐享富贵”⑥，才能延续家族的繁华和荣耀，而且不再受契丹贵族的歧

① 以上七人事迹均见《三朝北盟会编》卷八，政宣上帙八，宣和四年六月。

② 《三朝北盟会编》卷十五，政宣上帙十五，宣和五年三月。三月十八日，高庆裔在和赵良嗣、马扩的谈判中，指明索要以上四人和李处能，马扩拒绝金人的要求，且偷偷对赵良嗣说：“诸人闻已达京师。若悉还之，不唯失燕人之心。且彼必见衔，尽告吾国虚实，所系非细。”后在金国的屡屡追要之下，部分跑到北宋的原辽燕人臣僚被送还，韩昉当属此类。

③ 《三朝北盟会编》卷九，政宣上帙九，宣和四年六月，第60页。

④ 《三朝北盟会编》卷八，政宣上帙八，宣和四年六月，第58页。

⑤ 《三朝北盟会编》卷三，政宣上帙三，重和二年正月，第21页。

⑥ 《三朝北盟会编》卷八，政宣上帙八，宣和四年六月，第58页。

视，心理上也愉悦一些。

从马植给李处温的信来看，马植应该是回归运动的主要人物，从主动密谋结识童贯献收复燕云之策，到积极参与宋金谈判，马植都发挥了非常重要的作用。李奭参与了马植组织的北极庙秘密集会，后李奭又参加了和马植一起密会童贯的活动①。马植离开燕京后，围绕收复燕云所进行的一系列活动，估计都通过秘密渠道，告诉了李处温和李奭父子等人，马植在给李处温的信中首先给他打气，指出目前回归运动的大好形势，“上方稽天之讨，察时之变。至于今日。然后不肖言行计从，阁下闻之，必已大喜”，接着，在分析了围绕燕云地区辽、宋、金三国所面临的局势后，指出李处温等应该做出的选择，“阁下与诸庙堂大臣，岂不共知耶？善为契丹之计者，莫若劝诱新君，以全燕之地来献于朝廷，以安元元，以保骨肉，策之上也”，接下来马植又指出中策，“如新君执迷，及左右用事之人不明于祸福，请阁下密结豪杰，拘囚首虏，壶浆箪食，开门迎降，使阁下世享富贵，长守全燕，以伸前日之志”②，由和平手段的归附变为武力的协助，从李处温以后的活动来看，基本上执行的是中策，李处温等当时回归的决心还是很坚决的，“（李奭）与待制数尝发言灭虏为誓”③。“永清人傅遵说随郭药师入燕，被擒，具言处温尝遗易州富民赵履仁书达宋将童贯，欲挟萧后纳土归宋”④，计划失败，李处温与其妻、子都被杀害，估计因为此事被杀害的人不少，鉴于李处温父子在燕云收服过程中做出的贡献和牺牲，北宋“既得幽州，追赠处温燕王，且以其居第为庙。妻邢氏，亦追赠燕国夫人”⑤。

马植（赵良嗣）尽管刚刚成为北宋的臣民，但是以北宋使节的身份，频繁奔波于北宋和金国外交谈判的战场，“自是将命至六七，颇能缓颊尽心，与金争议”⑥，据理力争，竭力维护国家利益；在是否接纳张觉问题

---

① 《三朝北盟会编》卷八，政宣上帙八，宣和四年六月，第57页。“顷年台旆自中朝使还，植与奭相迎于良乡之驿舍。具道朝廷礼乐文物之盛，痛愤北戎腥膻残酷之弊，至扼腕叹息。既又执手于中京景昌门外之邸中，极言戎狄所以将亡之状。”

② 同上。

③ 同上书，第58页。

④ 《辽史》卷一〇二，《李处温传》，第1441页。

⑤ 《家世旧闻》，第192页。

⑥ 《宋史》卷四七二，《赵良嗣传》，第13734页。

上，他鲜明地提出反对意见，“国家新与金盟，如此必失其欢，后不可悔”[①]，马植（赵良嗣）此言，完全站在考虑国家利益的立场，后来的事实说明，他的意见是完全正确的。可以说，他是一个基本称职的外交官。

李处温等人，毕竟是燕云地区汉人世家大族的代表，而且是辽朝的高级官员，历史的经验和对现实的分析，使他们对局势的了解比较清楚，在汉人中也很有引领作用，也具有领导回归北宋的诸多有利条件。

2．刘彦宗、韩企先集团

这个集团包括的人较多，主要有刘彦宗及其次子刘筈、季子刘萼、时立爱、韩企先[②]、左企弓及其长子左泌、虞仲文、曹勇义、康公弼[③]、张彦忠[④]、张通古、孟浩、田珏[⑤]、苏京及其子苏保衡[⑥]、赵元[⑦]、韩昉[⑧]等。既有辽朝初期就开始起家的韩、刘、马、赵四大家族的传承人，也有辽朝中期以后才起家的时、左、张、吕这四大家族的代表，还有辽朝其他名气较小的汉人家族的代表。

刘彦宗，河间刘氏第六代的最重要人物，由于刘家在辽代“有十二人，曾奉使南朝”[⑨]，因此，较之李处温等人，他们对北宋的情况当非常清楚。刘彦宗为辽末进士，天祚帝逃入夹山后，耶律捏里在萧干、耶律大石和李处温等的拥立下，即位于辽南京，擢刘彦宗为留守判官；萧妃摄政后，迁其职为签书枢密院事。投降金朝后，刘彦宗颇得重用，迁左仆射，佩金牌。先是让其去监视有异志的张觉，完颜阿骨打病重返回上京后，宗翰掌握军事大权，留刘彦宗辅佐他。后改职为同中书门下平章事，知枢密院事，加侍中，辅佐宗望，“凡州县之事委彦宗裁决之”[⑩]。刘彦宗、时立爱“以坟垅田园亲戚之故，愈劝贼入寇”[⑪]。金兵大举伐宋，“彦宗画十策”并兼领汉军都统。

---

① 李贽：《史纲评要》卷下，中华书局 1974 年版，第 891 页。

② 以上五人事迹均见《金史》卷七八列传部分。

③ 以上五人事迹均见《金史》卷七五列传部分。

④ 《金史》卷二，《太祖》，第 39 页。降金时张彦忠为辽枢密副使。

⑤ 《金史》卷八九，《孟浩传》附《田珏传》，第 1978—1981 页。

⑥ 《金史》卷八九，《苏保衡传》，第 1973—1974 页。

⑦ 《金史》卷九〇，《赵元传》，第 1993—1994 页。

⑧ 《金史》卷一二五，《韩昉传》，第 2714—2715 页。

⑨ 陈襄：《神宗皇帝即位使辽语录》，《辽海丛书》本。

⑩ 《金史》卷七八，《刘彦宗传》，第 1770 页。

⑪ 《三朝北盟会编》卷二四，政宣上帙二十四，宣和七年十二月，第 181 页。

刘彦宗所写的《贺宋画河请和表》，最能反映其对金国和北宋的心理①，兹全录如下：

> 我伐用张，果获师中之吉；罪人斯得，旋为道左之降。凡预见闻，孰不呼庆？窃惟有宋，昔谓殊邻，姑始驰一介而来，请讲两朝之好，推诚以待，背德不恭。乃父阴结于平山，既渝海上之约；厥子不割我三镇，又愆城下之盟。殆恶贯之既盈，蹈覆车而不戒。圣算先定，天兵载扬，以蚁虫蚊蚋之屯，战豺虎熊罴之士。且天助者顺，人助者信，既弗履行，虽城非不高，池非不深，讵能固守？彼众狼狈而失据，我军奋跃以登陴，夷门之火始燃，汴河之水皆沸，臣主无捐躯之所，社稷有累卵之危。问使络绎以求哀，诸侯涕泪而拜叩。申致画河之请，敢逃削地之诛。且能修臣子之极恭，惟所命令；是用存朝廷之大体，不即灭亡。已昭讨叛之形，又着服柔之义，金鼓一动，威德两全。此盖皇帝陛下旋乾转坤，开日辟月，逍遥游息而广土以定，拱揖指顾而大事聿成。巍巍我功，高冠百王之上；煌煌国步，独尊六合之间。臣叨处鼎司，出提兵柄。逢千年之会，徒共快于斯时；奉万寿之觞，恨阻陪于列辟。

该文不愧出自饱经儒家文化浸染的进士之手，北宋政权既是背信弃义的罪人，又是螳臂当车的小丑；而新兴的金朝政权，则是天命所归，威德两全。在他笔下，丝毫不见对以汉人占绝大多数的北宋政权的同情，有的只是对女真政权得胜的欢呼雀跃。难怪王明荪先生说他是金朝初年功臣集团中“汉人之领袖”②。

时立爱，字昌寿，涿州新城人，辽大康九年（1083）中进士，辽末累官至辽兴军节度使兼汉军都统。在金军招抚张觉及占领平州附近区域中发挥了重要作用，前边已有详细分析，此处不再赘述。金军占领燕京后，时立爱拜同中书门下平章事，得以“任其子侄数人”，从宗望军数年，“谋画居多”③，天会九年（1131），为侍中、知枢密院事。

---

① 阎凤梧主编：《全辽金文》（中），山西古籍出版社 2002 年版，第 953—954 页。

② 《宋辽金史论文稿》，第 39 页。

③ 《金史》卷七八，《时立爱传》，第 1776 页。

韩企先，燕京人，韩知古第九代孙，乾统年间中进士，但仕途却“回翔不振”，荣耀一时的玉田韩氏家族，亟须重振家族命运的机遇。天眷人顾，王朝鼎革，机遇来到。韩企先擢枢密副都承旨，又迁转运使。宗翰经略山西，署其为西京留守。天会六年（1128）刘彦宗去世后，韩企先成为同中书门下平章事、知枢密院事。七年，迁尚书左仆射兼侍中，封楚国公。成为继刘彦宗之后新的汉人臣僚领袖。韩企先“博通经史，知前代故事，或因或革，咸取折衷。企先为相，每欲为官择人，专以培植奖励后进为己任。推毂士类，甄别人物，一时台省多君子。弥缝阙漏，密谟显谏，必咨于王。宗翰、宗干雅敬重之，世称贤相”①。

左企弓字君材，八世祖左皓，后唐棣川刺史，以“行军司马戍燕，辽取燕，使守蓟，因家焉”②，其后七世默默无闻，一直到辽末左企弓中进士后，家族命运才开始出现转机。左企弓于天祚帝天庆末，拜广陵军节度使，同中书门下平章事、知枢密院事。耶律捏里即位后，左企弓守司徒，封燕国公。萧妃摄政后，左企弓加侍中。

《金史·左企弓传》记载：太祖至居庸关，萧妃自古北口遁去后，“都监高六等送款于太祖，太祖径至城下。高六等开门待之。太祖入城受降，企弓等犹不知。太祖驻跸燕京城南，企弓等奉表降”③。而该事件的亲历者宋使马扩的《茅斋自叙》却记载为：“次日抵燕京，北朝两府汉儿官左企弓、于仲文、曹勇义、刘彦宗、契丹官萧乙信等，开门迎降阿骨打。”④《金史》的记载，估计是有所回护，马扩的记载应该较准。辽太祖俾复左企弓等人旧职，皆受金牌。其中，左企弓守太傅、中书令，于仲文枢密使、侍中、秦国公，曹勇义以旧官守司空，康公弼同中书门下平章事、枢密副使权知院事、签中书省、封陈国公。辽致仕宰相张琳则上降表，太祖诏令“燕京应琳田宅财物并给还之”，左企弓等汉人臣僚的利益当然更要保全。由于张琳年事已高，不能亲自前来拜见，让其子弟代其前来面谒阿骨打。金军占领燕京后，按照原先金宋之间海上之盟达成的协议，阿骨打准备把幽云十六州的大部分地区归还北宋，鉴于幽云一带地理位置的重要性及经济上的富裕，加上对北宋君臣腐朽及军队无能的了解，

① 《金史》卷七八，《韩企先传》，第1778页。
② 《金史》卷七五，《左企弓传》，第1723页。
③ 同上书，第1724页。
④ 《三朝北盟会编》卷一二，政宣上帙十二，宣和四年十二月，第85页。

女真贵族内部以粘罕为代表，坚决反对阿骨打这样做，阿骨打死后，粘罕等人的意见在女真贵族中越来越占优势，而左企弓的“君王莫听捐燕议，一寸山河一寸金”① 两句诗，在促成女真贵族撕毁协议的过程中，更发挥了重要影响力，也最能代表该部分“燕人”上层投降金人前后的民族心理。

该集团中也有部分燕人上层面对复杂的形势，先是观望，等金朝彻底控制了幽云地区后，局势逐渐明了方降金，然后出仕。张通古，字乐之，易州易县人，辽天祚帝天庆二年（1112）进士，补枢密院令史。丁父忧结束后，朝廷诏令起复，但面对辽末混乱败亡的政局，他上书恳辞原官，没被批准，干脆逃跑，后隐居于兴平。北宋政府出于招揽当地汉人上层人心的目的，“召通古。通古辞谢，隐居易州太宁山下”②。金军彻底控制燕京后，和他关系要好的刘彦宗“知其才，召为枢密院主奏，改兵刑房承旨”③。和张通古有类似心理的还有时立爱，他离开平州后，隐居涿州老家，北宋朝廷累次诏谕时立爱，“立爱见宋政日坏，不肯起，戒其宗族不得求仕”④。但金军占领燕京后，他却主动到宗望幕府拜谒，再度出仕金朝。

3. 其他汉人上层

除了以上分析的知名的汉人上层外，其他不知名的汉人上层的民族心理，在史料中也多有表露，对他们民族心理的分析，与对知名汉人上层的民族心理分析结合起来，愈见其全面性和代表性。

1949 年以前出土于北京的《王安裔墓志》透漏的几则信息，颇能反映此时燕云地区一般汉人上层的向宋心理。其一：父“讳纪，太常少卿，疾终于西京府少尹，今云中府是也”。案：此墓志铭标明王安裔去世于辽道宗大安三年（1087）正月二十二日，其夫人张氏去世于宣和六年（1124）正月十九日，是年闰三月二十三日合葬于燕山府宛平县房仙乡万合里之原。宣和五年（1123）四月，金国把燕京这座空城给了北宋，是年十月，北宋改燕京为燕山府，大约同时改西京为云中府。但是，在当时燕云地区宋金争夺的格局中，北宋并没有多少优势，该墓志铭如此标写年

---

① 《三朝北盟会编》卷一四，政宣上帙十四，宣和五年二月，第 97 页。
② 《金史》卷八三，《张通古传》，第 1859 页。
③ 同上。
④ 《金史》卷七八，《时立爱传》，第 1776 页。

代和地名，其指向性非常明确。其二：墓志铭中有如此一句话，“（王安裔）历政事之善，皆处虏界之所有，更不可备载”①，虏自然指契丹人。

宋徽宗被押解北上途中，道过尧山县，进早膳时刻，燕人百余人围着徽宗所乘车舆，对陪伴的曹勋等人说道：“太上活燕民十余万，我辈老幼，感恩极深，愿识天颜”，曹勋禀告徽宗后，徽宗于是揭帘见之，皆罗拜说：“皇帝活燕民十余万，阴德甚多，即见回銮，不须忧悒。”②

建炎元年（1127）七月，南宋朝廷派遣宣义郎傅雱冒着战火出使金国，到云中后，金国派遣大理卿、昭文馆学士、燕人李侗馆伴，傅雱《建炎通问录》一书中记载李侗当时的形象是“性重，相见默坐，虽久，终不发言”，但等到陪伴的女真族副使下马后稍微走远，看看左右前后再无他人，才开口说话，极度谨慎。

为了能够以他的话为个案，分析幽云一带部分汉人上层的心理，特将其主要内容引用如下：

> 天下之理，盛衰强弱之势，古今所同。只如汉武之盛，恨不吞尽夷狄；耶律德光之强，恨不席卷中原。然而汉武何尝杀尽夷狄，耶律德光何尝并尽得中国，南北异宜，岂可混并……
>
> 盛衰固自有时，强弱亦是有数，周旋如转轮，反覆如引锯，天下何尝有常强之势？贤人君子佐世，因时识消长之理，遇事达擒纵之权，于此能变守改节，即于盛衰强弱之中，常使生灵不坠涂炭，免得此一段杀戮，这个因果，最为大事，其他不足道也。
>
> 自古圣贤举事，未有不观乎时。若时有可为，人乐为用，即下手为之，不惟事亦有济，亦不徒费心力。若时未可为，人不为用，知其不可为而为之，岂惟枉费心力，事亦难济，何所补哉！何如观时会通，留取此事力，少俟他日设施。侗昨见贵朝近上公卿，似全未有能见事者。以此谋谟庙堂，岂不误事乎！只如昨来虏兵到京，在城守未破，国相亦曾烦恼。若守御稍固，更停待得数日，必须别有商议。及两元帅临城，侗亦亲随元帅在城下，虏兵只五七人登城，城上即举军皆散，兵势如此，人不为用，岂可不预知乎！此段事即见贵朝公卿，

---

① 《辽代石刻文编》，第687—688页。

② 《三朝北盟会编》卷九八，靖康中帙七十三，靖康二年四月，第723页。

> 疏略全不曾讲究，亦不觉悟，稍悟此理，必须留此段事力，少待他日为用，徒然枉费心力，岂不误事乎！
>
> 良久。又言，侗燕人，住在九州之地，每念先世陷于虏地。昨来见贵朝初得燕山，举族相庆，将谓自此复为中华人物，且睹汉衣冠之盛。不谓再有此段事，不知自此何日，再得为中华人物①。

从上段引文可以看出，燕人上层，自幽云被割让给辽国之后，南北之间虽有交往，但毕竟限制颇多，他们对南方汉人北宋政权的了解，还停留在此前美好的记忆中，天子圣明，谋臣聪明，武将勇敢，此又可见长时段因素中记忆积淀因素之影响。北宋军队“收复”燕京之后，李侗家族也和其他汉人上层家族一样欢呼雀跃，久经疏离之后族群又得回归母体的心理，不亚于久旱逢甘霖。

但是，北宋皇帝和文臣武将的表现却让他们大跌眼镜，“贵朝近上公卿，似全未有能见事者。以此谋谟庙堂，岂不误事乎！”“全不曾讲究，亦不觉悟”，“虏兵只五七人登城，城上即举军皆散，兵势如此”。这种结果，使大部分燕人上层的心理由希望变为失望，甚至是希望越大，失望也越大。还好，在李侗的谈话中，没有责怪的语气，只有失望和惋惜。

尤其需要注意的是，要从语境学的角度上分析引李侗谈话的最前边两段话的内容，当时宋高宗即位不久，南宋政权还处于兵荒马乱、朝不保夕的危境之中，李侗却拿汉武帝和耶律德光作为例子，以南北异宜为由，反对南北混并，实际上是对金国南侵的反对。“盛衰固自有时，强弱亦是有数，周旋如转轮，反覆如引锯，天下何尝有常强之势”一语，显见是希望南宋君臣和民众，不要被眼前的危难局势所吓倒，要有长远的眼光，金国军队的强盛，也只是暂时的。而对以后燕地汉人上层，作为族群，能否再回归母族的前景，李侗颇感渺茫。

如果说上面的分析，是从国家层面分析燕人上层对南方汉人政权的国家情感的话，下面的分析则是燕人上层对宋境内汉人的同族之谊。

幽云十六州被割让后，此区域汉人和中原汉人之间的交往，囿于国域的限制，较之此前，大为减少，一百八十多年的岁月中，受多种因素的影响，燕人上层的心理多有变化。但是，如前所析，他们所浸染的文化仍然

---

① 《三朝北盟会编》卷一一〇，炎兴下帙十，建炎元年七月，第805—806页。

以汉文化为主，因此，见到中原汉人之后，同族同文的感觉，不会有太大的变化。因此，此时期燕人上层的同族之谊也多有显露。

河北西路制置使李邈于真定陷落后被俘到燕京，女真官员命李邈被发左衽，李邈愤怒地坚决拒绝，且诋毁甚力，金人于是“挝其口”，但李邈“犹吮血噀之。翼日，自去发为浮屠”，金人闻之大怒，李邈遂被害，“将死，颜色不变，南向再拜，端坐就戮”①，燕人为之流涕。燕人的眼泪，自然是对同作为汉人的李邈坚贞不屈、视死如归行为的赞叹和仰慕之情。

王础，祖籍大名莘县（今山东省莘县人），北宋名臣王旦从弟王昼之后，天会五年（1127）率军进攻唐州和邓州，“城陷，军中尽俘壮健，而杀老弱”；王础则“独取其老弱者数百，朝与之食，夜即纵去”②。郭企忠，字元弼，唐朝汾阳王郭子仪的后裔。郭氏自郭子仪至郭承勋，皆节镇北方。后唐时期，郭承勋归附辽国，其子孙先后为天德军节度使，到郭昌金时降为副使。郭企忠后迁知汾州事，女真贵族希望利用其和郭子仪的血缘关系，以控制汾州附近的汉人民众，当时，汾州“居民多为军士掠去，城邑萧然”，郭企忠于是请求金军主帅，“愿听其亲旧赎还。帅府从之”③。王础和郭企忠的所为，显然是在力所能及的范围内，对同族汉人的爱怜和保护。

即使是金朝攻占幽云后颇为女真人重用的刘彦宗，在金军包围汴京后，对宗翰、宗望说：“萧何入关，秋毫无犯，惟收图籍。辽太宗入汴，载路车、法服、石经以归，皆令则也。”④ 面对同族被大肆屠杀的危险，他尽其可能做出最大程度地挽救。

二　渤海人上层的民族心理

辽朝初期，治理渤海人已经是“一用汉法”⑤，这说明当时渤海人和汉人，在文化上的区别已经很小，王明荪先生干脆提出“渤海虽属外族，但汉化极深，亦用汉制”⑥ 的观点。王承礼先生在《渤海简史》一书中

① 《宋史》卷四四七，忠义二，《李邈传》，第13179页。
② 王寂：《拙轩集》卷六，《先君行状》，文渊阁四库全书版。
③ 《金史》卷八二，《郭企忠传》，第1842页。
④ 《金史》卷七八，《刘彦宗传》，第1770页。
⑤ 《辽史》卷七二，《义宗倍传》，第1210页。
⑥ 《宋辽金史论文稿》，第66页。

指出："渤海民族，继承靺鞨的固有传统，又受到高句丽文化的某些影响，但主要是接受了中原的封建文化。所以从本质上看，渤海族是汉化了的以靺鞨为主体的新的共同体；"① 李锡厚先生指出："渤海国统治集团汉化程度很高……渤海国的靺鞨族与契丹人不同，他们不是游牧民族，而是同汉人一样以城郭而居，从事农业、手工业生产。"② 经过辽朝对此地将近二百年的统治（926 年渤海国灭亡，1125 年金国灭掉辽国），"渤海族随着时间的推移，在和各族的政治、经济、文化交往中，逐渐地融合到汉、契丹、女真各族之中，但多数是直接或间接地融合到汉族"③。宣和七年（1125）十二月，沈琯跟随斡离不率领的金军到了庆源府，曾经看到"东京留守姓高是渤海人，在侧言，与燕人无异"④。笔者认为到了辽朝末年，渤海族可以视同为汉人了。

此时期渤海人上层的活动可以概称为郭药师集团，主要包括以郭药师、张令徽、刘舜仁、甄五臣⑤、袭诜、赵瑄、韩璧、赵鹤寿⑥、韩民义⑦等为代表的常胜军将领。由于郭药师的常胜军降辽后，辽朝把他们的军队主要部署在辽、宋边境的涿州一带，他们的重要影响也从这一地区开始。当然，和张觉一样，他们都是辽末义军的首领，他们之间的活动，有时候也有联系。

靖康元年（1126）正月，金军包围东京，郭药师的三千常胜军和刘舜仁的两千常胜军，也参与了这次军事行动，直到此时，沈琯还建议李纲"密令人说之（指郭药师和刘舜仁），以药师为燕王，舜仁以营、平等州为平王，许其世袭，自置官吏，岁赐官帛，兼令斩张令徽首以来"⑧，沈琯之所以还提出此建议，除了其书生式的天真思维外，恐怕还和他这段时间在和金国谈判的过程中对郭药师等常胜军汉人将领的了解有关，这些人多多少少都给他留下了同族、同文，因而也有不同程度的同族之情的

① 王承礼：《渤海简史》，黑龙江人民出版社 1984 年版，第 176 页。

② 李锡厚、白滨：《中国政治制度通史》（辽金西夏卷），第 10—11 页。

③ 王承礼：《渤海简史》，第 178 页。

④ 《三朝北盟会编》卷二六，靖康中帙一，宣和七年十二月，第 193 页。

⑤ 四人事迹均见《宋史》卷四七二，郭药师事迹又见于《金史》卷八二，《郭药师传》。但整个常胜军的事迹《三朝北盟会编》记载最为翔实。

⑥ 《三朝北盟会编》卷九，政宣上帙九，宣和四年九月，第 66 页。

⑦ 《三朝北盟会编》卷二二，政宣上帙二十二，宣和七年十月，第 161 页。

⑧ 《三朝北盟会编》卷三〇，靖康中帙五，靖康元年正月，第 222 页。

感觉。

郭药师，先为辽朝“怨军”首领，由于史料的限制，其早期经历和家族背景，无法考证。“怨军”改为“常胜军”后，他与张令徽、刘舜仁、甄五臣等并为首领，这几人当都为渤海人，郭药师为他们的领头人，其作用类似平州张觉和燕京李处温。宣和四年（1122）九月二十三日，郭药师率所部八千人奉涿州归附北宋，宋徽宗诏令以其为恩州观察使。郭药师的军队，在“怨军”时期，应该属于辽朝招募的义军，后改为“常胜军”，如此改名，当指其在和金军的作战中表现非常勇敢且胜果颇多，也易于激发他们的士气，后把其军队置于辽、宋交界的涿州、易州一带，显见是让其去抗击宋军的北上。

郭药师的军队何以会突然归附北宋，先看《三朝北盟会编》的有关记载，萧后掌权后，契丹贵族“欲再谋杀汉人，恐应南军”，在北宋“高调”宣布要北伐收复幽云地区的大背景下，萧后等做出如此决策是完全可能的。九月十五日，知易州高凤遣僧人明赞到宣抚司前来谈判归附北宋事宜，此前高凤与通守王悰商议此事时即说到，萧后等欲“谋迁汉人，或闻欲行诛戮，汉人被害，吾辈安得奠枕”，明赞到宣抚司后，“具说汉人朝暮延颈颙望，日俟天兵，欲归王化，积有岁时……又闻宣抚司日收归明不下千百……欲乞择起兵月日，来抵易州，当以内应，诛戮契丹”①。在契丹贵族扬言或者谣传要迁移汉人或杀汉人的背景下，汉人宁可信其有，不可信其无，密谋归附或者公开归附北宋，应该是情理之中的事情。易州归附后，郭药师等也萌生归附的意图，但是，萧干突然来到涿州，郭药师以为萧干是来谋害自己的，于是和张令徽、刘舜臣、甄五臣等决定投降北宋，并以历数符谶劝说萧干也一起投降，萧干由于随军人员太少，拒绝之后赶快离开涿州，郭药师在劝部下投降之前，除了说一些冠冕堂皇的抑辽扬宋的话后，特别说道：“此勇男子取金印大如斗之时也，……傥强项不进，破国亡家，噬脐何及。”② 乱世取富贵的心理也彻底显露。

但是，也不能说郭药师等完全出于乱世谋利的心理才投降北宋，且看《封氏编年》记载的郭药师上表的一些内容，“百姓系心，素积北夷之怨；一时翘喜，咸归中国之明”；再看《奉使录》中的类似内容，“药师言：

---

① 《三朝北盟会编》卷九，政宣上帙九，宣和四年九月，第63页。

② 同上书，第66页。

伏闻番汉之人，实为异类；羊狼之伴，不可同居；自生夷貉之乡，未被衣冠之化；常思戴日，何啻望霓。……臣药师等，虽属多难，莫生异心，盖所居父母之邦，不可废臣子之节，今契丹自为戎首，窃稔奸谋，燔烧我里庐，虔杀我士女，报之以怨，抚乃以雠。臣药师等，以是竞思戴舜以同心，不可助桀而为虐"①，由此看来，郭药师等把自己视作像燕云之地的汉人一样，虽然自幼生长于蛮夷之邦，但内心对汉人政权的仰慕和向往，还是有的；不可把郭药师等的这类话，全部视作欺世盗名之词，毕竟他们所生活的渤海国到辽朝末年，渤海族可以视同为汉人。郭药师等弃辽投宋，估计还和张觉等的作用有关，因为张觉失败之后逃入燕京，郭药师"留之，易姓名曰赵秀才，匿常胜军中"②，渤海铁州人若往来于关内外地区，平州为必经之路，郭药师等和张觉同作为辽末义军的首领，在一起抗击金军的作战中，当有合作，其间作为进士出身且颇有向宋之心的张觉，可能会对他们的民族心理有所引领。郭药师降宋后，蔡靖"揣药师与常胜军之情，故常劝以忠义"③，蔡靖经过观察后发现，郭药师及其常胜军，有忠义之心，但毕竟世代生活于特殊的地区，其忠义之心，和中原汉人比较起来，还有一些程度上的明显差别，还需要培育。蔡靖被迫降金之前，"设案望阙，焚香拜舞，始语药师曰：'对诸军在此，今日之事，相公岂可负赵皇之恩耶？愿勉旃。'药师亦领略之，然无益矣。"④ 郭药师也领略了蔡靖最后行为及语言对他的含义，只是大势已去，局面无可挽回。

郭药师等归附北宋后，宣和四年（1122）十二月，郭药师拜武泰军节度使，宣和五年（1223）正月，加检校少保，同知燕山府。北宋朝廷给予郭药师的礼遇，不可谓不厚，"既得燕山，授以节钺，专付兵柄。继加检校师傅，官赐第都城，宠数无虚日。药师喜饮酒，尚酝绝品曰小槽珍珠红者，日赐一罇，置驿传送"⑤。宋徽宗如此良苦用心，自然是希望能够用丰厚的礼遇，换取郭药师对自己的忠诚。

从郭药师等归附后在战场上的表现来说，应该是心向北宋的，而常胜军的战斗力，马扩在《茆斋自叙》中指出：金国当时所忌者有四，其中

---

① 《三朝北盟会编》卷一九，政宣上帙十九，宣和四年九月，第65—66页。

② 《三朝北盟会编》卷一八，政宣上帙十八，宣和五年七月，第129页。

③ 《三朝北盟会编》卷二四，政宣上帙二十四，宣和七年十二月，第177页。

④ 同上。

⑤ 《三朝北盟会编》卷二九，靖康中帙四，靖康元年正月，第217页。

之一就是“忌郭药师下常胜军勇于战阵”①。当刘延庆与萧干军于卢沟对峙之时，郭药师提出妙计，“（萧）干以全师抗我，燕城必虚，选劲骑袭之，可得也”②，刘延庆接受了他的建议，派郭药师和甄五臣率兵六千，夜半渡河，倍道而行，宣和四年十月二十四日黎明，甄五臣率领的五千骑兵夺迎春门而入，大军继至，郭药师遣人谕萧后投降，岂料萧后密诏萧干回军，双方展开激烈的巷战，郭药师军队肯定不如萧干军队熟悉地形，再加上辽军人皆死战，导致郭药师军队“屡败，奔门不得出，尽弃马，缒城而下，死伤过半，还者数百骑而已”③，失败的主要原因，还是由于刘光世贪生怕死、违约不至，如果他的军队如期而至，内外夹攻，北宋的胜算还是比较大的。

郭药师率领的残余军队逃出燕京后，常胜军尽管损失很大，但还是比较有序地退守，绝不像刘光世军队一样没命地逃跑，十月二十七日，郭药师留甄五臣、张思政守涿州，自己领兵趋雄州。十一月二十七日，萧干率军进攻涿州，安次、固安两县陷落，守将胡德章被俘。但是，十二月三日，郭药师率军败萧干于永清，收复了固安和安次。在和辽军的永清战斗前，郭药师对将士们说：“彼（指萧干军）见我军，必披靡，视汉兵为轻，定来冲突”，萧干军队经过几次和北宋军队的作战后，已经非常藐视宋军，郭药师于是“令部曲执汉旗帜，分汉兵以弓弩，翼之”，把常胜军伪装成北宋朝廷军，萧干军望见北宋政府军的战旗，大笑不已，“南朝兵也”，以为又遇到酒囊饭袋，岂料“兵刃既接，方悟常胜军”，萧干军大败，被“斩数千级，几执渠魁，虏穷走燕城，坚避不敢出”④，从该役的部署，可以看出郭药师的聪明和比较高超的军事指挥艺术。

北宋“收复”燕京后，郭药师的常胜军也进驻燕京。宣和五年（1123）六月初，童贯、蔡攸带着郭药师等常胜军将领来到东京，“药师之来，礼遇甚厚，赐以居第，赐之媵姬，加诸燕犒”，又请观金明池上，徽宗特命“张水戏，若暮春教习者以示之”；宋徽宗还命贵戚大臣轮流宴请郭药师等，甚至要在禁中相见，被人劝阻后，在玉华阁外后苑的延春小殿面见，当时正值盛夏，害怕郭药师等不适应中原的炎热气候，准备了二

① 《三朝北盟会编》卷二三，政宣上帙二十三，宣和七年十二月，第169页。
② 《宋史》卷四七二，《赵良嗣传》附《郭药师传》，第13738页。
③ 《契丹国志》卷一一，《天祚皇帝中》。
④ 《三朝北盟会编》卷一二，政宣上帙十二，宣和四年十二月，第84页。

大金盆，贮冰其中，放在殿上以降温，宋徽宗身着大珠缨络缝销金青纱战袍接受郭药师的朝拜，见此情景，郭药师热泪盈眶地说道："臣在夷虏，闻赵皇真在天上，不谓今日得望天颜，臣死荣甚。"宋徽宗极力赞扬他，"委以守燕地"。为赢得郭药师等对自己的忠诚，"解所御珠袍，并以金盆赐焉"①，郭药师感泣而出，并把金盆剪碎，常胜军将士，每人分得一块。

宣和五年（1123）六月初，郭药师授检校少保、河北燕山府宣抚副使、同知燕山府；六月四日又授检校少傅。詹度和郭药师都是燕山府同知，但郭药师"以节钺欲居詹度之上，度称御笔所书有序，不易，药师不从"，而常胜军自恃有功，"横甚，药师右之，度不能制"②，北宋朝廷害怕二人这样内斗下去，局面不可收拾，九月六日，宋徽宗让河间知府蔡靖与同知燕山府詹度对调。

但是，几乎与该人事变动间隔没有几天，张觉头颅就被送给了金国，成为郭药师等常胜军将领和辽朝燕京降将民族心理转换的重要转折点，"燕之降将与常胜军上下皆为之泣"，郭药师常对人说："若来要药师，且奈何。"③ 常胜军的另一重要将领张令徽，"亦切齿朝廷，而常胜军亦解体矣"④。易州常胜军首领韩民义怨守臣章综，率五百人投降粘罕且说道："常胜军惟郭药师有报国心，如张令徽、刘舜仁之徒，因张觉皆觖望。"⑤ 可见郭药师在张觉被害问题上，对北宋君臣虽然也有怨恨之语，但还坚守着对北宋政权的希冀和忠诚。

但是，女真贵族对郭药师的常胜军，并不信任，"自药师投降，复虑反覆，将常胜军尽皆放散，各令归业"，但由于"连岁军兵，两路进发，伤折逃亡人数颇多"，于是"复令引划刷，追呼补数"⑥。既不被女真贵族信任，又不被北宋信任，投降金国后郭药师等常胜军将领的心理，有时候颇为尴尬、颇为烦恼。靖康元年（1226）正月，郭药师随斡离不的军队包围了东京，北宋政府派遣郑望之等前去斡离不军营议和，斡离不提出的条件之一是索要牛马两万匹，郑望之反复解释北宋朝廷在战马问题上的

---

① 《三朝北盟会编》卷一七，政宣上帙十七，宣和五年六月，第 122 页。

② 《三朝北盟会编》卷一八，政宣上帙十八，宣和五年九月，第 130 页。

③ 同上书，第 131 页。

④ 同上书，第 132 页。

⑤ 《三朝北盟会编》卷二二，政宣上帙二十二，宣和七年十一月，第 161 页。

⑥ 《三朝北盟会编》卷九八，靖康中帙七十三，靖康二年闰十一月，第 726 页。

困境，“且如马，国家下川陕两路，以茶彩博买西南夷及西番马，岁不过一二千匹，其间又有倒死病瘦”，由于当时谈判时刻，郭药师正好在场，郑望之又说到，“昨来郭药师守燕山要马，朝廷下川陕马司应副。试问药师，其马堪与不堪？与元抛数足不足？即见得城内有马不多，耕牛尽在城外民间，城中所有，多是宗室国戚人家，养三两头牵驾座车子”，郭药师见此，自然很尴尬，于是说道：“侍郎（指郑望之）不须如此说，且送得七八分来。”郑望之说道：“少保（指郭药师）虽是力屈而降，上皇恩德，亦何可得忘？皇子郎君以主上圣德，务要讲和，实宗庙社稷之福，何可应付得足？今若许了七八分，若不足，又是失信，岂不害事？”① 郭药师听了郑望之的话，解释也不是，不解释也不是，赶忙西向退下，羞愧之情，见于言表。宋徽宗被金军押解北上途中，路遇郭药师和张令徽二人，郭药师叩马跪奏说道：“念臣昔与上皇为君臣，向在燕京，死战数回，力不能胜，遂归金国，有负上皇恩德，言讫泪下。”② 又一次跪拜宋徽宗。

三　该时期燕人和渤海人上层民族心理总评

比较而言，以张觉为代表的平州区域燕人上层集团，尽管有文臣也有武将，但政治经验明显不成熟，再加上实力较弱，所以对当时三国纷争局势的影响较小，但是，张觉被北宋出卖且其头颅被北宋送给金国一事，对燕人和渤海人上层民族心理的变化，影响却很大，特别是对郭药师常胜军集团的将领而言，不亚于酷暑季节，一盆冷水浇头，骤然清醒，所以，郭药师集团叛宋投金，虽然有多方面的原因，但张觉投宋后的悲惨下场，应该给他们诸多警醒，埋下了叛宋投金的种子。

郭药师集团主要由军人组成，经过逐渐的发展，也很有战斗力，在辽、宋、金激烈争夺的格局中，哪一方能真正把握好其民族心理，进而好好利用他们，是关乎全局的问题。辽国由于气数已尽，郭药师集团效忠契丹贵族的时间较为短暂，实属正常。叛辽投宋之后，他们的向宋心理还是比较明显的，对于北宋君臣而言，在信任他们的同时，再施之于必要的控制措施，完全可以利用这支武装为自己服务，但是，北宋君臣却在控制问题上犯下大错，宣和七年（1125）十二月，北宋沿边巡检杨雍“得其

① 《三朝北盟会编》卷二九，靖康中帙四，靖康元年正月，第216页。

② 《三朝北盟会编》卷八九，靖康中帙六十四，靖康二年四月，第661页。

（指郭药师）通金人书，缴上之，皆不省”①，北宋朝廷，上至皇帝，下至各级官吏，绝大多数人都对郭药师给予了足够的信任，却没有给予应有的警惕。而不信任郭药师的大臣，其鉴人标准则近乎相师类的相面行为，而且把郭药师等说的一团漆黑，没有丝毫正确之处。“郭药师者，辽之余孽，宋之厉阶，金之功臣也。以一臣之身而为三国之祸福，如是其不侔也”②，该评价并不公允，把郭药师作为北宋亡国之祸的源头，夸大了其在北宋灭亡过程中的作用，而且掩盖了北宋亡国的真正的祸首及其应该承担的责任。其实，北宋如果在郭药师等燕人和渤海人问题上处置得当的话，他们完全可能成为宋之功臣。

以李处温、马植等为代表的辽末实权派燕人上层集团，他们谋划归宋的时间最早，也做了许多准备工作，但是，由于诸多因素的制约，最终计划失败，“出师未捷身先死”，但不可否定他们当初的向宋之心，及为归宋所作的艰苦努力，尤其是马植归宋后，在外交战场上的贡献。

政治经验最成熟的是以刘彦宗、韩企先等为代表的有悠久历史的世家大族集团，他们祖辈大多从辽朝初期就来到燕京一带，或者本身就是燕京一带的土著燕人上层出身，世代在中原政权或在辽朝做官，或兼而有之，如韩企先已经是玉田韩氏的第十代（从第一代韩知古算起）传人，刘彦宗是河间刘氏的第六代（从第一代刘守敬算起），经历了无数的风风雨雨，官宦家族世代传承的政治经验和为人处世经验，已经非常老道，心理非常成熟，何时投降，何时隐居，都掌握得火候得当，可谓炉火纯青③。所以，该集团对金朝建国以后的历史，影响也最大。元人所修《金史》，给予该集团几个领袖人物高度评价，“太祖入燕，始用辽南、北面官僚制度。是故刘彦宗、时立爱规为施设，不见于朝廷之上。军旅之暇，治官政，庀民事，务农积谷，内供京师，外给转饷，此其功也”④；金世宗尤其满意韩企先，屡次给予典范性的评价，“自本朝兴国以来，宪章法度，多出其手。至于关决大政，但与大臣谋议，终不使外人知觉。汉人宰相，

---

① 《三朝北盟会编》卷二四，政宣上帙二十四，宣和七年十二月，第 177 页。

② 《金史》卷八二，《郭药师传》，第 1835 页。

③ 中国古代的世家大族可分为政治世家、军功世家、文化世家几大类，绝不可忽视这些家族世代相传的一些谋生处世经验。析津李氏家族起家较晚，在政治经验方面，明显不如刘彦宗和韩企先等家族。

④ 《金史》卷七八，刘彦宗、时立爱、韩企先等诸人列传最后赞语，第 1779 页。

前后无比，若褒显之，亦足示劝，慎无遗之”[①]。大定八年（1168），金世宗命画开国佐命功臣像于太祖庙，仪同三司衮国公刘彦宗、右丞相齐国简懿公韩企先并列其中。

《辽史》没有为忠义人物立传，散见的相关记载也仅见于《宋史·李若水传》，“辽国之亡，死义者十数”[②]，和辽朝二百多年的立国史比较起来，委实太少。而《金史》忠义人物列传之前有以下记载，“圣元诏修辽、金、宋史，史臣议凡例，凡前代之忠于所事者，请书之无讳，朝廷从之”[③]，可见，元末史家就三史的忠义人物传记问题，曾经进行过专门讨论，因为忠义观念背后，牵涉此时期复杂的各民族政权哪一方为正统的问题，又牵涉颇为敏感的夷夏观问题，但是，元朝朝廷还是接受了史家的意见，凡前代之忠于所事者，书之无讳，以为万世训，《金史》为 83 名忠义人物立传，包含各民族人士[④]；《宋史》则为 278 名忠义人物立传[⑤]。可见不仅仅是元人修《辽史》时相关的史料太少的问题[⑥]，估计还是和辽朝灭亡时忠于辽朝的人太少、事迹不太突出有关。有趣的是，应该和忠义类人物事迹非常近似的史料，在《金史》中有一则，以列女角色出现，辽末义丰县令李宝信妻王氏，张觉“以平州叛，王氏陷贼中。贼欲逼室之，王氏骂贼，贼怒，遂支解之”[⑦]，这则史料见诸记载，更反衬了辽末忠义类人物少之又少的史实。而“燕人”上层中的既得利益者，韩、刘、马、赵及时、左、张、吕几大家族的代表人物，刘彦宗、韩企先、左企弓等在国家灭亡前夕，不见有什么忠义行动，反倒是先后送款于女真贵族，李处温家族则积极谋划归宋行动，正好验证了后来金世宗所说的“燕人自古忠直者鲜”名言背后反映的“其俗诡随”的心理。

这是一个颇让人迷惑的问题。儒学同样是辽朝治理国家指导思想的一部分，“汉人世家大族传统上以儒学为其基本信仰，师徒相授多以经学为

---

① 《金史》卷六，《世宗上》，第 150 页。

② 《宋史》卷四四六，《李若水传》，第 13162 页。

③ 《金史》卷一二一，《忠义一》前序，第 2634 页。

④ 见《金史》卷一二一到卷一二四，《忠义传》一、二、三、四。

⑤ 见《宋史》卷四四六到卷四五五，《忠义传》一至十。

⑥ 元末修《辽史》时天祚帝诏令耶律俨所修的辽太祖以下诸帝实录七十卷以及金章宗时期陈大任参与编修的《辽史》俱在，而且元人所修《辽史》，“悉本俨、大任二书”。见《廿二史札记校证》，第 583—584 页。

⑦ 《金史》卷一三〇，《李宝信妻传》，第 2798 页。

基本内容，家传经学者也十分普遍，因而也更有条件对儒教旨意进行阐发"①；许多汉人世家大族非常重视以科第为仕宦之路，析津李氏家族因为世代有人及第而被称作"李状元家"。穆宗朝的盐铁判官王正，曾与云居寺谦讽和尚"论难数宵"，谦讽和尚与王正约定做人的宗旨，"夫人入仕，则竭忠以事君，均赋以利国，平徵以肃民"②，在竭忠以事君的环境中成长、入仕的燕人上层，为何会在国家覆灭的时刻，反其道而行之，人格分裂，呈现一种非常矛盾的心理，只能做推测性的解释，皇帝毕竟是契丹人，燕人上层和契丹贵族之间还是有比较深的隔阂的，在同样为夷人的女真贵族的高压恐怖政策面前，传统儒家的"忠"的观念，也就大打折扣，忠君爱国，不再是首先考虑的问题，如何维护自己的既得利益，才是首要的考虑。

四　北宋朝野相关政策和言论及其影响之检讨

此时期燕人上层民族心理的变化，既受长时段因素的影响，又受短时段因素的影响；而在短时段因素中，既受辽国国内诸多方面因素的影响，又受金国女真贵族所实施的高压恐怖政策等因素的影响，还受北宋朝野相关政策和言论的影响，最能显现其永远在"制作"、永远在"创造"的特点。综合起来看，三国争夺对于北宋而言，收复幽云一带地区，有利的因素颇多，但是，北宋最终却以惨败而告结束，进而至于首都被占，靖康国耻，政权南迁，偏安一隅。主导收复幽云地区的关键人物，上至皇帝，下至重臣，没有一个落得好下场。

北宋政权在此问题上值得反思的问题很多，下面从北宋朝野相关政策和言论角度，探讨他们对燕人上层民族心理变化的影响，及其成败得失。

（一）民族不信任心理

其实，早在五代时期，就出现了幽云一带汉人不被中原汉人信任的现象。耶律德光南下讨伐后晋，遣幽州指挥使张琏，以部下军二千余人屯于邺，当时亦有燕军一千五百人跟随耶律德光到了汴京，耶律德光北撤后，这部分燕军却没有一同撤退，刘知远到东京后，"有上变者，言燕军谋乱，尽诛于繁台之下，咸称其冤"，极少数燕兵则逃奔到邺，向张琏详细

---

① 《世家大族与辽代社会》，第 242 页。

② 《辽代石刻文编》，第 33 页，《重修范阳白带山云居寺碑》。

报告此事，张琏等害怕有同样的下场，与杜威等坚守城池，拒不归顺，刘知远也后悔此前在东京杀害燕军的残暴行为，“累令宣谕，许以不死”，张琏等则于城上斥责道：“繁台之诛，燕军何罪？既无生理，以死为期”，驻于邺的燕军，既然被同族所疑，索性破罐子破摔，“凭陵吏民，子女金帛，公行豪夺”，后杜威请命，后汉朝廷允许张琏等投降后回归辽国，但是燕军一出降，张琏等数十将领就被杀害，其什长以下允许放归幽州，他们于是在“将出汉境”的地域，“剽略而去”①，作为对刘知远等不讲信义、残杀燕军行为的报复。

燕人何福殷者，以商贩为业。尝以十四万钱币买得玉枕，遣家僮及商人李进卖到淮南，回来时买进茶叶。家僮无行，隐瞒何福殷货财收入数十万钱，何福殷责其赔偿，家僮不愿意，何福殷于是杖责他，家僮于是到史宏肇处诬告何福殷，“言契丹主之入汴也，赵延寿遣福殷赍玉枕阴遗淮南，以致诚意”，史宏肇即日遣部下逮捕何福殷等人，其部下解晖迎合其旨意，对何福殷等人“榜掠倍至”，何福殷只好含冤承认强加给自己的罪名，“连罪者数辈，并弃市。妻女为宏肇帐下分取之，其家财籍没”②。史宏肇等人此恶劣行为的动机，除了贪财之外，对燕人的不信任、怀疑他们和契丹贵族勾结，也是一个主要原因。

张藏英，涿州范阳人。后在辽国任卢台军使兼榷盐制置使，领坊州刺史。后周广顺三年（954），“率内外亲属并所部兵千余人，及煮盐户长幼七千余口，牛马万计，舟数百艘，航海归周”③。但是，张藏英领导的汉人的大规模的回归行为，“周祖颇疑之，令馆于封禅寺”④，到周世宗时期，方被信任。

燕云一带被收复后，北宋朝廷将此区域原属辽朝的部分汉人官吏安置到中原内地，这种做法是基本正确的，让他们到内地做官，对于国家而言，在燕云地区派驻一些有治理经验又能应付复杂局面的“自己人”，有利于很快掌控这一地区，毕竟此时期这一带的局势太复杂，既有尚未被彻底推翻的契丹人的残余势力，又有刚刚介入这一地区的北宋官员和军队，还有在辽国统治下生活了将近二百年的燕人，更有野心勃勃的刚刚兴起的

---

① 《旧五代史》卷一〇九，《杜重威传》，第1436页。

② 《旧五代史》卷一〇七，《史宏肇传》，第1405页。

③ 《宋史》卷二七一，《张藏英传》，第9290—9291页。

④ 同上书，第9291页。

金国，于是便出现了“燕山初定，盗贼不可胜数，剽劫行李，商旅遂绝，（北宋的）部押官往往在雄州不敢北去”① 的无政府状态。对原属辽朝的汉人官吏而言，变换一下做官的地区，而且新地区比燕云地区要安全得多，原有的待遇不变甚至比原先的待遇还要好，但是，却出现了让他们非常生气的局面，“中国之民，日夜疑之，而官吏亦不复以礼待遇，两相忿恨，数至喧争”②，中原之民和北宋官员的做法，很伤这些官员的自尊心。

靖康元年（1126）正月，李纲在和钦宗皇帝的对话中说道：“金人夷狄之性，贪婪无厌。又有燕人狡狯，以为之谋。”③

北郊祭祀，赵良嗣作为秘书丞参与这一重要祭祀活动，杭州钱塘人监察御史虞奕却提出反对意见，“良嗣以外国降子，顾得预祠事，可乎？”④ 宋徽宗没有接受他的意见。润州金坛县人御史中丞蒋猷在上奏中提出“赵良嗣不宜出入禁中”⑤，被徽宗嘉纳。

郭药师归宋后，王以宁上书指出：“郭药师者，辽东一小羌尔”，从其对郭药师的这一称呼，即看出其对郭药师等的蔑视，更谈不上尊重及以同族待之；“左右卖国，见利斯动，岂复知有名义者”⑥，在王以宁等人的眼中，郭药师等人只是见利之徒，绝对没有儒家的忠君爱国思想。之所以出现这种现象，需要从深层次原因分析北宋境内汉人的心理，“当中华强大时，汉人会表现得宽容和开放；而当夷狄强大，并威胁到汉人群体的生存时，汉人当中就会出现狭隘、偏激和排外民族主义”⑦，照此逻辑推演，和夷狄有上千年千丝万缕联系，且在辽朝统治区生活了将近二百年的“燕人”，已成为很不可靠的“准夷狄”，特别是郭药师的常胜军，宋廷“封崇之、栽培之”，导致他们“羽翼已成、头角已露”，他们却“无爱民之心，竭取而后已。常胜之兵，日增而不休，争养义儿，阴蓄死士，贪婪无耻之流，乐为之肘腋”，由于郭药师的常胜军归宋后兵力不断增加，待遇不断提高，战斗力也随之增强，因此，更让北宋一些大臣昼不思食、夜不成寐，总在郭药师身上寻找安禄山的影子，相似的成长地区、相似的种

① 《三朝北盟会编》卷九九，靖康中帙七十四，靖康二年四月，第730页。

② 同上。

③ 《三朝北盟会编》卷二九，靖康中帙四，靖康元年正月，第214页。

④ 《宋史》卷三五五，《虞奕传》，第11194页。

⑤ 《宋史》卷三六三，《蒋猷传》，第11351页。

⑥ 《三朝北盟会编》卷八七，靖康中帙六十二，靖康二年三月，第650页。

⑦ 《民族社会学》，第158页。

族背景、相似的军队，总之，相似的地方太多了，因此，郭药师“其志不在范阳节度使，大则为侯景、安禄山，小则为田承嗣、为王武俊之所为”①，郭药师及常胜军队伍的壮大，在他们看来，有百弊而无一利。郭药师第一次来东京，作为赵匡胤六世孙的赵子崧，先是“察其微”，然后偷偷对丞相李邦彦说：“药师叛辽归宋，其心叵测，某早见之坐殿门外，瞻视非常，有轻中国意，大则为侯景，小则为禄山。”② 詹度也说过类似的话，“药师瞻视不常，趣向怀异，蜂目鸟喙，怙宠恃功，逆节已萌，凶横日甚”③。一开始就对郭药师表现出怀疑和不信任。评价一个人，不是察其言、观其行，而是完全凭自己类似相师的察言观色的纯粹主观性的臆断，其深层次的原因，则是对燕云一带汉人的彻底不信任心理④。

北宋“占领”燕京后，燕山宣抚司招收燕云之民置之内地，组建“义胜军”等武装，其成员皆由山后“汉儿”组成，“勇悍可用”，其在河东路者，十万余人，“官给钱米赡之，虽诏诸司不许支用者，亦听支使”，为了安抚这部分“汉儿”，使他们从民族心理上逐渐认同北宋王朝，应该说北宋朝廷在这一点上做的不错。但是，时间一长，“仓廪不足，以饥而怒，出不逊语”，“汉儿”们出现如此过激行为，也在情理之中。他们回归时候的民族心理，很像幼年时期被亲生父母抛弃的孤儿，长大后又被父母领回，老觉得父母亏欠自己太多，希望父母百般对自己好，以弥补他们的“过错”，以补偿自己的“损失”。而现在“父母”连吃都不让吃饱，愤怒之情油然而生，谩骂之语脱口而出。此种情况出现后，关键看北宋政府相关官员如何做一下解释工作、安抚工作，但是，相关史料没有这方面的记载，估计没有做。当时北宋政府军所请粮食“皆腐余，亦怨”，两军道路相逢，政府军骂义胜军曰，“汝番人也，而食新；我官军也，而食陈。吾不如番人耶，吾诛汝矣”，北宋政府相关官员，也没有给政府军做好特殊时刻面对特殊人群的心理解释工作、安抚工作，政府军的谩骂和恐吓，也的确很伤“汉儿”的自尊心，很容易把他们推向金国的怀抱，

---

① 《三朝北盟会编》卷八七，靖康中帙六十二，靖康二年三月，第650页。

② 《三朝北盟会编》卷一六〇，炎兴下帙六，建炎元年六月，第779页。

③ 《宋史》卷四七二，《赵良嗣传》附《郭药师传》，第13739页。

④ 直到现在，一些学者估计是对相关史料挖掘不够，对郭药师等的评价还是不够客观，“他（郭药师）本是一个地痞无赖，见辽国将亡，才转而投宋”。（任崇岳：《宋徽宗　宋钦宗》，吉林文史出版社1996年版，第193页。）

所以“汉儿闻之惧，其心益贰，俟衅且发”①，矛盾的演变，心理的转换，只是时机问题，已经不可扭转。

“汉儿”的不被信任，以崔忠为个案剖析最具说服力。崔忠本为燕人，归附北宋后，朝廷待以不疑，使其统领燕军。宣和七年（1125）十二月，崞县（今山西省原平市）被金军包围，与崔忠同处围城中的代州西路都巡检使李翼，在援兵不至的情况下，对县里的其他官员说：“崔忠，一‘汉儿’，贪利苟生，岂有忠节可与共守？万一内变，岂惟上误国家，吾属亦受祸矣。不若先事诛之。”对他的意见，大多官员表以沉默，此时沉默意味着同意，折可与则公开表示赞同他的主张，只有知县李耸说道：“崔忠颇忠义，试与熟计守石岭关利害”可惜像李耸一样，对燕人持这种民族心理的太少。李翼没有正面回答李耸的问题，而是说道：“若告崔忠，讵肯从我”②，不是看谁的意见对，而是看是否听自己的话。崔忠后与折可与因为争掌门钥事情发生矛盾，折可与说：“公归朝官，恐民生疑。忠曰：‘我乃官长’，争辩移刻不决。”李翼听说张孝纯让归朝官耿守忠率军守石岭关，仰天长叹，说道：“是人乌足托耶？国家大事去矣。”③归朝官的不被信任，于此可见一斑。

后李翼被金军杀害之前，大骂崔忠，崔忠“掩面疾走”④，崔忠的“掩面疾走”行为，透露出来的是对同为汉人但却不信任自己的李翼被杀的愧对与爱怜，也包括对其临终前大义凛然行为的赞许。

在平阳府的义胜军，也遇到了类似的境遇。该地义胜军，由担任河东路兵马钤辖的刘嗣初统领，有众四千，河东路汉人呼义胜军为投附人。太原府被金军包围之后，有裨将自太原城逃至平阳，“漏言欲尽杀投附人，于是义胜军皆不安，渐有语喧闹”，“投附人”这一称呼，本身即包含贬义，现在又面临被全部杀死的危险，理所当然表现出前所未有的不安。刘嗣初“见平阳富盛，有欲得之心。既知太原被围，遂有叛意”，这种说法，应该是北宋官吏的胡乱猜测；听到此类对投附人和自己非常不利，也非常危险的消息后，刘嗣初面见平阳知府宇文时中，说道：“嗣初乃山后人，累世不幸，陷于契丹者几二百年，今重不幸，又为金人吞灭，……嗣

---

① 《三朝北盟会编》卷二三，政宣上帙二十三，宣和七年十二月，第171页。

② 《三朝北盟会编》卷二五，政宣上帙二十五，宣和七年十二月，第184页。

③ 同上。

④ 同上书，第185页。

初亦倾覆其家，遂得归朝。今一行部曲与嗣初，见视金人为仇雠也。金人方造衅用兵，国家以兵应之，使投附人效死于阵，前以报金人之雠，深所望也。窃闻欲尽杀投附人，不知何故?”刘嗣初的解释，应该是真诚之语，宇文时中听后，惊愕地说道：“无此”，接下来“命出榜，敢有撰造语言者，立赏告捉”，应该说知府宇文时中的做法没有大的过错，但在当时的环境下，最为有效的手段，莫如杀掉那个自太原逃来的裨将，以平息此恶毒的、影响极坏的谣言。捉拿谣言的撰造者，实属非常愚蠢的行为，谣言作为无根之语，在当时的条件下此种做法非但不能遏制谣言的传播，反而会使谣言的传播愈演愈烈。于是，危险处境中的最弱势群体——投附人，只好自己动手，保护自己，他们“原在城外下寨，不与州县通”，现在则“自起炉打造军器，买枪棒编毡及拾麻鞋底穿为甲，阴勒行伍”，这种做法，加剧了汉人与投附人之间的互不信任状态，但对于投附人而言，是一种迫不得已的行为。未几，宇文时中罢官，通判王某暂时主管平阳府事宜。有个汉人百姓王存，受雇于刘嗣初为吆喝人，于是到平阳府告刘嗣初与投附人准备叛乱，王某务欲安慰刘嗣初等投附人，于是将王存等三人处以决脊刑后关入牢城，而且关报刘嗣初说：“有撰造语言，已施行讫。”但是，刘嗣初等义胜军将士“情愈不安”①，而折可求叛宋投金的消息也很快传到平阳，靖康元年（1126）正月十九日黎明，刘嗣初率领义胜军攻占平阳，掳掠人口和财物后改投金国。

东京被攻占后，金人考虑在东京建立伪政权，太子少傅孙傅在推戴状中指出：“如或必元帅府推择，缘在军前皆系北地汉儿。若举北人，即与混一无异。”② 在孙傅等人的眼中，选择北地“汉儿”，实际上也就是选择女真人，把北地“汉儿”和女真人完全等同。

对燕京一带张觉、马植等汉人上层通过各种言论表达出来的向宋心理，北宋朝廷的个别官员，也有不同看法。许采在《陷燕录》一书中也写道：“初燕人本无思汉心，乃和诜、侯益唱之，童贯、蔡攸辈和之。朝廷既以为然，遂遣马扩、王环由海道通金人。”③ 对燕人的向宋之心不加分析，一概予以彻底否定。而担任真定府路安抚使臣的洪中孚则评价这类

---

① 《三朝北盟会编》卷三〇，靖康中帙五，靖康元年正月，第 224 页。

② 《三朝北盟会编》卷七九，靖康中帙五十四，靖康二年二月，第 597 页。

③ 《三朝北盟会编》卷二四，政宣上帙二十四，宣和七年十二月，第 175 页。

言论为“不根之语”，他在上奏中分析到，燕地汉人常说：“我本汉人，陷于涂炭，朝廷不加拯救，无路自归，何啻大旱之望云霓。若兴吊民偏师，不独箪食壶浆，当以香花楼子，界首迎接也。”洪中孚反驳道：“臣久历边鄙，粗知虏情。此乃游手之人，不能自存者，觊觎南归，以窃爵禄。实非大姓之言。臣契勘：维持契丹者，自公卿翰苑州县等官，无非汉儿学诵书识字者，必取富贵。岂不知国家英俊如林，若南归，其权贵要途，燕云数州学究，安能一一遽用，此士人无归意也。饘粥粗给者，已连姻戚里。”① 洪中孚所言，有一定道理。幽云地区的汉官，鉴于北宋科举制的发达以及与此相伴的官位的紧缺，自然明白南归之后，自己的处境不会有大的变化；一般的能够糊口的汉人，已满足于安定的生活，“其香花楼子之语，果可凭乎”②，但是，洪中孚的分析，明显以偏概全，李处温、马植、张觉等人大多为世家大族出身，绝非游手好闲、无法谋生之人；他们的向宋心理，是比较真诚的，特别是马植，而他们的民族心理，在当时的燕京地区，有很大的影响力和引领作用。

北宋部分官员对燕人的不信任，也和少数燕人上层积极投靠金人，为金人南侵出谋划策有关，除了众所周知的刘彦宗、韩企先、左企弓等人外，再如燕人赵伦，当时为金国出使北宋的使节，宋金战争爆发后，肃王赵枢到宗望军中谈判，被扣作人质，北宋朝廷也扣留赵伦作为人质，“逾月不遣”，赵伦“惧不得归”，于是诈告北宋馆伴使邢倞说：“金国有余睹金吾者，尚领契丹精锐甚众，贰于金人，愿归大国，可结之以图二酋。”③ 邢倞把该信息告诉朝廷，昏庸的钦宗君臣竟信以为真，于是给耶律余睹写信，缝入赵伦衣领中，而且给了赵伦一笔丰厚的礼物，赵伦回到金国后，马上把信给了粘罕，粘罕大怒，以闻金主，于是，金军再次提兵南下，发动更大规模的侵宋战争。相对而言，刘彦宗、韩企先等很早就投靠金国的燕人上层，北宋君臣和他们之间并没有直接的接触，而赵伦类燕人上层尽管人数很少，但作为金国使节频繁出访北宋，双方的接触非常多，一旦他们以欺诈手段骗取北宋君臣的信任，旋即出卖，使女真贵族得以以此为由再次发动战争，北宋君臣会把对他们的气愤和不信任情绪，施之于所有燕

---

① 《三朝北盟会编》卷一九，政宣上帙十九，宣和六年九月，第 137 页。

② 同上。

③ 《宋史》卷四七一，《邢恕传》，第 13705 页。

人头上，再和郭药师等的背叛结合起来，民族不信任心理则会恶性循环，愈演愈烈。

（二）屠杀

针对燕人归朝官的屠杀，从宋钦宗即位后就开始了。靖康元年（1126）四月，御史胡舜陟上奏，“今结成边患，几倾社稷，自归明官（归朝官的另一种称呼）赵良嗣始，请戮之以快天下”①，忠诚回归，为北宋收回幽云十六州做出很大贡献的赵良嗣，成为北宋政府追究责任的第一人，广西转运副使李升奉诏诛杀赵良嗣，其家属全部被发配到海南岛。

而较大规模的屠杀，则首先从谣言效应开始。从靖康元年（1126）十一月二十三日开始，被金军包围的东京城内，上至皇帝百官，下至黎明百姓，无不处于一种非常恐惧又非常紧张的群体心理氛围中，城内燕人不被信任的处境也愈加严重。北宋收复燕京之后，“燕人有求京师居者，军、民、伎、艺，百色有之，杂居坊巷中，与汉人无异”②，能够迁居到东京的燕人，大多应该是很有财力的燕人上层，他们早就羡慕东京的豪华生活。靖康二年（1127）正月十七日，先有传言说城内有“燕山人推独脚车子，其中皆载兵器”，于是“自是连日大索细作不绝，或有短发者、面黑者误遭殴击，至有死者。群不逞往往乘此劫夺行路，但云是细作，即擒送府验问，非是，乃释之，亦不加罪妄捉之人，如是数日乃揭榜禁止”③，东京城内的燕人，人人都有是金国细作的嫌疑，特征则为“短发、面黑”。最终，被“执捉送开封府”的燕人，“无虑数百人”④。围城之中，谣言的威力，无处不在，无时不在，危机越严重，谣言的威力越大，少有人还在独立思考，东京城内燕人的处境可想而知。

东京城内杀的是燕人中的金国“细作”，不过，毕竟是在天子脚下，数日后，朝廷揭榜禁止这种残杀无辜的行为。而知沧州杜充在靖康初金人南侵的背景下，则采取了既简单又粗暴的残杀手段来处理此复杂的问题，“郡中侨寓皆燕人来归者，充虑为敌内应，杀之无噍类”⑤。随之，各郡纷纷大开杀戒，矛头指向归朝官，金军进攻河北，“诸路州县军民皆杀归朝

---

① 《宋史》卷三七八，《胡舜陟传》，第 11669 页。

② 《三朝北盟会编》卷二八，靖康中帙三，靖康元年正月，第 208 页。

③ 《三朝北盟会编》卷三〇，靖康中帙五，靖康元年正月，第 223 页。

④ 《三朝北盟会编》卷二八，靖康中帙三，靖康元年正月，第 208 页。

⑤ 《宋史》卷四七五，《杜充传》，第 13809 页。

燕官”①。

危急时刻，能够头脑冷静，用正确的政策处理归朝官问题的，只有极少数地方官员。归朝官任雄翔时任均州添差武当县丞（不厘务），任氏“三世及第，有智算，尚义慷慨”，听到宋金之间发生战争的消息后，就主动率领七十余家燕人将“家所有食刀、面刀以至果刀、剃刀应干器械尺铁，尽赴州纳之”，这种行为，已经做到家无寸铁、手无寸铁，自然是希望能打消当地汉人的怀疑，可见归朝官及其家属当时的恐惧心理，达到何种程度，均州知州杨彦明看到他们如此行为后，自然非常信任，派兵保护他们，“故人不敢犯”。未几，有溃散乱兵侵犯均州，杨彦明就令任雄翔措置防御事宜，“雄翔即授方略，分委其众当之，每出必胜，均人亦赖之，渐付以器甲兵马，使防境内”。任雄翔常对杨彦明说：“国家忘战久，士卒懈惰不可用。若金人至，必不可当。前者边事初动时，若国家能尽取归朝燕人，使之防边，驭之有道，犹可支吾”，任雄翔的见解非常正确，杨彦明同意他的说法。等到金军侵犯均州，“百姓流徙而去，彦明计穷，未知所措”，任雄翔命令部下送杨彦明全家上武当山，并与杨彦明叙别。“复聚其众还城中”②，金军到城下后，任雄翔迎入城，当地归朝燕人随后尽随金人北去③。

建炎二年（1128）七月十一日，楚州进呈归朝官事宜奏折，宋高宗阅后说道：“闻州郡多囚禁归朝官，载罹寒暑，不与疏贷。因小有疑，则加残害，一郡戮至数百人，朕甚悯之。覆帱间皆吾赤子，偶生边地，视之遂异，然岂可与虏人一例待之?”鉴于该问题的严重性，为保护归朝官，宋高宗发布诏令，“欲发诸郡拘囚归朝官，尽赴行在，拊之以义，庶几可招和气”④。拘囚归朝官的时间，应该持续了好几年的时间，被杀害的也不在少数，宋高宗的皇恩倒是浩荡，无奈在南宋政权朝不保夕的情况下，让归朝官尽赴行在的政策，到底能否执行或执行到何种程度，都是一个大大的问号。

---

① 《三朝北盟会编》卷一一四，炎兴下帙十四，建炎二年正月，第837页。

② 同上。

③ 《金史》卷一〇五，第2310—2311页，《任熊祥传》，“任熊祥，字子仁。八代祖圜，为后唐宰相。圜孙睿，随石晋北迁，遂为燕人。熊祥登辽天庆八年进士第，为枢密院令史。太祖平燕，以其地畀宋，熊祥至汴，授武当丞。金人取均、房州，熊祥归朝，复为枢密院令史”。从其事迹看当与任雄翔为同一人。

④ 《三朝北盟会编》卷一一七，炎兴下帙十七，建炎二年七月，第855页。

（三）燕京城内的错误政策

此前已经谈及北宋出卖张觉及对郭药师等常胜军将领民族心理变化的影响，此处则分析北宋在收复燕京后，在燕人传统生活区，犯下的一系列具体错误及其严重后果。

1．领土与领民分离的错误

收回幽云十六州，理所当然应该是地域管辖和领民管辖的双重收回，但是，北宋在领土与领民问题上，始终存在错误认识。宋、金之间围绕联合灭辽及灭辽后如何瓜分胜利果实的问题，进行了一轮轮艰难的谈判，由于北宋君臣的腐朽及军队的懦弱无能在战争中表现得淋漓尽致，所以，金国的要价越来越高，北宋的谈判代表赵良嗣和马扩，尽管一次次据理力争，但最终双方达成的相关协议中，竟然出现领土与领民分离的内容，幽云十六州的部分地区归北宋，但是该地域上的所有人口却归金国，赵良嗣为此很气愤，“若止空城，安用之”①，但是最终，北宋还是得到了燕京一座空城。而北宋政府接受该协议的背后，还有一个肮脏的动机，燕京人都被迁走后，可以把大量的屋舍、土地分给常胜军，换取常胜军将领对北宋政府的忠诚和支持；燕民被迫尽徙，流离道路，“皆归怨于朝廷”②，这等于是对燕京等地汉人的一次空前的大出卖，尤其气愤的是韩、刘、马、赵等世家大族的代表韩企先、刘彦宗、左企弓等人，这也是左企弓为何会向女真人提出“君王莫听捐燕议，一寸山河一寸金”③ 的重要原因，离开了燕京，也就彻底丢掉了他们几代积累的财富。

金国发动对北宋的战争后，金国一再向北宋索要跑到北宋的燕人，李纲就此在上奏钦宗的奏折中说道：“（金国）欲得归朝人，当尽与之，以示大信，不足惜。”④ “示大信”是托词，不足惜的原因一是北宋政府的财政状况已经是捉襟见肘，连正规军的粮草都无法保证供应，更别提解决燕人提出的一系列待遇问题了；二是对燕人的不信任，在难以甄别谁是金国细作的背景下，干脆顺水推舟，把他们全部“送”给金国，还落得“守信誉”的文明之邦的美誉。如果说出卖张觉，很伤郭药师等常胜军将

① 宇文懋昭著，崔文印校正：《大金国志校证》卷二，《太祖武元皇帝下》，中华书局 1986 年版。

② 《大金国志校证》卷三，《太宗文烈皇帝一》。

③ 《三朝北盟会编》卷一四，政宣上帙十四，宣和五年二月，第 97 页。

④ 《三朝北盟会编》卷二七，靖康中帙二，靖康元年正月，第 202 页。

领的心，而领土与领民分离的协议的签订，则伤透了所有燕人的心，也失掉了燕人对北宋的支持。

2．换官、授田、盐法三大错误

许采在《陷燕录》一书中议及北宋失燕人之心的三种错误做法：一换官，二授田，三盐法。换官失士心，授田失百姓心，盐法并失士人百姓心。

三害之中，换官的危害性较大，因为燕地的大小官员作为当地汉人上层的代表，也是辽朝时期的既得利益者，他们在燕地汉人中有很大的代表性和鼓动性，利用、控制好他们，非常有利于非常时期幽云地区的政权交接。否则，在辽政权灭亡之后，他们为了维护自己的既得利益，在金国极力争取且最大程度保留他们既得利益的前提下，则可能倒向金国一边。在换官的过程中，这批人先从燕京到汴京，又从汴京到燕京，复又从燕京到太原宣抚司，道路上的困苦，自不待言。北宋各级官司人吏，又趁机盘剥他们，于是“累年不能结绝，此曹怨望”，赵公岩、赵公伦、姚企望等由于“不得赴朝廷换官，穷困”，干脆“越境逃走”①；有的干脆逃往平州，“将京师事体、中国虚实一一报之刘彦宗”②，刘彦宗又告诉女真贵族，促使女真贵族坚定了南侵灭宋的决心。

关于授田之事，宣和五年（1123）四月十四日，燕山宣抚司派遣统制官姚平仲、康随前去与金国处理交割地界事宜。金人要求依元约将松亭、榆关外民户归金国，并点名索取常胜军统领郭药师等八千余户，称他们原系辽东人。宣抚司因为常胜军先自归朝有功，而且已经授予官职，难以发遣。点检文字李宗振抑或参谋宇文虚中出一计策，“若以燕人代之，则不惟常胜军得为我军。又复得燕民田产，自可供养，不烦国家应办钱粮，此一举而两得之”③，该计策非常阴毒，也非常伤害燕人的民族情感，但是燕山宣抚司申奏北宋朝廷后，朝廷竟然接受了他们愚蠢但却自以为高明的计策，决定以燕人代替常胜军，金人由于当时战争的主要目的是掠夺财富和人口，所以也表示接受该换人计划。按照该计划“根括燕山府所管州县百五十贯已上家业者得三万余户，尽数起发，合境不胜残扰”，家

① 《三朝北盟会编》卷一八，政宣上帙十八，宣和五年九月，第130页。

② 《三朝北盟会编》卷二四，政宣上帙二十四，宣和七年十二月，第176页。

③ 《三朝北盟会编》卷一五，政宣上帙十五，宣和五年三月，第109页。

业一百五十贯以上者，大多应为燕人中的上层或者比较富裕的自耕农，一旦将他们划到金国，他们马上将由生活比较富裕的人变为金国人的奴隶，该部分燕人不愿迁徙，有部分人干脆对粘罕说：“燕山疆土，本非大宋。彼不能取而我取之，桑麻果实，所在形势之地，岂可与人。金国方强盛，天下莫不畏服。”① 公然提出，燕山一带疆土本来就不是北宋的主张，不再以民族感情和历史事实为根据来考虑燕山一带疆土的归宿②，和左企弓“君王莫听捐燕议，一寸山河一寸金”③ 的主张，形成上下呼应之势；“彼不能取而我取之”中的“我”字，表明他们已经准备投靠金人，而且指出了燕山一带经济上和战略态势上对金国的重要性，部分燕人上层的这种主张，应该是他们维护自己既得利益心理的共同反映。粘罕听后，觉得很在理，于是告诉了完颜阿骨打，请求和北宋以涿、易为界，但是阿骨打当时坚持不能破坏和北宋的盟约，没有接受该建议。屋业和土田“悉给常胜军，而燕山土著洎平州遁还之人，悉无居止、无生业；而常胜军所至豪横，四邻不能安居，此燕民之尤怨者”④，为了收买郭药师的常胜军，把大量的屋舍、土地给了他们；而张觉叛金投宋之后，迁徙到平州的无数燕人又回到了燕京，双方围绕财产的纠纷越来越多，越来越尖锐。一方是常胜军，而常胜军是一支北宋政府并不能完全控制的纪律比较涣散的军队，另一方是手无寸铁的燕人（包括地主、官僚、商人、平民等），斗争的结果可想而知，包括燕人上层在内的燕京汉人，刹那间变成了彻底的无产者、绝望者，为了生存，只好做别的选择。三害之中，由于换田一事，几乎牵涉所有燕人的切身利益，危害最大。

关于盐法，辽朝时期燕京一带，每贯四百文能够购买盐一百二十斤，

---

① 《三朝北盟会编》卷一五，政宣上帙十五，宣和五年三月，第 109 页。

② 拉铁摩尔在《满洲里——冲突的发源地》一书中指出：“汉语称东北地区为‘口外’，从而提出如下意见：‘当问题是移居口外——而非移民海外——之时，人们会产生某种与华侨类似的体验。最初是感到失去了长城的保护，因而缺乏安全感。其后，一旦定居下来，又感到自己已处在高于中国的位置上。他不再受长城的保护；而长城所保护的正是中国；长城使他和同伴与之分离的正是中国。这就是说，地域情感部分地取代了种族的或民族的情感，这一变化令人费解，但意义深远。’”（拉铁摩尔：《满洲里——冲突的发源地》，第 8 页）拉铁摩尔进一步指出，“这种地域情感集中表现为一种‘夷’、汉皆有的特殊社会心理，即回过头来，将中国视为可征服的希望之乡”（同上书第 60—61 页）。该观点虽然分析的是明清时期的历史，也可作为分析五代和辽国时期幽云地区燕人上层民族心理的参考。

③ 《三朝北盟会编》卷一四，政宣上帙十四，宣和五年二月，第 97 页。

④ 《三朝北盟会编》卷二四，政宣上帙二十四，宣和七年十二月，第 176 页。

每斤不过十一二文钱，比同期北宋紧邻辽国地区的食盐价格，每斤要低八九文钱，凭借这种价格优势，有些商人向北宋走私贩卖食盐。归附北宋之后则变为每斤至二百五十文足或二百八十文足，价格暴涨，北宋政府的主管官员又让其亲旧趁机兴贩牟利，如黄友、张遐举等数十人，“皆本空手而来，致此丰富，有至钜万者”，其中某人在燕京“赌博，敢将通货场钱一二千缗出采和合，燕人以为口实”①。一日三餐离不开的盐，价格暴涨，直接影响当地人的生活。而北宋腐败官员中饱私囊的行为，燕人则看在眼里，气在心头。

（四）燕人的背叛

尽管燕地汉人的文化结构中以汉文化为主流，但是由于长期游牧文化的耳濡目染，其所接受的价值观念颇为复杂，“一个族群如果被国境线分割许多年，之后由于分割双方在政治体制、经济体制、意识形态、文化发展等方面有可能很不一样，甚至可能演变成具有不同族群意识的两个族群。但是，如果语言和宗教因素的影响力十分持久，在一定的国内外形势下，曾经同属一个族群但被国境线所分割开的两部分人口，也有可能发起政治运动，要求重新组合成一个族群并建立独立的民族——国家”②，该理论非常适合分析幽云十六州燕人上层的民族心理变化。由于该地区汉人人口一直处于压倒的多数，汉语的力量又异常强大，“汉人何年被流徙，衣服渐变存语言”③，而儒家文化对汉人的影响，几乎等同于宗教的作用。当然，辽、宋、金政权鼎革之际，幽云地区绝大部分汉人的心理，绝非组建新的国家，而是要求重新组合成一个族群，并回归南方的汉人政权北宋。所以，对于北宋而言，收复之后如何治理好这一地区是一个非常复杂的问题，既有有利的因素，也有非常不利的因素。沈琯就预料到了这个问题，“燕山本中国地，陷契丹二百年，近归中国，以南朝法制之，人心尚不服”④；燕人归朝官任雄翔则谈及如何治理的问题：“若国家能尽取归朝燕人，使之防边，驭之有道，犹可支吾。”⑤ 两个人的分析，都很符合当时幽云地区的情况。

---

① 《三朝北盟会编》卷二四，政宣上帙二十四，宣和七年十二月，第176页。

② 马戎编著：《民族社会学——社会学的族群关系研究》，第70页下注。

③ 《苏辙集》第一册，《奉使契丹二十八首》诗中的《出山》一首，第320页。

④ 《三朝北盟会编》卷二六，靖康中帙一，宣和七年十二月，第193页。

⑤ 《三朝北盟会编》卷一一四，炎兴下帙十四，建炎二年正月，第837页。

北宋发起的联金灭辽、收复燕云的战役，并没有一个完整的计划，反倒是一直让女真贵族牵着鼻子走，更谈不上考虑收复之后的有效治理问题，于是便犯了一系列的严重错误，逼得燕人上层一步步走向背叛。

先是郭药师常胜军于宣和七年（1125）十二月力屈而降，叛宋投金；紧接着，粘罕军犯朔州，“汉儿开门献之。又至武州，汉儿为内应，遂陷朔、武二州，长驱至代州，汉儿又擒李嗣本以降”①。随后，粘罕又自忻州进军至石岭关，把守石岭关的义胜军将领耿守忠叛，以关降金国，粘罕得以顺利包围太原。

当然，对宋金战争爆发后，燕人的叛宋投金活动，也要看到黑夜中的微弱的光芒，建炎三年（1129）十一月，燕人孙兴和滕郎中于濠州投降金人后，“惟改建炎三年为天会之号，其余一遵旧法，无所变革。北军与濠民杂居于闾巷间，秋毫不相侵扰，（孙）兴惟务抚恤，由是居民稍稍安处”②。半年后孙兴离开濠州，除了带走两名妓女外，“以金赏其众，自余无毫发之扰”③，表现出很大的执行政策的灵活性和对汉人的安抚之心。建炎四年五月，金人围建康府，“守南门番官称万户者，常谕居民，愿往采薪者给牌子前去，居民皆不从，及被杀戮之余，方悟此万户之言，乃阴欲保护居民，使出城求生也”④。此万户，为燕京一带燕人上层的可能性很大。

朱胜非说：“道君皇帝待燕士如骨肉，一旦兵难，此辈无一人能效力者。古人云燕赵多奇士，殆虚语耳。”⑤ 朱胜非的观点，显见充满了埋怨、恼怒、气愤、蔑视，其实，都是不信任心理在作怪，而他的谬论当时即遭到了他人的反驳。北宋灭亡后，残存在南宋的燕人上层，还是有“奇士”的，比如刘晏，字平甫，严州（今辽宁兴城）人。辽朝进士、尚书郎。宣和四年，率数百人归宋，被授予通直郎。金军犯京师，以刘晏总领辽东兵，号“赤心队”。建炎初，刘正彦反，刘晏对其部曲说：“吾岂从逆党者耶？”⑥ 于是，带领部下归附韩世忠，并在平定刘正彦的叛乱中立下战

① 《三朝北盟会编》卷二三，政宣上帙二十三，宣和七年十二月，第171页。
② 《三朝北盟会编》卷一三五，炎兴下帙三十五，建炎三年十一月，第981页。
③ 《三朝北盟会编》卷一三九，炎兴下帙三十九，建炎四年五月，第1011页。
④ 《三朝北盟会编》卷一三八，炎兴下帙三十八，建炎四年五月，第1007页。
⑤ 《三朝北盟会编》卷一二五，炎兴下帙二十五，建炎三年三月，第916页。
⑥ 《宋史》卷四五三，《刘晏传》，第13335页。

功。金军犯建康，杜充兵溃，韩世忠退保江阴，刘晏领赤心队一百五十骑屯青龙。戚方围宣城，急命刘晏往援，营垒未立，就率军直捣戚方帐下，戚方大惊而逃，刘晏生擒戚方后，又单骑追击其余叛军，手杀数十名，最后被叛贼杀害，死后被追赠龙图阁待制并于死所立义烈庙，岁时祭祀。

本章结语：

"燕人"作为对一定地域人的统称，始于春秋战国，盛行于五代，金朝后期以后，在史书中的记载越来越少。"燕人"所生活的幽云十六州地区，正好处于农耕民族和游牧民族活动的交界地区，太行山和燕山两座山脉在此间形成许多重要的关口，这些关口对双方而言都非常重要，而幽州因为其重要的地理位置，成为幽云地区的大脑和心脏，辽朝时期，它是五京之一，也是辽朝经济、文化、军事中心；金朝海陵王时期，迁都燕京；元朝时期，大都成为元朝的国都，这种发展历程，是后期中国社会历史发展的必然。

"燕人"由于其所处的位置和长时段因素的作用，习知"胡事"，而幽云地区的汉人上层，自春秋战国以来，即有和北方游牧民族政权合作的悠久历史，这种心理积淀的影响很大。辽、宋、金之交，"燕人"和渤海人上层的向宋心理还是比较明显的，但是，北宋政权对收复幽云地区事先没有起码的筹划，中间一直被女真贵族牵着鼻子走，其间又犯下一系列错误，最终使燕人和渤海人上层彻底倒向金国一边。

第四章　金代汉人上层的民族心理

金朝自完颜阿骨打收国元年（1115）建国后，势力迅速壮大，天会三年（1125），金国灭掉气数已尽的辽国。天会五年（1127），金军占领汴京，徽、钦二帝被俘，北宋历史到此为止；后康王赵构重建宋政权，史称南宋，金与南宋以秦岭—淮河一线相对峙，时间长达一百余年。金朝的国土骤然扩大，原为北宋政权统治下的汉人上层，除了死于战火或者南逃的以外，只能在女真政权的统治下生活，他们民族心理的变化将是本章重点探讨的内容。金章宗泰和五年（1206），成吉思汗建立大蒙古国，很快发动大规模的侵金战争，迫于蒙军的压力，金宣宗贞祐二年（1214）将金朝政权南迁汴京，黄河以北基本上陷入无政府状态。南迁后的金朝政府，苟延残喘到天兴三年（1234），被大蒙古国和南宋联合灭掉。金政权统治下的汉人上层，又被迫面临民族心理转换的沉重话题，“刚刚完成的华夷观念调适，因蒙古取代金朝在中原的统治，而很快变为历史陈迹，中原士人及百姓，被迫面临蒙古入主中原所带来的华夷正统观念的新困惑，进而需要进行新一轮的调适”①。

金代的汉人上层，有的在北宋或辽代即具有此身份，有的到金朝才攀升到此阶层，由于国家以及女真贵族的掠夺与兼并，他们对土地的所有权缺乏法律保障，更由于金代官田的增加，以及女真贵族占田数量的庞大，汉人上层的数目较之北宋减少许多，限于史料，确切数目难以得出；由于土地占有现实的改变，导致“金代统治下的华北社会兼具中古与近世性”②，“金朝统治时期，中国社会内部社会结构的变动，在上层确实要比

① 《元史暨中古史论稿》第三编《华夷正统观及文化辐射影响》，第 162 页。

② 萧启庆：《元代的族群文化与科举》，第 12 页。

中下层更剧烈”①，这种变动，将对金代汉人上层民族心理的变化，产生较大影响。

像辽朝一样，金朝同样是以女真人占全国总人口极少数却掌握核心权力的国家，多民族共存的状况以及民族间的复杂关系，是女真贵族在政治上不得不考虑的重要问题，尤其是人口总数在国家总人数中占重大比例的汉人，再加上秦淮以南还有和金国处于对峙状态的、同样是汉人人数占主体的国家南宋，无形中加剧了这一问题的严重性。

第一节　影响汉人上层民族心理变化的短时段因素

像分析辽代幽云十六州燕人上层民族心理一样，仍然需要分析影响金代汉人上层民族心理变化的时段因素，较之辽代，长时段因素仍然在起作用，而且其所包含的元素及所起的作用大致相同，故此不再赘述。由于有了辽朝近二百年汉人上层和契丹贵族在幽云地区合作的经验，因此，对于幽云地区的汉人上层而言，转而和女真贵族合作应该比较顺利。但是，由于金朝女真贵族所占领的传统汉人生活的地区，由幽云地区骤然延伸到秦淮一线，这些原生活在北宋国土、属于大宋国民的汉人上层，在北宋繁荣的经济、文化环境中，已经生活了一百六十多年，将近六代人的岁月。而赵匡胤建立北宋后，鉴于晚唐和五代十国时期儒家忠君爱国思想的严重萎缩，及其所带来的严重恶果，开始在全社会大力宣传儒家的忠君爱国理念，打造文官社会，科举制也进入其黄金时代。因此，有金一代，原属北宋国土的汉人上层民族心理的变化，长时段性因素的影响，远不及短时段因素所起的作用更大、更复杂，更深刻。

下面结合具体事例和人物，分析短时段因素中，积极因素和消极因素对汉人上层民族心理变化的影响。

一　积极性因素

对于金代的汉人上层而言，影响他们民族心理变化的积极性因素，主要包括科举制度和法律制度中相关因素的影响。与女真贵族相比，在仕宦领域，汉人上层一般不享有世袭特权，以军功、门荫入仕的机会也很少，

① 《剑桥中国辽西夏金元史》，第 303 页。

科举几乎成为唯一的仕宦途径，金世宗之后，这种趋向更为明显。

金朝立国不久，亟须熟悉汉文化的儒士帮助女真贵族完善各方面的制度建设，因此，天会元年（1123）十一月举行了首次科举考试，第二年二月、八月“凡再行焉”①，如此急迫、密集地举行科举考试，对于金国境内的汉人士大夫而言，自然是好事。随后，金国在灭亡北宋的过程中，首先从拉拢汉人知识分子并检验他们对女真贵族的民族心理的愿望出发，天会四年（1126），右副元帅宗望占领真定后，强迫当地北宋进士七十三人，押赴安国寺试策，除了褚承亮从民族感情和忠君爱国的理念出发，对“上皇无道、少帝失信”② 的策论题目极不满意而罢考外，其余“悉放第，凡七十二人，遂号七十二贤榜”③，又名真定榜。此后，又在其他占领地举行科考，因此，又有“沈州榜”“平州榜”等④。此外，还在燕山府以及蔚、朔、显等州也举行过科考⑤。尽管这时候的科考，随意性很大，但对原辽、原宋境内的汉人上层而言，除了极少数像褚承亮这样刚烈的士大夫之外，大多参加了科举考试，然后出仕，既解决了女真贵族面临的紧迫的人才匮乏问题，又在一定程度上满足了女真贵族亟须的认同感（最起码表面上的认同感），也解决了战乱中自己及家人的安全和生计问题。

但是，天会五年（1127）的考试规则，“以辽、宋之制不同，诏南北各因其素所习之业取士，号为南北选”⑥，这种做法，虽然有其历史的合理性，但录取结果却常常出现“重北轻南，北人的实际地位高于南人的局面”⑦，尽管对南人士大夫不利，但毕竟考试制度逐渐向正规化过渡。熙宗天眷元年（1138）五月，诏“南北选各以经义、词赋两科取士”，南北考试的科目统一。海陵天德三年（1151），诏令“并南北选为一，罢经

---

① 《金史》卷五一，《选举志一》，第 1134 页。

② 《金史》卷一二七，《褚承亮传》，第 2748 页。

③ 同上。笔者认为这则史料隐含很大的讽刺含义，七十三人合孔子的寿考，七十二贤榜又合于孔子著名的七十二弟子，但紧接着该史料为下一句话，“状元许必仕为郎官，一日出左掖门，堕马，首中阈石死，余皆无显者”，显然在宣传因果报应思想。

④ 《大金国志校证》卷三五，《天会皇统科举》。

⑤ 张金吾：《金文最》卷四五，李世弼《登科记序》，成文出版社 1967 年版。

⑥ 《金史》卷五一，《选举志一》，第 1134 页。

⑦ 李玉年：《金代科举沿革初探》，《东南文化》1998 年第 1 期，第 103 页。

义、策试两科，专以词赋取士”①；但是，真正开始南北统一的科考，却在贞元二年（1154）迁都于燕京之后，“遂合南北，通试于燕”②。

二 消极性因素

12世纪早期，女真族刚刚迈出氏族部落制社会的门槛，女真贵族的野蛮性和对财富、人口的贪婪性掠夺，表现得特别突出，因此，他们在征服河东、河北及中原地区的过程中，进行了疯狂的屠杀和掠夺，使那里的民众备受战争之苦。更由于女真族的社会经济和文化水准与中原地区的汉人相比落后很多，反差特别大，他们认识不到被占领区文明的先进性，自然不会主动去吸收其对自己发展有利的地方，而且从征服者的心理出发，还要将自己落后的生产方式和风俗习惯强加给那里的民众。这种做法更加剧了他们和该地区民众之间的矛盾，也深刻影响汉人上层，特别是南人上层民族心理的变化。

（一）疯狂屠杀与血腥记忆

金军攻占辽西京（今大同市）后，“宗翰在西京坑杀丐者千人”③，连乞丐都不放过，以致金世宗后来和侍臣说起宗翰为何无嗣的问题时，认为是其屠杀乞丐的报应。苗耀《神麓记》也记载：“按班孛极列谢也称皇太帝储君，常欲尽坑南人，吴乞买不从其请。”④ 此处所说“南人”为女真人沿用的辽朝对北宋人的称呼，尽管由于内部的分歧，大屠杀的计划未能付诸实施，但从中可以窥见金初女真贵族对汉人的敌视程度。

靖康元年（1126）十一月，金军占领东京后，“京城之外，坟垅悉遭掘出尸，取其棺为马槽。杀人如割麻，臭闻数百里，京城以故数大疫，死者过半。自城破后，物价大贵，米升三百，猪肉一斤六贯，羊肉一斤八贯，牛马肉至二万亦无得者。街巷有病气未绝者，俄顷已被剔剥，杂诸牛马肉卖之。菜蔬已尽，唯取软者啖之”⑤。繁华的东京城，顿时变成人间地狱。挖坟剖棺，对于非常重视祖宗祭祀的汉人民众而言，是莫大的侮辱；天会五年（1127），金兵灭掉北宋前后，“纵兵四掠，东及沂、密，

① 《金史》卷五一，《选举志一》，第1135页。
② 《金文最》卷四五，李世弼《登科记序》。
③ 《金史》卷六，《世宗上》，第133页。
④ 《三朝北盟会编》卷一六六，炎兴下帙六十六，绍兴五年正月，第1196页。
⑤ 《三朝北盟会编》卷九六，靖康中秩七十一，靖康二年四月，第711页。

西至曹、濮、兖、郓，南至陈、蔡、汝、颍，北至河朔，皆被其害，杀人如刈麻，臭闻数百里，淮泗之间亦荡然矣”①；残酷的杀戮和杀戮后的悲惨生活，使苟活者长期处于恐惧和绝望之中。天会五年（1127，南宋高宗建炎元年）四月，金军灭亡北宋并从东京撤走之后，以重兵驻守真定（今河北省正定）、怀州（今河南省沁阳市）等要害地区，同时派兵攻占了河中府（今山西省永济市）、邓州（今河南省邓州市）、潍州（今山东省潍坊市）等地区，并渐次攻取中小城镇，守城宋军及民众只要稍有反抗，即遭屠城，妄图用高压恐怖政策，吓倒残存的宋政权、宋军和劫后余生的民众。建炎二年（1128）十一月，金军攻占濮州，“城中无少长皆杀之”，接着攻占澶州（今河南省濮阳市附近），“金怒其拒战，杀戮无遗”②。人口史研究专家吴松弟通过对该时期相关史料的仔细挖掘及分析后，得出如下数据，“金境在北宋末和辽末约有732万户……在宋金之际，约减少300万户，占北宋末和辽末人口合计数的十分之四上下”③。人口数字前后的变化是相当惊人的，尽管这些减少的人口，有的逃亡淮河或长江以南乃至其他地区，有的被金国掳到东北地区，但是，应该有相当数量的人口死于战火。

基于汉人反抗而导致的女真贵族对汉人的集体性的屠杀，本来在金熙宗时期，由于女真贵族对秦淮以北地区的占领已经稳固，汉人的反抗活动也由大规模的有组织的行为演变为零星的小范围的活动。但是，完颜亮南征，导致金国国内阶级矛盾和中原地区汉人和女真人之间的民族矛盾再度激化。正隆六年（1161）十月，王友（《金史·海陵本纪》作王九，《大金国志》作王友直）在大名、耿京在济南、陈俊在太行山一带率领汉人起义，“乘时啸聚者，处处有之”，王友以“兴宋为辞”④，完颜亮在大

① 李心传：《建炎以来系年要录》卷四，建炎元年四月，上海古籍出版社1992年版，第325—376页。

② 《建炎以来系年要录》卷一八，建炎二年十一月乙未条，第286—325页。

③ 葛剑雄主编，吴松弟著：《中国人口史》第三卷，第374页，复旦大学出版社2005年版。当然，也有学者提出：“古籍旧书往往极力夸张渲染，所谓‘惟务杀戮生灵’‘凡所经过，尽皆焚爇’的说法，都失之偏颇，不够科学和公正，应予具体地分析对待，杀戮有节和恢复发展经济的一面也不可忽视。”——谢志诚：《河北通史》（宋辽金元卷），河北人民出版社2000年版，第3页。但笔者认为吴松弟教授等人口史学家基于实证方面的研究得出的结论，更可靠一些。

④ 《大金国志校证》卷一八，《世宗下》。

名起义后下达了“匹夫匹妇不可留”的残杀政策，派遣都统斜也率兵万人攻克大名，“多与少尽洗之，大名之众，闻风而自溃焉，斜也杀居民三十万口，灭族者一千七百余家”①。听到金世宗即位的消息后，完颜亮又派遣先锋将郭安国回师，“尽诛黄河以北之叛己者”②，“匹夫匹妇不可留”及大规模的灭族性的残杀，显见是基于对汉人反抗的仇恨和报复。

这种疯狂屠杀所导致的血腥记忆，对于同时代的经历过战火的人来说，是刻骨铭心的记忆，而对于他们的后代而言，一般需要再经历两代人，大约五十年的时间，随着岁月的变迁，仇恨才会逐渐淡漠③。

金军对被占领的地区，一边大肆掠夺财物，一边将被抓住的汉人民众驱赶到自己的牧场作奴隶或供使唤，对于被掳掠到北方的汉人俘虏看管极严，如果发现哪家隐藏逃俘，家长就要被处以死刑，家产和人丁均被没收，还要罚及四邻，导致辽朝及其以前已经迁移到东北的汉人民众，也不敢帮助他们南逃或接济他们。

金朝太宗时期，女真贵族已经确立了其在黄河以北地区的统治，在黄河以南地区，则扶持伪齐刘豫傀儡政权。为了巩固其对中原广大地区的统治，金朝把大批女真族猛安谋克户迁入中原，天会十一年（1133）秋，“悉起女真国土人散居汉地。……恐人见其虚实……棋布星列，散居四方。令下之日，比屋连村，屯结而起”④，“惟金主及将相亲属卫兵之家得留”⑤。这种做法，一是监督汉人，二是给汉人以女真人数量也很多的假象，三是害怕汉人对女真贵族的复仇行为。以后又陆续有迁移女真族猛安谋克户到内地的做法，据乔幼梅教授推算，大定二十三年（1183），“在中原的猛安谋克，约有户 39.4 万，口 396.9 万”⑥，由此可见，移民的规模是空前的，监视汉人的目的也很明显。内迁女真人仍实行猛安谋克行政

---

① 《三朝北盟会编》卷二四二，炎兴下帙一百四十二，第 1742—1743 页。

② 《大金国志校证》卷一六，《世宗上》。

③ 尽管自古以来汉人作为族群，就有习惯性的集体失忆的“毛病”，但是，也不可把这种集体失忆，估计为彻底失去对一些大事件的记忆，比如金初、元初、清初对汉人的大屠杀，实际上一直以各种形式，留存在以后汉人的记忆中，这也是皇太极天聪十年（1636），把国号由“金”改“清”的最重要的原因。笔者所生活的中原地区，直到今天，汉族人对于蒙古人在元代施之于汉人的种种暴政，还以各种传说的方式在流传，比如“八月十五撵鞑靼”的传说以及一个村庄一把菜刀共用的传说等。不可把这种传说，都说成无根之语。

④ 《大金国志校证》卷八，《太宗纪六》。

⑤ 《建炎以来系年要录》卷六八。

⑥ 乔幼梅：《宋辽夏金经济史研究》，齐鲁书社 1995 年版，第 52 页。

组织，所居止处都不在州县，筑寨处村落间，猛安、谋克府亦在其内。金朝对女真与汉人实行双重统治体系的地方政体结构，基本形成，有金一代，没有改变。

（二）强迫易服装、改发式

金统治者还强迫当地汉人民众留女真族发式、改穿女真族服装，天会四年（1126）十一月二十九日，金太宗发布了第一个改俗令，“今随处既归本朝，宜同风俗，亦仰削去头发，短巾左衽。敢有违犯，即是犹怀旧国，当正典刑，不得错失”①。在占领了淮河以北广大地区后，天会七年（1129）又下诏：“禁民汉服及削发不如法者死。”措施更为严厉；该政策执行的初期，有些地区，执行的非常彻底，刘陶知代州，“执一军人于市，验之，顶发稍长、大小且不如式，斩之”；韩常知庆源、耿守忠知解梁，“见小民有依旧犊鼻者，亦责以汉服，斩之”，无辜被害的生灵，不可胜计；由于需要改做服装，“布帛大贵，细民无力易之，坐困于家，无敢出焉”②，以易服装、改发式为是否服从女真人统治的标准，妄图先从外在符号上，消灭汉人的民族意识，以使汉人在服装、发式等外在符号象征上，与女真人保持一致，进而使他们慢慢地失去历史记忆，从而接受女真文化。诚如萧启庆先生所言：“在东亚社会，衣冠服发不仅是区别文野的标准，也是政治上对一个朝代顺逆态度的表征。”③ 海陵王即位之后，对这个政策作了一番调整，天德二年（1150），“诏河南民，衣冠许从其便”④。但是对黄河以北广大地区而言，改俗令却是不可抗拒的。在金朝统治者的高压恐怖政策下，河朔及山东广大地区百姓不得不改变传统的民族习俗，如“衣装之类，其制尽为胡矣……惟妇人之服不甚改”⑤。近年在山西高平市发现的金正隆年间的乐舞杂剧石刻，其中汉人均为左衽⑥。卫绍王时，宋人程卓出使金朝，在沃州柏乡县（今河北省柏乡县）一座汉光武庙中，发现壁绘云台二十八将竟也都是左衽⑦，由此可见金朝在这

---

① 佚名编，金少英校补、李庆善整理：《大金吊伐录校补》，《枢密院告谕两路指挥》，第306页。中华书局2001年版。

② 《三朝北盟会编》卷一三二，炎兴下帙三十二，建炎三年八月，第960页。

③ 《元代的族群文化与科举》，第32页。

④ 《大金国志校证》卷一三，《海陵炀王上》。

⑤ 范成大：《揽辔录》，《说郛》卷四一。

⑥ 景李虎等：《金代乐舞杂剧石刻新发现》，《文物》1991年第12期。

⑦ 程卓：《使金录》，《碧琳琅馆》丛书本。

一地区推行女真服饰的效果。

服装、发式等外在的民族符号，在高压恐怖政策之下可以改变，但是内在的文化基因，由于历史的积淀，却很难改变，尤其是对于有悠久历史传统且文化较女真文化先进，人数又占压倒优势的汉人而言，更是如此。

（三）血腥的文字狱

女真人对汉人上层中的士人尤其不信任，因此，迫害汉人士人的文字狱也时有发生，特别是在金朝初期，其酷烈程度虽没有达到清朝初期令汉人士大夫噤若寒蝉的程度，但一样使汉人士人十分畏惧，正如陶晋生先生所析，金初对汉族士人的防范极严，宇文虚中、高士谈及张钧案充分说明了这一点①。

咬文嚼字、罗织罪名，金初太祖和太宗时期，还没必要以此罪名来对付汉人士大夫，杀就杀了，而且二人对汉文化的理解程度也非常低。用文字狱的形式杀害或者迫害汉人士大夫始于金熙宗，《大金国志》记载熙宗“贯综经业，喜文辞”②，因此，不能低估金熙宗的汉文化素质，否则无法解释他在金朝制度创立领域的开创性成就，宇文虚中、高士谈及张钧案均发生在他在位时期不是偶然的事情。当然，用文字狱形式，罗织罪名杀人，较之“明杀”，最起码是形式上的“进步”。

金熙宗统治时期的宇文虚中案，当然和文字狱有关系，宇文虚中“尝撰宫殿榜署，本皆嘉美之名，恶虚中者择其字以为谤讪朝廷，由是媒蘖以成其罪”，皇统六年（1146）二月，唐括酬斡家奴婢杜天佛留诬告宇文虚中谋反，金熙宗诏令有司鞫治，但是，没有找到谋反的证据，于是以其家中所藏图书为罪证，宇文虚中见此说道：“死自吾分。至于图籍，南来士大夫家家有之，高士谈图书尤多于我家，岂亦反耶。”③ 高士谈也因此一起遇害，同时遇害的还包括宇文虚中与高士谈老幼百口，成为金代受害者最多的一次文字狱案，估计因为此案被杀的汉人当不少，金熙宗无疑是该案最大的祸首。

笔者认为宇文虚中案最重要的原因，应该还是和“谋反”有关，上京的汉人密谋武装暴动后南逃，宇文虚中估计和此事有牵连，甚至可能参

---

① 见陶晋生《金代的政治冲突》，《中央研究院历史语言研究所集刊》第43本。

② 《大金国志校证》卷九，《熙宗孝成皇帝一》。

③ 《宋史》卷三七一，《宇文虚中传》，第11529页。与《金史》卷七九《宇文虚中传》所列举的罪名没有出入。

与过准备时期的一些活动；宇文虚中出使金国被扣，随后被迫出仕，虽然没有什么实权，但也得以利用自己的官职四处走走，“知东北之士，不甘应敌，密以信义感发之，从者如响，乃与其翰林学士高士谈等同谋，欲因亶郊天就劫杀之，先期以蜡书来告于朝，欲为之外应”①。元好问《中州集》则作如下记载，“皇统初，上京诸虏俘谋奉叔通（宇文虚中字）为帅，夺兵仗南奔”②，这是一个十足的冒险行动。暴动谋反这样的事情，一旦在金国统治的腹地爆发，其影响恰似星星之火，极有可能形成燎原之势。如果以这样的罪名，杀害宇文虚中等人，在汉人和女真人的民族矛盾比较尖锐的情况下，反而会使他们在汉人中的威望更高，影响更大，甚至会形成前赴后继之势；退一步说，如果要查找他们谋反的罪证，在当时的体制背景和民族关系背景下，岂有找不到的道理。而按照文字狱的方式，杀害宇文虚中等人，则可对金朝廷中的汉人臣僚和未出仕的汉人儒士，产生极大的威慑作用，毕竟他们在金国的汉人中有很大的影响，“上京诸俘虏谋奉叔通为帅，夺兵仗南奔”的事情，即使宇文虚中不知道，假冒他名义行事的事情，也有可能发生。

由于《宋史》中有关宇文虚中事迹的记载，有不少矛盾之处，有的学者认为其中的记载“不乏虚假成分，反映了南宋社会的道德期许”③。熊剑平则认为宇文虚中实际上是南宋潜伏在金国的间谍，笔者不敢苟同这一新见，因为作为间谍，自应小心谨慎才是，断不会如宇文虚中那样，“恃才轻肆，好讥讪，凡见女直人辄以矿卤目之，贵人达官往往积不能平”④。

金熙宗统治时期的张钧案，是典型的文字狱案。皇统九年（1149）四月壬申夜，狂风带来骤雨，雷电交加，震坏了寝殿鸱尾，雷电引发的大火，甚至窜进了金熙宗的寝殿，连帏幔都被燃烧，金熙宗急忙跑到他殿躲避。丁丑，又有“龙斗于利州榆林河水上，大风坏民居、官舍，瓦木人畜皆飘扬十数里，死伤者数百人”⑤，用今天的天象术语来说，这是两场典型的龙卷风。五月戊子，金熙宗因为这两日的异常天象，决定肆赦，命翰林学士张钧起草诏令，张钧按照儒家自董仲舒以来的对待此类异常天象

① 《建炎以来系年要录》卷一五四，绍兴十五年九月壬子条，第149—327页。

② 《元好问全集》卷四一，第835页。

③ 贾秀云：《宇文虚中事件与南宋社会的道德期许》，《史学月刊》2009年第6期。

④ 《金史》卷七九，《宇文虚中传》，第1792页。

⑤ 《金史》卷四，《熙宗》，第86页。

的传统观念，“意欲奉答天戒，当深自贬损”，于是在诏令中写道：“惟德弗类，上干天威”及“顾兹寡昧眇予小子”几句话，金熙宗让自己的宠臣、奚人萧肄翻译这些话，萧肄故意曲解诏令的原意，他解释为：“弗类是大无道，寡者孤独无亲，昧则于人事弗晓，眇则目无所见，小子婴孩之称，此汉人托文字以詈主上也。”金熙宗听后大怒，命卫士拽张钧下殿，“榜之数百，不死。以手剑劈其口而醢之。”① 残酷之至。其实，该案的主谋应该是熙宗，张钧所草诏令内容的本来意义，他不是不懂，也无须借助契丹人萧肄的翻译，只是为了借此打击汉人臣僚，使他们俯首听命。他也深知汉人臣僚和契丹臣僚之间的矛盾，萧肄只不过充当了“枪手”的角色。

宇文虚中案和张钧案说明，即使随着女真贵族汉化的加深，“金初女真统治者和汉族士人间的关系，是十分紧张和脆弱的”②，这种政治环境，使汉人臣僚的民族心理，更加脆弱。

章宗朝的文字狱案有两起，一起为明昌二年（1191）的进士李邦乂上封案，罪名为“论世俗侈靡，讥涉先朝”，有司“议言者罪”，金章宗知道后对宰臣说：“昔唐张玄素以桀、纣比文皇。今若方我为桀、纣，亦不之罪”，但是“世宗功德，岂容讥毁”，章宗此言，显见是欺世盗名之举。金章宗又问汉人宰执张万公对此案的看法，张万公说道：“讥斥先朝，固当治罪，然旧无此法。今宜定立，使人知之。”于是“免邦乂罪，惟殿三举”③，张万公要求为文字狱类案子先行立法，以便官民知道如何规避，委实幼稚，专制体制下的帝王，即使有此类立法，欲在文字中查找罪名，何愁没有。

另一案为赵秉文案，该案的前期为宽泛意义上的文字狱，后期则为典型的文字狱。之所以这样分析，是因为章宗开初以赵秉文为突破口，也即以赵秉文所说的“君子”和“小人”两个道德名词为该案的起点，网罗一干文人入网；后期的周昂作诗诽谤事件，则演变为典型的文字狱。

明昌六年（1195），由于王庭筠的推荐，赵秉文入朝为应奉翰林文字、同知制诰。此前，刚刚发生由许多汉人臣僚因为私议朝政而入狱的事

① 《金史》卷一二九，《萧肄传》，第 2780 页。

② 刘浦江：《金朝的民族政策与民族歧视》，《历史研究》1996 年第 3 期。

③ 《金史》卷九五，《张万公传》，第 2102—2103 页。

件，牵涉的人包括蒲阴县令大中、左司郎中刘昂、通州刺史史肃、前临察御史王宇、吏部主事曹元、户部员外郎李著、监察御史刘国枢、尚书省都事曹温、雄州都军马师周，吏部员外郎徒单永康、太仓使马良显、顺州刺史唐括直思白等①，章宗为此还骂出一句脏话，“措大辈止好议论人”②。第二年（1196，承安元年），不明就里、书生气很浓的赵秉文，上书章宗应该“进君子，退小人”，章宗让近侍问他谁是君子、谁是小人，赵秉文对以君子是完颜守贞，小人是当朝宰相胥持国；章宗于是亲自问他何以知道此二人是君子和小人，此前章宗刚因为完颜守贞直言无忌，命其出守东京，胥持国则因为谄谀章宗，正是炙手可热的权相，赵秉文此举，显见是摸了老虎屁股，因为皇帝亲自审问，书生气十足的赵秉文惊慌失措，“言颇差异”，章宗于是命大兴知府事完颜膏等审查此案。

案：胥持国，字秉钧，代州繁畤人，经童出身。“为人柔佞有智术”，金章宗宠幸出身微贱的李妃，“妃亦自嫌门地薄，欲借外廷为重，乃数称誉持国能，由是大为上所信任，与妃表里，筦擅朝政”，胥持国又素知金章宗好色，“阴以秘术干之，又多赂遗妃左右用事人……诛郑王永蹈、镐王永中，罢黜完颜守贞等事，皆起于李妃、持国。士之好利躁进者皆趋走其门下。四方为之语曰：‘经童作相，监婢为妃’，恶其卑贱庸鄙”③。

赵秉文起初不肯牵连朋友，后被迫交待曾经与修撰王庭筠，御史周昂，省令史潘豹、郑赞道、高坦等私议此事，王庭筠等皆因此下狱，决罚有差。赵秉文承安元年（1196）的上书，非但没有扳倒胥持国，反落得一干士人被打入监牢。金章宗又下诏搜索“所作讥讽文字”，费尽一番功夫，得到一首周昂《送路铎外补诗》，内容为“龙移鳅鳝舞，日落鸱枭啸。未须发三叹，但可付一笑”，章宗读后大怒，“此正谓世宗升遐而朕嗣位也”，认为该诗把世宗比作龙和日，把自己比作泥鳅和枭，泥鳅和枭自然不是好东西，大臣们听到皇帝的这种解释后，惊恐万分，亏得参知政事孙铎遇事不慌，从容地对章宗解释说：“古之人臣亦有拟为龙、为日者，如孔明卧龙、荀氏八龙，赵衰冬日、赵盾夏日，宜无他。”④ 金章宗的愤怒之情才稍微缓解。周昂最终因为“语涉谤讪，坐停铨”；后又“坐

① 《金史》卷九九，《孙铎传》，第 2194 页。

② 刘祁著、崔文印点校：《归潜志》卷一〇，中华书局 1983 年版，第 111 页。

③ 《金史》卷一二九，《胥持国传》，第 2793—2794 页。

④ 《归潜志》卷一〇，第 112 页。

诗得罪，谪东海上十数年"[①]。自此之后，金章宗对文人们越来越不满意，泰和三年（1203）御试，他亲自出的御试题目为"日合天统"，其目的就是"困诸进士"[②]，尤其让汉人儒士面对该题目无所适从，而且将御试录取名额，减少到可怜的二十七人。

章宗时期的文网颇密，王寂与李子安有通家之谊，李子安是王寂父亲王础的私家弟子，且和王寂为多年的同窗，可王寂到李子安的家乡巡视，李子安竟然不敢见王寂，等王寂再次到其家乡巡视，李子安已经去世一年，王寂见到了他的儿子李翊，王寂为此含泪写诗感叹，"岂其畏简书，莫敢通一线。相望不累驿，秦蜀隔云栈。病不致一问，死不致一奠。幽冥负良友，此罪良可逭？朝来见遗墨，似对故人面。西城望墓木，使我泪如霰。恨无宝剑挂，聊以伸眷眷。一死一生间，交情庶可见"[③]。碍于文字狱的高压，通家之谊、同窗之好，都只能埋在心底，连书信往来都不敢，更不敢见面。

一直到金朝后期，文字狱的高压，也没有放松。

高庭玉，字献臣，辽东人，年少时科举及第。"入官有能声，吏事明敏，人莫能及。……敢为"；贞祐初为河南府治中，与主帅温迪罕福兴发生矛盾，大蒙古国军队包围中都后，四方竟无勤王之师，高庭玉"慨然有赴援意，屡以言激福兴"，温迪罕福兴反而"诬以有异志，辄收赴狱"，与高庭玉联系较为密切的名士庞才卿、雷希颜、辛敬之等"皆连系，考掠"[④]，但还是没有找到"有异志"的证据，高庭玉后死于狱中，其他几个人遇到赦免的机会，才被释放。后高庭玉等的冤案虽然得以昭雪，温迪罕福兴也被追究了有限的责任，但该案余波未息，高庭玉的后人让案件的当事人之一雷希颜，为其撰写墓志铭，但雷希颜却以温迪罕福兴还活着为由，婉言谢绝，可见雷希颜的心里已如惊弓之鸟。

麻九畴，经学、算数、卜筮、射覆、医学，样样精通，"为文精密奇健，诗尤工致"，后却以"避谤忌，持戒不作"[⑤]，一代才子竟然封笔，

① 《金史》卷一二六，《周昂传》，第2730页。

② 《归潜志》卷一〇，第112页。

③ 王寂：《鸭江行部志》，贾敬颜：《五代宋金元人边疆行记十三种疏证稿》，中华书局2004年版，第180页。

④ 《归潜志》卷四，第33页。

⑤ 《金史》卷一二六，《麻九畴传》，第2740页。

可见金末文字狱之厉害，也可见当时文网之密，汉人儒士谨慎和畏惧的民族心理达到何种程度。

金朝中后期唯一反对“括地”政策的汉人出身的平章政事张万公，于泰和七年（1207）去世，其后人让东平籍进士、参知政事高霖为其撰写神道碑，但是高霖却以“于时事有嫌，不敢复议”① 的理由，婉言谢绝。张万公为官一生，遇到的最重要的大事有两件，一是反对金章宗立元妃李氏，二是反对括地，如果将这两件大事刻上神道碑，不管是对墓主本人还是其家属，包括神道碑的撰写者高霖，都将带来很大的祸患，所以，一直到金朝灭亡后，张万公的孙子张好退，找到元好问，由于再无恐惧之理由，元好问才大胆地为张万公撰写了突出强调其光辉事迹的神道碑。

（四）对汉人土地的掠夺

宋金订立绍兴和议后，女真人与境内汉人之间的矛盾，不再像过去那么尖锐了，年轻一代的汉人自幼生活在女真政权下，民族情绪远远不像他们的父辈那么强烈。被金人羁留多年的宋使洪皓在绍兴十三年（1143）南归时途经河朔，当地父老就曾指着一群青年人对他感叹道：“是皆生长兵间，已二十余矣，不知有宋。”② 二十余年，正好一代人，“不知有宋”，应该包括两种含义，一是不知道该地原先是北宋的国土，二是不知道南方有汉人国家南宋，笔者对这两种含义都表示怀疑，洪皓的记载有些夸张，二十多年的岁月，尚不至于遗忘到此种程度。

随着时间的推移，女真人和汉人之间，基于屠杀所产生的民族矛盾会慢慢淡化，而女真人与汉人的土地争端，由于关系到切身利益，则成为金代中后期民族矛盾的重要转折点。

对以耕作为主要生产方式的汉人来言，土地就是命根子，较之普通的自耕农，汉人上层拥有的土地更多，利害关系更大，在女真贵族一轮轮的掠夺土地的过程中，自然成为最主要的受害者，也很容易成为反对女真人掠夺土地行为的领导人物。女真民族整体和汉民族整体，在秦淮以北广大地区的矛盾，再度走向尖锐化，始于金章宗继位以后，矛盾缘起于女真统治者对河朔及山东乃至陕西等广大地区汉人上层及农民的疯狂的“括地”政策，这也是导致红袄军起义的根本原因。

① 《元好问全集》卷一六，《平章政事寿国张文贞公神道碑》，第386页。

② 洪适：《盘州文集》卷七四，文渊阁四库全书版。

猛安谋克户迁移到中原地区后，由于女真人生活在地广人稀的东北地区，再加上有渔猎生活作为补充，所以不缺少耕地，也不讲求精耕细作；屯驻中原以后，猛安谋克户仍固守以往传统，对土地粗放经营，土壤肥力下降之后，即弃置不耕，耕地因此逐渐减少，但他们却认为是政府分给他们的土地不够，进而提出增加土地，或重分土地的要求，于是，以女真本位主义为统治思想的金朝统治者，借口分给屯田军户的耕地“薄瘠”，强夺汉人的田地为官田，再分给女真人。大定十七年（1177），“复以近都猛安谋克所给官地率皆薄瘠，豪民租佃官田岁久，往往冒为己业，令拘籍之”①，把汉人的土地强说成租佃的官田，然后予以没收。在括地过程中，对汉人的耕地肆意抢夺，“凡地名疑似者，如皇后店、太子庄、燕乐城之类，不问民田契验，一切籍之”，② 即使有地契，也要借故没收。金代黄河改道之后，梁山泺水退之后，百姓在荒滩上开辟的耕地，更在被刷之列，“虽曾经通检纳税，而无明验者，复当刷问。有公据者，虽付本人，仍须体问”③，“时人户有执契据指坟垅为验者，亦拘在官”④，括地，实质上就是一场由政府主导的明火执仗的抢掠汉人土地的强盗行为。

“括地”行为，世宗朝就有。世宗朝的括地运动，从大定十七年（1177）开始，一直延续到大定二十一年（1181），是年八月，尚书省奏报山东所刷地数，至此，有组织的括地行为才算暂时告一段落。但仅仅过了一年，又有在河北、中都等路括地的记载，《金史·食货志》“田制”，于大定二十二年（1182）九月记载：“先尝令俟丰年则括籍官地，至是岁，省臣复以为奏。”⑤ 于是再有括地之举。世宗一朝，括地已经成为救济贫困女真人的一个经常性措施，只是规模较之此后的章宗朝，规模较小而已。

女真贵族还大量圈占汉人田地作为牧场。大定十一年（1171）正月，金世宗对宰臣说：“往岁清暑山西，近路禾稼甚广，殆无畜牧之地，因命五里外乃得耕垦。今闻民皆去之他所，甚可矜悯，其令依旧耕种。”⑥ 此

---

① 《金史》卷四七，《食货志·田制》，第1044—1045页。

② 《金史》卷九〇，《张九思传》，第2004页。

③ 《金史》卷四七，《食货志·田制》，第1047页。

④ 同上书，第1048页。

⑤ 同上。

⑥ 《金史》卷六，《世宗上》，第148页。

时距离金军占领该地区，已经将近半个世纪，但女真贵族在山西地区圈占汉人土地作牧场的行为还未停止。

世宗朝的括地运动，已经给社会带来了巨大的震荡，给汉人带来了巨大的利益伤害和心理伤害，章宗朝不但不改弦更张，反而变本加厉。

章宗时期最大的一次括地浪潮，发生在承安五年（1200），是年，“主兵者言：‘比岁征伐，多至败衄，凡以军士所给之地不足自赡，至有不免饥寒者，所以无斗志。愿括民田之冒税者分给之，则战自倍矣。’”自明昌六年（1195）以来，金朝不断遭到北方阻卜等部的侵扰，虽几次派兵征讨，却多遭败绩，将帅们将问题的症结，归于女真猛安谋克户“屯田地寡，无以养赡，至有不免饥寒者，故无斗志”，因此，希望“括民田之冒税者分给之，则战士气自倍矣”①，括地之议，得到了大多数女真族朝臣的赞同，唯有汉人出身的平章政事张万公，极力反对，他上疏说道：

> 军旅之后，疮痍未复，百姓拊摩之不暇，何可重扰？一也；通检未久，田有定籍，括之必不能尽，适足以增猾吏之弊，长告讦之风，二也；浮费侈用，不可胜计，推之以养军。可敛不及民而足，无待于夺民之田，三也；兵士失于选择，强弱不别，而使之同田而共食，振厉者无以尽其力，而疲劣者得以容其奸，四也；夺民而与军，得军心而失天下心，其祸有不胜言者，五也。②

“得军心而失天下心”，张万公对括地危害的分析，一针见血，他还提出一迫不得已的替代之策，即以过去所括的公田召民租佃，将地租收入用于赡军，“则军有坐获之利，而民无被夺之怨矣”③，然而他的意见没有得到章宗采纳，可见以金章宗为代表的女真贵族，对汉人合法权益及尊严的蔑视。

此次括地在枢密使完颜宗浩的主持下进行，估计首先提出括地建议的应该是他。《金史·宗浩传》亦云：“会中都、山东、河北屯驻军人地土

① 《金史》卷九五，《张万公传》，第2104页。

② 《元好问全集》卷一六，《平章政事寿国张文贞公神道碑》，第388—389页。

③ 同上书，第389页。

不赡，官田多为民所冒占，命宗浩行省事，诣诸道括籍，凡得地三十余万顷。”[①] 专为括地而设置行省，这在金朝是唯一的一次，由此可见朝廷对此次括地的重视。至于括地的范围，《宗浩传》只笼统地提到中都、山东和河北。据《金史·食货志》记载，泰和四年（1204），“上闻六路括地时，其间屯田军户多冒名增口，以请官地”[②]，这里说的“六路”，除了中都路、山东东西路和河北东西路之外，还有一路可能是指大名府路。

承安五年括地的结果，“凡得地三十余万顷”，这个数字是相当惊人的。根据漆侠先生的研究，北宋时全国的各类官田总数仅 32 万余顷[③]，金代官田数量虽然不断增加，但在经过世宗大定年间的大规模括地之后，居然又括出官田 30 余万顷，不能不令人感到惊讶。这个问题很好理解，时人就一针见血地指出：“名曰官田，实取之民以与之。”[④]

此次括地的苛酷程度是空前的，仅大臣完颜匡，就利用皇帝“拨赐家口地土”的机会，自占济南、真定、代州大量丰腴田地，“百姓旧业辄夺之，及限外自取”[⑤]；许多年之后，汉人上层对括地的记忆仍印象深刻，贞祐三年（1215）议括河南官地时，侍御史刘元规上疏反对，“向者河北、山东已为此举，民之茔墓井灶悉为军有，怨嗟争讼至今未绝”[⑥]，说的就是承安五年括地的情况。

“世宗、章宗时期两次大规模的括地运动，在女真人与汉人之间，制造了无法弥合的裂痕，尤其是承安五年，由宗浩主持的六路括地，令广大汉族百姓，对女真人生出刻骨的仇怨。”[⑦] 宣宗南迁以后，人们在谈起这次括地所带来的严重后果时，仍说州县汉民与女真人“互相憎疾，今犹未已”[⑧]。贞祐二年（1214），括地浪潮中汉人受害最严重的山东地区，爆发了声势浩大的红袄军起义，在探讨红袄军起义的原因时，下面这段史料经常为人们引用：

---

① 《金史》卷九三，《宗浩传》，第 2074 页。

② 《金史》卷四七，《食货志·田制》，第 1051 页。

③ 漆侠：《宋代经济史》（上），上海人民出版社 1987 年版，第 340 页。

④ 《金史》卷一〇六，《张行简传》，第 2332 页。

⑤ 《金史》卷九八，《完颜匡传》，第 2173 页。

⑥ 《金史》卷四七，《食货志·田制》，第 1052 页。

⑦ 刘浦江：《金代土地问题的一个侧面——女真人与汉人的土地争端》，《中国经济史研究》1996 年第 4 期。

⑧ 《金史》卷一〇七，《高汝砺传》，第 2354 页。

（山东）盗贼充斥，互为支党，众至数十万，攻下郡邑，官军不能制。渠帅岸然以名号自居，仇括地之酷，睚眦种人，期必杀而后已。若营垒、若散居、若侨寓托宿，群不逞共起而攻之，寻踪捕影，不遗余力，不三二日，屠戮净尽，无复噍类，至于发掘坟墓，荡弃骸骨，在所悉然①。

这段文字，对于我们认识和理解红袄军起义的背景，很有帮助。文中所说的“种人”，即女真人，所谓“仇括地之酷，睚眦种人”，清楚地说明了土地争端是这次起义爆发的根本原因。

红袄军起义，虽然没有能够推翻金王朝的统治，却加速了其灭亡的进程，从这个角度来说，女真人与汉人的土地争端，诚如元好问所言，是乃“系于废兴存亡者”，元好问在谈到宗浩括地时，对它带来的严重后果给予了充分地估量，“武夫悍卒倚国威以为重，山东、河朔上腴之田，民有耕之数世者，亦以冒占夺之。兵日益骄，民日益困，养成痈疽，计日而溃。贞祐之乱，盗贼满野，向之倚国威以为重者，人视之以为血仇骨怨，必报而后已，一顾盼之顷，皆狼狈于锋镝之下，虽赤子不能免。……其祸果有不可胜言者”②。作为金朝后期著名的汉人士大夫、文坛领袖，元好问耳闻目睹了红袄军起义的经过，而且此神道碑撰写于金朝灭亡之后，所以文中对括地背景、经过、后果的描述和认识，都非常详细，评价也鞭辟入里。

（五）歧视性法律、政策和意识

张中政、刘浦江、乔幼梅、王曾瑜③等学者认为，在金代，存在着女真、渤海、契丹和奚、汉人（也称汉儿，原辽统治区汉人）、南人（原宋统治区汉人）五个民族等级，女真人始终占统治地位，其他几个民族由于历史等方面的因素，与女真族统治者的关系有明显的差异，从而导致他

---

① 《元好问全集》卷二八，《临淄县令完颜公神道碑》，第598—599页。

② 《元好问全集》卷一六，《平章政事寿国张文贞公神道碑》，第390页。

③ 张中政：《汉儿、签军与金朝的民族等级》，《社会科学辑刊》1983年第3期；刘浦江：《金朝的民族政策与民族歧视》，《历史研究》1996年第3期；乔幼梅：《论女真统治者民族政策的演变》，《文史哲》2008年第2期。王曾瑜：《纤微编》，河北大学出版社2011年版，第423页。

们处于不同的等级地位，所享有的权利亦因此而有差别。但金代的民族等级，并非如元代是法定的固化，只是当时人的一种总体看法。

“金朝存在很强的民族歧视，特别是在金朝初期”①，而对汉人的歧视问题，主要体现在元人所修《金史》中常见的“诸色人”待遇问题上，汉人理所当然应该属于“诸色人”概念的内涵，且看《金史》中关于“诸色人”被歧视的问题。

皇统八年（1148）十一月，左丞相完颜宗贤、左丞完颜禀希望州县官只用“本国人”，“本国人”与“本朝人”两种称呼，在金代均特指女真人，这种称呼本身，即包含着对其他民族的歧视和蔑视，金熙宗回答道：“四海之内，皆朕臣子，若分别待之，岂能致一。谚不云乎，‘疑人勿使，使人勿疑。’自今本国及诸色人，量才通用之。”② 自今以后，显见以前，在州县官人选问题上，对汉人上层的歧视。金世宗统治时期，女真人与汉人之间的民族区分，还是很明显的，而金世宗发起的“女真本土化”运动，又有意强化这种区别，他经常对唐括安礼“猛安人与汉户，今皆一家，彼耕此种，皆是国人”的说法，提出激烈批评，“朕谓卿有知识，每事专效汉人……前日宰臣皆女直拜，卿独汉人拜，是耶非耶？所谓一家者皆一类也，女直、汉人，其实则二。朕即位东京，契丹、汉人皆不往，惟女直人偕来，此可谓一类乎？”③ “卿独汉人拜”与“惟女直人偕来”，说明当时的族群分野，还很鲜明。女真族统治者，直到金章宗时期，还是很在意汉人对他们的称呼，明昌二年（1191）六月诏令，“禁称本朝人及本朝言语为‘蕃’，违者杖之”④，汉人称呼女真人为蕃人、女真语为蕃语，并不见得就有绝对的歧视女真人的含义，而且，这种称呼，并非始于金朝，应该是中原汉人对北方少数民族的一种泛称，由来已久，但女真人随着汉化的加深，在了解了该字的原始含义后，听后很不舒服，所以开始忌讳，这种忌讳，还是民族心理上对汉人的不信任。

金世宗大定九年（1169）二月下诏，“诏女直人与诸色人公事相关，只就女直理问”⑤，该诏令条文的含义，指对女真人的处理只能按女真人

① 《纤微编》，第423页。

② 《金史》卷四，《熙宗》，第85页。

③ 《金史》卷八八，《唐括安礼传》，第1964页。

④ 《金史》卷九，《章宗一》，第218页。

⑤ 《金史》卷六，《世宗上》，第144页。

传统的法律来处理，给予女真人特殊的法律地位与法律保护。

金章宗明昌四年（1193）三月，“制定民习角觝、枪棒罪”①，此法律条文，自然包括汉人。明昌六年（1195）十一月，“禁射粮军，应役但成队伍，不得持兵器及凡可以伤人者”②，射粮军是从汉人中强制征发来的，充杂役，并不参加战斗，地位低下，禁止他们持有武器或类武器，显见是对汉人的不信任。贞祐元年（1213）十月，在蒙古人的威胁越来越重的背景下，金宣宗才下诏，“应迁加官赏，诸色人与本朝人一体”③，但是，该诏令在实施的过程中，阻力不小；贞祐三年（1215）二月，只好又下诏，“诏诸色人迁官并视女直人，有司妄生分别，以违制论”④；贞祐二年（1214）十一月诏令，“许诸色人试武举”⑤，此前虽然有汉人王哲于金熙宗天眷年间（1138—1141）中武举的个案，但应该是金初制度草创时期的特例。哀宗末年，连年的战争中，有时竟然出现“女直人无死事者”的罕见景象，长公主言于哀宗说：“近来立功效命多诸色人，无事时则自家人争强，有事则他人尽力，焉得不怨。”⑥

法律和政策上的歧视，是公开的，对于汉人上层而言，长期的历史积淀因素的传承和现实因素的制约，使他们在民族心理上早已经习以为常；但是潜规则（也可概称为意识）中的被歧视和不被信任，有时候却很难把握。

---

① 《金史》卷一〇，《章宗二》，第228页。

② 同上书，第237页。

③ 《金史》卷一四，《宣宗上》，第302页。

④ 同上书，第306页。

⑤ 同上书，第305页。从辽朝到元朝，契丹人、女真人、蒙古人，都采取种种举措，希望汉人的体质，永远不要强壮到与他们同样的程度。他们甚至害怕汉人由于生产方式和文化所导致的体质弱，会传染给自己，于是采取种种措施，增强免疫力。如阿保机曾经对后唐明宗派来使辽的使节姚坤说：“吾解汉语，历口不敢言，惧部人效我，令兵士怯弱故也。”（《旧五代史》卷一三七，《外国列传一》，第1831—1832页）通过和契丹境内汉人的长期接触及发展自己实力愿望的利益驱动，估计阿保机对汉语的了解，应该达到和汉人口语交流需要的基本水准。成长于游牧环境中的契丹人，崇尚金戈铁马、雄武有力的武人气质。而他们所理解的成长于农耕文化中的汉人，农民只会扶犁播种、官僚文人只会舞文弄墨，总之，怯弱胆小，武人特质太少，因而在和北方游牧民族政权的武力角逐中，常处于劣势地位。阿保机认为一旦自己在契丹人较多的场合，说汉语多了的话，契丹人也会慢慢效仿，逐渐就会染上汉人怯弱的毛病，这样下去，后果非常严重，严重到会降低士兵的武人气质。这种担心，有点过度，说汉语多，就会减少契丹族的武人气质，这中间没有必然的联系。

⑥ 《金史》卷一二四，《忠义四》，第2705页。

“辽朝统治下的汉人，入金后基本上是被作为一个民族集团看待的”①，王善军教授此处所说的汉人，即燕人。女真人对燕人上层大多也不信任。金人占领燕京后，“三人互相争权，乞取财物，乃至科钱物供输，皆出民间。有公事在官，先汉儿、次契丹、方到金人”②；天会五年(1127)冬，宰相刘彦宗任命一人知玉田县，朝廷亦差一人来，担任此职，无法交接，后来人含怒而归，随后，朝廷“遣使命至燕山，拘取刘彦宗，赐死；续遣一使来评议，彦宗各赂万缗乃已”③，“有兵权钱谷，先用女真、次渤海、次契丹、次汉儿，汉儿虽刘彦宗、郭药师亦无兵权”④，刘彦宗十足的傀儡宰相形象。“每破州郡，用一金人、一燕人、一南人，同共镇守”⑤，大权在女真人手中，燕人和南人则互相监视。金太祖天辅年间，金军攻至云中，派遣耶律坦招抚附近诸部，在大军压境、辽朝将亡的背景下，郭企忠来投降。虽然让其担任同勾当天德军节度使事，但却“徙所部居于韩州”⑥。案：韩州在今辽宁省昌图县境内，为金朝腹地，金朝用调防的办法，把郭企忠所部汉人的部队，全部调离世代生活的地区，其用意可想而知。金军自东京撤退后，一开始主张与南宋政权画河为界，于是“差拨金人十万人前来守河，亦不用燕人及契丹，其欲保守河北，防患之心如此”⑦。

这种对汉人上层的不信任，一直持续到金朝灭亡。张琮，琅琊临沂人，“仕金，守盱眙。金人疑之，罢其兵柄，徙居许州。寻复命守河阴，仍留家人于许”⑧，留家人于许州，家人显然是人质。即使到金末，仍然“偏私族类，疏外汉人，其机密谋谟，虽汉相不得预”，刘祁为此感叹说“人主以至公治天下，其分别如此，望群下尽力，难哉”⑨，“其分别蕃汉人，且不变家政，不得士大夫心，此所以不能长久”⑩。

---

① 《世家大族与辽代社会》，第105页。
② 《三朝北盟会编》卷九八，靖康中帙七十三，靖康二年四月，第725页。
③ 同上。
④ 同上。
⑤ 同上书，第726页。
⑥ 《金史》卷八二，《郭企忠传》，第1841页。
⑦ 《三朝北盟会编》卷一一〇，炎兴下帙十，建炎元年七月，第807页。
⑧ 《元史》卷一六三，《张德辉传》，第3823页。
⑨ 《归潜志》卷一二，第137页。
⑩ 《归潜志》卷一二，第137页。

张德辉在回答忽必烈“辽以释废，金以儒亡”的疑问时说道：“金季乃所亲睹。宰执中虽用一二儒臣，余皆武弁世爵，及论军国大事，又不使预闻。”① 此处不被重用、不使预闻军国大事的人，显然为汉人上层。

从以上分析即可看出，整体上说，金代影响汉人上层民族心理变化的短时段因素中，消极性因素的作用要远远大于积极性因素的作用。诚如王明荪先生所言：“金代汉人的反抗以及士大夫在政治冲突中受到的压制与迫害，要比辽代严重许多。”②

第二节 汉儿和南人臣僚之间的斗争

本节分析金代汉儿和南人臣僚相互之间基于多方面的因素展开的斗争，以及斗争表象背后所反映的民族心理。

一 金朝初期女真贵族对南人臣僚的压制

金国灭辽和破宋之后，疆域骤然扩大，而要控制如此广大的新占领区，必须依靠辽朝和北宋留下的人才，因此，女真贵族匆忙举行科举考试，但是，女真贵族担心通过科举考试做官的南人士人太多会危及自己的统治，“极端蔑视参加南选的士人和科举制度，甚至不录取南人”③。所以，金朝初期，在政权组成人员的民族结构中，则以辽朝汉人进士和幽云地区金朝初年的汉人进士为主（统称汉儿），也最受信任；南人则基本上处于受压制、不被信任的状态。女真贵族的这种做法，有意无意地对汉儿和南人臣僚的心理都产生了较大的影响，汉儿臣僚自恃有女真人作靠山，欺凌南人臣僚的事情，便时有发生；而南人臣僚为了自己的利益，也不甘心受辱，便起而抗争。相互之间基于历史（包括双方都未言明的正统问题、夷夏之辨等问题）、利益等因素，不断展开斗争，由于其背后又经常掺杂着女真贵族内部的派系斗争，局势更加复杂。

粘罕密戒试官，不取中原人。故是岁止试祠赋，不试经义。……

---

① 《元史》卷一六三，《张德辉传》，第3823页。

② 王明荪：《元代的士人与政治》，第20页。

③ 刘海峰、李兵：《中国科举史》，中国出版集团2004年版，第238页。

> 初开试日，粘罕立马场中，呼举人之年老者，意谓免试，争走马前跪之。粘罕以鞭指麾，令译者报："尔等无力老奴，何来应试？尔等如有文章，何不及第少年？尔等今苟得官，自知年老死近，向去不远，必取赃以为身后计，行乐以少？晚景，安有补于国？又闻尔等之来，往往非为己计，多有图财假乎后进者，如此，则我所取老者、少者皆非其人也！我欲杀尔等，又以罪未著白，复欲逐尔等，亦念尔等远来，故权令尔等终场，当小小以报国，不然，苟有所犯，必杀无赦！"于是诸生伏地叩头，愧恐而去。是岁，胡砺之余，中原人一例黜之，故少年有作赋讥者，其略云："草地就试，举场不公，北（比—引者注）榜既出于外，南人不预其中。"由是士子之心失矣①。

这场撇开南人士大夫进行的科举考试，即使对于幽云地区的汉儿士大夫而言，也是一场莫大的羞辱。南人士大夫，肯定知道这场科举考试的实况，仅仅基于此，他们对幽云地区参加这场科考的考生（不管得中与否），自然会"另眼相看"。

二 汉儿和南人臣僚之间的斗争

（一）汉儿对南人降臣的侮辱

金章宗承安二年（1197）大旱，山东及河东泽、潞一带民众，为生计所迫，揭竿而起，多至万余人，章宗派遣龙虎领军张天翼率军前去镇压，内侍江源监军，秘书监兼权给事中田迈上奏表示反对："宦者监军，唐之弊政。赵氏尝用之河东、太原之战，忠献王振鼓大呼，童贯以走。太祖起自龙翔，太宗讨定两河，皆用功臣亲总军令，乃忽变旧制，恐兵心离不听"，田迈的反对，出于对皇帝的至诚之心，金朝以前，宦者类人物监军，很少有好结果；第二日早朝，田迈坐待漏院，同样是内侍的江源兄江渊骑着马扬鞭而过，当面骂田迈说："痴南虏，敢言我家兄弟耶？"② 田迈听后，非常害怕，于是求出知郑州，江渊却让他改知潞州兼督察军粮，欲借军兴乏食之罪，令其弟江源趁机害他，田迈哀告左仆射完颜真向江渊说好话，才没有到潞州任职。江渊骂田迈为"痴南虏"，显见田迈为北宋降

---

① 《大金国志校证》卷七，《文宗文烈皇帝纪五》。

② 《大金国志校证》卷一九，《章宗上》。

官改仕金国，这种极具侮辱性的称呼，应该是女真族官员和燕云汉官对南人降官的统称，这种称呼的背后，包含着多重的含义，“痴”，应该指这帮南人降官，在说话和办事中，仍然遵守原先在北宋时候遵循的理念，不会像汉儿一样“诡随”，不会变通。“虏”，自然指的是俘虏的含义，南人臣僚虽然在金国照样做官，但改变不了自己亡国之臣、被人俘虏的“污点”。这种称呼，可以看出汉儿臣僚对南人臣僚的优越感、居高临下感、侮辱对方后的快感。不用多解释，我们也可想象出，南人臣僚听到这种称呼后的感受，尤其是当面这样称呼。

高桢，辽阳渤海人，五世祖高牟翰仕辽，官至太师。高桢“少好学，尝业进士”。皇统初，为行台平章政事，一日去汴，途经真定，当地官员设宴接风，时为河北西路转运都勾判官的胡砺，欲一起就坐。案：胡砺，字元化，磁州武安人，少嗜学。天会间，“大军下河北，砺为军士所掠，行至燕，亡匿香山寺，与佣保杂处”，燕人韩昉“见而异之，使赋诗以见志，砺操笔立成，思致清婉”，韩昉爱才心切，“因馆置门下，使与其子处，同教育之，自是学业日进”①。天会十年（1132），胡砺冒用知制诰韩昉的乡贯，得以参加科举考试，且“误被录取”，成为当年考试录用的唯一南人士子，高桢肯定知道胡砺和韩昉的关系，但也知道胡砺的南人户贯，于是责备胡砺，不许其坐，以此羞辱他，胡砺反驳说：“公在政府则礼绝百僚，今日之会自有宾主礼。”② 高桢平素对其他臣僚就比较霸道，对南人臣僚胡砺更是白眼相看，但没想到遇到了坚决抗争的胡砺，只好让其就座。

（二）田、蔡“党争案”

金朝初年朝廷中汉儿出身的臣僚中，最为得势的是刘彦宗、韩企先、田珏等人，这些人尽管是女真贵族的奴仆，却很看不起由北宋投降过来的官员，“他们自认是‘清流’，而不愿与宋臣共事”③，最为典型的是韩企先，作为辽朝名臣韩知古的九世孙，其家族对待契丹贵族处事心理的积累、繁衍和传承，使他们经常在复杂的政治生态中如鱼得水，金太宗非常信任韩企先，金朝初年的许多制度变革多出于韩企先之手。而兀术手下的

---

① 《金史》卷一二五，《胡砺传》，第2721页。

② 同上。

③ 《中国政治制度通史》（辽金西夏卷），第232页。

汉人臣僚，多是北宋投降过来的，如蔡松年等，由宋入金的南人臣僚中，蔡松年的官位最高，他遭后人非议的一个重要原因是金熙宗皇统七年（1147）发生的以田珏为首的“党争案”。要弄清事情的来龙去脉，须先详细分析蔡松年降金的心理历程。

1．蔡靖、蔡松年类宋臣降金前的心理

据《陷燕纪》记载：

（宣和七年十二月）十日，金人立旗帜城上。十二日，斡离不邀蔡公已下当日於球场相见。……张愿恭来，谓蔡公曰：“二太子言，今破燕，得一贤官，欲用之，如何？”蔡公对曰：“靖为天子守燕山，已坏了，金人得靖，安用之也？又待将金国坏了耶？”……又曰：“二太子言，大学之身，已属金国，会得否？”靖曰：“靖之此身，实属金国，生之杀之，皆在太子，然靖之心，却不属金国，靖心在本朝，岂太子所能制耶？”①

又据《北征纪实》记载：

斡离不以兵入，药师亦出师。未战，而张令徽先降。药师因亦降，遽回燕山，囚蔡靖等，迎金人投拜，是以中国束手无措。初靖揣药师与常胜军之情，故常劝以忠义。及知金人点集，将寒盟，屡奏，皆不报。靖无如之何，故因其出师，乃饯於野，对其大军，设案望阙，焚香拜舞，始语药师曰：“对诸军在此，今日之事，相公岂可负赵皇之恩耶？愿勉旃。”药师亦领略之，然无益矣②。

又据沈琯《南归录》记载：

（宣和七年十二月）四日，至燕山府，见蔡靖、吕颐浩、李与权、梁兢，议修城壁，分布官兵，同为守御之备。七日，郭药师、张令徽、刘舜仁领兵於白河东。日午，有人驰报，令徽先归，在东门之

① 《三朝北盟会编》卷二四，政宣上帙二十四，第175页。

② 同上书，第177页。

上。臣与靖等登南城望之，见兵马向西驰去。靖率监司议事於南门内，内有人建言，欲拥取敢战二千人开城门而遁，靖曰："此事且须熟议。"独臣以为不可，靖曰："试与家中商议，先遣骨肉南归。"颐浩与兢取家属在南门欲去。靖与臣同归衙，闻靖告其妻兄许採及其子松年："今日众人欲宵遁，如何？"採与松年俱曰："不可。"臣直入靖室，採与松年在侧，大声告之："以大学为守臣，岂可听众人之语？幸坚守不去之说。"大学以为然。少顷，使臣报：漕司吏卒约一二百人，直叩南门欲出。靖亟令使臣持刃止之，曰："敢有纷拏而出者，斩之。"久而方定。是夜，臣宿於靖之学院。八日早，靖率监司见药师，说言昨日之战……午后，药师遣人请议事，靖等至药师居，才相见，药师言："令徽初无战意於金人，已败走出界矣。令徽作降表，盗用印，使人追之乃回，旦夕再至，大学不得已，莫且降否？"靖曰："以死报君，是岂可为？"乃取佩刀欲自刺，药师与军官赵鹤寿等急捉其肘，众军官分散拽定。颐浩欲出外，药师曰："不须！"如是共闭於药师宅内。九日晚，传金国太子至城，药师率官属远迎之。回言：太子有令，南朝官并不杀，令出城降。靖言："既就拘执，何必更降？见时用何礼数？若少有屈辱，必死！"靖告药师："靖若死，举家骨肉，告相公缢死，一坑埋之。"并戒子松年以不屈。众祷药师免见太子，药师言必要相见①。

从以上几则史料来看，蔡靖、蔡松年父子降金前，其忠君爱国的心理昭然若揭，蔡靖表现得尤为刚烈，时年三十岁的蔡松年，也积极支持乃父的选择。最后降金，实属被胁迫之行为，北宋绝大多数仕金的降臣，其仕金前的经历和民族心理，大多和蔡靖、蔡松年父子一样。

2. "党争案"的由来

关于以田珏为代表的汉儿臣僚和以蔡松年为代表的南人臣僚之间的"党争"问题的由来，刘祁《归潜志》一书，记载得非常详细。兹条陈如下：

熙宗时，韩丞相企先辅政，好奖进人材，田珏辈风采，诚一时人

---

① 《三朝北盟会编》卷二四，政宣上帙二十四，第177—178页。

士魁，名士皆显达焉。凡宴谈会集间，诸公皆以分别流品、升沉人物为事。时蔡丞相松年、曹尚书望之、许宣徽霖居下位，欲附其中，而珏辈不许，曰："松年失节、望之俗吏、霖小人。"皆屏而不用。三人者大恨之。时太师辽王（宗弼）以皇叔当国，三人者游其门，甚言珏等专进退人才自利，将不利朝廷。辽王信之，将有以发怒，会韩丞相病革，辽王候焉。适珏在内，闻之，趋避门后。丞相属王以后事，曰："田珏可代吾。"辽王忿然曰："是子当诛，相公昏矣。"因起而出。珏闻之，汗沾衣。已而，丞相薨，珏等失势，三人者促辽王起党事奏闻。熙宗曰："党人何为？"辽王曰："党人相结欲反耳。"上曰："若尔，当尽诛之。"①

韩企先临终时候的遗嘱所得到的"回报"，十足的奴才待遇，田珏等则为奴才之奴才。由辽入金的田珏，竟然讥笑蔡松年等"失节"，可谓五十步笑百步，估计田珏等认为，作为幽云汉儿上层的后代，他们已经在契丹人建立的辽朝生活了相当长的时间，现在改仕女真人，不会受汉人传统的夷夏之辨的心理的影响。而蔡松年等人，由正统的汉人政权的官员而降金，就是"失节"，"失节"这种称呼，对于蔡松年等南人臣僚而言，太具侮辱性，如果再和"痴南虏"这一称呼联系起来，已经触及他们能够容忍的心理底线，他们绝大多数毕竟是被胁迫无奈而降金，面临此景，不予以报复，就无法咽下这口怨愤之气，而且还要被对方继续打压，而对方对南人臣僚的打压，应该没有底线。曹望之祖上是临潢人，辽季"移家宣德"②，曹望之本想攀援田珏一派，无奈被拒，转而依靠蔡松年一派，于是便被骂作俗吏。

《金史·孟浩传》关于此案直接原因和经过的记载，内容更详细。兹录之如下：

松年，蔡靖子。靖将兵不能守燕山，终败宋国，珏颇以此讥斥松年……企先薨，珏出为横海军节度使。选人龚夷鉴除名，值赦，赴吏部铨，得预覃恩。珏已除横海，部吏以夷鉴白珏，珏乃倒用月日署

---

① 《归潜志》卷一〇，第110页。
② 《金史》卷九二，《曹望之传》，第2035页。

之。许霖在省典覃恩，行台省工部员外郎张子周素与珏有怨，以事至京师，微知夷鉴覃恩事，嗾许霖发之，诋以专擅朝政。诏狱鞫之，拟珏与奚毅、邢具瞻、王植、高凤庭、王傚、赵益兴、龚夷鉴死，其妻子及所往来孟浩等三十四人皆徙海上，仍不以赦原。天下冤之①。

田珏且将北宋燕山府失守的责任，推到蔡松年之父蔡靖头上，以进一步证明他们“失节”，这事应该发生在蔡靖去世之后，侮辱蔡松年，又牵涉其去世的父亲，可谓莫大之侮辱，是可忍，孰不可忍。君子报仇，十年不晚，时机一到，马上予以报复，一泄多年压抑之气，也为南人臣僚，出一口恶气，即使伤及自己人，也在所不惜②。

韩企先死后，田珏失势，出为横海军节度使。选人龚夷鉴被除名后，得预覃恩之机，吏部吏员却仍然呈报田珏签署，田珏“乃倒用月日署之”，弄虚作假，办理龚夷鉴覃恩所需要的手续，显见田珏在失势之后，在吏部的影响仍然比较大，心理上还是比较猖狂，不甘心失败，还是看不起蔡松年等南人臣僚，他以为对方对被自己侮辱的语言和行为，只能忍气吞声、逆来顺受，他不知道抑或忘记了儒家弟子们士可杀而不可辱的行为理念。恰值许霖在省主管覃恩事宜，行台省工部员外郎张子周因为平素与田珏有矛盾，得知此事后，唆使许霖予以揭发，许霖非常“珍惜”来之不易的机会，于是和蔡松年等人将此事马上上奏金熙宗，田珏等受到沉重打击，受牵连的人颇多，处罚颇重，南人臣僚的势力，自此成为命运的转折点，蔡松年等南人臣僚，终于出了一口恶气。

扣对方以结党的帽子，后果自然非常严重，而“女真统治者对于汉族官员中间的党争，也非常敏感”③，借宗弼之手，南人臣僚得以清除了自己的对立面。由于历史因素及女真贵族相互之间的矛盾等因素的影响，导致“燕人和中原汉人（南人）之间，自然不免发生摩擦和倾轧”，田珏

① 《金史》卷八九，《孟浩传》，第 1979 页。

② 受田珏一案被杀的邢具瞻、高凤庭二人，还是蔡松年的好友。

③ 陶晋生：《女真史论》，食货出版社 1981 年版，第 43 页。金世宗时期，蔡珪在“得风疾，失音不能言”的情况下，仍“除潍州刺史”。世宗知道后，责问御史中丞刘仲诲说：“蔡珪风疾不能奏谢，卿等何不纠之。人言卿等相为党蔽，今果然耶！”《金史》卷一二五，文艺上，《蔡珪传》。金章宗也说：“大抵读书人多口颊，或相党。昔东汉之士与宦官分朋，固无足怪。如唐牛僧孺、李德裕，宋司马光、王安石，均为儒者，而互相排毁何耶？”《金史》卷一二六，文艺下，《王庭筠传》。

案件，就是双方互斗而演变成党派斗争的典型例子，“其结果是燕人逐渐失势，中原汉人的地位升高”①。但对于金政权而言，该案影响很坏，“自田珏党事之后，有官者以为戒，惟务苟且，习以成风”②。

其实，田珏等燕云汉儿臣僚，既没有结党，也没有谋反，也不敢谋反，也没有谋反的愿望和动机，较之南人臣僚，他们虽然“诡随”一些，但更忠于刚刚夺得天下的女真贵族，因为他们的“诡随”心理，像遗传基因一样，经过长期的累积、传承、发展，已经达到极致状态。

金世宗当时就知道该案定性为“党争案”的错误，孟浩等三十二人在海陵王时期遇赦归还乡里，后陆续有人病故，大定二年（1162），只有孟浩与田珏兄田谷、王补、冯煦、王中安健在，金世宗召见他们后，“复官爵”③，孟浩为侍御史，田谷为大理丞，王补为工部员外郎，冯煦为兵部主事，王中安知火山军事。

但是，胜利的一方，南人臣僚蔡松年等人，并没有因为这一场胜利就彻底改变自己不被女真贵族信任的态势。南宋使人拜贺时候山呼海应一样的喊声，常常使海陵非常陶醉，沉浸在南宋作为战败国对战胜国金国皇帝的顶礼膜拜中，既是祖宗的荣耀，也是自己的荣耀，也是所有女真人的荣耀。但是，南宋使节毕竟只有在固定的时日才会到来，这让海陵感到很不过瘾，于是，他就常让金国神卫军模仿南宋使节的喊声，高兴的时候，就让他们喊，乐此不疲。但是，正隆三年（1158）正月，南宋使节孙道夫入见，却不见往常那种山呼海应般的拜贺声，孙道夫退堂后，海陵对宰臣们说：“宋人知我使神卫军习其声，此必蔡松年、胡砺泄之。”在场的蔡松年惊慌失控地说：“臣若怀此心，便当族灭。”④ 仅仅是外交礼仪上的一个细节问题，就让海陵王怀疑蔡松年和胡砺，在重大问题上更可能怀疑南人臣僚，而蔡松年不惜以族诛的最残酷刑罚来表明自己的清白，可见其当时心理之恐惧。

田珏一派得势之时，前辽的降官中对于两派之间的斗争局势，也有认识非常清醒的人，如《拙轩集》的作者王寂的父亲王础。案：王础，祖籍大名莘县（今山东省莘县人），北宋名臣王旦从弟王昰之后，王昰景德

① 陶晋生：《女真史论》，第 50 页。
② 《金史》卷八九，《孟浩传》，第 1981 页。
③ 同上书，第 1979 页。
④ 《金史》卷一二五，《蔡松年传》，第 2716 页。

年间率兵镇守雄州，后在与辽军的作战中被俘，“羁縻于景州南部落，子孙因家焉”，王础二十七岁中进士①，因为为官清廉，政绩卓著而被主持行台吏部工作的田珏所知，王植、王効等人正“分职铨衡”，二人一见王础，高兴地说：“田吏部知公廉士，久欲改官，当从此着鞭矣。”王植、王効认为，王础作为和他们一样的前辽降官，自然应该是同呼吸、共命运，岂料王础竟“辞以疾”，不愿与他们结成政治上的盟友，于是只好平调为定州唐县令，此前王础已经担任过四个县的县令，王础之所以作此选择，自然因为他对时局的清醒认识，他后对自己的至亲好友们说道：“田侯疾恶太甚，怨隙已成，其能免乎。”“疾恶太甚”②，显见田珏对蔡松年等人的态度，“怨隙已成”，显见双方已经形成水火不容之势，“未几果起大狱”则更证明了势所必然，王础得益于自己的冷静心理，从而幸免于难。

当然，该案中把两派以汉儿臣僚和南人臣僚来划线，并不是一种纯粹的地域的划分标准。

三 蔡松年类北宋降臣仕金心理之检讨

胡传志认为蔡氏虽然累代仕宋，但蔡松年并没有得到多少宋帝的皇恩，因此，他对已亡的北宋和尚存的南宋，都没有多少眷恋之情③。这种心理分析，是将信仰和利益挂钩。对世俗大众而言，基本上可以这样分析，但对于饱受儒家忠君爱国思想长期浸染的部分北宋儒士而言，则不能作这样的逻辑分析。且将和蔡松年有类似身份的宇文虚中的心理，作对比分析，以管中窥豹。

宇文虚中，字叔通，蜀人。初仕宋，累官至资政殿大学士。天会四年（1126，宋靖康元年）正月，宋钦宗在答应金国提出的“修好，约质，割三镇地，增岁币，载书称伯侄”④ 要求后，又轻率地批准对金军的冒险进攻，但是姚平仲夜袭金营失败，金军再度包围汴京，宋钦宗又派宇文虚中

---

① 从王寂为乃父所写的《先君行状》推算，王础去世于大定十七年（1177），得寿八十二岁，二十七岁中进士，正好是天会十年的科考进士。王寂：《拙轩集》卷六，《先君行状》。

② 王寂：《拙轩集》卷六，《先君行状》。《金史》卷一二五《蔡松年传》、文艺上则说“（田）珏性刚正，好评论人物”。

③ 胡传志：《论金初作家蔡松年》，《社会科学战线》1996 年第 6 期。

④ 《金史》卷三，《太宗》，第 54 页。

到宗望军营，为自己的冒险行为辩护，但是，宇文虚中从金营回来后，台谏却将和议罪责强加于宇文虚中头上，于是被罢为青州知州，复下迁祠职。建炎元年（1127），又被贬韶州。第二年，宋廷又需要向金国派遣使节，宇文虚中在被贬途中应诏，以资政殿大学士、祈请使的身份出使金国，此前，金国已经扣留了宋使王伦和朱弁，宇文虚中此行的结果可想而知。

宇文虚中在北宋得到多少利益呢？冒着生命危险一再出使金军军营，还被一贬再贬。后来被迫出仕金国，在上京遇见坚贞不屈的宋使洪皓，洪皓因为不理解他的真实心理而“甚鄙之”①，心中的苦楚可想而知。但宇文虚中并没有泯灭自己的民族意识和故国意识，利用自己的身份力所能及地保护一下南方汉人的利益，“金人每欲南侵，虚中以费财劳人，远征江南荒僻，得之不足以富国”② 为由，提出反对意见。因此，宋使王伦回国后报告宇文虚中“奉使日久，守节不屈”③；宇文虚中在和家人的密信中，也不断言及“中遭胁迫，幸全素守，惟一节一心，待死而已”④ “惟期一节不负社稷”⑤；又在一首诗中以苏武自喻，“遥夜沉沉满幕霜，有时归梦到家乡。传闻已筑西河馆，自许能肥北海羊。回首两朝俱草莽，驰心万里绝农桑。人生一死浑闲事，裂眦穿胸不汝忘”⑥。上引史料中的“节”，应该理解为宇文虚中的汉人情怀和家国意识。笔者还是基本同意刘锋焘的观点，宇文虚中、蔡松年们降金汉人，自幼生长于饱经儒家文化浸染的诗书之家，长期受“夷夏之辨”正统观念的影响，仕金的现实，和其内心深处的真实想法并不一致，这是非常痛苦的事情，他们“心理的变化，经历了由矛盾到释然的痛苦过程，也是金朝初年汉族士人心理变化的共同反映”⑦，当然，这个过程和程度因人而异，有的过程长一些，痛苦的程度深一些，有人则反之。

---

① 《金史》卷七九，《宇文虚中传》，第 1792 页。

② 《宋史》卷三七一，《宇文虚中传》，第 11528 页。

③ 同上书，第 11529 页。

④ 《三朝北盟会编》卷二一五，炎兴下帙一百一十五，绍兴十五年十月，第 1546 页。

⑤ 《建炎以来系年要录》卷五八，第 325—776 页。

⑥ 施德操：《北窗炙輠录》卷上。文渊阁四库全书版。

⑦ 刘锋焘：《从守节彷徨走向消释解脱——论蔡松年文化人格的转变》，《兰州大学学报》2000 年第 1 期。

第三节　忠诚还是背叛——原宋境内汉人上层的民族心理

李若水死的刚烈，金人为此评价道："辽国之亡，死义者十数，南朝惟李侍郎一人"，金人所说的"义"的含义，无疑应该指的是忠君爱国行为。李若水死前一刻，"骂不绝口，监军者挝破其唇，噀血骂愈切，至以刃裂颈断舌而死"①，给金人留下了深刻的印象，从而留下了这么一句独断性的评论。其实，按照先秦儒家"义"的标准，金朝初期，秦淮以北原宋境内的汉人，为国捐躯的大有人在，依据《宋史·忠义传》提供的材料及其他类似材料，足可分析此时期北方汉人上层，在国破家亡之际的心理。

当然，高尚总与无耻相伴，像刘豫之流，甘为女真贵族走狗的汉人上层，也有一部分，分析他们的心理，也更有助于分析此时期的宋、金关系乃至其他的重要问题。

一　义军心理分析

《宋史·忠义列传》之前有一段较长的赞语，"士大夫忠义之气，至于五季，变化殆尽。宋之初兴，范质、王溥，犹有余憾，况其他哉！艺祖首褒韩通，次表卫融，足示意向。厥后西北疆埸之臣，勇于死敌，往往无惧。真、仁之世，田锡、王禹偁、范仲淹、欧阳修、唐介诸贤，以直言谠论倡于朝，于是中外搢绅知以名节相高，廉耻相尚，尽去五季之陋矣。故靖康之变，志士投袂，起而勤王，临难不屈，所在有之"②。最后一段话，方为金朝初期秦淮以北大部分汉人心理的真实记录。

本目将以义军问题为分析视角，分析汉人起而抗金时候的心理，之所以选取这个视角，诚如黄宽重先生所论，"义军实际上是以中产小康之家为主干所组成的抗金团体，他们是战争破坏及女真兵掠夺、屠杀下，最直接的受害者……基于避难保乡及同仇敌忾的心理，而自动组合，或由政府下令召集而成"③ 的非正规武装。中产小康之家，实际上也就是中小地

---

① 《宋史》卷四四六，《李若水传》，第 13161 页。

② 同上书，第 13149 页。

③ 《南宋时代抗金的义军》，第 53 页。

主，在靖康之难时，皇族地主受到沉重打击，官僚地主或则受沉重打击，或则南逃①，剩下来的中小地主，其资产不足以应付南逃所需要的足够物力，安土重迁的意识又很强，对朝廷的前途及时局的变化，也缺乏洞察力和前瞻性，平时则通过各种形式受朝廷忠君爱国意识的浸染，国破家亡的时刻，面对金兵的烧杀掳掠，在朝廷勤王旗帜的号召之下，无论于公于私，大多会被积极动员起来，或主动，或被动地组织义军投身这场伟大的民族自卫战争。

但是他们的心理，却较为复杂，兹分类进行分析。

（一）以纯正的忠君爱国心理为主

该类义军首领中，最为典型的是翟兴，翟兴在河南，“以孤军守国家之地，忠义之气，坚若金石”，南宋朝廷在擢加翟兴为武功大夫、忠州团练使的命辞中写道：“尔奋身校长，不忘国恩，独以貔虎之师，屡挫夷虏之众。辑绥民旅，祗奉寝园，遂定洛京，益张武卫”②；自汴京失守之后，中原散乱，刘豫伪政权建立之后，更是“凭恃虏势，窃据河南……河南一境，东连郑圃，西接关陕，北临大河，皆已从伪”，只有翟兴领导的义军，在三面邻敌，孤军无援，粮饷不继，敌人窥伺日急的恶劣环境中，固守一方；翟兴常常“开论将士以祸福，永坚一节，与贼抗”③，在翟兴忠君爱国思想的激励下，手下士卒莫不同仇敌忾、英勇杀敌；有鉴于翟兴领导的义军的坚决抗金和抗伪齐军的忠勇行为，也为了鼓励翟兴义军好好看护皇陵，绍兴元年（1131）十月，南宋朝廷命名翟兴领导的义军为忠护军。伪齐刘豫曾经派遣伪迪功郎蒋颐持刘豫所写的信去招降翟兴，许以归附后封王的优厚条件，翟兴见到蒋颐后，斥责道：“我大宋臣也，岂肯受贼之伪命。”④ 也没看信就将信烧掉，杀死前来招降的蒋颐，刘豫见一计不成，于是勾结义军中的败类杀害了翟兴。

女真人占领燕京后，由辽入宋的归朝官中大夫、集贤殿修撰张龚，通过金国宰相刘彦宗得知真定府获鹿县，“其人荷国厚恩，不忘忠孝”⑤，到

① 中国古代战乱时期北方汉人的南逃，基本上以宗族的形式南逃为主，其间所需要的物力甚多，因此，最先南逃者，也以最有实力的官宦地主为主，再加上他们大多在异地做官，安土重迁的乡土意识，也比较薄弱，他们对朝廷的前途及时局的变化，也较有洞察力和前瞻性。

② 《三朝北盟会编》卷一四八，炎兴下帙四十八，绍兴元年九月，第 1077 页。

③ 《三朝北盟会编》卷一四九，炎兴下帙四十九，绍兴元年十月，第 1083 页。

④ 《三朝北盟会编》卷一五〇，炎兴下帙五十，绍兴二年三月，第 1090 页。

⑤ 《三朝北盟会编》卷九八，靖康中帙七十三，靖康二年四月，第 927 页。

任后，暗中结集五马山马扩、赵邦傑等及中山兵民，先复真定，次取燕山。燕山府潞县旧南官巡检使杨浩于建炎元年（1127）九月，入玉田县山中，与一北僧智和禅师集结，“招诱南北忠义壮士，谋举大事”，建炎二年（1128）三月，他来燕京城中密晤赵子砥，说到已经“招诱南北人士已及万数，若得三万，可以横行虏中，决报大仇”①。以上诸人的忠君爱国心理，虽不如翟兴那么强烈，也一样显著。

（二）乱世之中谋取政治权利的心理

王朝鼎革，战乱频繁，也是汉人地主中的部分人趁机谋取私利的大好时机，自古已然。

《建炎以来系年要录》记载了一段张用和王善的对话，颇有代表性。

> （张）用以一骡送李宝归京师，于是善整兵欲攻淮宁，用不可，曰：“吾徒所以来，为乏粮耳，安可攻国家之郡县。”善曰：“天下大乱，乃贵贱贫富更变之时，岂止于求粮而已。”②

像王善一样有这种心理的汉人地主，其“效忠宋室的观念甚缺乏，立场游移，凡利之所在，则趋之若鹜”③，战乱时机，反而被他们认为是财富重新洗牌的良机。绍兴二年（1132），知光州许约和知寿春府的陈卞都同时用南宋和伪齐年号④，实际上是在金与南宋之间，首鼠两端，投机取巧。杨进“于鸣皋山之北深沟高垒，储蓄粮饷，谋为久计”，甚至有僭窃之意，“诈言遣兵入云中府，复夺渊圣皇帝及济王归，欲动摇众心，然后举事”，据杜充檄报杨进“置乘舆法物仪仗，悖逆显著”⑤。还有利用宗室甚至假宗室、假妃姬为工具，图谋举事的。建炎三年（1129）十一月初一，韩世清“制黄衣，请蕲州钤辖赵令俊即位，以黄衣披之，令俊跳叫不从，褫其黄衣，世清之党强之，令俊叫不绝口，知州甄采同州县官止之，世清方稍止”⑥。由于赵令俊坚决反抗，再加上知州甄采等的劝阻，

① 《三朝北盟会编》卷九八，靖康中帙七十三，靖康二年四月，第 727 页。
② 《建炎以来系年要录》卷一九，建炎三年正月庚子条，第 298—325 页。
③ 《南宋时代抗金的义军》，第 117 页。
④ 《建炎以来系年要录》卷五一，绍兴二年二月条，第 325—698 页。
⑤ 《三朝北盟会编》卷一二〇，炎兴下帙二十，建炎三年正月，第 876 页。
⑥ 《三朝北盟会编》卷一三三，炎兴下帙三十三，建炎三年十一月，第 969 页。

韩世清的阴谋才没有成功。该月，韩世清打败刘忠于蕲州，得伪柔福帝姬①，不过这一次，韩世清等将伪柔福帝姬事宜上奏朝廷。李在诈称是五台山信王辖下的忠义军，占据高邮②。绍兴元年（1131）邓州杨餂糜之子诈称“信王，或称邓王，或自谓是渊圣，文檄不一，蛊惑众听，意在诱结将士，动摇边境”③，后被翟兴识破并将其杀死。这些行为如果成功的话，可以壮大该支义军的实力，对于其首领而言，自然也壮大其声威，有利于其阴谋的进一步发展。但是，对于当时以小宗入继大统，又未经过正当继承手续而坐上龙椅的高宗皇帝而言，当然是一种威胁。刘嵘于绍兴二年（1132）十月六日的上书中，对此问题分析的非常清楚。

> 今陛下之族，被虏而去者众矣。所存亦无几何，黄潜善、郑悫小人之见，本无远识，谓陛下以支子入继，又不缘傅付之命，国步方梗，恐肺腑之间，不无非望之冀。考其行事，必曾进言，洞疑虚喝，以恐动圣心。故自南都至於淮阳，诛窜之刑，疑忌之意，相寻继见④。

宋高宗对此类地主乱世之中的“僭伪”或“准僭伪”活动，也保持高度警惕。

（三）纯粹的谋财心理

部分义军，正如张用所说“吾徒所以来，为乏粮耳”，因此他们的日常作为与强盗没有大的区别，军纪败坏，到处攻城掠地，抢夺财物，连南宋朝廷也基本上视他们如盗贼，不完全信任他们，“招安他们的目的，以羁縻息乱的成分居多，藉其光复故土的成分较少”⑤。这类例子太多，不再列举。

金国占领秦淮以北地区后，在其南部地区先后扶植了短命的伪楚政权和长达八年的伪齐政权，下边将对张邦昌和刘豫等伪政权境内汉人地主的心理，做一番分析。

---

① 《三朝北盟会编》卷一三四。炎兴下帙三十四，建炎三年十一月，第976页。

② 《建炎以来系年要录》卷二〇，建炎三年二月癸酉条，第315—325页。

③ 《三朝北盟会编》卷一四七，炎兴下帙四十七，绍兴元年四月，第1067页。

④ 《三朝北盟会编》卷一五三，炎兴下帙五十三，绍兴二年十月，第1104页。

⑤ 《南宋时代抗金的义军》，第116—117页。

二　张邦昌伪楚政权

（一）建立背景

张邦昌在北宋灭亡之前，靖康元年（1126），先后陪康王赵构和肃王赵枢到金营做人质，到金营做人质是很危险的事情，要么被杀，要么被辱，要么被扣，作为臣子，人质张邦昌的表现还可以。面对金国的进攻，张邦昌“力主和议”，被任命为河北路割地使后，出发往金营之前，张邦昌“要钦宗署御批无变割地议，不许；又请以玺书付河北，亦不许”①。张邦昌提这两个要求，应该是出于他对宋钦宗和北宋朝廷决策大臣心理的深刻了解，宋钦宗是一个典型的懦弱无能的皇帝，决策大臣们的政策则倏忽万变，危机严重的时刻，可以答应金国提出的要求；危机一解除，马上撕毁协议，处理国事，视同儿戏。宋钦宗不答应他的这两个要求，显然又要老戏重演，果不其然，割地协议未能实现，粘罕又率军来侵，主战派上书“攻邦昌私敌”，扣他个“社稷之贼”② 的帽子，张邦昌落职为观文殿大学士、中太一宫使。

金国攻占汴京，俘虏徽钦二帝后，以金太宗为首的女真贵族，扶植傀儡政权的计划是既定的，刘彦宗乞“复立赵氏，太宗不许”③，刘彦宗的设想，源于他对北宋国内汉人心理的了解，经过北宋朝廷一百六十余年对国民忠君爱国思想的熏陶，尽管国家破灭，汉人中的忠君爱国之士，委实不少，如果另立他姓汉人上层作皇帝，很难服人心，也很难控制局势；而金太宗在此问题上的心理则反其道而用之，正因为有这种情况，一定不能立赵氏，否则等于放虎归山，后患无穷，在这个问题上应该不存在金太宗不信任刘彦宗的问题。

立他姓的决策既定，就看立谁合适的问题。从女真贵族的心理来看，该人必须是他们熟悉且主张和金国议和又在北宋朝廷比较有影响的人，符合这三个标准的人少之又少，张邦昌两度到金营作人质，又担任过割地使，“且力主和议”，徽宗朝任尚书右丞，后转左丞，迁中书侍郎。钦宗即位后拜少宰，在宋廷的影响也比较大。张邦昌遂成为最合适的人选。

---

① 《宋史》卷四七五，《张邦昌传》，第 13790 页。

② 同上。

③ 《金史》卷七七，《张邦昌传》，第 1759 页。

（二）建立过程

尽管女真贵族已经决定由张邦昌出面组织傀儡政权，但还要装模作样地进行一番推戴活动，靖康二年（1127）二月十一日，留守司召集百官会议，讨论立谁为帝的问题，“相视久之，计无所出”，参加会议的绝大多数人，应该还不知道女真贵族已经决定立张邦昌为傀儡皇帝，所以，会议开的时间很长，这时候，金国的“线人”出面，说道：“今曰勉强应命，不然，一城生灵屠戮，于赵氏何益？既无善策，不若举在军前者一人，张邦昌旧任宰相，姑举之以塞命，想二帅意必有所属。”① “屠城”的恐怖做法，金军当早已放出此口风，在此背景之下，拥立张邦昌为皇帝的决议，由原北宋翰林承旨吴开、礼部尚书莫俦把拥立建议送到金营。十三日的会议，则“间有先预知其意不赴议所者”，会议场所“秘书省门外环以兵”，会议组织者令与会者“速具名衔推戴，异议者押赴军前”，在此强迫加恐怖的气氛下，“军民耆老僧道回顾无言，唯唯而退”，只有几个太学生提出反对意见，范琼害怕与会军民响应他们的意见，于是高声说道：“当今为忠不可，只可为孝。”孝自然为父母尽孝，该话暗合的还是金军的“屠城”恐怖之言论，最终，“百姓饥，但见出白纸一幅，令书职位姓名而退，状词秘之，不以示众”，将近傍晚，吴开、莫俦“缴状以出”②。

在高压恐怖气氛下，大多数汉人臣僚，忠君爱国的心理抵挡不住求生的愿望，只有极少数太学生还表现出了刚烈的行为。

（三）张邦昌等心理之探讨

以往的学者，也许是对相关材料的挖掘不够，也许是受传统说书人所传递的信息的影响，对固化的张邦昌的“奸臣”抑或“叛臣”形象不加任何怀疑。其实，如果对相关材料仔细挖掘的话，我们会发现张邦昌短短四十天“皇帝”生涯中的心理痛苦及其复杂性。

夏少曾《朝野佥言》一书记载：“方百官推戴时，邦昌皆不知也”，这也有可能，尽管女真贵族决定立张邦昌为傀儡皇帝，但是，北宋朝野对张邦昌的认可程度，他们却并不清楚，需要事先试探一下。粘罕、斡离不令王汭拿推戴文字给张邦昌看，张邦昌读后大惊失色，说道：“赵氏无

① 《三朝北盟会编》卷七九，靖康中帙五十四，靖康二年二月，第599页。

② 《三朝北盟会编》卷八〇，靖康中帙五十五，靖康二年二月，第603页。

罪，遽蒙废灭，邦昌所不敢闻，必欲立邦昌，请继以死。”粘罕、斡离不于是令王汭把张邦昌押来“说推戴意”，但是张邦昌“坚避如是者半日”，粘罕、斡离不见不可强迫，于是采取欺骗手段，对张邦昌说：“大金皇帝有诏令立宋之太子，以公为相，善为辅佐，毋使败盟，请公入城。”张邦昌入城时候的穿戴与礼仪也完全用的是宰相的规格，入城之后，粘罕、斡离不等对张邦昌下达旨意，“如三日不伏推戴，先戮大臣，次尽杀军民百官”，京城父老哭告张邦昌，“令即权宜之计，救取一城老小”，王时雍、徐秉哲、吕好问也给张邦昌施加压力，“大金欲册立太宰，三日不立，将夷宗庙，杀生灵”，张邦昌对王时雍等说：“诸公怕死，乃掇送与邦昌，虽督责而归，焉可免祸。身为大臣，岂忍篡逆耶？有死而已。”王时雍等又进一步施加压力，张邦昌“引刀自裁，众夺之，遂议申推戴文字至金国军前”①。《靖康小雅》一书也有类似记载，“邦昌初尚愿义，且坚避久之”，有官员对张邦昌说：“相公宜从权，他日相公为伊尹、为王莽，皆在相公”，碍于一城生灵的安危，张邦昌“乃勉从之”并说道：“邦昌以九族保此一城人”，“又尝欲以刀绳自裁”，见此情景，有官员干脆使出了激将法，“相公城外不死，今欲使涂炭一城耶”。三月二日壬辰，金人下达最后通牒，“限三日立邦昌，不立，城中尽行杀戮，都人震恐”②。在分析张邦昌答应作傀儡“皇帝”的时刻，必须考虑在金军有屠城先例的背景下，如何“从权”，保全阖城生灵的心理。按照儒家的理论，危城之中，坚强不屈、舍生取义，是值得歌颂的壮举。而为了保全阖城生灵的性命，力屈而降，也不是不可接受的行为。

三月七日，在金人的一手策划之下，张邦昌终于履行了即位仪式。但张邦昌自尚书省“恸哭上马，至西府门，佯为昏愦欲仆，立马少苏，复号恸”，午时，到宣德门外西阙门下马后，“又恸”，仪式结束后，张邦昌徒步自宣德门入，由大庆殿至文德殿，有人进御辇，张邦昌拒绝乘坐，“于御床西侧，别置一椅，坐受官员等贺”，但不许大臣们对自己行皇帝的跪拜礼，然后传旨，“本为生灵，非敢窃位，如不听从，即当规避”，王时雍率百官遽拜，张邦昌“急回身，面东拱手以立”③。从张邦昌在

① 《三朝北盟会编》卷八三，靖康中帙五十八，靖康二年三月，第625页。

② 同上书，第625—626页。

③ 《三朝北盟会编》卷八四，靖康中帙五十八，靖康二年三月，第629—630页。

"即位"仪式中及即位后的表现来看，他确实在严格遵守"从权"的要求，他的心理很清醒，很清楚自己的傀儡角色，忠君爱国的思想，仍然牢记在心头。张邦昌的这种心理，连卫士都看得很清楚，有一卫士说道："平日见伶官作杂剧，每装假官人，今日张太宰，却装假官家。"①

三月十二日，张邦昌下达的手诏，也真实地反映了他"从权"的承诺和清醒的心理。

> 予以寡陋，近迫大国，俾救斯民於兵火，而诸公横见推逼，不容自裁，忍死以理国事，岂其心哉！顾德弗类，实难称塞，出令之初，有司乃以圣旨下行，载循昧陋，殊震危衷，夫圣，孔子不居，则予岂敢。自今与三省枢密院议定，处分及内外官司面承得旨事，称面旨；内降及批出文字，称中旨；遣官传谕所司，称宣旨；洪惟非常之变，适遭会於斯时，尚冀有永之图，讫数宁於区夏，庶几多士，共识此怀②。

从该诏令可以看出，张邦昌不允许在自己身上，留下任何皇帝的印记，强调自己"从权"行为的目的和苦衷，而且希望华夏政权，冀有永图，显见他对大宋还抱复国之望。

三月十五日，张邦昌到青城见粘罕和斡离不，面议七事，包括"不毁赵氏宗庙陵寝，减金帛数及存留楼橹，俟江宁府修缮毕日迁都"三事，"不毁赵氏宗庙陵寝"③，显见其明显的忠君理念。

三月二十八日，张邦昌到南薰门，遥辞二帝。是日，张邦昌使用了天子才该享用的仪卫、法驾等，"设香案，率百官士庶，望军前遥辞二圣，邦昌恸哭"④，这一次的僭位行为，有其不得已的苦衷，当着女真贵族的面，他必须这样做。

四月一日，金军撤走。二日，张邦昌就遣使臣带尚书省劄子到"东平兴仁府牒济州寻访大元帅所在"⑤，其劄子上无年号，但书月日，这样

① 《三朝北盟会编》卷八四，靖康中帙五十八，靖康二年三月，第631页。
② 《三朝北盟会编》卷八五，靖康中帙六十，靖康二年三月，第633—634页。
③ 同上书，第637页。
④ 《三朝北盟会编》卷八七，靖康中帙六十二，靖康二年三月，第646页。
⑤ 《三朝北盟会编》卷八九，靖康中帙六十四，靖康二年四月，第664页。

做的目的，足见其谨慎之心理，一旦劄子不慎落入金人手中，书写的又是北宋的年号，无异自招灾难，也完全违背了自己忍辱负重的愿望。四日，张邦昌集百官赴文德殿宣示上宋太后手书①。五日，张邦昌迎奉元祐皇后自私第入居延福宫。张邦昌遣蒋师愈等致书于大元帅赵构，赵构回复后，张邦昌又遣其外甥吴何带张邦昌咨目给大元帅赵构。九日，张邦昌召侍从职事官议事，当晚，降手书请元祐皇后垂帘听政，张邦昌则行太宰事②。同日，张邦昌遣谢克家将大宋受命之宝送于赵构。十日，张邦昌避位。近四十天的“称帝”生涯，就此结束。

通过上述细致甚至啰唆式的分析，可以看出，张邦昌基本上严格遵守了从权的承诺，南宋朝廷后来处死张邦昌，尽管有其历史的合理性，但处罚委实过重；元人所修《宋史》，将张邦昌列入叛臣行列，值得商榷。

三　刘豫伪齐政权

（一）建立背景

宋廷处死张邦昌后，金太宗大怒，命令金军攻打宋军，宋高宗连忙从归德（今河南省商丘市）逃亡扬州（今江苏省扬州市），金太宗下诏：“俟宋平，当援立藩辅，以镇南服，如张邦昌者。”③ 金国当时又马上筹建新的伪政权，实际上还是鉴于中原地区民族矛盾的尖锐，既不具备直接统治的条件，女真人也没有直接统治的经验，只好继续实行以汉制汉的政策④，以消磨汉人的民族意识，也让新的傀儡政权，尽力承担起“辟疆保境”的任务，毕竟多年的战争，金国将士们和老百姓都希望休整一下，过一段和平的时光。

本来预定人选还有折可求，但由于刘豫早有此意，金国内部矛盾的各方，为了能够在伪政权建立后赢得控制权，也争相支持立刘豫。

刘豫伪政权的建立过程，不像张邦昌伪楚政权的建立那么“复杂”，不再赘述。

---

① 《三朝北盟会编》卷九〇，靖康中帙六十五，靖康二年四月，第667页。

② 《三朝北盟会编》卷九一，靖康中帙六十六，靖康二年四月，第677页。

③ 《金史》卷七七，《刘豫传》，第1760页。

④ 外山军治认为立刘豫是“金国企图以类似于自治政府的形式安定民心”的举措，笔者认为其观点不妥，刘豫政权即使有自治行为，也是“伪自治”，仍然是不折不扣的伪政权。见氏著，李东源译《金朝史研究》，黑龙江朝鲜民族出版社1988年版，第177页。

（二）伪齐境内诸色汉人上层心理之检讨

1．刘豫等叛臣心理

天会八年（1130）九月，金国立刘豫为大齐皇帝，刘豫马上以母翟氏为皇太后，妾钱氏为皇后，年号为阜昌。

如果说张邦昌在短短四十天的“称帝”过程中，都显得小心谨慎、羞羞答答、极力避免留下“僭伪”痕迹的话，那么，刘豫等人则是为虎作伥，大张旗鼓，显得很高调，不断采取一些举措“增强立国意识”①。其高调心理的背后，一是金国的大力支持。二和南宋政权的软弱有关，“宋人畏之，待以敌国礼”，在外交往来的国书中都称刘豫为大齐皇帝，由于当时伪宰相张孝纯、郑亿年、李邺等的家人“皆在宋，宋人加意抚之”②。三和刘豫对时局的认识有关，他对金、伪齐、南宋三政权之间的互动关系，认识非常深刻，金国不会让伪齐与南宋长期并存，最后的结果，不是南宋被灭，就是自己被废，而伪齐和南宋比起来，无论是主观因素，还是客观环境，都无法相提并论；因此，要想使伪齐能够“长治久安”，“只能从对宋斗争中寻找出路”③。笔者认为还应该加上一个因素，刘豫如此高调的做法，是希望自己的伪政权尽可能从外表上看得很真，以便欺骗更多的汉人民众，拉拢更多的汉人地主加盟④，使伪齐的国力看起来不断壮大，一来对南宋形成持续加大的压力，二来给女真人造成伪齐日益强大的既成事实，导致金国无法废伪齐。当然，刘豫的这个想法很天真。

对宗主国金国，不管刘豫在女真人眼中实质性的地位如何低下，可刘豫在心理上都表现得忠心耿耿、毫无怨言。在伪齐统治区，刘豫秉承女真贵族的旨意，对部分汉人地主引领的汉民族意识的或明或暗的显露态势，实行高压恐怖政策，“士民凡出语，言稍涉时忌者，并许人告；得其情告者受赏；或遭诬执，告者免罪。由是小人得志，父子不敢隐语。如负担相遇，或相问曰：‘那里去。若应云：南头去’，便以乱道言语斩之。衣着

① 《金朝史研究》，第183页。

② 《金史》卷七七，《刘豫传》，第1760页。

③ 赵永春：《金宋关系史》，人民出版社2005年版，第105页。

④ 张邦昌“僭伪”时期，支持张邦昌的汉人地主很少，而刘豫在宿州建立“归受馆”后，冯长宁、李成、李忠、王才、董先、孔彦舟、刘忠、刘宴、祝友、徐文、关师古、罗兴等先后归附刘豫，金人“‘以僭伪诱叛党’的政策，还是起到了一些金人自己所无法起到的作用”。——《金宋关系史》，第98页。

稍或鲜丽，又以为宋之顽民，尚仍旧态，斩之。专务以猛济宽，不觉失于大酷”①，稍涉时忌的话，自然是对女真贵族统治政策不满的话，或者是对伪齐统治讥讽类的话，表示方位的“南头”一语，竟然成为了投靠南宋的敏感词；北宋经济繁荣，人们的衣着自然也比较好，现在再穿这类衣服，也成了怀念故国的心理表示，自然都要治罪。

女真人对刘豫，其实也不是完全信任。伪齐政权建立后，金与伪齐之间，以旧黄河为界，但是，金国害怕“两河民之陷没者逃归，下令大索，或转鬻诸国，或系送云中”②，其实此举，实为防范刘豫。天会十二年（1134），宗辅派纥石烈胡剌往滨州，“密访南边事体，及观刘豫治齐状”③，经过一段时间的明察暗访，尽得伪齐政权的虚实。绍兴七年（1137）八月，南宋统制郦琼以兵三万叛降刘豫，刘豫闻之大喜，御文德殿见郦琼，且授郦琼静难军节度使、知拱州。但是，金人恐怕刘豫因此而“兵众难制”，于是设计除掉郦琼，“乃佯言琼降恐诈，命散其兵”④，女真贵族需要伪政权，但伪政权的实力又不能太大，毕竟女真人人数有限、兵力有限，不能让伪政权形成尾大不掉之势。

即使是伪齐占领区出仕伪职的汉人上层，有的照样不被女真贵族信任，比如刘豫族人刘珏，刘豫令其知长安，刘珏到长安后，经过战火洗劫后的长安城，“蓬蒿中得三二人”，刘珏于是“措置招人，措置屯田”，甚得当地军民之情；刘豫被废后，金人又以刘珏为转运使，“诸处人归之”，见此情景，女真人很害怕，于是“以诏命召珏到郑州，药杀之”⑤。

刘豫被废之后，挞懒问刘豫欲到何处了结余生，刘豫请到相州并乞求住北宋韩魏公宅，挞懒不同意，逼其北行，先到燕京，又到中京，又到上京，最后安置到上京的夫子庙，而夫子庙是女真人当时关罪犯的地方，“彼人视之以为罪地，如中国琼崖之类”⑥，刘豫被安置到上京夫子庙，显然被视为罪犯。

当然也不能认为刘豫没有一点向宋之心，伪齐政权未立之前，宋国信

---

① 《三朝北盟会编》卷一八一，炎兴下帙八十一，绍兴七年十一月，第1307页。
② 《宋史》卷四七五，《刘豫传》，第13795页。
③ 《金史》卷八二，《纥石烈胡剌传》，第1840页。
④ 《宋史》卷四七五，《刘豫传》，第13801页。
⑤ 《三朝北盟会编》卷一八一，炎兴下帙八十一，绍兴七年十一月，第1308页。
⑥ 《三朝北盟会编》卷一八二，炎兴下帙八十二，绍兴七年十一月，第1323页。

副使宋汝为以吕颐浩书劝刘豫以忠义，刘豫说道："独不见张邦昌乎？业已然，尚何言哉！"① 南宋政权处死张邦昌的不明智行为，使刘豫类人物，萌生了一条路走到黑的心理。绍兴三年（1133）五月，南宋派韩肖胄、胡松年出使伪齐，刘豫欲让二人施臣礼，胡松年说道："均为宋臣。"二人于是长揖不拜，刘豫也只能接受此礼。刘豫又问："主上如何。"胡松年回答说："圣主万寿。"刘豫又问："帝意所向。"胡松年说道："必欲复故疆耳。"听完这几句话，刘豫"有惭色"②。从刘豫的这些言行，可以看出，他心目中还残存有向宋心理。

刘豫心理的变化，既和他自身的投降前的经历有关③，又和女真人对他的政策乃至信任度有关，还和南宋实力的变化及有关政策有关，刘豫"僭伪"，先是很高调，后是很"进取"，在女真人废除伪齐政权前后，则很痛苦。

2. 向宋心理的汉人上层

伪齐政权的建立及其建立后的一些举措，尽管带有一定程度的欺骗性，也迷惑了、诱惑了一部分汉人，但是，伪齐境内大多汉人上层，还是看清了其傀儡政权的本质，心向南宋的心理还是比较明显的。

魏行可，建州建安人。建炎二年（1128），以太学生应募奉使，补右奉议郎，假朝奉大夫、尚书礼部侍郎，充河北金人军前通问使，仍命兼河北、京畿抚谕使，后使金被扣，魏行可曾经贻书金人，其中写道："大国举中原与刘豫，刘氏何德？赵氏何罪？若亟以还赵氏，贤于奉刘氏万万也。"④ 对刘豫在北宋做官时期的劣迹和德行，自然会在该信中提及。王忠民，颍阳人，世代业医。伪齐政权建立后，王忠民作《九思图》"及定

---

① 《宋史》卷四七五，《刘豫传》，第13795页。

② 同上。

③ 同上书，第13793页。记载：刘豫，元符年间科举及第，少年读书时期，曾经"盗同舍生白盂、纱衣"，政和二年（1112），召拜殿中侍御史，但是，有臣僚揭发他少年时的劣迹，但徽宗"不欲发其宿丑，诏勿问"。未几，刘豫多次上章言礼制局事宜，徽宗说道："刘豫河北种田叟，安识礼制？"揭发刘豫少年时期劣迹的臣僚的行为，和宋徽宗说刘豫种田叟的行为，都给刘豫带来了很大的心理伤害，影响其以后的人生选择。金人南侵，刘豫弃官避乱仪真，后通过他人的推荐，得以济南知府，当时山东盗贼很多，刘豫"不愿行，请易东南一郡，执政恶之，不许，豫忿而去"，刘豫作为政府官员，两度贪生怕死，已经铸成大错，却认为是朝廷对自己的不公平，显见其心态失衡。

④ 《宋史》卷四四九，《魏行可传》，第13224页。

乱四象达之金主，及镂板印图散于伪境"[①]，以使伪齐境内的汉人民众，能够明白天下之大义。

刘豫曾经用高压恐怖政策来吓唬境内的汉人民众，但部分汉人上层，并没有被吓倒，沧州进士邢希戴上书刘豫，希望刘豫能够暗中与南宋朝廷合作，外"结好夏国，密图金虏"；又有人酒后扣门骂刘豫，"刘豫你是何人，要做官家，大宋何负于你"[②]。所扣之门，估计应该是汴京伪政权政府的衙门，甚至宫门，两人后都被刘豫杀害。绍兴五年（1135，伪齐六年）八月，刘豫子刘麟外出打猎到陈留境内，"有义党数百人，欲劫之南奔"[③]，计划失败后，这些义士，也都被刘豫处死于汴京。绍兴七年（1137，伪齐八年）冬十月，平原镇濠寨官贲百祥看见有流星坠落，情不自禁地说道："齐帝星坠，祸在百日之内。"在场的几个人把他抓住送给刘麟，刘麟问禳除灾祸的办法，贲百祥说道："应天以实，不在修文，惟在修德。"[④] 刘麟把这事告诉了刘豫，刘豫以为贲百祥是狂士，斩之汴京。贲百祥的"狂语"，实际上也是对刘豫之流的另外一种骂法。知环州田敢、成忠郎卢大受"皆以节义"[⑤]，先后被刘豫杀害。

刘豫被废时刻，东京汉人表露的心理，连挞懒都看了出来，当时刘豫被拘于琼林苑，经常蹙额告挞懒说："（我）父子尽心竭力，无负上国，唯元帅哀怜之。"挞懒回答说："刘蜀王、刘蜀王，尔犹自不知罪过，独不见赵氏少主出京日，万姓燃顶炼臂，香烟如云雾，号泣之声，闻十余里。今废了尔后，京城内无一人为尔烦恼。"[⑥] 作为刘豫主子的挞懒，一点也不给刘豫面子，虽然说的是大实话。徽宗父子作为战俘，离开东京时候的场面，和刘豫被废时候的场面，真是冰火两重天。

伪齐被废之后，趁着有利的时机，归附南宋的汉人骤然增加，绍兴八年（1138）十一月，枢密副使王庶在上奏中先后指出，去年金人以欺诈手段废除刘豫后，"伪廷用事之人，奔走四出，百姓日虞左衽、陷淫昏之俗"[⑦]，从该史料可以看出，伪齐刘豫统治时期，在伪齐境内，女真贵族

① 《宋史》卷四五九，《王忠民传》，第 13462 页。
② 《三朝北盟会编》卷一八一，炎兴下帙八十一，绍兴七年十一月，第 1310 页。
③ 同上书，第 1311 页。
④ 同上书，第 1312 页。
⑤ 《宋史》卷三八〇，《楼炤传》，第 11716 页。
⑥ 《三朝北盟会编》卷一八一，炎兴下帙八十一，绍兴七年十一月，第 1308 页。
⑦ 《三朝北盟会编》卷一八六，炎兴下帙八十六，绍兴八年十一月，第 1345 页。

入侵北宋之初的“易服装、改发式”的行为，后来停止了；但是，废了伪齐之后，汉人民众担心之后在女真人直接统治之下，“易服装、改发式”的行为，又要卷土重来，所以大量南逃。“齐兵之在郡（归德府）者二万人谋为乱，约夜半举燎相应”①，“谋乱”的目的，应该是赶走金兵或者支持金兵的汉人地主，然后归附南宋。绍兴八年（1138）正月十四日，伪齐知蔡州刘永寿杀兀鲁孛堇，率城中老小归附南宋，但其中发挥重要作用的是蔡州提辖白安时；亳州宋超亦来归降，“中原士庶以金人废齐之后，多有携老小来江南，兼郦琼叛兵复有回归者”②，南宋政权为了安置这些来自原伪齐境内的汉人，沿淮诸州的官员应接不暇。

伪齐境内汉人上层南逃，归附南宋的行为，以李永奇、李显忠父子的经历最为曲折、最为感人，也最见其真挚的向宋心理。案：李永奇、李显忠父子，绥德军青涧人。李显忠初名李世辅。唐以来，绥德李氏家族世袭苏尾九族巡检。金军占领延安后，李世辅父子两个被迫接受伪官。但是，李永奇悲愤地说道：“我宋臣也，世袭国恩，乃为彼用耶！”正好刘豫令李世辅率马军奔赴汴京，李永奇偷偷地对李世辅说：“汝若得乘机，即归本朝，无以我故贰其志。事成，我亦不朽矣。”③ 李世辅到汴京后，刘麟喜欢他的果敢，于是授予他南路钤辖，李世辅于是密遣其下属雷灿以蜡书赴杭州，说明南归的计划和决心。刘豫被废后，兀术以万骑驰猎淮上，李世辅得以经常陪伴左右，欲趁机抓住兀术后南归，由于时机一直不成熟，在做了一番努力后终止了该计划。

兀术后授予李世辅知同州的官职，李永奇对李世辅说：“同州入南山，乃金人往来驿路，汝可于此擒其酋，渡洛、渭，由商、虢归朝。第报我知，我当以兵取延安而归。”李世辅赴任同州后，马上派下属黄士成等持书由四川到杭州，又一次报告准备归附之事。李世辅还联合了知华州王世忠，准备一起行动。绍兴八年（1138）四月，由于下属告密，王世忠被杀。金西路元帅撒离喝率军来同州，欲谋杀李世辅。撒离喝至同州，李世辅出迎，假装坠马折伤手臂被卫兵抬着回营，使撒离喝放松了警惕。撒离喝入城后，李世辅诈使通判献盔甲给他，趁机挟持了撒离喝，于是率军

① 《金史》卷一二八，《张奕传》，第2761页。
② 《三朝北盟会编》卷一八三，炎兴下帙八十三，绍兴八年正月，第1325页。
③ 《宋史》卷三六七，《李显忠传》，第11427—11428页。

出奔，在金人的围追堵截下，“且行且战。其下皆尽。世辅奔于夏国，金人遂杀世辅一家亲属”①。李世辅后又由西夏回到南宋，宋高宗赐名李显忠，成为抗击金军的猛将之一。

第四节　金世宗“诡随”心理理论分析与评价

用长时段眼光考察“燕人”和“南人”上层的民族心理，金世宗就曾经留意过，且留下一段“至理名言”，“燕人自古忠直者鲜，辽兵至则从辽，宋人至则从宋，本朝至则从本朝，其俗诡随，有自来矣！虽屡经迁变而未尝残破者，凡以此也。南人劲挺，敢言直谏者多，前有一人见杀，后复一人谏之，甚可尚也”②；其实，这段话前半段的最早类似表述，已经见于“燕人”马植之口，宣和五年（1123）三月，他在和北宋枢密院同知郑居中谈论收复幽云十六州之后，北宋如何守卫这一地区时说道：“（燕人）契丹至则顺契丹，金人至则顺金人，王师至则顺王师，但营免杀戮而已。”③

长期处于农耕文化和游牧文化交界地带的“燕人”上层的民族心理，是否真如马植和金世宗所说，变幻莫测，游移不定，一切服务于生存？如果的确如其所言，原因何在、目的何在、有何影响，这是本节探讨的问题。

一　辽代“燕人”上层中的奸人与忠直者

“燕人”奸猾形象的刻画，最早是由辽朝汉人世家大族最重要人物韩德让（耶律隆运）提出，统和九年（991），他在上奏中再次提出，“燕人挟奸，苟免赋役，贵族因为囊橐”④，从而主张打压“燕人”中部分实力强大的汉人上层，并请求皇帝先派北院宣徽使赵智前去戒谕，实际上是警告，辽圣宗接受了他的主张。

辽代“燕人”上层中的奸人与忠直者，孰多孰少，且看《辽史》中

① 《三朝北盟会编》卷一八三。据《宋史》卷三六七《李显忠传》（第11428页）记载：包括李永奇在内“家属二百口皆遇害。是日，天昏大雪，延安人闻之皆泣下”。

② 《金史》卷八，《世宗下》，第184页。

③ 《三朝北盟会编》卷一五，政宣上帙十五，宣和五年三月，第104页。

④ 《辽史》卷八二，《耶律隆运传》，第1290页。

的有关记载：

先看奸人的例子：杨遵勖，字益诫，涿州范阳人，辽兴宗重熙十九年（1050）进士，耶律乙辛诬陷皇太子时，杨为南府宰相，皇帝下诏让他和燕哥调查此事，杨“不敢正言，时议短之”①。辽末重臣析津李氏家族，李俨，“执政十余年，善逢迎取媚”，其侄子李处温，因为萧奉先为其靠山，“倾心阿附，以固权位，而贪污尤甚，凡所接引，类多小人”②。

再看忠直者的例子：张砺，磁州人，原为后唐翰林学士，后唐亡国后到辽国，“临事必尽言，无所避”③。马得臣，南京人，辽景宗保宁年间为翰林学士，“常预朝议，以正直称”④。室昉，辽圣宗时期的汉人名臣，担任南京副留守期间，晋国公主“建佛寺于南京，上许赐额”，室昉上奏表示反对，因为此前皇帝刚刚下诏处罚无名寺院，现在因为公主的缘故，皇帝就违反刚刚发布的诏令，“不惟违前诏，恐此风愈炽”⑤，直接反对皇帝的朝令夕改举措，也不怕得罪公主。武白原为北宋国子博士，被俘后到辽国。有人告宰相刘慎行与儿媳姚氏私通，当时刘慎行几个儿子都在要害位置为官，因此，司法部门不敢追究他的法律责任，辽圣宗让武白重新审理此案，武白“正其事”⑥，自己随后即受到刘家的打击报复。王士方，“正直敢言”，辽道宗相信枢密使耶律乙辛的话，“谗杀其太子，世无敢白其冤者”，王士方后“击义钟以诉，辽主感悟，卒诛乙辛”⑦。张俭，宛平人，统和十四年（996）进士。某年，“有司获盗八人，既戮之，乃获正贼”，显见是一起重大司法冤案，家人诉冤，无人理睬，张俭三次请求皇帝审理，第三次提议后，辽兴宗勃然大怒地说道：“卿欲朕偿命耶!”从此言可见皇帝发怒的程度，见此情景，张俭却没有害怕，坚持自己的主张，“八家老稚无告，少加存恤，使得收葬，足慰存没”⑧。由于他的坚持，皇帝接受了他的意见。刘伸，字济时，宛平人，辽兴宗重熙五年

① 《辽史》卷一〇五，《杨遵勖传》，第1464页。
② 《辽史》卷一〇二，《李处温传》，第1440页。
③ 《辽史》卷七六，《张砺传》，第1252页。
④ 《辽史》卷八〇，《马得臣传》，第1279页。
⑤ 《辽史》卷七九，《室昉传》，第1272页。
⑥ 《辽史》卷八二，《武白传》，第1294页。
⑦ 《金史》卷九六，《王贲传》，第2131页。
⑧ 《辽史》卷八〇，《张俭传》，第1278页。

(1036) 进士。辽道宗曾经对大臣说: "今之忠直,耶律玦、刘伸而已!"① 时立爱,字昌寿,涿州新城人,大康九年(1083)进士,累迁至御史中丞,"刚正敢言,忤权贵"②。

显见在辽代,"燕人"上层中的忠直者还是多于奸人,即使奸人杨遵勖和析津李氏李俨、李处温叔侄,也要考虑他们"为奸"的政治环境。

虽然皇帝下诏让杨遵勖和燕哥调查太子被诬陷一事时,杨"没敢正言,时议短之",但要考虑到道宗朝的政治环境,皇后被处死后,乙辛党羽弹冠相庆,"谗谤沸腾,忠良之士斥逐殆尽",而在耶律乙辛诬陷太子的过程中,恐怕皇帝怀疑,"引数人庭诘,各令荷重校,绳系其颈,不能出气,人人不堪其酷,惟求速死"③,当时北人谚云:"宁违敕旨,无违魏王(耶律乙辛封魏王)白帖子。"④ 辽道宗却对他非常信任,连大批正直的契丹贵族都被他杀害,在此背景下,杨遵勖别说仗义执言,连保持沉默的权利都没有。李氏叔侄掌权主要在道宗朝晚期和天祚帝时期,道宗朝晚期"谤讪之令既行,告讦之赏日重。群邪并兴,谗巧竞进。贼及骨肉"⑤;天祚帝时期,"既丁末运,又觖人望,崇信奸回,自椓国本,群下离心"⑥,江河日下的时刻,出现李氏叔侄这样的奸人,也不奇怪。

辽朝的政治环境,允许臣僚说真话、直言进谏的机会并不多,作为汉人臣僚,处于这样的政治生态环境中,心理上的顾虑更多,且看《辽史》对辽兴宗的结论性评价,即可看出兴宗朝的政治环境,"兴宗即位年十有六矣,不能先尊母后而尊其母,以致临朝专政,贼杀不辜,又不能以礼几谏,使齐天死于弑逆,有亏王者之孝,惜哉!若夫大行在殡,饮酒博鞠,叠见简书。及其谒遗像而哀恸,受宋吊而衰绖,所为若出二人。何为其然欤?于时左右大臣,曾不闻一贤之进,一事之谏,欲庶几古帝王之风,其可得乎?"⑦ 辽道宗即位后的第一年,即清宁元年(1055)十二月,辽道宗感叹道:"朕以眇冲,获嗣大位,夙夜忧惧,恐弗克任。欲闻直言,以匡其失。今已数月,未见所以副朕委任股肱耳目之意。"无奈之下,只好

① 《辽史》卷九八,《刘伸传》,第1417页。
② 《金史》卷七八,《时立爱传》,第1775页。
③ 《辽史》卷一一〇,《耶律乙辛传》,第1485页。
④ 《文献通考》卷三四六,《契丹下》,第9609页。
⑤ 《辽史》卷二六,《道宗六》,第314页。
⑥ 《辽史》卷三〇,《天祚皇帝四》,第359页。
⑦ 《辽史》卷二〇,《兴宗三》,第248页。

下诏，“其令内外百官，比秩满，各言一事。仍转谕所部，无贵贱老幼，皆得直言无讳”①。

辽朝末年，燕云一带由于其重要的地理态势和特殊的历史文化环境，辽、宋、金三国激烈争夺，北宋欲雪汉人近二百年割地之耻，不惜玩弄“以夷制夷”的鼠目寸光之策，辽国欲保住最后的一块地盘，希望联宋抗金，金国则希望联宋灭辽之后从该地掠夺大量的财富。风云变幻莫测的时期，汉人上层的民族心理肯定不同于辽宋关系较为和缓时期的民族心理，显示出剧烈的动荡性，甚至不是渐变，而是每天都在“制作”之中、“创造”之中，此种民族心理应该是一种历史的、现实的必然。

二 金世宗诡随心理理论的分析与评价

（一）“燕人”和“南人”的指称范围

在分析金世宗的这段名言之前，首先需要界定金朝时期“燕人”和“南人”的指称范围。

赵翼认为金朝“以先取辽地人为汉人，继取宋河南、山东人为南人”②。笔者认为赵翼此言可再加补充，“燕人”为辽代汉人的最主要组成部分，所以，燕人也可以代替汉人的称呼。辽朝称中原人为南人，而自称北人，辽初已然，甚至早于北宋建立时，金代的南人称呼应由辽承袭。

（二）金世宗诡随心理理论的提出背景

金世宗说此话的背景是右司郎中段珪去世，世宗评价他：“是人甚明正可用。”接下来又以巨构为反面例子，说巨构“每事但委顺而已”。案：巨构，字子成，蓟州平谷（今北京市平谷区）人。二十岁登进士第，金世宗大定二十五年（1185），除南京副留守，此前世宗曾就此任命对宰臣说：“巨构外淳质而内明悟，第乏刚鲠耳。佐贰之任贵能与长官辨正，恐此人不能尔。”《金史》如此评价巨构，“性宽厚寡言，所治以镇静称，性尤恬退，故人既贵不复往来，先遗以书则裁答寒温而已”③。可见其为人处世之谨慎。金世宗在另外一个场合也说过类似的话，是当面赞扬贺扬庭的话。案：贺扬庭，曹州济阴（今山东省菏泽市）人，天德三年（1151）

---

① 《辽史》卷二一，《道宗一》，第252—253页。

② 赵翼：《廿二史札记》卷二八，《金元俱有汉人南人之名》，中华书局1985年版，第630页。

③ 《金史》卷九七，《巨构传》，第2151页。

经义进士，曾任范县主簿兼县尉，大定十三年（1173），由安肃令补尚书省令史，后授沁南军节度副使，入为监察御史，历右司都事、户部员外郎、侍御史、右司员外郎等官职。金世宗喜其刚果，说到“南人矿直敢为，汉人性奸，临事多避难。异时南人不习词赋，故中第者少，近年河南、山东人中第者多，殆胜汉人为官”①。金世宗应该不止两次以他们二人为例，来评价“燕人”和“南人”，《金史》卷九十七在贺扬庭传后的赞语中说道：“巨构骫骳，贺扬庭骨鲠，大定于二人而屡评南北士习之优劣。”金世宗此处所说的“汉人”，也即“燕人”。

金世宗以他们二人为例，屡屡对“燕人”和“南人”臣僚的心理，做出如此绝对的评价，应该不是他一时心血来潮的说法。金世宗拿段珪和巨构作为例子来评价燕人和南人臣僚时，在大定二十三年（1183）六月，时年他60岁，这样的评价出自做了23年皇帝的60岁的老人之口，应该是他相当长时间观察和思考的结果；金世宗并非对汉文化了解肤浅之人，从《金史·世宗本纪》来看，他对汉朝和唐朝的历史书籍阅读得很多，理解得也很深刻。这种观点也不应该是他一个人的看法，应该是作为民族属性中的他者（女真族贵族），作为旁观者，在对“燕人”和“南人”臣僚中的一定数量的人的做人与做事，做了较长时期考察后的评价，且不仅为其个人的观点，应该是代表一定数量人的看法。

那么，金世宗出于什么心理考察“燕人”和“南人”臣僚呢？

这需要从金世宗即位的背景开始考察。

完颜亮通过弑君的血腥手段上台，上台之后自然要采用各种手段除掉残余的对手及对自己统治不满意的臣僚。据《金史》记载有三次大规模的杀戮。第一次是天德二年（1150）四月，被杀者包括太宗之子宗本等一百五六十人。第二次发生在同年十月，被杀者包括太皇太妃萧氏等一百二三十人。第三次发生在贞元二年（1154）正月，被杀者包括完颜亮昔日弑君时候的重要帮凶萧裕等多人。这些被杀者大多是女真贵族；残酷的杀戮使政治环境空前恶化，作为异族的“燕人”和“南人”臣僚，面对复杂的政治环境，更是噤若寒蝉。再加上完颜亮“为人僄急，多猜忌，残忍任数”② 的性格，导致他们自身也常常有遭到杀戮或者杖责的危险。

---

① 《金史》卷九七，《贺扬庭传》，第2151页。

② 《金史》卷五，《海陵传》，第91页。

张浩，字浩然，辽阳渤海人，天会八年（1130）进士。贞元三年（1155）三月，身为左丞相的张浩和平章政事张晖，因为“每见僧法宝必坐其下，失大臣体”[①]，各被杖二十下。翟永固，字仲坚，中都良乡人，天会六年（1128）进士；海陵王考试贞元二年（1154）进士，翟永固出《尊祖配天赋》题，海陵王认为他猜度己意，召翟永固问他说：“赋题不称朕意。我祖在位时祭天拜乎？”翟永固回答说：“拜。”海陵王说：“岂有生则致拜，死而同体配食者乎？”翟永固又回答说：“古有之，载在典礼。”海陵王说：“若桀、纣曾行，亦欲我行之乎？”[②] 从海陵王和翟永固的三问三答，即可看出海陵王纯粹是欲加之罪、何患无辞，最后，翟永固和张景仁皆被杖二十；进士张汝霖赋第八韵中有“方今将行郊祀”一句话，海陵质问道：“汝安知我郊祀乎？”[③] 也被杖三十。完颜亮即将发动对南宋的战争之前，张浩在上奏中指出：“诸将皆新进少年，恐误国事。宜求旧人练习兵者，以为千户谋克。”完颜亮“恶闻其言，乃杖之”[④]，张浩第二次被杖责。贞元三年（1155）八月，因为主管“尚食烹饪失宜”[⑤]，庖官各被杖二百，左宣徽院敬嗣晖也被杖责。韩锡，字难老，天会十年（1132）进士，正隆二年（1157）正月，完颜亮将韩锡的官职由工部侍郎改为同知宣徽院事，韩锡没有当场表示谢意，被“杖百二十，夺所授官”[⑥]。正隆三年（1158）正月，完颜亮因为其子矧思阿补病死，杀太医副使谢友正及其乳母等人，谏议大夫杨伯雄入值禁中，因与同值人议论此事，杨伯雄说道：“宿王（指矧思阿补）之死，盖养于宫外，供护虽谨，不若父母膝下。岂国家风俗素尚如此。”[⑦] 有人将他的话告诉了完颜亮，杨伯雄被杖四十下。正隆四年（1159）十二月，太医使祁宰上疏反对对南宋发动战争，被杀[⑧]。正隆六年（1161）前后，金国国内矛盾激化，各族人民的起义风起云涌，完颜亮“恶闻盗贼事，言者辄罪之”[⑨]。

---

① 《金史》卷五，《海陵传》，第103页。
② 《金史》卷八九，《翟永固传》，第1975页。
③ 同上。
④ 《金史》卷八三，《张浩传》，第1863页。
⑤ 《金史》卷九一，《敬嗣晖传》，第2028页。
⑥ 《金史》卷五，《海陵传》，第107页。
⑦ 《金史》卷八二，《海陵诸子传》，第1855页。
⑧ 《金史》卷五，《海陵传》，第111页。
⑨ 同上书，第115页。

金世宗初即位后和移剌履的一段对话也说明了这个问题，金世宗问："朕比读《贞观政要》，见魏征嘉谋忠节，良可称叹。近世何故无如征者?"移剌履回答说："忠嘉之士，何代无之，但上之人用与不用耳。"金世宗说："卿不见刘仲诲、张汝霖耶，朕超用二人者，以尝居谏职，屡有忠言故也。"移剌履说："臣未闻其谏也。且海陵杜塞言路，天下缄口，习以成风。愿陛下惩艾前事，开谏诤之门，天下幸甚。"①

有鉴于此，金世宗即位后，屡屡要求臣下讲真话，且希望通过自己持之以恒的努力，矫正"燕人"臣僚中存在已久、影响较大的"诡随"心理，以培养忠君爱国的理念，来巩固自己的帝位，确保女真贵族统治的长治久安。

（三）金世宗矫正"燕人"臣僚诡随心理的努力

大定七年（1167）十二月，东京留守徒单合喜、北京留守完颜谋衍、肇州防御使蒲察通朝辞，金世宗赐予蒲察通金带，然后对他说："卿虽有才，然用心多诈，朕左右须忠实人，故命卿补外。"可见，对女真人中的奸诈者，金世宗照样批评；接着，金世宗又对在场的左宣徽使敬嗣晖说："如卿不可谓无才，所欠者纯实耳!"② 案：敬嗣晖，字唐臣，易州人，金熙宗天眷二年（1139）进士。海陵王贞元三年（1155）八月，因为"尚食烹饪失宜"，海陵王将庖官各杖二百，左宣徽使敬嗣晖与同知宣徽院事乌居仁也各被杖责。但后来又升任参知政事。敬嗣晖的升迁，估计主要和其善于逢迎有关，因为金世宗即位后，厌恶敬嗣晖的巧佞，御史大夫完颜元又劾奏他和许霖等六人不可再用，敬嗣晖被降为通议大夫，放归田里。但是由于敬嗣晖非常熟悉朝仪，进止应对闲雅，后又起复为丹州刺史，但是金世宗当面戒谕他说："卿为正隆执政，阿顺取容，朕甚鄙之。今当竭力奉职，以洗前日之咎。苟或不悛，必罚无赦。"③ 当面如此训斥他，颜面全无，后又起复他为左宣徽使。但以后又有人"榜匿名书于通衢"，称海陵时期的旧臣不被重用者，背地有怨望世宗之心，且将图不轨，金世宗接报后说道："岂有是哉?"又对敬嗣晖说："正隆时，卿为执政，今指卿以为怨望，朕极知其不然。卿性明达能辨，但颇自眩，钓众人之誉，所以

① 《金史》卷九五，《移剌履传》，第2099—2100页。

② 《金史》卷六，《世宗上》，第140页。

③ 《金史》卷九一，《敬嗣晖传》，第2028页。

致此媒蘖，后当改之。"[①] 这一次的训斥，较为和缓。大定八年（1168）二月，金世宗又对敬嗣晖说："凡为人臣，上欲要君之恩，下欲干民之誉，必亏忠节，卿宜戒之！"[②] 一个"燕人"臣僚敬嗣晖，金世宗几次和他谈做人、为官方面忠实的问题，可见金世宗对此问题的重视。

大定八年（1168）十月，金世宗又对宰臣说："海陵时，修起居注不任直臣，故所书多不实。可访求得实，详而录之。"参政孟浩回答说："良史直笔，君举必书，自古帝王不自观史，意正在此。"[③]

大定九年（1169）正月，金世宗与宣徽使敬嗣晖、秘书监移剌子敬讨论古今史事，说道："如海陵以张仲轲为谏议大夫，何以得闻忠言。朕与大臣论议一事，非正不言，卿等不以正对，岂人臣之道也！"[④] 案：张仲轲，幼名牛儿，"市井无赖，说传奇小说，杂以俳优诙谐语为业"，从张仲轲仕宦前的职业来看，应该是燕京一带的民间艺人。正隆二年（1157），海陵王以张仲轲为左谏议大夫，修起居注，当海陵意欲取江南前夕，屡次"先设禨祥以讽群臣，是以仲轲每先逢其意，导之南伐"[⑤]。海陵王时期的张仲轲，又一个让金世宗非常厌恶的"燕人"臣僚。大定九年（1169）四月，金世宗对宰臣说："朕观在位之臣，初入仕时，竞求声誉以取爵位，亦既显达，即徇默苟容为自安计，朕甚不取。宜宣谕百官，使知朕意。"[⑥] 是年九月，金世宗对台臣说："比闻朝官内有揽中官物以规贷利者，汝何不言？"台臣回答说："不知。"金世宗气愤地说道："朕尚知之，汝有不知者乎？朕若举行，汝将安用。"[⑦]

大定十年（1170）四月，金世宗和新任命的参知政事宗叙谈做人、做官的原则问题，并对在场的左丞石琚说："女直人径居达要，不知闾阎疾苦。汝等自丞簿至是，民间何事不知，凡有利害，宜悉敷陈。"[⑧] 金世宗同样希望牵涉女真贵族事宜的时候，汉人臣僚能大胆直言。十月，金世宗又对宰臣说："朕凡论事有未能深究其利害者，卿等宜悉心论列，无为

---

① 《金史》卷九一，《敬嗣晖传》，第 2029 页。
② 《金史》卷六，《世宗上》，第 141 页。
③ 同上书，第 143 页。
④ 同上。
⑤ 《金史》卷一二九，《张仲轲传》，第 2781 页。
⑥ 《金史》卷六，《世宗上》，第 144 页。
⑦ 同上书，第 145 页。
⑧ 同上书，第 146 页。

面从而退有后言。”[①] 金世宗甚至指出如果是自己的错误，臣僚们也要及时指出，且不能当面不说，背后乱说。同年十二月，金世宗又对宰臣说：“今观所奏事，皆依条格，殊无一利国之事。……卿等尤当注意。”[②] 尽管世宗一再要求宰臣们大胆直言，但是他们的奏状，还是让世宗失望，只好继续鼓励直言。

大定十一年（1171）六月，金世宗在一封诏令中说道：“诸路常贡数内，同州沙苑羊非急用，徒劳民尔，自今罢之。朕居深宫，劳民之事岂能尽知？似此当具以闻。”[③] 看语句应该也是对高级臣僚们说的。八月，由于太白金星白日出现，金世宗对朝臣说：“朕尝谕汝等，国家利便，治体遗阙，皆可直言。外路官民亦尝言事，汝等终无一语。凡政事所行，岂能皆当？自今直言得失，毋有所隐。”朝臣们还是不敢直言，世宗很失望，也很无奈，但还是在鼓励。是月，金世宗又在和宰臣的谈话中说道：“五品以下缺员甚多，而难于得人。三品以上朕则知之，五品以下不能知也。卿等曾无一言荐举者。欲画久安之计，兴百姓之利，而无良辅佐，所行皆寻常事耳，虽日日视朝，何益之有。卿等宜勉思之。”[④] 这一次的训话，世宗看来很生气，“无一言荐举”“无良辅佐，所行皆寻常事耳，虽日日视朝，何益之有”，语气说得很重，就差说换人了。十月，金世宗又对宰臣说：“朕已行之事，卿等以为成命不可复更，但承顺而已，一无执奏。且卿等凡有奏，何尝不从。自今朕旨虽出，宜审而行，有未便者，即奏改之。或在下位有言尚书省所行未便，亦当从而改之，毋拒而不从”。是月，金世宗又对宰臣说：“衍庆宫图画功臣，已命增为二十人。如丞相韩企先，自本朝兴国以来，宪章法度，多出其手。至于关决大政，但与大臣谋议，终不使外人知觉。汉人宰相，前后无比，若褒显之，亦足示劝，慎无遗之。”[⑤] 金国立国之初的汉人宰相韩企先“前后无比”，在座的汉人宰臣听后不知有何感。由于该月初一敬嗣晖刚被任命为参知政事，在场的肯定有他。十一月，金世宗当着群臣的面对皇太子说：“唐太宗有道之君，而谓其子高宗曰：‘尔于李勣无恩。今以事出之，我死，宜即授以仆

---

① 《金史》卷六，《世宗上》，第 147 页。
② 同上书，第 147—148 页。
③ 同上书，第 149 页。
④ 同上。
⑤ 同上书，第 150 页。

射，彼必致死力矣'，君人者，焉用伪为。受恩于父，安有忘报于子者乎？朕御臣下，惟以诚实耳。"① 即使是一代明君李世民，世宗认为他在该问题上的做法也不足效仿，表示自己要带头诚实做人。

大定十二年（1172）二月，金世宗对诸王府长史说："朕选汝等，正欲劝导诸王，使之为善。如诸王所为有所未善，当力陈之，尚或不从，则具某日行某事以奏。若阿意不言，朕惟汝罪。"随之又下达专门的诏令："自今官长不法，其僚佐不能纠正又不言上者，并坐之。"② 十一月，曹国公主家奴犯事，受到宛平县令刘彦弼的杖罚，曹国公主于是折辱县令，金世宗听说后，即深刻责罚公主，"又以台臣徇势偷安，畏忌不敢言，夺俸一月"；是月，金世宗与宰臣议事，记注官按例退下，金世宗说："史官记人君善恶，朕之言动及与卿等所议，皆当与知。其于记录无或有隐，可以朕意谕之。"③ 金世宗希望从此之后，给史官秉笔直书的机会。

大定十六年（1176）十二月，金世宗对宰臣说："凡已经奏断事有未当，卿等勿谓已行，不为奏闻改正。朕以万几之繁，岂无一失？卿等但言之，朕当更改，必无吝也！"④ 金世宗对自己日理万机所导致的已有过失，也希望宰臣们及时指出，以便弥补。

大定十七年（1177）六月，金世宗对宰臣说："朕年老矣！恐因一时喜怒，处置有所不当，卿等即当执奏，毋为面从，成朕之失。"⑤ 时年五十四岁的世宗，面对迈入老年的现实，直言自己由于老年人常见的喜怒无常的性格变化所导致的犯错误概率增加，希望宰臣们不要为了维护皇帝的面子而助长自己的过失。是年十月，金世宗对宰臣说："近观上封章者，殊无大利害。且古之谏者既忠于国，亦以求名，今之谏者为利而已。如户部尚书曹望之、济南尹梁肃皆上书言事，盖觊觎执政耳，其于国政竟何所补。达官如此，况余人乎！昔海陵南伐，太医使祁宰极谏，至戮于市，此本朝以来一人而已。"⑥ 对臣僚的奏章，世宗很不满意这种徒具形式的文字。而对出于利益动机的劝谏者，金世宗同样讨厌，直接点了户部尚书曹

① 《金史》卷六，《世宗上》，第150页。
② 《金史》卷七，《世宗中》，第155页。
③ 同上书，第157页。
④ 同上书，第165页。
⑤ 同上书，第167页。
⑥ 同上书，第169页。

望之、济南尹梁肃的名字。而对祁宰舍生取义的行为则高度评价。

案：曹望之，字景萧，其祖上为临潢人，辽代迁移到宣德。天会年间，以秀民子选充女直字学生，后进士及第。曹望之曾经与监修国史纥石烈良弼、同修国史张景仁、刘仲渊一起主持修《太宗实录》，修成之后，金世宗赐纥石烈良弼金带一、重彩二十端，曹望之等皆赐予不等的银币。曹望之感叹赏薄，对人说："栽花接木乃加爵命，勤劳者不迁官。"没多久，张景仁迁翰林学士，曹望之又发牢骚说道："止与他人便遣，独不及我哉。"金世宗听说后，出曹望之为德州防御使，对他说："汝为人能干而心不忠实。朕前往安州春水，人言汝无事君之义。朕敕臣下，有过即当谏争。汝但面从，退则谤议，此不忠不孝也。汝自五品起迁四品，《太宗皇帝实录》成，优赐银币，不思尽心竭力，惟官赏是觊。今出汝于外，宜改心涤虑。不然，则身亦莫保。"① 金世宗讨厌曹望之背后发议论，认为这是对皇帝不忠实，并严厉警告了曹望之。曹望之到德州后，"有惠政，百姓为立生祠"，后改同知西京留守事，在此任上，曹望之上了一封较长的奏折，"多见采纳"；后召拜为户部尚书，金世宗数落他说："汝前为侍郎，以不忠外补，颇能练习钱谷，故任以尚书之重，宜改前非，以图新效也。"虽然提拔了他，还是警告他要痛改前非。由于曹望之久习吏事，"有治钱谷名，性刚愎，颇沾沾自露，希觊执政"，而刑部尚书梁肃出使南宋回来后，金世宗尝欲以为执政，但是"久而未用，亦颇眩耀求进"，金世宗于是对左丞相纥石烈良弼说："曹望之、梁肃急于见知，涉于躁进。"② 遂出梁肃为济南尹，曹望之则官位原地不动，直到去世。

梁肃，字孟容，奉圣州（今河北省涿鹿县）人，天眷二年（1139）进士。从《金史·梁肃传》来看，其为官时候的政绩还是很不错的。大定二十三年（1183），梁肃因年老请求致仕，金世宗对宰臣说："梁肃知无不言，正人也。卿等知而不言，朕实鄙之。"③

专制体制下的帝王，其言论和行动有时候反复无常，有时候一句话就把臣僚的功劳全部抹杀，优点全部忽略，缺点则大肆张扬。

大定十九年（1179）三月，金世宗与宰臣讨论史事时说道："朕观前

① 《金史》卷九二，《曹望之传》，第 2037 页。

② 同上书，第 2037—2040 页。

③ 《金史》卷八九，《梁肃传》，第 1986 页。

史多溢美。大抵史书载事贵实，不必浮辞谄谀也。”此前大定十二年（1172）十一月，世宗已经谈论过一次史官的秉笔直书问题，这次则对前史的溢美问题又提出批评。是月，金世宗又对宰臣说：“朕观前代人臣将谏于朝，与父母妻子诀，示以必死。同列目睹其死，亦不顾身，又为之谏。此尽忠于国者，人所难能也。”①

大定二十一年（1181）四月，金世宗对宰臣说：“朕之言行岂能无过？常欲人直谏而无肯言者。使其言果善，朕从而行之，又何难也。”②大定二十三年（1183）二月，御史台进所察州县官罪，金世宗看后说道：“卿等所廉皆细碎事，又止录其恶而不举其善，审如是，其为官者不亦难乎？其并察善恶以闻。”③ 御史台考察官员不能全面收集资料，同样不能让世宗满意。闰十一月，尚书省左司员外郎徐伟上朝奏事，金世宗对宰臣说：“斯人纯而干，有司郎中郭邦杰直而颇躁。”④ 为人虽然直，但脾气急躁，同样不能让世宗满意。

大定二十七年（1187）二月，金世宗对宰执说：“朕自即位以来，言事者虽有狂妄，未尝罪之。卿等未尝肯尽言，何也？当言而不言，是相疑也。君臣无疑，则谓之嘉会。事有利害，可竭诚言之。朕见缄默不言之人，不欲观之矣。”⑤ 金世宗能够做到言者无罪，对于一味沉默的官员，金世宗见都不愿见了。十月，金世宗又对宰臣说：“朕观唐史，惟魏征善谏，所言皆国家大事，甚得谏臣之体。近时台谏惟指摘一二细碎事，姑以塞责，未尝有及国家大利害者，岂知而不言欤？无乃亦不知也。”⑥ 宰臣们听了，还是无言以对。

大定二十八年（1188）十月，金世宗对右丞张汝霖说：“前世忠言之臣何多，今日何少也？”张汝霖回答说：“世乱则忠言进，承平则忠言无所施。”金世宗反驳说：“何代无可言之事，但古人知无不言，今人不肯言耳！”⑦ 面对金世宗的驳难，张汝霖无言以对。

金世宗曾经问宰臣说：“御史中丞马惠迪与张亨人才孰优？”平章政

① 《金史》卷七，《世宗中》，第172页。
② 《金史》卷八，《世宗下》，第183页。
③ 同上书，第185页。
④ 同上书，第197页。
⑤ 同上。
⑥ 同上书，第199页。
⑦ 同上书，第201页。

事张汝霖回答说："惠迪为人虽正，于事不敏，亨吏才极高。"金世宗听后说道："如汝父（张）浩，于事明敏少有及者，但临事多徇，若无此过则诚难得之贤相也。"① 当着张汝霖的面，即指出其父为臣多顺从的缺陷。案：张亨，字彦通，大兴漷阴（今北京市通州区）人，皇统六年（1146）进士。马惠迪，字吉甫，漷阴人，天德三年（1151）进士。累迁至左司郎中，此前邓俨居是职，世宗喜欢邓俨的明敏，马惠迪一日奏事退下，金世宗对宰臣说："人之聪明，多失于浮眩，若惠迪聪明而朴实，甚可喜也。朕尝与论事，五品以下朝官少有如者。"② 未几，超授御史中丞，拜参知政事。在明敏与朴实中间，金世宗宁愿选择为人朴实的大臣。

金世宗甚至认为，"燕人"臣僚不忠实的做派，会传染给女真人，大定十三年（1173）三月，金世宗对宰臣说："女直人寖忘旧风。朕时尝见女直风俗，迄今不忘。今之燕饮音乐，皆习汉风，盖以备礼也，非朕心所好。东宫不知女直风俗，第以朕故，犹尚存之。恐异时一变此风，非长久之计。甚欲一至会宁，使子孙得见旧俗，庶几习效之。"四月，金世宗到睿思殿，命歌者用女直语演唱，然后对皇太子及诸王说："朕思先朝所行之事，未尝暂忘，故时听此词，亦欲令汝辈知之。汝辈自幼惟习汉人风俗，不知女直纯直之风。"③ 在金世宗的女真文化本位主义思想支配下，他从骨子里认为汉文化中有许多虚伪的成分，"燕人"臣僚恰恰在这方面表现得最为突出，这种心理，支配着他对"燕人"臣僚的认识；而女真原始文化中则有许多纯实的东西，对于女真人来说，这是非常宝贵的。为此，他甚至采取了一些极端措施，五月，禁女直人把自己的姓氏译为汉姓。大定十四年（1174）三月诏令："应卫士有不闲女直语者，并勒习学，仍自后不得汉语。"④ 世宗希望用矫枉过正的手段，来挽救受汉文化浸染越来越严重的女真文化。大定十六年（1176）正月，金世宗与亲王、宰执、从官等讨论古今兴废事时说道："经籍之兴，其来久矣，垂教后世，无不尽善。今之学者，既能诵之，必须行之。然知而不能行者多矣，苟不能行，诵之何益？女直旧风最为纯直，虽不知书，然其祭天地，敬亲戚，尊耆老，接宾客，信朋友，礼意款曲，皆出自然，其善与古书所载无

---

① 《金史》卷九七，《张亨传》，第 2147—2148 页。

② 《金史》卷九五，《马惠迪传》，第 2117 页。

③ 《金史》卷七，《世宗中》，第 158—159 页。

④ 同上书，第 161 页。

异。汝辈当习学之，旧风不可忘也！”① 金世宗所说的“知而不能行”的文化，明显指向的是汉文化中虚假的东西，然后又一次强调自然的、纯直的女真文化的重要性。

从大定七年（1167）到大定二十八年（1188，次年金世宗去世），二十一年的岁月中，围绕臣僚应该如何忠直的问题，金世宗简直是不厌其烦地谈论这个问题，大多时间是和宰执谈，也和其他高级臣僚谈，受批评的对象，大多为“燕人”臣僚。

（四）金世宗“诡随”心理论及矫正行为之评价

其实，金世宗这种对特定区域人士作出的全盘否定性的道德评判肯定不客观。金代“燕人”臣僚中，无论是金世宗即位之前，还是金世宗统治时期，都有敢言直谏的人，甚至有忠于前朝的人。

天会年间，“皇子郎君破真定，拘境内进士，立试场……大抵以徽宗无道、钦宗失信为问。……（主文）刘侍中名霄产，辽咸雍中状元，怨宋人海上之盟，故发此问”②。刘霄产当为刘霄，刘彦宗之父，大兴宛平人，“辽朝灭亡后刘霄虽然改仕金朝，但对辽朝存有深厚感情”③。刘彦宗孙刘仲诲，海陵帝时为应奉翰林文字，“海陵严暴，臣下应对多失次。尝以时政访问在朝官，仲诲从容敷奏，无惧色”，海陵为此称赏他。刘仲诲平素立朝峻整，容色庄重，就连金世宗都说：“朕见刘仲诲尝若将切谏者。”④ 张大节，字信之，代州五台（今山西省五台县）人，海陵王天德三年（1151）进士。先调崞县丞，后改东京市令，金世宗“改元于辽东，或劝赴之，富贵可一朝遂”的关键时刻，张大节却说：“自有定分，何遽尔。”金世宗曾经对宰臣说：“张大节赋性刚直，果于从政……惜乎用之太晚。”⑤ 又屡次对近臣说：“某某非不干，然不及张大节忠实也。”在金世宗眼里，张大节刚直、忠实。刘仲洙，字师鲁，大兴宛平人，大定三年（1163）进士。金世宗曾经对宰臣说：“人有言语敏辩而庸常不正者，有语言拙讷而才智通达、存心向正者，如刘仲洙颇以才行见称，然而口语甚

---

① 《金史》卷七，《世宗中》，第163—164页。

② 周密，吴企明点校：《癸辛杂识》别集下，《褚承亮不就试》，引元好问《续夷坚志》，中华书局1988年版。

③ 《世家大族与辽代社会》，第119页下注。

④ 《金史》卷七八，《刘仲诲传》，第1774页。

⑤ 《金史》卷九七，《张大节传》，第2145—2146页。

讷也。"《金史》对刘仲洙的评价是，"性刚直，果于从政，尤长于治民，所在皆有功迹，盖一时之能吏"①。马百禄，字天锡，通州三河人，大定三年词赋进士。御史台评价他"刚直能干"②。

金世宗统治时期，为人奸猾的"南人"臣僚也有。

刘玑，字仲璋，益都人（今山东省青州市），天德三年（1151）进士。金世宗问宰臣说："玑为人何如?"参知政事程辉回答说："玑执强跋扈，尝追济南府官钱，以至委曲生意而害及平民。"金世宗接着说道："朕闻玑在北京，凡奴隶诉良，不问契券真伪，辄放为良，意欲徼福于冥冥，则在己之奴何为不放?"又说："玑放朕之家奴，意欲以此邀福，存心若是，不宜再用。"③ 刘玑这种两面派的做法，金世宗极为讨厌。

《金史》于世宗本纪的最后如此评价金世宗的求直言行为，"举贤之急，求言之切，不绝于训辞，而群臣偷安苟禄，不能将顺其美，以底大顺，惜哉!"④

其实汉人上层中的"燕人"也好，"南人"也罢，都不能用金世宗那么绝对的语言来评价，因为人的性格本身是一个非常复杂的系统。"任何一个人，不管性格多么复杂，都是相反两极所构成的。这种正反的两极，从生物的进化角度看，有保留动物原始需求的动物性一极，有超越动物性特征的社会性一极，从而构成所谓'灵与肉'的矛盾；从个人与人类社会总体的关系来看，有适应社会前进要求的肯定性的一极，又有不适应社会前进要求的否定性的一极；从人的伦理角度来看，有善的一极，也有恶的一极；从人的社会实践角度来看，有真的一极，也有假的一极；从人的审美角度来看，有美的一极，也有丑的一极。此外，还可以从其他角度展示悲与喜、刚与柔、粗与细、崇高与滑稽、必然与偶然等的性格两极。任何性格，任何心理状态，都是上述两极内容按照一定的结构方式进行组合的表现"⑤。在女真人建立的政权中，不管是"燕人"臣僚，还是"南人"臣僚，社会心理都较之汉人政权中的汉人臣僚要复杂，长期在"胡化"环境中浸染的"燕人"臣僚，心理更加复杂一些；相对于普通人，

① 《金史》卷九七，《刘仲洙传》，第2154—2155页。

② 《金史》卷九七，《马百禄传》，第2156页。

③ 《金史》卷九七，《刘玑传》，第2158页。

④ 《金史》卷八，《世宗下》，第204页。

⑤ 刘再复：《性格组合论》，上海人民出版社1986年版，第59—60页。

汉人臣僚中的士人，性格所导致的心理则更加复杂。

最为典型的例子莫过于张浩。案：张浩，字浩然，辽阳渤海人。天会八年（1130），进士及第，授秘书郎。海陵欲发动对南宋的战争，张浩虽然不敢直谏，但还是用委婉的言词表达了对战争的反对。在科举制的废立问题上，张浩则旗帜鲜明地亮出了自己的观点①。但是，当海陵帝派遣宦官梁珫来监督汴京城营建工城，“凡一殿之成，费累巨万”，而梁珫则说“某处不如法式”②，张浩于是马上命令撤掉，不敢与之对抗。海陵帝如此评价他：“左丞相张浩练达事务，而颇不实。”③ 不实，也即不实在，奸猾。

再如邓俨，字子威，懿州宜民人（今辽宁省阜新市境内），海陵王天德三年（1151）进士。金世宗曾经对宰臣曰：“人言邓俨用心不正，朕视俨奏事，其心识甚明，在太府监心亦向公。”第二天，让邓俨任吏部侍郎。但是，邓俨致仕后又因缘求进，金章宗问左右说：“邓俨可复用乎？”平章政事完颜守贞回答说：“俨有才力，第以谋身为心。”金章宗说：“朕亦知之。然俨可以谁比？”完颜守贞说：“（邓俨）临事则不后于人，但多务自便耳。俨前乞致仕，陛下以其颇黠，故许之，甚合众议。今使复列于朝，恐风化从此坏矣。”④ 听了此话，金章宗不许邓俨再度出仕。

掌握国家核心大权的统治民族的皇帝和臣僚，对人数较多的汉人臣僚，不能没有心理上的偏见，夸大其缺点，缩小其优点，因为汉人臣僚一个人的缺陷，就把这种缺陷扩展到所有的或者绝大多数汉人臣僚身上，这种现象，在辽、金、元三朝应该是一个普遍的现象。

燕人臣僚，由于其长期处于特殊的地缘政治环境中，他们“不能完美地融于辽、宋、金任何一朝政治生活之中，无论是北方少数民族还是中原汉族，都不将其视为己类，使其在心理上边缘化于各民族”⑤。北宋苏辙《出山》一诗的最后两句，“仰头呼天问何罪，自恨远祖从禄山”，可以说正是幽云汉人上层，在面对各种尴尬处境时，苦涩而又无奈心理的真

---

① 见第五章第四节。

② 《金史》卷八三，《张浩传》，第 1863 页。

③ 《金史》卷八八，《纥石烈良弼传》，第 1950 页。

④ 《金史》卷九七，《邓俨传》，第 2150 页。

⑤ 纪楠楠：《论辽代幽云十六州的汉人问题》，硕士学位论文，东北师范大学，2006 年，第 45 页。

实写照。金哀宗虽非有为之君，但其对类似问题的分析却颇为合理，元光二年（1223）五月，参知政事完颜毅夫说道："胁从人号'忠孝军'，而置沿淮者所为多不法，请防闲之。""忠孝军"是金末义军之一，参知政事完颜毅夫对他们的表现显然很不满意，也很不信任，金宣宗听后却说道："人心无常，顾驭之何如耳。驭之有术，远方犹且听命，况此辈乎！不然，虽左右亦难防闲。正在廓开大度而已。若是而不能致太平者，命也。"①

第五节　隐逸、愤世嫉俗与玩世不恭心理

魏鉴勋教授认为，在社会的衰落时期，"隐逸（心理），是对社会的无声抗议"②，其实，在少数民族掌握核心权力的辽、金、元等朝代，即使不在王朝的衰落期，汉人上层中的隐逸心理，实质上也是对汉人被压迫、被歧视现实的无声抗议。金朝初期，由宋入金的士人和官员中，这种心理最为明显。金朝后期，汉人士人和臣僚中有这种心理的也较多，而玩世不恭的心理也在不断滋长。

一　隐逸心理

（一）前期

金朝前期，由于民族矛盾的尖锐，以及女真贵族对汉人的一系列的歧视和压迫政策，导致原为北宋官员，因为各种原因而改仕金国的汉人臣僚隐逸心理颇为明显。

褚承亮，字茂先，真定人。苏轼曾经极力称赞其才华。宣和五年（1123）秋，乡试八百人中，褚承亮为第一，第二年科举及第，调易州户曹，时值金兵南下，故没有赴任。天会六年（1128），褚承亮又被迫参加金政权于真定举行的科举考试，策论考试题目为"上皇无道、少帝失信"，主考官为辽朝进士刘胥，出于对北宋破坏与辽盟约，勾结金朝灭辽政策的不满，故意出此题目，以羞辱这帮参加科举考试的原宋士人；参加考试的士人绝大多数"承风旨，极口诋毁"宋徽宗和宋钦宗，褚承亮则

① 《金史》卷一六，《宣宗下》，第366页。

② 魏鉴勋：《衰落论》，沈阳：辽宁人民出版社1994年版，第216页。

对主考官刘霄[1]说："君父之罪，岂臣子所得言耶?"于是长揖而出，连刘霄也为之动容。后刘霄"多承亮之谊，荐知藁城县"，刘霄"漫应之，即弃去"，七十岁时去世，门人私谥曰"玄贞先生"[2]。

读宇文虚中、高士谈、蔡松年、吴激等原宋士大夫的诗词，能够体会出其中浓浓的故国之思和玄学名士心理，尤其是其中的隐逸心理。

宇文虚中，"把酒祝东风，吹取人归去"[3]。高士谈，"都将万事付天公，且伴老人开笑口"[4]，"直拟驾风归去，把三山登彻"[5]。吴激，"珠帘暮卷，天际识归舟"[6]，"归去江湖一叶，浩然对影垂竿"[7]。一个"归"字，透漏出较重的归隐田园、忘却万物尤其是忘却痛苦的心理。

最具此隐逸心理分析价值的是蔡松年的词，"公钥经营五亩，卧看西山烟雨"[8]，"市朝声利场里，谁肯略忘机。庾老南楼佳兴，陶令东篱高咏，千古赏音稀"[9]，"倦游客，一樽酒，便忘忧。拟穷醉眼何处，还有一层楼。不用悲凉今昔，好在西山寒碧，金屑酒光浮。老境玩清世，甘作醉乡侯"[10]。而最能体现蔡松年渴望过嵇康、刘伶那样玄学名士生活的词为："嗜酒偏怜风竹，晋客神清，多寄虚玄。有山阳遗迹，水石高寒。曾为幽栖起本，几求方外微官。谩蹉跎十载，还羡君侯，左驾朱轓。山村霰雪，竹外花明，瘦梅半树斓斑。溪路转、青帘佳处，便是萧闲。寄谢五君精爽，摩挲森碧琅玕。个中著我，储风养月，先报平安。"[11] 在该词前边的引语中，蔡松年写道："遇乘高履危，动辄有畏。道逢达官稠人，则便欲退缩。……故谋为早退闲居之乐。……违己交病，不堪其忧。……殊未见会心处。闻山阳间，魏晋诸贤故居，风气清和，水竹葱蒨。方今天壤间，

---

① 周密《癸辛杂识》别集下《褚承亮不就试》引元好问《续夷坚志》文中记载主考官为刘霄产，但据《金史·刘彦宗传》记载应为刘霄。

② 《金史》卷一二七，《褚承亮传》，第2748页。

③ 唐圭璋：《全金元词》（上）《迎春乐》，中华书局1979年版，第3页。

④ 《全金元词》（上）《玉楼春》，第3页。

⑤ 《全金元词》（上）《好事近》，第4页。

⑥ 《全金元词》（上）《满庭芳》，第5页。

⑦ 《全金元词》（上）《木兰花慢》，第5页。

⑧ 《全金元词》（上）《水调歌头》，第7页。

⑨ 同上。

⑩ 同上书，第8页。

⑪ 《全金元词》（上）《雨中花》，第11—12页。

盖第一胜绝之境，有意卜筑於斯，雅咏玄虚，不谈世事。”① 写得不太隐晦，深层次的隐逸心理完全释放出来，虽然身居高位，但作为汉人出身的臣僚，常常有畏惧感，而且要说违心的话，要办违心的事，因此，少有真正高兴的时候，蔡松年且选中了隐居的好地方，南太行自然风光最美的山阳（今河南省焦作市境内），魏晋南北朝时期，这里就是“竹林七贤”谈玄论道之处，蔡松年相中这个地方，应该不仅仅是看中了风光之美，他渴望的是在这里能和有同样痛苦感受的嵇康、阮籍等人，穿越时空，进行真心的交流，以摆脱所有世俗的烦恼和痛苦。

蔡松年等原宋士大夫为何有这么强烈的隐逸心理，实和他们来金前的成长背景以及来金后的心灵深处的痛苦有很大的关系。他们自幼就接受了良好的儒家教育，不管基于什么原因，仕金之后，尽管衣食无忧，甚至过着高官厚禄的生活，但是忠君爱国的理念永远缠绕在心头，由此导致的道德上对自我的谴责、苦闷与彷徨以及故国之思，像噩梦一样难以摆脱。而金国的政治环境，再也不是北宋士大夫所面对的相对宽松的局面，作为朝臣，一不小心就要被杖责。海陵王时期，蔡松年就曾经因为一桩刑事案子的处罚不当而被杖责，又因为海陵王没听见北宋使节山呼海应般的拜贺声，而被怀疑，在此背景下，时时处处，“市朝冰炭里，起波澜”②，“身似惊鸟，半生飘荡，一枝难稳”③，“世途古今险，方寸波涛惊”，因此，他们只好把创作的主题，不谋而合地指向了“隐逸”，身在做官，心却在“归隐”，麻痹自己的灵魂，也为痛苦的灵魂，找到一个安静的港湾，但是，这种诗词主题的背后，“涵盖着不满女真统治，不愿与之为伍的心理”④，也是他们“对世事的厌倦与无奈，故国情怀的一种折射，一种现实与理想矛盾冲突的反映，是时代的产物”⑤。

（二）后期

金朝从章宗登基，即开始了由鼎盛趋向衰落的时期，各种社会矛盾，都显现出来，因此，在汉人文人中，隐逸心理在经历了金朝中期的低潮

① 《全金元词》（上）《雨中花》，第11—12页。

② 同上书，第16页。

③ 同上书，第22页。

④ 《金代汉族士人研究》，第126页。

⑤ 孟繁清等：《金元时期的燕赵文化人》，《词人蔡松年》，河北人民出版社2004年版，第53页。

后，又走向高潮。

卫文仲，襄城人，承安年间进士，“性好淡泊，读书学道，故仕宦不进”①，平时最喜欢唱苏东坡《念奴娇·赤壁怀古》一词，而该词的主题为抒发怀才不遇的忧愤之情；临终前沐浴更衣，交代家人以后事，然后独自关门闭户，正襟危坐于床上，朗诵《念奴娇·赤壁怀古》一词的最后两句，“人生如梦，一樽还酹江月”，歌罢，怡然而逝。临终时刻，还是典型的隐士风格。

王中立字汤臣，岢岚人，博览强记，问无不知。少年时就喜欢治《易》，有声场屋间。“年未四十，丧妻不娶，亦不就举，独处一室中，如僧。如是三四年乃出”，所作诗也充满隐逸情调，“寄与闲闲傲浪仙，枉随诗酒堕凡缘。黄尘遮断来时路，不到蓬莱五百年”②。

王去非，字广道，平阴人。“尝就举，不得意即屏去，督妻孥耕织以给伏腊。家居教授，束修有余辄分惠人”③，大定二十四年（1184），八十四岁时去世。赵质，字景道，辽朝世家大族赵思温后裔。大定末，举进士不第，后隐居燕京城南，以教书为业。明昌年间，金章宗游春水途中，“闻弦诵声，幸其斋舍，见壁间所题诗，讽咏久之，赏其志趣不凡”，于是召至行殿，让其做官，他推辞说：“臣僻性野逸，志在长林丰草，金镳玉络非所愿也。况圣明在上，可不容巢、由为外臣乎。”④ 泰和二年（1202）八十五岁时去世。王去非和赵质的一生，大多在隐逸生活中度过。

杜时昇，字进之，霸州信安人。博学知天文，然不肯走仕途。承安、泰和年间，宰相多次向皇帝推荐他，都被他婉言谢绝。杜时昇不肯仕进的理由，和他对时局的了解和展望密切相关，他对亲朋们说：“吾观正北赤气如血，东西亘天，天下当大乱，乱而南北当合为一。消息盈虚，循环无端，察往考来，孰能违之。”后见金世宗晚年“风俗侈靡，纪纲大坏”，预感到河北地区越来越不安全，于是“南渡河，隐居嵩、洛山中”⑤，以教书为业，从学者甚众。

① 《元好问全集》卷四八，《续夷坚志一》，第1137页。

② 同上书，第1134页。

③ 《金史》卷一二七，《王去非传》，第2749页。

④ 《金史》卷一二七，《赵质传》，第2749页。

⑤ 《金史》卷一二七，《杜时昇传》，第2749—2750页。

郝天挺，字晋卿，泽州陵川人。“厌于科举，遂不复充赋”，应该也是以教书为业，作为隐居的方式，元好问曾经跟从他从学进士之业，郝天挺厌于科举从而隐居的原因，和他对金朝科举制度弊端的认识有很大关系，他曾经如此评价金代科举制度，“今人赋学以速售为功，六经百家分磔缉缀，或篇章句读不之知，幸而得之，不免为庸人”“读书不为艺文，选官不为利养，唯通人能之”“今之仕多以贪败，皆苦饥寒不能自持耳。丈夫不耐饥寒，一事不可为。子以吾言求之，科举在其中矣”，有人反驳他说：“以此学进士，无乃戾乎？”他回答说：“正欲渠（指元好问）不为举子尔。”贞祐南迁后，移居河南，往来淇卫间。“为人有崖岸，耿耿自信，宁落魄困穷，终不一至豪富之门。”①

薛继先，字曼卿。南渡后，“隐居洛西山中，课童子读书”②。监察御史石玠与他有乡党之谊，考察途中希望拜访他，他却婉言谢绝。有人问他为何连乡曲之情也不顾，他解释说：“凡今时政未必皆善。”倘或他与石玠见面，石玠回朝后若弹劾某人，有人一定说是“自我发之。同恶相庇，他日并乡里必有受祸者”③，隐居时候，还如此谨慎小心，可见，对金末恶政的畏惧，也是部分汉人士大夫隐逸的重要原因。

面对金末国势日衰、民不聊生的现实，赵秉文也日益滋生归隐意识，在《归愚庄》一诗中，其心理最为明显。

> 平生功名心，世路多崎岖。年来忝闻道，何者非夷涂。庄后桑百本，庄前芋数区。草屋三四间，榆柳八九株。僮仆足使令，鸡犬应指呼。商钮向我言，官岂不足欤。如何天壤间，不容七尺躯。忘身百事懒，忘心一物无。忘己又忘物，兀然同太虚。不皎亦不昧，无毁亦无誉。不向醉乡醉，即归愚谷愚④。

---

① 《金史》卷一二七，《郝天挺传》，第2750页。他对金朝科举弊端的认识，也影响到了元好问，“泰和、大安间，入仕者惟举选为贵科，荣路所在，人争走之。程文之外，翰墨杂体，悉指为无用之技，尤讳作诗，谓其害赋律尤甚。至于经为通儒，文为名家，不过翰苑六七公而已”。《元好问全集》卷二三，第511页。《故河南路课税所长官兼廉访使杨君神道之碑》。科举史研究专家刘海峰、李兵在《中国科举史》一书中也指出：“科举制度对金代的人才培养、文风都产生了极大的消极影响。”见该书第252页。

② 《金史》卷一二七，《薛继先传》，第2750页。

③ 同上书，第2751页。

④ 赵秉文：《闲闲老人滏水文集》卷四，四部丛刊本。

有了庄子那样物我两忘的心理，才能忘却所有的烦恼，在醉乡中麻醉自己。

高仲振，字正之，辽东人。将家业付与其兄后，与全家一起隐居嵩山，“安贫自乐，不入城市，山野小人亦知敬之”，也以教书为隐居之方式，经常与其弟子张潜、王汝梅穿行于山谷间，“人望之翩然如仙”①。案：张潜，字仲升，武清人，年五十，始娶鲁山孙氏，也有贤行，“夫妇相敬如宾，负薪拾穗，行歌自得，不知其贫”②。王汝梅，字大用，大名人，始由律学为伊阳主簿，“秩满，遂隐居不仕”③。王元节，字子元，弘州人，天德三年（1151）词赋进士。自密州观察判官罢官后，“逍遥乡里，以诗酒自娱，号曰‘遁斋’”④。麻九畴，字知几，易州人，兴定末，试开封府，词赋第二，经义第一。再试南省，复然。声誉大振，虽妇人小儿，皆知其名。及廷试，“以误绌，士论惜之”⑤，后遂隐居，不事科举。元好问父亲元德明，晚年“放浪山水间，饮酒赋诗以自适”⑥。李俊民，字用章，泽州人。金章宗承安年间，举进士第一，后为应奉翰林文字，不久，即弃官不仕，以所学教授乡里，“从之者甚盛，至有不远千里而来者”⑦，贞祐南迁，隐于嵩山，迁往怀州后，又隐居于西山。许至忠，怀州人，年少及第。性闲澹，不锐仕进，“居卢氏西山下，不赴调。……余（指刘祁）尝至其家，敝衣粝食，环堵萧然”⑧。王子文，洺州人，年少及第。贞祐南渡后，为省掾。睹时政将乱，别妻离子，径入嵩山，剪发为头陀，自号照了居士，改名知非，字无咎。居达摩庵，苦行自修，但是，朝廷对他的隐居行为也表示怀疑，“遣使廉之，知其非矫伪，乃止”⑨，当世号为王隐居，连隐居为僧都不容易，可见金末朝廷对汉人士大夫的防范之严酷。冯璧，字叔献，真定人，与李屏山、王从之同年及第。致仕后，于

① 《金史》卷一二七，《高仲振传》，第 2751 页。
② 《金史》卷一二七，《张潜传》，第 2751 页。
③ 《金史》卷一二七，《王汝梅传》，第 2752 页。
④ 《金史》卷一二六，《王元节传》，第 2739 页。
⑤ 《金史》卷一二六，《麻九畴传》，第 2740 页。
⑥ 《金史》卷一二六，《元德明传》，第 2742 页。
⑦ 《元史》卷一五八，《窦默传》附《李俊民传》，第 3733 页。
⑧ 《归潜志》卷五，第 45—46 页。
⑨ 同上书，第 46 页。

嵩山结茅屋于玉峰山下，自号松庵，徜徉泉石间。自酿酒名为“松醪”，味胜京师。采兰置室中，“与山僧野客作斗兰会”①。名医张子和，睢州考城人，被“召入太医院，旋告去，隐”②。僧人子初，俗姓田氏，虽为浮屠，喜与豪士游。“负其材略，有握兵、治民之志，盖隐于僧者也”③。

在金末，特别是南渡之后，汉人士大夫中的隐逸之风，如此盛行，和当时的时局有很大关系。

贞祐南渡之后，金朝尽管已到末世，宣宗却喜欢严刑苛法，上有所好，下必行之，完颜麻斤出、蒲察咬住等，皆以为政酷暴著名。右丞徒单思忠，好用麻椎击人，号麻椎相公。运使李特立号半截剑，内翰冯璧号马刘子。御史雷希颜在蔡州，“缚奸豪，杖杀五百人，又号雷半千”④。宰执们则无恢复之谋，只以苟且偷安为乐，一旦有人畅言改革积弊，必以“生事”为由讥讽、压制；每当大蒙古国军队大兵压境，“则君臣相对泣下，或殿上发叹吁”，大兵一退，则又一切故常，每议时事，至其危处，常常以“俟再议”⑤ 为由推脱，因循苟且，竟至亡国。将帅则多出于世袭猛安谋克世袭之家，皆乳臭未干的膏粱子弟，如完颜白撒、完颜讹可二人，只会打马球。这几人的共同特点是飞扬跋扈，公然不受朝廷节制。曾经入朝诣都堂，“诋毁宰执，（宰执）亦不敢言”⑥，但是，皇帝却把他们作为中流砥柱，优容宽待；他们尤其不喜文士，“僚属有长裾者，辄取刀截去”⑦。而南渡之后近侍的权力，尤其加重，懦弱无能的宣宗，对朝臣疑心特重，用近侍作为耳目，以伺察百官，宣宗就曾经根据近侍们得到的片言只语信息，“切责台官漏泄，皆抵罪”；又以近侍监视将帅，导致将帅“每临机制变，多为所牵制”，但是近侍“辄遇敌先奔，故其军多丧败”⑧。

金朝南渡之后，皇帝、宰执、将帅等主要的社会角色，基本上皆已脱离其社会地位、身份所要求的行为规范，这是国家衰落甚至走向覆灭的重

---

① 《归潜志》卷五，第 53 页。
② 《归潜志》卷六，第 65 页。
③ 《归潜志》卷五，第 65 页。
④ 《归潜志》卷七，第 69 页。
⑤ 同上书，第 70 页。
⑥ 《归潜志》卷六，第 64 页。
⑦ 同上。
⑧ 《归潜志》卷五，第 71 页。

要标志。对时局非常清楚的汉人士大夫，选择隐逸，可谓乱世之中，洁身自好、保全自己的一种自我防护方式，也是一种较为明智的选择。

二 愤世嫉俗与玩世不恭的心理

（一）愤世嫉俗心理

愤世嫉俗心理，也可称之为悲愤的忧患意识，在王朝末期的士大夫阶层中，表现尤其突出，这是“由理想失落造成的，是面对国家、社会的动乱、衰微、想有所作为而不行，欲进不能，欲罢不可，欲退不忍的心理”①，金朝末年，在汉人上层中，这种心理，也不时出现。

卫绍王大安三年（1211）十一月，河南陈言人郝赞公然到行台尚书省说：“上即位之后，天变屡见，火焚万家，风折门关，非小异也，宜退位让有德。”一官员问他：“尔狂疾乎?”他大声说道：“我不狂疾，但为社稷计，宰相皆非其才。”他每天到行台尚书省门前大呼，持续半月，卫绍王大怒，让“诛之隐处”②。崇庆二年（1213）二月，进士出榜的地方，一狂僧公开说道：“杀天子。”等官员去抓他的时候，“求之不知所在”③。金哀宗正大元年（1224），一人身穿麻衣，望承天门大笑三声，又大哭三声，有司抓住他问他这样做是什么意思，他说道：“我先笑者，笑许大天下将相无人。后哭者，哀祖宗家国破荡至此也”，有司认为他妖言惑众，欲处之以重典，金哀宗说道：“近诏草泽之士并许直言，虽涉讥讪亦不治罪，况此人言亦有理。止不应哭笑阙下耳。”④ 于是被处之以杖刑。

以上三人的“狂言”，两个目标指向为皇帝卫绍王，两个目标指向为卫绍王、金宣宗和金哀宗时期的宰执，细究金末政局，上述三人的愤世嫉俗之言，实际上是金末政局的客观反映。先说卫绍王，金章宗立其为帝，即是看中了其“柔弱鲜智能”的“优点”，而章宗之所以将专制体制用人上的逆向淘汰特点用以极致，是因为章宗自“永中、永蹈之诛”，由是“疏忌宗室，遂以王傅府尉检制王家，苛部严密，门户出入皆有籍”，严格防范宗室，在这种心理支配下，金章宗以卫绍王为接班人，也就不奇怪了。难怪卫绍王继位后，成吉思汗当着金朝使节的面，南面而唾，非常鄙

---

① 《衰落论》，第 209 页。

② 《金史》卷二三，《五行》，第 541 页。

③ 同上书，第 541—542 页。

④ 同上书，第 544 页。

夷地说道："我谓中原皇帝是天上人做，此等庸懦亦为之耶！"① 由于卫绍王"身弑国蹙，记注亡失，南迁后不复纪载"，所以《金史·卫绍王本纪》的记载，非常简单②，所以，其在位期间，具体的无能之举，反而少见，不过《金史·完颜素兰传》倒留下了一些记载："昔东海在位，信用谗谄，疏斥忠直，以致小人日进，君子日退，纪纲紊乱，法度益隳。风折城门之关，火焚市里之舍，盖上天垂象以儆惧之也。言者劝其亲君子、远小人、恐惧修省，以答天变，东海不从。"③

卫绍王时期的右副元帅，权尚书左丞纥石烈执中（本名胡沙虎），左谏议大夫张行信上书总结他的罪恶："专逞私意，不循公道，蔑省部以示强梁，媚近臣以求称誉，骫法行事，枉害平民。行院山西，出师无律，不战先退，擅取官物，杖杀县令。"④ 可纥石烈执中在被杀死之前，一直被朝廷重用。

宣宗时期的宰相术虎高琪，贞祐初年，作为元帅右监军，率军与大蒙古国军队作战，"每出战辄败"，纥石烈执中告诫他说："汝连败矣，若再不胜，当以军法从事。"再次战败后，术虎高琪害怕被诛，竟然率兵到纥石烈执中府上，杀死纥石烈执中，然后"持其首诣阙待罪"⑤，昏庸的金宣宗竟然赦免了他的如此大罪，后反而升为左副元帅，一直做到宰相。而其为相，嫉贤妒能，好树党羽，窃弄威权，自作威福，附己者用，不附己者斥，"凡言事忤意，及负材力或与己颉颃者，对宣宗阳称其才，使干当于河北，阴置之死地"，"喜吏而恶儒"，以致金宣宗都说"坏天下者，高琪彖多也"⑥。金宣宗时期，不是没有能干的大臣，如张行信、完颜素兰、陈规、许古等，俱不被重用。罗继祖先生概括晚金政局为"无君无相无

---

① 《元史》卷一，《太祖纪》，第 15 页。

② 《金史》卷一三，《卫绍王本纪》最后赞语中写道：大元中统三年（1262），翰林学士承旨王鹗欲修《金史》，"求大安、崇庆事不可得"，于是，只好"采摭当时诏令"，金部令史窦祥年八十九，耳目聪明，能记忆旧事，"从之得二十余条"。司天提点张正之"写灾异十六条"，张承旨家"手本载旧事五条"，金礼部尚书杨云翼"日录四十条"，陈老"日录三十条，藏在史馆"。但是，"条件虽多，重复者三之二"。"惟所载李妃、完颜匡定策，独吉千家奴兵败，纥石烈执中作难，及日食、星变、地震、氛祲，不相背盩"。所以，今日中华书局点校本《金史·卫绍王本纪》十页不到，记载灾异、北兵、失守、罪己等内容的倒占了一大半。

③ 《金史》卷一〇九，《完颜素兰传》，第 2397 页。

④ 《金史》卷一三二，《纥石烈执中传》，第 2835 页。

⑤ 《金史》卷一〇六，《术虎高琪传》，第 2341 页。

⑥ 同上书，第 2345—2346 页。

将无兵”[1] 八个大字，可谓不刊之论。

（二）玩世不恭的心理

玩世不恭的心理实际上“也是社会衰落的心理表现，不过是采取戏谑的形式罢了……其实质仍是愤世嫉俗的忧患”[2]，金末汉人士人中，也有少数人有此心理。

李纯甫，字之纯，弘州襄阴人，承安二年（1197）经义进士。中年，度其道不行，益纵酒自放，无仕进意。得官未成考，旋即归隐。每日与禅僧士子游玩，以文酒为事，“啸歌袒裼出礼法外，或饮数月不醒。人有酒见招，不择贵贱必往，往辄醉”[3]，但即使喝醉，酒后也不忘记读书为文之事。马元章，太原人，与雷希颜、宋飞卿同年及第。“为人诡怪好异，又喜为惊世骇俗之行，人莫测焉。……不事修饰，麻绦草履，沉浮闾里，殊无朝士风”[4]。

辛愿，字敬之，福昌人。为文有绳尺，诗律精严且有自己的风格，一个很有才华的文士，但却性野逸，不修威仪，贵人延客，“麻衣草屦、足胫赤露，坦然于其间”，剧谈豪饮，旁若无人，后为河南府治中高廷玉的幕僚，高廷玉被府尹温迪罕福兴所诬，辛愿亦被讯掠，幸免于难，此后生活更加狼狈，但依然雅负高气，不从俗俯仰，“黄绮暂来为汉友，巢、由终不是唐臣”[5] 二句，最能反映其当时心理。

王予可，字南云，河东吉州人。因为其父是军校，故王予可亦尝隶于军籍。三十岁后，一次大病后忽发狂，常说世外恍惚之事，贞祐南渡后，居于上蔡、遂平、郾城之间，遇见文士则称“大成将军”，在佛前则称“谛摩龙什”，见道士则称“驺天玄俊”，遇到官宦贵族则称“威锦堂主人”，满嘴戏谑之语。王予可躯干雄伟，“貌奇古，戴青葛巾，项后垂双带若牛耳，一金镂环在顶额之间，两颊以青涅之为翠靥。衣长不能掩胫。落魄嗜酒，每入城，市人争以酒食遗之。夜宿土室中，夏月或尸秽在傍、蛆虫狼藉不恤”[6]，从王予可的所做、所言来看，属于典型的放荡不羁、

① 罗继祖：《晚金政局》。陈述主编：《辽金史论集》第五辑，第 208 页。

② 《衰落论》，第 214 页。

③ 《金史》卷一二六，《李纯甫传》，第 2735 页。

④ 《归潜志》卷五，第 46 页。

⑤ 《金史》卷一二七，《辛愿传》，第 2753 页。

⑥ 《金史》卷一二七，《王予可传》，第 2753—2754 页。

玩世不恭之人。

相对于持有隐逸心理的人，社会大众对持有愤世嫉俗与玩世不恭心理的士大夫，往往不容易理解，也不容易接受，往往将他们视作狂人或怪人，其实，王朝末期，基本麻木的社会大众，听到狂人的一声棒喝，见到怪人的放荡不羁之行，如果仔细思考，反而有助于对时局、人生的清醒认识。

本章结语：

有金一代，影响汉人上层民族心理变化的短时段因素的作用，要远远大于长时段因素的作用，而短时段因素中，消极性因素的作用，又要大于积极性因素的作用，因此，该时段汉人上层的民族心理颇为压抑。此时期汉儿臣僚和“南人”臣僚的斗争，以后者的胜利而告一段落；此后，南人臣僚在金政权中的地位日益提高。北宋灭亡后，金国先后扶植伪楚和伪齐政权，张邦昌的心理颇为小心、拘谨；刘豫则颇为高调，但也难掩其最后心灵深处的痛苦。金世宗评价燕人民族心理“诡随”，性格中缺乏忠直的成分，实际上是很片面的评价，无论是在辽朝还是在金朝的世宗以前诸朝，“燕人”臣僚中，都有忠直者与奸猾者，而“南人”臣僚中同样如此，人的心理是非常复杂的，在少数民族掌握核心权力的王朝，“燕人”上层为了生存，世代相传一些为人处世的经验，灵活性多一些，原则性少一些，也属正常现象，诚如范恩实教授所言，“即使是农耕民族统治这一地区时，也不能清除这种地区心理。如明朝统一中国后，太祖利用‘南北榜案’之机，大力拉拢北方士人，成祖进一步迁都燕京，并终生致力于恢复北方区域，重新夺回作为幽蓟地区屏障的辽东、辽西地区。但这一切都未能发挥决定性作用。因此，当吴三桂将山海关这一地理防线献于满人时，淮河以北的民族心理防线随之崩溃，满人轻易问鼎中华，而所谓的‘坚决抵抗’，大都发生在江南地区”①。金朝初期和后期，汉人臣僚中的隐逸心理，比较突出；金末，在他们中间又出现玩世不恭的心理，两种现象实际上都是社会现实的客观反映。

---

① 《盛唐时代与东北亚政局》一书所载范恩实《石敬瑭割让幽云（幽蓟）的历史背景》一文，第320页。

第五章　元代北方汉人上层的民族心理

元朝是中国历史上第一个由少数民族统一中国的王朝，在其统一中国乃至向亚洲、欧洲其他地区扩张势力的过程中，其残暴性也世所罕见。对于北方的汉人上层而言，“刚刚完成的华夷观念调适，因蒙古取代金朝在中原的统治，而很快变为历史陈迹，中原士人及百姓被迫面临蒙古入主中原所带来的华夷正统观念的新困惑，进而需要进行新一轮的调适”①。入主中原之后，其政权结构中的“二元政治”及顽固的“蒙古本位主义”政策，也使其成为汉化程度最低的少数民族政权之一，绝大多数皇帝和蒙古族官员的汉文化程度非常低，有些史家甚至有“赤条条来、赤条条去”一说。四等人制的民族歧视、民族分化政策，人为地把汉人分成了两部分；而被汉人上层视为个人及家族发展之本的科举制度，更跌落到其开创之后的历史最低点。这些因素，都影响着有元一代北方汉人上层的民族心理转换。

第一节　金末元初的复杂心理

金末元初，北方汉人上层较之辽、金之际幽云十六州一带的汉人上层，面临更加复杂的选择。新兴的大蒙古国，像风扫残云一样在扩展着自己的势力；金国则随着汉化速度的加快，进入了封建王朝的下行轨道，腐败加剧，贞祐南迁之后，气数已近结束；南宋政权也日益腐朽，亡国只是迟早的问题，对北方的大多汉人上层而言，已经没有什么大的感召力，但是由于地缘政治因素的作用，南宋政府直接或间接的大的军事或政治活

---

① 《元史暨中古史论稿》，第三编《华夷正统观及文化辐射影响》，第162页。

动，对生活在今山东及安徽、江苏二省淮河以北地区的汉人上层的民族心理，会产生一些波动。

一　“天命所归”思想对汉人上层民族心理转换的影响

“天命论”思想在中国古代很有市场，尤其在王朝鼎革之际，这种思想更为盛行，但是，辽、金、北宋鼎革之际，这种思想在史料中较少出现。而金、蒙（元）、南宋鼎革之际，这种思想却颇为流行，尤其在北方。无论是在朝的异己势力，还是民间的异己力量，均常对“云”、“气”等自然现象，作出有利于自己的政治解释，从而据此做出相应的政治行动，进而解释并使人相信自己的“造反”或“投降”类活动均为天命所归的结果。

笔者在分析金末汉人上层们投降或者归附蒙古人的背景时，发现他们头脑中已存的或新生的“天命所归”的心理，起了很重要的指引作用。

先看真定史氏对此的说辞：“天戈南指，大兵长驱，漠南岭北无不破灭，经略燕赵之地，所过之处，如风行电扫，靡有取敌。闾里为□动。公（指史进道）与兄（指史秉直）计之，兄曰：‘此天威也，殆非人力所敢当。’遂共白于母，母曰：‘风声如此其盛，吾以决以天道。莫若顺之，可得保全，汝曹宜识之。’”① 史母“决以天道”，于是史家举族降蒙，得以保全整个宗族。估计史母应咨询了在史家的一些江湖术士，抑或其他的江湖术士，因为史家在曾祖史伦时期，“因筑室，发土得金，遂饶於财”，金末中原涂炭之际，“建家塾，招徕学者，所藏活豪士甚众”②。而《元史·史天倪传》也载：“有道士见而异之（指史天倪）曰：‘封侯相也。’”③ 估计此道士即史家所养的江湖术士之一。距永清不远的霸州所辖信安人杜时昇，即雅好此术，史载：“（时昇）博学知天文，不肯仕进，承安泰和间，宰相数荐时昇可大用。时昇谓所亲曰：‘吾观正北赤气如血，东西亘天，天下当大乱，乱而南北当合为一。消息盈虚，循环无端，察往

① 段绍先：《义州节度使北京路兵马都元帅史公神道之碑》，乾隆四十四年《永清县志》附《永清文征》征实第二。

② 乾隆四十四年《永清县志》第十七，《史天倪列传第二》。

③ 《元史》卷一四七，《史天倪传》，第3479页。封建王朝一般严格禁止官僚和士绅等豢养这类江湖术士，或与他们往来，害怕他们会危及社会的安定和政权的稳固，但是，王朝末期，这种做法，很难禁止，经常是政府越诏令严格禁止，江湖术士们越有市场。

考来，孰能违之。'"[①] 正北方向，显然指向的目标为新兴的大蒙古国，"赤气如血"，指向内容则为蒙军南侵所带来的大屠杀。

再举何实的例子。"岁乙亥（1215），中原盗起。锦州张鲸，自立为临海郡王，遣使纳款于太祖，寻以叛伏诛。鲸弟致，初以叛谋於实，实厉声叱曰：'天之历数在朔方，汝等恣为不轨，徒自毙耳！'"[②] 朔方即北方，指向内容，与杜时昇所言，有相通的地方。

郭宝玉对此也很精通，史载："（郭宝玉）通天文、兵法、善骑射。金末，封汾阳郡公，兼猛安，引军屯定州。岁庚午（1210），童谣曰：'摇摇罟罟，至河南，拜阏氏。'既而太白经天，宝玉叹曰：'北军南，汴梁既降，天改姓矣……'宝玉举兵降。"[③] "（太白）经天，天下革政"，又太白"昼见而经天，是谓争明，强国弱，小国强"[④]。

何实所说的历数和史氏所说的天道，均为同一类的"天命"信号，郭宝玉所得的天命信号是童谣和"太白经天"，童谣虽是人编造的，但却最能反映社会大众的心理和愿望，而这种反映，也常常像天意一样，引导人们的选择。

其实这些江湖术士们对"云"或"气"所作的政治诠释之术，在我国古代早已存在，"这种传统的技术早在《周礼》、《左传》、《国语》、《墨子》等书中就有记载，所谓'以灵台，侯云物'，即此类技术，直到后世，它还是世俗判断吉凶的常用手段"；[⑤] 许多封建王朝的司天台类机构的职能之一就是望云气，然后据此为皇上或政府部门作出政治诠释；许多封建士大夫对此也很精通，耶律楚材一开始在蒙古汗廷得到青睐，也是由于他所擅长的望气之术；许衡早年"父母知世将乱，因欲稍知占候之术，以为避难计，遂令与日者游"[⑥]。

在元朝官修史书《金史》章宗以后（包括章宗统治时期）历史的记载中，均不乏这样的内容。

章宗明昌三年（1192）十二月，"丙辰，有赤气见于北方"[⑦]，这件

---

① 乾隆四十四年《永清县志》第二十，《杜时昇传》。

② 《元史》卷一五〇，《何实传》，第3551页。

③ 《元史》卷一四九，《郭宝玉传》，第3520—3521页。

④ 《史记》卷二七，《天官书第五》，第1327页。

⑤ 《中国思想史》第一卷，第279—280页。

⑥ 《元朝名臣史略》卷八，《左丞许文正公》，第166页。

⑦ 《金史》卷九，《章宗一》，第225页。

事在另一处是这样表述的，“北方微有赤气”①。明昌四年（1193）三月，御史中丞董师中奏：“乃者太白昼见，京师地震，北方有赤气，迟明始散。天之示象，冀有以警悟圣主也。”上问：“所言天象何从得之？”师中曰：“前监察御史陈元升得之于一司天长行。”上曰：“司天台官不奏固有罪，其以语人尤非。朕欲令自今司天有事而不奏者长行得言之，何如？”师中曰：“善。”② 董师中的上奏所针对的正好是上一年十二月的“赤气”天象，司天台未能及时将这一天象告诉皇帝，实属犯罪，告及他人，更是罪上加罪。

章宗泰和六年（1206）九月乙酉，“将五鼓，北方有赤白气数道，起于王良之下，行至北斗开阳，摇光之东”③。1206 年正好是铁木真称蒙古大汗的一年，北方的“赤气”天象也由 1192 年的“微有赤气”演变为“赤白气数道”，而且记载有了明显的运行轨迹。

卫绍王大安二年（1210）四月，“北方有黑气，如大道，东西亘天”④。大安三年（1211）三月，“有黑气起北方，广长若大堤，内有三白气贯之，如龙虎状”⑤。黑气终于演化为一具体的物象——龙虎，而龙虎状云气，在方术类书中，很早以来便是帝王之气的象征。“吾使人望其气，皆为龙虎，此天子气也”⑥。

《金史》有关北方这种特殊“气象”的记载，到此（1211）戛然而止，整个的记载过程，正好和成吉思汗力量壮大并开始攻金的过程大致吻合；金大定二十九年（1189）铁木真开始称大汗，1192 年即出现北方有赤气的第一次记载，1211 年蒙古政权开始发动灭金的战争，这种北方特殊的“气象”记载也就结束了。尤其需要注意的是，金国司天台的官员，也非常关注北方的天象和太白金星的运行情况，这应该是金朝廷特别指示的结果，绝非自然的巧合。

董仲舒在对道家、阴阳家等学派的学说做了一番吸收并改造之后，使早期儒家的思想更适合新兴地主阶级巩固统治地位的需要，而其中的

---

① 《金史》卷二〇，《天文》，第 422 页。
② 《金史》卷二三，《五行》，第 539 页。
③ 《金史》卷一二，《章宗四》，第 277 页。
④ 《金史》卷一三，《卫绍王》，第 292 页。
⑤ 同上书，第 293 页。
⑥ 《史记》卷七，《项羽本纪第七》，第 311 页。

“天人感应”学说，一方面利用谶纬迷信思想宣传君权神授，为专制君主披上神圣而神秘的外衣；另一方面在君权极度膨胀的情况下，也有约束封建帝王的作用。但是，由于世上没有不灭的王朝，这种理论又使“人们普遍认为王朝更替犹如沧桑之变，任何王朝都有它的终数”①，有的人称之为历数或气数。

其实不光在《金史》中有这种记载，在其他中国古代的正史和野史中，也有大量这种记载，新兴的王朝出现在什么方位，这种特殊的“气象”也相应地出现在同样的方位，当然，由于有后朝为先朝作史的传统，所以也不排除新王朝的史家趁机再添加一些，以为新王朝的合法性增加更多的证据，这早已成为模式化的东西。“天象”是“天意”的信号，但是，“天象”是选择性指认，选择哪种天象、何时选择天象，都由选择者的心理决定；而作出何种解释，更带有很大的主观随意性，有意的杜撰和无意的幻觉式附会常常结合在一起，真假难辨，愈显现出其神秘性和权威性。

而同时期在蒙古汗廷的耶律楚材，也正在用对此类天象的解释，为成吉思汗的崛起大造舆论，“臣愚以为中元岁在庚午，天启宸衷，决志南伐，辛未之春，天兵南渡，不五年而天下略定，此天授也，非人力所能及也。故上元庚午岁天正十一月壬戌朔，夜半冬至，时加子正，日月合璧，五星联珠，同会虚宿五度，以应我皇帝陛下受命之符也”②。辛未年（1211），为成吉思汗开始伐金之年；而“五星连珠”作为比较罕见的天象，在古人看来当然是祥瑞，所以耶律楚材也将此作为成吉思汗崛起的天命符号。而成吉思汗等蒙古贵族，对耶律楚材的此类天命宣传也很相信，因为早在成吉思汗世界观形成的初期，萨满教的天命思想就在蒙古人中间很有市场。这样，汉、蒙文化中相通的东西，更容易结合。

问题是中国古代的天文学，从它兴起时即是政治天文学，司天台等有关机构的观察和诠释更是高度保密的；私习天文学，在封建王朝的法律

---

① 刘泽华主编：《中国传统政治哲学与社会整合》，中国社会科学出版社 2000 年版，第 332 页。

② 耶律楚材著：《湛然居士文集》卷八，《进征西庚午元历表》。四部丛刊初编本。

中，更是严格禁止的①。但是由于种种原因，中国古代的许多士大夫，对此颇有嗜好，而相关的书籍，也经常是公开或半公开的在社会上流传。每当封建王朝的末期，那些在野的士大夫或方术先生们，也会对一些特殊“气象”作出政治诠释，这种诠释一开始只有少数人知道，慢慢地，会在社会中流行开来，如果追查的话，只会加快它的传播速度，扩大它的传播范围。由于司天台等机构的诠释和士大夫、方术先生们的诠释，所针对的社会目标是共同的，所以其诠释目的可能相同或相异，但其诠释的含义却有相似的地方。

估计史家等汉人上层们所得到的诠释，应该是通过第二个途径——姑且称之为民间途径。

不管是官方途径的记录，还是民间途径的解释，都不能完全归于个人或少数人纯粹头脑中的产物。成吉思汗势力崛起之后，即开始向西、向南发展，逐渐威胁到金国北部边界的安全。早在金世宗统治时期，燕京及其他契丹族聚居区域，就有这样的谶谣：“鞑靼来，鞑靼去，赶得官家没去处。”② 而游牧民族和农耕民族比较起来，其活动区域更大，流动性更大，所以，相关的信息传播的速度也就更快，传播的地域也就更大。司天台官员的解释和民间术士的解释，应该都是把特殊的“气象”，和各种途径得到的蒙古族势力发展的传言，结合起来进行加工的产物（真假莫辨也辨不清也不必辨），由于其不是绝对的空穴来风，所以还是有一定的可信度的，有了适当的可信度作为基础，相信的人就会逐渐增多。

这种天命所归的社会大众心理，着实高明，既能被愚昧无知的人奉之若神，也能为满腹经纶的士人所相信。所以，金末元初，这种社会心理的市场很广阔，除了世俗地主受其影响，宗教地主也不例外，大蒙古国、金

---

① 刘昫等：《旧唐书》卷一一，第285—286页，《代宗》的记载最具典型性：“天文著象，职在于畴人；谶纬不经，蠹深于疑众。盖有国之禁，非私家所藏。虽裨灶明徵，子产尚推之人事；王彤必验，景略犹置于典刑。况动皆讹谬，率是矫诬者乎！故圣人以经籍之义，资理化之本，侧言曲学，实紊大猷，去左道之乱政，俾彝伦而攸叙。自四方多故，一纪于兹，或有妄庸，辄陈休咎，假造符命，私习星历。共肆穹乡之辩，相传委巷之谈，作伪多端，顺非侥泽。荧惑州县，诖误闾阎，坏纪挟邪，莫逾于此。其玄象器局、天文图书、《七曜历》《太一雷公式》等，私家不合辄有。今后天下诸州府，切宜禁断。本处分明榜示，严加捉搦，先藏蓄此等书者，敕到十日内送官，本处长吏集众焚毁。限外隐藏为人所告者，先决一百，留禁奏闻。所告人有官即与超资注拟，无官者给赏钱五百贯。两京委御史台处分。各州方面勋臣，洎百僚庶尹，罔不诚亮王室，简于朕心，无近憸人，慎乃有位，端本静末，其诫之哉！”中华书局点校本1975年版。

② 孟珙：《蒙鞑备录》，《王国维遗书》本，上海古籍书店1983年影印本。

国、南宋，几方势力争夺道教领袖丘处机，丘处机说道："我之行止，天也。非若辈所及知。"①

在这种心理的指引之下，使那些在高压恐怖气氛下，投靠蒙古政权的汉人官僚、世俗地主和宗教地主、士人们，在民族心理上有一个较短的调整期，他们会认为自己的降附行为是顺应天意，严格的"夷夏之辨"对于他们而言，也就没有那么深的心理负担，再加上女真族本身也是"夷"。

有的学者也许认为这种解释荒诞不经，比如赵文坦先生即认为"'天命'、'天意'云云，皆为史家的临文便辞，不过是保全性命的借口"②。其实，这是拿今人的观念来解释古人的思想和行动。诚如葛兆光先生所言，"古代中国人普遍相信，'天'不仅是人类生存于其中的空间和时间，还是人类理解和判断一切的依据"③；张分田先生也认为，"一种看似随机性的心理，或一种看似偶然的行为，实际上受到某种学说的深刻影响乃至支配"④。笔者认为葛、张二位先生的理论，很适合分析此时期大多汉人上层弃金投蒙时刻的普遍民族心理。

二　"陆沉"心理

中国史学界对元代历史地位的评价虽然有争议，但是对大蒙古国这段时期历史中牵涉亡金过程的历史，不管从何角度分析，对于汉人上层来说，较之金灭北宋，都是一段刻骨铭心的更加痛苦的历史，屠城惨剧一演再演。

河东人李俊民，在其文集中，该方面的记述既多又深刻，"长剑何人倚太行，毡裘入市似驱羊。……万井中原半犬羊，纵横大剑与长枪。昼烽夜火岂虚日，左触右蛮皆战场"⑤；"妖氛长斗北，杀气尚河东。人物不如古，地图只自雄。三城环野水，二麦卧天风。多少逃亡屋，荒凉晚照中"⑥。1234 年正月十日己酉，蔡州城被蒙宋联军攻破，金朝灭亡。听到

① 李志常著，党宝海译注：《长春真人西游记》，河北人民出版社 2001 年版，第 5 页。

② 赵文坦：《金元之际汉人世侯的兴起与政治动向》，《南开学报》2000 年第 6 期。

③ 葛兆光：《文化与文明》，清华大学出版社 2002 年版，第 196 页。

④ 张分田：《中国帝王观念——社会普遍意识中的尊君—罪君文化范式》，中国人民大学出版社 2004 年版，导论第 6 页。

⑤ 《庄靖集》卷二，《乱后寄兄二》。

⑥ 《庄靖集》卷二，《河阳呈苗简叔》。

这个噩耗后，李俊民当天就写了《闻蔡州破》一诗，“不周力摧天柱折，阴山怨彻青冢骨。方将一掷赌乾坤，谁谓四面无日月。石马汗滴昭陵血，铜人泪泣秋风客”①。读了李俊民和同时代金朝其他文人所写的类似的诗，我们会感觉到，“在中国的文学作品中，几乎没有哪一首诗曾像元好问和他的同时代人在金朝最终覆亡的1233年所写的那样散发出如此绝望和无助的气息”②。

据《中国人口通史》统计，“金章宗时金朝所控制的北方地区，有在籍人口5300多万，灭金后所剩仅1000多万”③。太宗五年（1233），曾括河北民户，只得73万，以户均5人计，只350多万人口。虽然无法准确统计整个灭金战争阶段，被屠杀的金国人口的数目，但两组数据相对照，可见这一地区民众被屠杀之惨况，虽然不能说所差数据的人口均被屠杀，但一场场的大屠杀之后，经常是“白骨露于野，千里无鸡鸣”，一直等到局势稍微安定之后，才有史天泽、严实等汉人上层出面，掩埋这些荒郊野鬼，并进行祭祀，仅由李俊民手书的祭祀河东无名亡灵的孤魂碑、孤魂榜、孤魂青词就达到十四篇④。

而蒙古军对屠杀后剩余人口的掳掠，也相当惊人。如1213年木华黎一次就将河北永清一带降人十万余家迁至漠北⑤。

赵翼在《瓯北诗话五则》一文中评价元好问的诗歌，“盖生长云、朔，其天禀本多豪健英杰之气。又值金源亡国，以宗社丘墟之感，发为慷慨悲歌，有不求工而自工者，此固地为之也，时为之也”。赵氏且重点列出了几首元好问的该类诗歌进行分析，比如：《出京》之“只知灞上真儿戏，谁谓神州竟陆沉”；《送徐威卿》之“荡荡青天非向日，萧萧春色是他乡”；《镇州》之“只知终老归唐土，忽漫相看是楚囚。日月尽随天北转，古今谁见海西流”；《还冠氏》之“千里关河高骨马，四更风雪短檠灯”；《座主闲闲公讳日》之“赠官不暇如平日，草诏空传似奉天”。赵氏为此感叹说：“此等感时伤事，声泪俱下，千载后犹使读者低徊不能置。

① 《庄靖集》卷一。

② 《剑桥中国辽西夏金元史》，第318页。

③ 路遇、滕泽之：《中国人口通史》（上），山东人民出版社2002年版，第580页。

④ 《庄靖集》卷九，卷十。

⑤ 《金文最》，卷一〇九，《史秉直神道碑》。

盖事关国家，尤易感人。”① 张文澍先生在对元好问作于金亡后的诗歌进行深刻分析后发现，“异境”二字，出现的次数非常多，他进而指出：“通观遗山这些年的思想就不难看出，‘异境’隐含异国之意。践异国之土，作异国之民，他无法不生‘陡下如堕井’之感。”② 深受元好问影响的元曲名家白朴，“自幼经丧乱，仓皇失母，便有山川满目之叹。逮亡国，恒郁郁不乐，放浪形骸，期于适宜”，史天泽向朝廷力荐他，但他却“再三逊谢，栖迟衡门，视荣利蔑如也”③。

今日的史学专著和史学教科书，写到民族融合问题时，语调大多很平淡，阅读者自然也难以体验这一过程的复杂性，特别是其中的血腥性，其实，汉文化当时所面临的深刻危机，最恰当的描述是“天纲绝、地轴折、人理灭”④，耶律楚材、元好问、白朴这些汉人士大夫，作为文明的传承者，作为历史的亲历者，最能体会其中的滋味，“在中原陆沉、王朝易祚之时，被征服的民族总要承受巨大的精神创伤”⑤；“民族融合的过程是一个痛苦的、流淌着血泪的过程”⑥。

三 全真教上层的民族心理与选择

宋、金、元三朝是道教发展史上的旺盛时期，所创新道派之多、影响之大，为其他时期所望尘莫及，学术界冠之以新道教。在北方，太一、真大、全真三大教团最为盛行，而其中全真教规模最大，持续时间也最长，元朝统一全国之后，向南方发展其势力。金末元初丘处机为代表的宗教地主的活动，无论是在上层社会还是民间，都有很大的影响。

张广保在分析此时期道教勃兴的原因时，谈到其中的社会大背景因素，“金元时期，由于宋、金、元三国之间互相争夺，社会结构极端不稳定，因此，那种促使宗教产生的心理原因——生命的无常感，表现得特别强烈……元朝统治集团开化程度较低……对宗教则因其固有文化‘敬天’

---

① 赵翼著，杨年丰注：《瓯北诗话》卷八，《元遗山诗》，凤凰出版社 2009 年版。

② 张文澍：《元遗山故国诗丛释》，北京师范大学古籍所编《元代文化研究》第一辑，北京师范大学出版社 2001 年版。

③ 白朴：《天籁集》卷首，清钞本。

④ 苏天爵：《元文类》卷五七，《中书令耶律公神道碑》。四部丛刊初编本。

⑤ 《元代文人心态》宁宗一序，第 6 页。

⑥ 同上书，第 11 页。

观念的影响，因而一律予以扶植”①。南怀瑾先生也有类似观点，“在南宋时期，在北方的民族，长期受困于辽、夏、金、元的动荡局面，国家民族感情，与传统文化精神互相激发，便有王重阳、丘长春师徒的全真道的建立”②，他们均认为此时期各民族政权之间的争夺，对全真道的产生和发展，有很大的影响。因此，分析以丘处机为代表的宗教上层人物的民族心理，是分析该时期北方汉人上层民族心理所不容回避的问题。

戊寅年（1218，金宣宗兴定二年，大蒙古国太祖十三年，南宋宁宗嘉定十一年）之前，全真道和金朝政权最高层的关系，还是比较亲密的。作为全真七子之一的王玉阳，最受金皇室青睐。大定二十七年（1187），金世宗将其招之京师，特赐天长观为其居所，第二年，又召见他。金章宗在承安二年（1197）也召见他，赐号体玄大师。道徒吕道安计划在祖庭建立正式宫观，由于没有官方敕额，发展很受限制，王玉阳为其请得额号，祖庭的兴建才得以成功。王玉阳还曾经奉诏，在亳州太清宫两设普天大醮，化度道徒上千人。他和丘处机、刘长生，都是金王朝朝廷宠信的道士，章宗皇妃还赠与他和丘处机《道藏》各一部，殊荣一时。王玉阳于兴定元年（1217）去世。此后，金朝廷最为看重的道士便是丘处机。

金朝卫绍王大安三年（1211），大蒙古国军队开始对金国发动试探性进攻，待了解了金国的虚实后，随后便发动一轮轮大规模的进攻，金宣宗贞祐二年（1214），金朝政府被迫南迁至汴京。北方地区原有的社会政治格局，被彻底颠覆，“中原地区人民旧有的价值观念，被彻底打破”③，绵延的战乱之中，也只有宗教才能解决人们的痛苦，为他们提供精神寄托，因此，也为全真道的迅猛发展提供了良好的客观条件。

面对金国的衰落、大蒙古国的迅猛崛起和南宋的有限野心，且看道教重要领袖丘处机作出如何选择。么书仪教授指出：“胡汉之间实力的消长，是影响民族自信心的决定性因素。”④ 笔者认为，大蒙古国、金国、南宋三国之间实力对比的变化，同样是丘处机等汉人上层作出归附选择的最重要的判断依据，“戊寅之前，师在登州，河南屡欲遣使征聘，事有龃

---

① 张广保：《金元全真道内丹心性学》，生活·读书·新知三联书店1995年版，引言第1页。

② 南怀瑾：《中国道教发展史略》，复旦大学出版社2007年版，第95页。

③ 《金元全真道内丹心性学》，第34页。

④ 《元代文人心态》，正文第3页。

嫱，遂已。明年，住莱州昊天观。夏四月，河南提控边鄙使至，邀师同往。师不可，使者携所书诗颂归。继而复有使自大梁来，道闻山东为宋人所据，乃还。其年八月，江南大帅李公全、彭公义斌来请，不赴。尔后随处往往邀请，莱之主者难其事，师乃言曰：'我之行止，天也。非若辈所及知，当有留不住时，去也'"①。丘处机把自己选择去向何方，委于天命所指之处，其实，其内心的标准，还是以金、宋、蒙三国之间实力对比的变化，为最重要的标准；当时北方道教的势力非常大，而丘处机等道教领袖的选择对当时社会大众，尤其是汉人民众有强大的引领作用。

（一）金国如何拉拢丘处机

贞祐南迁之后，金国完全变成一个残破的国家，剩下的只是有限的苟延残喘的时间。金国屡屡遣使来征聘丘处机，当时丘处机在登州太虚观。贞祐四年（1216），金宣宗为了利用全真教挽救自己摇摇欲坠的统治，派东平监军王庭玉持诏请丘处机赴汴，丘处机说道："我循天理而行，天使行处无敢违。"第二年，丘处机移往莱州昊天观，四月，金朝河南提控边鄙遣使前来，邀丘处机同往，丘不同意，但让使者携带自己所书的诗颂回去，国事至此，丘处机还要写诗颂，显见其骑墙心理与谨慎之处，"在干戈不已、此疆彼界的征战时期，丘处机谨慎行事是合乎情理的"②。"作为掌教，他倾向于哪一方是至关重要的，如果选择错误，他可能会将全真教带入万劫不复的深渊"③。不久，金朝廷又遣使节自汴京前来征聘，由于山东已经为归附南宋的势力所控制，无奈只好打道回府。金国笼络丘处机的活动就此停止。

（二）南宋如何拉拢丘处机

兴定三年（1219，大蒙古国太祖十四年，南宋宁宗嘉定十二年），南宋京东安抚兼总管李全，大名总管、统制彭义斌，据说奉宋宁宗之命，前来邀请丘处机，丘处机也没有答应。

此后，各方势力围绕丘处机展开了争夺，莱州的地方官大惑不解，于是询问丘处机的打算，丘回答说："我之行止，天也。非若辈所及知，当有留不住时，去也。"丘处机所说的"天"的指引，应该指的是朝代变异之际

① 《长春真人西游记》，正文第 5 页。
② 《元代文人心态》，正文第 22 页。
③ 杨军：《丘处机与成吉思汗》，商务印书馆 2014 年版，第 69 页。

对时局最为敏感的人，根据各方面信息作出的一种选择性判断。在农业社会，信息不畅通、交通不方便的背景下，全真教教徒遍布北方，却可以采取口口相传的方式，将有关金国、南宋、大蒙古国乃至其他势力的各方面信息，传达到丘处机耳中，所以丘处机虽然坐拥道观，却可以眼观六路、耳听八方，从鱼龙混杂的信息中，结合自己的思考，作出自认为正确的判断。丘处机清楚地看出，“金与南宋都已衰落，不会是他依靠的对象”①。

（三）丘处机为何选择大蒙古国

成吉思汗通过刘仲禄知道了丘处机，金宣宗兴定三年（1219）十二月，刘仲禄一行奉诏到昊天观拜见丘处机，丘处机不顾年事已高，答应西觐成吉思汗。丘处机之所以作此选择，企图以宗教感化蒙古人，挽救天下苍生，挽救汉文化，应该是他当时的心理之一，“好生恶杀，教门所尚，化温厚之俗易，革杀戮之心难，虽有智慧，不如乘势”②，元好问为此评价道“丘公往年召对龙庭，亿兆之命悬于治国保民之一言，虽冯瀛之悟辽主不是过。天下之所以服其教者，特以此耳”③，上引材料中的最后一句话，道出了全真教大发展的关键因素。

金末元初，神州陆沉，面对此惨烈之局，汉人上层的民族心理异常痛苦，他们的选择，既受天命所归思想的影响，又受大蒙古国、金国与南宋三国实力对比变化的影响，可谓有虚有实。而“迁汴之后，北顾有道之朝，日益隆盛，智识之士孰不先知?”④ “有道之朝”有夸张之嫌，而实力日益隆盛倒是看得见的事实。

第二节　正统心理的若干角度分析

一　四海于今正一家　生民何处不桑麻

（一）金朝汉人上层对完颜亮“统一”战争的反对

自安史之乱之后，中国历史基本上开始了又一次大分裂的时期，自周世宗开始到北宋的太祖、太宗二帝，中原王朝的汉人政权，都曾进行过统

① 刘晓：《耶律楚材评传》，南京大学出版社2001年版，第74页。

② 郭起南：《长春真人成道碑》，《道家金石略》，第502页。该残碑现在陕西省宝鸡市古磻溪宫遗址的围墙墙基上。

③ 《元好问全集》卷三九。

④ 《金史》卷一六，《宣宗下》，第370页。

一中国的尝试，无奈囿于实力的局限，都未能成功。而女真人建立的金，在海陵王统治时期，更不顾统一所需要的主客观条件是否成熟，悍然发动了对南宋的战争。金国境内的部分汉人上层，犯颜直谏。

祁宰，字彦辅，江淮人。北宋时期以医术补官。金军攻占汴京后被俘至金国，因为艺术精湛，后隶太医院，累迁至中奉大夫、太医使。海陵将发动对南宋的战争前，祁宰欲进谏，无奈没有机会见面，正隆四年(1159)，正好碰上元妃有疾，海陵召祁宰前去诊视，利用这个宝贵的机会，即上疏极谏，反对战争，谏文写道：

> 国朝之初，祖宗以有道伐无道，曾不十年，荡辽戡宋。当此之时，上有武元、文烈英武之君，下有宗翰、宗雄谋勇之臣，然犹不能混一区宇，举江淮、巴蜀之地，以遗宋人。况今谋臣猛将，异于曩时。且宋人无罪，师出无名。加以大起徭役，营中都，建南京，缮治甲兵，调发军旅，赋役烦重，民人怨嗟，此人事之不修也。间者昼星见于牛斗，荧惑伏于翼轸。巳岁自刑，害气在扬州，太白未出，进兵者败，此天时不顺也。舟师水涸，舳舻不继，而江湖岛渚之间，骑士驰射，不可驱逐，此地利不便也。

祁宰从天时、地利、人和三方面提出了反对的理由，可谓句句在理，句句中肯，言辞激切。海陵看后大怒，“命戮于市，籍其家产，天下哀之”，祁宰的女婿綦戬，事先并不知情，也被海陵杖罚。行刑时刻，“召禁中诸司局官至咸德门，谕以杀宰事”①，以期达到杀一儆百的目的。张浩，字浩然，辽阳渤海人，金太宗天会八年（1130）进士。海陵帝向其询问对南宋用兵的利害，张浩不敢像祈宰那样直谏，于是“婉词以对，欲以微止海陵用兵”，他在上奏中写道：“臣观天意，欲绝赵氏久矣”，海陵听后，愕然，问道：“何以知之?”对曰：“赵构无子，树立疎属，其势必生变，可不烦用兵而服之。”② 而施宜生则用非常巧妙的方式，将金国准备南侵的军事机密，告诉了南宋，南宋得以赶快备战③。由于海陵帝的

---

① 《金史》卷八三，《祈宰传》，第 1874 页。

② 《金史》卷八三，《张浩传》，第 1863 页。

③ 《金史》卷七九，《施宜生传》，第 1787 页。

高压政策，所以“当是时，海陵伐宋，祁宰谏而死，张浩进言被杖，（耨盌温敦）思忠见疏，孔彦舟画策先取两淮，他无及者”①，汉人上层中，只有孔彦舟积极支持发动战争，大多数汉人上层，则以沉默表示反对。

一直到金朝灭亡的前夕，金国境内的汉人上层对海陵此举还是彻底否定，高汝砺，字岩夫，应州金城人。大定十九年进士。金宣宗兴定元年（1217）十月，他在一次上疏中指出：“昔海陵师出无名，曲在于我。”②

（二）元代汉人臣僚对统一的心理

等到大蒙古国发起统一中国的战争后，北方的汉人上层，对同样是“异族”做出的同样的行为，民族心理上则全然不同。元朝的统一，较之此前秦朝和隋朝长期分裂后的统一，不仅是领土面积的空前扩大，而且有质的飞跃，“一些自秦汉以来历朝历代的羁縻统治区域，也被元朝纳入中央王朝的直接统治区域，实施有效的行政管理。台湾、云南、西藏成为中国不可分割的一部分”③，但是，这种评价，大多数为今人的评价标准。元朝空前的大统一的过程，经历了非常漫长的时间，而且杀戮的程度，也非常血腥。但是，许多汉人上层，还是采用各种方式表达了对元朝统一的歌颂。

早在大蒙古国军队西征途中，耶律楚材便在给王君玉的诗中写道：“定远奇功正今日，车书一混华夷通。”④ 表达了对统一的渴望之情。后又在和王辅之的唱和诗中写道：“六师严驾渡长河，师不留行谁敢何！千里旌旗翻锦浪，一声金鼓振寒波。殷亡谁道三仁在，康灭空传五子歌。唾手要荒归一统，汉唐鸿业未能过。”⑤ 耶律楚材不但认为大蒙古国的统一是唾手可得之举，而且其成果远迈汉唐。在和谢昭先的诗中，耶律楚材又写道：“真人应运康世屯，数颁宽诏垂丝纶。沛若恩波沦骨髓，皇皇四海咸蒙春。汉唐疆宇非为大，戍守西临玉关界。百济称藩过海门，鄙语粗言其大概。天皇自将办多多，天兵百万涉长河。京索为空汴梁下，秦皇汉武畴能过？凛凛威声震天宇，不杀为功果神武。朔南一混车书同，皇业巍巍跨

---

① 《金史》卷八四，《耨盌温敦思忠传》，第1883页。

② 《金史》卷一〇七，《高汝砺传》，第2357页。

③ 朱耀庭主编：《元世祖研究》一书所载孔繁敏《论忽必烈统一中国及其历史作用》一文，燕山出版社2006年版，第270页。

④ 《湛然居士文集》卷二，《用前韵送王君玉西征二首》（其二），据年谱，该诗作于1219年到1232年期间。

⑤ 《湛然居士文集》卷二，《过天德和王辅之四首》，据年谱，该诗作于1232年。

千古。"① 在和冯扬善的诗中写道："升平已有期，上道化日躔。九州成一统，刑赏归朝权。"② 耶律楚材是第一个进入大蒙古国汗廷效力且担任比较重要官职的金末汉人臣僚，尽管其所受的汉文化浸润很深，但由于其契丹贵族皇室后代的特殊身份，导致他对金朝和两宋都没有多少留恋感，华夷观念中的隔膜感甚少，所以他对蒙古人主导的统一的歌颂和激动心理，较之同期其他的汉人上层，颇为"超前"和"异类"。

李庭则在一首五言古诗中写道："维惜金运衰，四海兵浩浩。真人起朔方，氛祲付一扫。"③ 诗中没有对大屠杀的记录、恐惧和谴责，有的只是天运的更替和对"真人"功勋的歌颂。李庭又在写于至元年间的一首诗中写道："江北江南今一统，至元远胜赤乌年。"④

即使是道教上层，也同样为大蒙古国正在统一的战争大造舆论，丘处机西觐成吉思汗后，通过和他的接触和谈话，了解了成吉思汗的远大抱负，这是他在金国和南宋统治集团那里完全不会看到的，东归之后，在大蒙古国给予的特权保护之下，全真教势力大盛，这"同样意味着成吉思汗恩德的传播"⑤。丘处机死后，他的弟子们的相关宣传则大张旗鼓，"方今皇朝应运，奄有诸夏，朔南汉北，东海西凉，异轨殊途，咸归一统，天下无二道，率土无两心……共乘和气，幽赞皇图，一混车书，载祟弓矢，多方顺化，四海归仁，亦臣子之至愿也"⑥。

再看徐世隆在元军攻下临安后所上的贺表⑦：

> 圣人之兵仁而威，无远不服；天下之势离必合，有险即平。方期四海之会同，岂许一江之限隔。捷书屡至，庆颂交驰。钦惟皇帝陛下，至德体元，中华开统。美化既东西之被，兼爱岂南北之分……一鼓而定荆襄，再驾而降鄂岳。蕲黄面缚，江汉心归。铁瓮之坚城已摧，金陵之王气何在。楚地六千里，不劳秦将之增兵；钱塘十万家，坐见吴王之纳土。伪将悉朝于阙下，幼君遐窜于海中。方知恃险而

① 《湛然居士文集》卷一〇，《和谢昭先韵》，据年谱，该诗作于1233年到1236年期间。

② 《湛然居士文集》卷一一，《和冯扬善韵》，据年谱，该诗作于1234年。

③ 李庭：《寓庵集》卷一，元人文集珍本丛刊本。

④ 《寓庵集》卷三。

⑤ 唐代剑：《王喆丘处机评传》，南京大学出版社2000年版，第292页。

⑥ 《云山集》卷八，《京兆普渡碑》。

⑦ 见《全元文》卷六六。

亡，应悔求和之晚。兹虽天意，实出圣筹。历观往古混一之难，未有今日飞渡之易。臣某等叨居牧寄，喜听凯音。矧曾充载笔之臣，尤当述集勋之事。骏奔效命，正海内一家之时。虎拜扬休，上天子万年之寿。

作为金末进士出身的徐世隆，在其笔下，忽必烈是“至德体元，中华开统”的雄才大略的皇帝；而天下大势，也到了“离必合”的时刻；对元朝灭掉汉人政权的南宋，徐世隆认为他们尤其应当“述集勋之事。骏奔效命，正海内一家之时。虎拜扬休，上天子万年之寿”，而且称南宋为伪政权。为此，徐世隆不惜歪曲历史，元朝和南宋之间总共经历了将近五十年的战争才将南宋灭掉，而徐世隆却描写为“历观往古混一之难，未有今日飞渡之易”。

再看孟祺替伯颜起草的《贺平宋表》①：

文轨之会同，区宇一清，普天均庆。钦惟皇帝陛下，道光五叶，统接千龄。梯航日出之邦，冠带月支之国；际丹崖而述职，奄瀚海以为家。

尽管元帝国是一个多种语言并用的国家，但是孟祺还是把它描写为像秦帝国一样，书同文、车同轨；而元帝国前所未见的广阔疆域，更成为他们歌颂的主要政绩。

元军于至元十六年（1279）灭掉南宋最后的残余武装后，终于完成了期盼已久的统一，胡祗遹等奏上《贺平江南表》②，全文如下：

天命大一统，可能交质为郑周；帝业不偏安，岂以长江限南北。顾兹孱宋，得自伪周。失位中天，偷生炎海。以寖微而寖灭，尚自大以自尊。不畏天威，不归王政。少发雷霆之震怒，奚有蛮荒之蘖芳。悯念民生，不忍兵取。遣信使以温谕，赐诗书以优容。迷心累卵之危，恃险一舠之水。久留我命，毒我边氓，诱我叛亡，窃我疆土。事

① 《元文类》卷一六。

② 胡祗遹：《紫山大全集》卷一四。中国书店1990年重印本。

> 至於此，兵不能已。而命将出师，以顺讨逆。摧枯拉朽，破竹燎毛。小人浆食进於壶箪，君子玄黄实於筐篚。不下益州之战舰，坐受石城之降幡。万世峻功，普天同庆。钦惟皇帝陛下，圣神文武，顺天应人。众皆曰可而行，兵不得已而用。越汤武之不杀，跻尧舜之至仁。德高百代之前，恩渐四海之表。非平吴平陈之可比，视格苗格越而益雄。尽地之维，迈古昔区域之广；际天所覆，无日星雨露之偏。圣祚无疆，上天永眷。有生万类，同我太平。

案：胡祗遹，字绍闻，号紫山，磁州武安人（今河北省武安市），“少孤，既长读书，见知于名流”①，幼年失去父母之后还能读书，家境应该不错。在胡氏笔下，宋朝的江山竟然得自于“伪周”，自然也应该视之为伪政权，此种极端说法虽然少见，也可见少数北方汉人上层对南宋汉人政权的感情基本荡然无存。而元世祖的功绩，则“越汤武之不杀，跻尧舜之至仁。德高百代之前，恩渐四海之表”，赞美之词，无以复加。而元帝国的疆域，更是“尽地之维，迈古昔区域之广；际天所覆，无日星雨露之偏”。

对于元朝的统一，刘因则放到辽—金—元这一长时段的北方少数民族力量逐渐壮大的历史过程来考察，认为最后归于一统，乃一不可阻挡之趋势，“辽金迄今，自北而南渐以大，其文物之变也亦然”②，“自北而南，天开元基。辽渐燕垂，金奠淮夷。厌分裂耶，孰彻藩篱？白雁一举，横绝天池。彼瘴海兮藏鲸鲵，巨鼍如城兮尾如旗，安得壮士兮驱而守之？”③在《送人官吴中》诗中写道：“天彻藩篱要混通，古来佳丽数吴中。送君如对秋风起，恨我不随江水东。”④表达了对南北混一的欣喜之情。南北统一之后，北方人终于可以欣赏江南秀丽的美景。刘因在给友人送行的文章，也就此抒发对统一的感慨，“东南富山水之奇秀，而限于南北，不得周游而历览之，使人恒郁郁不乐而若有所失。自宋亡，百五十年之分裂，一日复合，凡东南名胜之迹，一日万里，而惟其所欲焉。此固不屑于当世以观物自娱者之所乐得者。方天下无事，事有纲纪，士以才能自负者，每

① 《元史》卷一七〇，《胡祗遹传》，第3992页。

② 《静修先生文集》卷三，第52页，《题辽金以来诸人词翰后》。

③ 《静修先生文集》卷四，第67页，《怀孟万户刘公先茔碑铭》。

④ 《静修先生文集》卷九，第187页，《送人官吴中》。

以无以自异于中人而不得尽其所有者以自叹。今沿江南北皆我所有，民不习静而多变，有弊以革，有害以除，此亦有志于当世，以有为为事者之所乐得也”①，国家空前的大统一，也为有志之士提供了广阔的、施展才能的舞台。

至元二十三年（1286），集贤大学士、中奉大夫、行秘书监事札马剌丁在上奏中写道：“尺地一民，尽入版籍，宜为书以明一统”，元世祖欣然答应，命札马剌丁及奉直大夫、秘书少监虞应龙等负责此书的编辑；经过将近五年的辛苦工作，至元二十八年（1291），“书成，凡七百五十五卷，名大一统志，藏之秘府”。至正六年（1346）十二月，中书右丞相别儿怯不花等鉴于“是书国用尤切，恐久湮失，请刻印以永于世”，元顺帝接受了该建议，次年二月十七日，传旨命许有壬为该书作序，许氏在该序中比较了汉、唐、元三朝的大一统，“汉拓地虽远，而攻取有正谲，叛服有通塞，况师异道，人异论，百家殊方，指意不同，无以持一统，议者病之”，许氏认为汉代的大一统的毛病尤其表现在学术思想等方面的不统一；而“唐腹心地为异域，而不能一者，动数十年”。而元朝的大一统则“四极之远，载籍之所未闻，振古之所未属者，莫不涣其群而混于一。则是古之一统，皆名浮于实，而我实协于名”，“一统之盛，跨轶汉唐”②，在许有壬的眼中，元朝统一不仅是地域面积的空前扩大，而且较之汉、唐的统一，还有质的提升。

檇李（古地名，今浙江省嘉兴市）士人顾渊白，恃才傲物，曾经写《燕都赋》给翰林学士元明善等看，期望得到赞扬，孰料元明善很不高兴地说道：“今天朝四海一统，六合一家，燕盖昔时战国名，何燕之有？”③古代文人写文章有时候喜欢用古地名代称现时的地名，顾渊白用燕都代称大都，本无什么不妥，但是元明善无限上纲，由燕都二字联想到了战争残酷且频繁的战国时期，与元帝国相对和平且大一统的帝国相比，元明善自然喜欢“四海一统，六合一家”的元帝国。

即使到元末，对元朝统一的赞扬之语，仍然见之于北方汉人臣僚笔下，至正九年（1349），苏天爵在杭州拜谒伯颜庙后，为这位统领大军灭

---

① 《静修先生文集》卷二，第29页，《送张仲贤序》。

② 《全元文》卷一一八七，《许有壬八》。

③ 陶宗仪：《南村辍耕录》卷二七，中华书局1997年版，第341页。

掉南宋的功臣写的赞词中写道："唐失其驭，晋割燕云。历辽与金，疆宇中分。天生圣神，将大一统。不有硕臣，孰济其用。……万方入贡，九有会同。冠盖裳衣，共袭皇风。三百余年，天限南北。伟忠武王，始定于一。王之功大，实惟圣明。"① 充分肯定了伯颜在元朝统一过程中的贡献及统一的意义。

如果说上述诸人歌颂统一，因为他们都是臣僚，和忽必烈等人有密切的联系，都是体制中的人，也是新王朝的既得利益者。那么，非体制中的文人墨客，内心深处如何看待元朝的统一呢？

（三）元代文人墨客对统一的心理

元代科举制废除了很长时间，最大的受害者就是以科举为晋身之阶的士大夫，且看这些受害者对元朝统一的赞扬。

对金朝颇有故国之思的元好问也在诗中写道："四海于今正一家，生民何处不桑麻。"② 大儒许衡在《稽古千文》中写道："天眷地顾，笃兴我元。四海会同，本枝万年。"③ 阎复在给郝经写的墓志铭中写道："盖宋运将尽，天开皇元混一之期。"④

白朴虽然在金朝亡国后绝意于仕途，然而却于元世祖至元四年（1267）恭遇圣节真定总府请作寿词的场合，撰写《春从天上来》一词，贺元世祖忽必烈寿辰，词云："枢电光旋。应九五飞龙，大造登干。万国冠带，一气陶甄，天眷自古雄燕。喜光临弥月，香浮动、太液秋莲。凤楼前。看金盘承露，玉鼎霏烟。梨园。太平妙选，赞虎拜兕觞，鹭序鹓班、联。九奏虞韶，三呼嵩岳，何用海上求仙。但岩廊高拱，瓜瓞衍、皇祚绵绵。万斯年。快康衢击壤，同戴尧天。"⑤ 从词中不难感受出泱泱大国国民的自豪感和对太平盛世的赞扬。白朴弟白恪则在写于至元二十九年（1292）的《重建（汴京）圆堂记》中写道："天下混一，三代以还，未

---

① 《滋溪文稿》卷一，《丞相淮王画像赞》，第2—3页。

② 雍正十二年《山西通志》卷二三四。

③ 淮建利、陈朝云点校：《许衡集》，中州古籍出版社2009年版，第250页。该文应该是元代一篇普及性的启蒙读物，估计是基层学校学生学习元以前历史的课文，四字一句，共1200多字，从太古结绳时代讲起，下限为大元统一。而这一类教科书中的启蒙文章，最利于从幼年时期开始灌输政府倡导的意识形态。

④ 阎复：《静轩集》卷九，《元故翰林侍读学士国信使郝公墓志铭》。元人文集珍本丛刊本。

⑤ 《天籁集》（卷上）。

有盛于此时者也。"①

关汉卿在南下杭州时曾在散曲《杭州景》里写道："普天下锦绣乡，寰海内风流地。大元朝新附国，亡宋家旧华夷。"② 很明显，他的立场是站在元朝一方，充满自豪地称杭州为"大元朝新附国"和"亡宋家"。

马致远对元朝的政治立场就更是一目了然，他曾在一首散曲《中吕·粉蝶儿》里讴歌元朝盛世风貌，"寰海清夷，扇祥风太平朝世，赞尧仁洪福天齐。乐时丰，逢岁稔，天开祥瑞，万事皇基……锦绣簇华夷……道德天地，尧天舜日……祝吾皇万万年，镇家邦万万里。八方齐贺当今帝，稳坐盘龙亢金椅"③。这是在丰年时节的衷心祝愿，并非应景之作。他还在另一首《中吕·粉蝶儿》曲中，抒发了作为大国国民的自豪感，"至治华夷，正堂堂大元朝世，应乾元九五龙飞。万斯年，平天下。……[醉春风]：小国土尽来朝，大福荫护助里，贤贤文武宰尧天，喜，喜，五谷丰登，万民同乐，四方宁治。[啄木儿煞]：善教他，归厚德，太平时龙虎风云会，圣明皇帝，大元洪福与天齐"④。

贯云石虽然是维吾尔人，但是从文化上看已经严重汉化。他在散曲《双调·新水令·皇都元日》中写道："江山富，天下总欣伏。忠孝宽仁，雄文壮武。功业振乾坤……赛唐虞，大元至大古今无。"⑤ 一句"大元至大古今无"，突出强调了元朝地域的广博。

元代无名氏编写的元曲《龙济山野猿听经》第一折中，抒发一个潦倒儒生的感慨，有这么一句颇令人回味的话，"想着那车书一统山河共，却怎生衣冠不许儒人共"⑥，虽然明显针对的是元代儒士地位降低的现实问题，可还是从国家大一统的背景来发牢骚，并没有直接对统一的批评。

为何这些汉人士人如此高调地讴歌一个少数民族政权主导的统一，而且成吉思汗及其子孙君临中原以后，汉族人中（特别是由金入元的汉人中）的民族情绪，并不像想象的那么强烈和普遍，么书仪教授认为：

---

① 明成化二十二年刻本《河南总志》卷一三。
② 隋树森：《全元散曲》（上），中华书局 1964 年版，第 171 页。
③ 《全元散曲》（上），第 257—258 页。
④ 同上书，第 274 页。
⑤ 同上书，第 384 页。
⑥ 隋树森：《元曲选外编》第三册，中华书局 1959 年版，第 949 页。

“这可能与久经兵燹之后滋生的对太平盛世、大一统的急切的、强烈的向往，和对有能力收拾残局的蒙古君主的可能带有若干盲目性的期望有关。”① 自安史之乱开始到元朝统一中国，其间经历了将近五百年的时间，一个统一的王朝终于出现，怎能不令汉人上层们高兴。江山一统或者基本上一统，是大一统的主要标志，也是王朝正统的标志。而且，“天命论并没有限定中国的统治者必须是汉人，只要求他们接受中国封建体制所依定的框架（正），并且将全体中国人都归于一个整体的统治（统）之下”②，元朝灭掉南宋之后，这个标准基本上具备。蒙古人建立的王朝既然是正统，那么对于北方汉人上层而言，“不事二姓”和“严分华夷”的严酷的道德命题，都失去了存在的价值，民族心理上的障碍基本消除。

但是，笔者认为么书仪教授的解释，需要补充和完善，华北汉人上层几乎一边倒的对统一的歌颂，应该还和以忽必烈为代表的蒙古贵族对汉文化的大体认同，以及采行汉法有关，而其所建立的制度，“基本上是以中原王朝传统的仪文制度为主干，参考辽、金制度，而又糅合并保存大量蒙古旧制的成分而成的”③；而且自忽必烈建立金莲川幕府开始，“以忽必烈为代表的蒙古贵族革新派和华北汉人地主阶级儒生文士间的政治结合已经初步建立”④，从宏观上说，有利于建立一个大一统的王朝，从微观上说，华北汉人上层中的知名人物，基本上被罗织进金莲川幕府，生计问题自不待言，最重要的是实现了他们的人生价值，而“一旦（他们所信奉的——引者加）真理得到普遍认同，一旦儒者得到权力的些许尊重，特别是在儒家所期盼与认同的文化得以全面确立的情况下，特别激烈的民族主义情感终于可以抚平和消解了”⑤，笔者认为，这才是他们真正歌颂统一的主要原因。

---

① 《元代文人心态》，正文第 6 页。

② 《剑桥中国辽西夏金元史》，第 626 页。

③ 周良霄、顾菊英：《元代史》，上海人民出版社 2003 年版，第 267 页。

④ 《元代史》，第 236 页。

⑤ 《中国思想史》第二卷，第 286 页。葛兆光教授此段话中所说的“普遍”，应该指的是儒士们信奉的真理的主要内容，其实，不需要“普遍”，关键的要件认同即可以；秩序也不需要“全面确立”，大致确立即可以。忽必烈建立金莲川幕府后到平定李璮叛乱期间的国情，基本上就是这样。儒家虽然有理想主义的一面，也有现实主义的一面，而在面对对汉文化理解较少的忽必烈等蒙古贵族面前，现实主义的一面更强烈一些。

二　“德运”“国号”与修史

（一）“德运”与“国号”

对汉文化非常不熟悉的蒙古人所建立的元帝国，和传统的中原王朝比起来，还是缺少了一些关键的要件，比如“德运”问题和“国号”问题，特别是“德运”问题，这是证明王朝是否正统的密切要件，建国六十年了还没有宣布，非常关心此事的王恽，先后上奏元世祖，要求赶快明确大元的“德运”。

先看王恽关于“德运”问题的奏状。

> 盖闻自古有天下之君，莫不应天革命，推论五运，以明肇造之始，如尧以火，舜以土，夏以金，殷、周以水、木王，汉、唐以火、土王是也。据亡金泰和初，德运已定，腊名服色，因之一新。今国家奄有区夏六十余载，而德运之事未尝议及，其於大一统之道似为缺然。何则？盖关系国体，诚为重事。缘只今文治熠兴，肄朝章，制仪卫，若德运不先定所王，而车服旗帜之色将何所尚矣？合无奏闻，令中书省与元老大臣及在廷儒者推论讲究而详定之，然后诏告万方，俾承天立极之序粲然明白，实光扬祖烈、贻厥子孙之永图也①。

在王恽看来，“德运”问题，是关系到国体的问题，必须赶快解决。再看王恽关于国号问题的奏状：

> 伏见自古有天下之君，莫不首建国号以明肇基之始。方今元虽纪而号未立，盖未有举行之者，是大阙然。钦惟圣朝统接三五，以堂堂数万里之区宇，垂六十年，大号未建，何以威仰万方，昭示后世②。

没有正规的国号③，宛如一个很有成就的成年人在众多公开场合还用

① 赵承禧等编撰，王晓欣点校：《宪台通纪（外三种）》，浙江古籍出版社 2002 年版，第 324 页。

② 《宪台通纪（外三种）》，第 347 页。

③ 一些史家干脆认为大元这一国号出现之前，元朝没有国号，如赵翼就提出“元太祖本无国号，但称蒙古，如辽之称契丹也”。（《廿二史札记校证》下册，第 670 页。）

乳名，总显得不正规、不庄重，不足以显示其正统地位，因为“国号是一种文字符号，名称的演变，往往反映国家性质的嬗迁，在政治与文化上都具有相当的意义”①。其实，大元这一国号出现之前，蒙文国号 Ye Ke Mongghol Ulus（大蒙古国为其汉文直译，大朝为汉文简译）从 1206 年成吉思汗称汗就开始使用，一直到元朝灭亡，都没有改变。汉文大蒙古国国号，在成吉思汗伐金之初当已采用，但据萧启庆先生考证，大蒙古国这一国号，“在现存史料中，见于民间碑乘者，不过六起，见于对内公文者，不过二起，而在现存外交文书中则占多数”②，这一现象的出现，是由于大蒙古国这一国号，种族意义太强，很容易招致汉人民族心理上的反感甚至拒绝，更别说让汉人与其合作。因此，当时在汉地使用最频繁的国号是“大朝”，但是，“大朝”作为国号，总不似正式国号，诚如王恽所言，“垂六十年，大号未建”。至元八年（1271）十一月，正式建国号为大元。先看该诏令的原文，再做分析。

> 诞膺景命，奄四海以宅尊；必有美名，绍百王而纪统。肇从隆古，匪独我家。且唐之为言荡也，尧以之而著称；虞之为言乐也，舜因之而作号。驯至禹兴而汤造，互名夏大以殷中。世降以还，事殊非古。虽乘时而有国，不以（利）【义】而制称。为秦为汉者，著从初起之地名；曰隋曰唐者，因即所封之爵邑。是皆徇百姓见闻之狃习，要一时经制之权宜，概以至公，不无少贬。
>
> 我太祖圣武皇帝，握乾符而起朔土，以神武而膺帝图，四震天声，大恢土宇，舆图之广，历古所无。顷者，耆宿诣庭，奏章申请，谓既成于大业，宜早定于鸿名。在古制以当然，于朕心乎何有。可建国号曰大元，盖取《易经》“乾元”之义。兹大冶流形于庶品，孰名资始之功；予一人底宁于万邦，尤切体仁之要。事从因革，道协天人。於戏！称义而名，固匪为之溢美；孚休惟永，尚不负于投艰。嘉与敷天，共隆大号③。

---

① 萧启庆：《蒙元史新研》一书所载《说大朝——元朝建号前蒙古的汉文国号》，台湾允晨文化股份有限公司 1994 年版，第 25 页。

② 《蒙元史新研》一书所载《说大朝——元朝建号前蒙古的汉文国号》，第 40—41 页。

③ 《元史》卷七，《世祖四》，第 138—139 页。

该国号出自对汉文化非常熟悉的刘秉忠之手①，但是，把秦朝到隋朝的国号，一概贬称为“徇百姓见闻之狃习，要一时经制之权宜”，却颇让人费解，汉唐盛世，历来是后世儒家极力褒扬的时代，贬称其国号，不再以旧的思维方式为蒙古人建立的帝国命名，搜肠刮肚之后，汉人儒士们想出了“大元”这一国号。

从“德运”到“国号”问题的提出和解决，可以看出汉人上层，急切地想为蒙古人建立的政权、也为自己，证明正统身份的强烈愿望。

（二）修史——孰为正统

元世祖即位初期，翰林学士王鹗就向忽必烈建议撰修辽、金二史，“自古帝王得失兴废，班班可考者，以有史在。我国家以威武定四方，天戈所临，罔不臣属，皆太祖庙谟雄断所致。若不乘时纪录，窃恐岁久渐至遗忘。金《实录》尚存，善政颇多；辽史散逸，尤为未备。宁可亡人之国，不可亡人之史。若史馆不立，后世亦不知有今日”②，元世祖听后，“甚重其言，命修国史，附修辽、金二史”③。至元元年（1264）二月，“敕选儒士编修国史，译写经书，起馆舍，给俸以赡之”，九月，“立翰林国史院”④。元灭南宋后，由于元军将南宋的大量史册、书籍、档案等运到了大都，所以，又不断有撰修辽、金、宋三史的措施，但多年的努力之后，却未见有成果面世。

为何出现这种局面，其主要因素，就是和撰修三史密切相关的孰为正统的问题无法解决，一直到脱脱的明智之举提出之前，关心此事的官僚和士人们围绕此敏感问题，争议不断，大体分为以下四种意见：第一种意见主张以两宋为正统，以辽、金为偏闰，以杨维桢为代表，作为南人进士，有此动议，也不奇怪。第二种意见主张以金统宋，与杨维桢的建议完全对立，这种意见在金章宗泰和年间就开始出现，且得到金章宗的支持，入元之后，仍然有人坚持此意见，估计当为不知名的对金朝有故国之思的北方士大夫。第三种意见以金朝刚刚灭亡后⑤修端提出的意见为代表，据陈芳

---

① 《元史》卷一五七，《刘秉忠传》，第3694页。

② 《元朝名臣事略》卷一二，《内翰王文康公》，第239页。

③ 同上。

④ 《元史》卷五，《世祖二》，第100页。

⑤ 李治安先生经过仔细考证后将修端此文的写作年代确定为1234年。见氏著《元史暨中古史论稿》第三编《华夷正统观及文化辐射影响》，第156页。

明先生考证，修端祖籍为燕山人（今河北省北部地区），也即“燕人”，修端著有《辩辽宋金正统》一文，苏天爵所编《元文类》及王恽《玉堂嘉话》皆收录①，修端主张在正统问题上汉人与少数民族平等，但修端在此问题上又表现出蔑视南宋的倾向；修端的观点，在元顺帝至正三年（1343）围绕正统问题的激烈辩论中，又被待制王理继承。李治安先生认为，修端的观点“基本被吸收进至正三年朝廷的最后决策中”②。第四种意见主张三国各自修史，大体上如《三国志》之例，以虞集和揭傒斯为代表，最后被脱脱接受，该观点本质上是反对以宋为正统，也不存在对辽、金的歧视，与契丹族、女真族同为少数民族的蒙古贵族，自然愿意接受该观点。

南人臣僚虞集和揭傒斯，之所以最后能够提出并接受该主张，笔者认为，应该和他们的文化观有很大的关系，“中国文化认同，其包容性强大，中国人不难接纳外族入居，甚至也不难接纳外族统治中国，只要外族君主用夏变夷，也愿意同化于中国”③，没有解决不了的大问题。此外还和儒家弟子的现实主义精神有关系，三史久修不成，而北方的儒士，如徐世隆和胡祗遹，干脆视南宋为伪政权，这也绝非此二人之认识，在北方汉人上层中，应该较有代表性，而主导修史的，又为蒙古贵族。在此背景下，如果不作修史观念上的革新，此问题将一直无法解决。再则顺帝即位之后，元朝的危机，处处显露，修史久拖不决带来的焦虑感，估计也是他们作出观念革新，各自修史的原因之一。

第三节　谣言、谶纬与元代汉人上层的民族心理

中国古代政治与谶纬之间的关系非常密切，“谶纬是一种以天人感应说为理论基础的预言神学。谶纬系利用自然现象或伪制征兆来假托天意，进而预言国运盛衰、世代轮替与世运变化。历代统治者往往制造福瑞以加强其政治的合法性，而反对者则利用谶语来震撼人心，削弱现存政权的基础”④，谶语的发生并非一种偶然因素在起作用，而是偶然性因素与必然

---

① 前者见《元文类》卷四五。后者见《秋涧先生大全集》卷一〇〇。部分措辞有差异。

② 《元史暨中古史论稿》第三编《华夷正统观及文化辐射影响》，第159页。

③ 《观世变》，第200页。

④ 萧启庆：《元朝史新论》，台湾允晨文化实业股份有限公司2000年版，第84页。

性背景的适度结合，正如葛兆光先生所言，每一句（或一首）谶语背后，“又有其复杂的社会与文化背景”①。

谣言则是一种非常普遍的社会心理现象，只要有人群的地方就有可能发生谣言。然而谣言的蜂起，则至少必须具备两个条件。其一，“社会行将发生或已经发生重大变故、天下行将大乱或已经大乱。值此之际，人们在忐忑不安、惊恐万状之余，往往易于以讹传讹地解释变乱的原因，叙述事变的情状，或揣测未来的命运”。其二，“社会缺乏高效率的宣传媒介，或者说虽有这种媒介，但他由于种种原因并不能得到社会公众的信赖，人们主要的只能依靠‘交谈’来口头传递‘小道消息’，而‘交谈’的固有特性就是易于歪曲消息，一个消息经过一传十、十传百，往往会被篡改得面目全非”②。处于农业社会的元代，自然没有高效率的宣传媒介，第二个条件很容易具备。第一个条件，笔者将在下边的分析中，结合具体事例来探讨。

有元一代，谶语的传播和产生较大影响，主要发生在阿合马和桑哥势力崛起和被杀的事件中；而谣言的传播和产生很大影响，主要体现在元末的童男、童女速配风波和农民起义中。而这些事件都与元代北方汉人上层有很大关系，恰恰可以成为分析他们民族心理演变的最好切入点。

一　阿合马和桑哥事件

（一）多元文化背景下的多族官僚之间的矛盾

元帝国的历史，是鸦片战争以前的中国古代王朝中真正具有世界历史意义的王朝。由于成吉思汗及其子孙们的三次西征，导致蒙古贵族不但控制了东亚的广大地区，而且控制了西亚、中亚、东欧甚至中欧的广大地区，欧亚大陆的北部地区终于连结为一个整体，东西文明之间的往来空前频繁。因此，占有中原和江南广大地区的元帝国，成为一个多族文化色彩非常浓厚的国家，其中产生重大影响的有汉文化、蒙古族文化和色目人文化。

在意识形态领域，有元一代，“汉法”与“蒙古法”两种意识形态

---

① 《中国思想史》第一卷，第 277 页。

② 高毅：《法兰西风格——大革命的政治文化》，浙江人民出版社 1991 年版，第 225—226 页。

"始终冲突不断"①。在治国思想领域，自西汉武帝以后，汉法主要表现为外儒内法辅之以道的治国之术，佛教传入中国之后，又加入了辅之以佛的元素，但其重要特征却是一种以文治国的思想，尤其体现在有宋一朝的国家治理中。其主要内容为强调人政、德治，反对暴政。蒙古法则来自草原传统，是一种武士文化，奉行军事帝国主义。在经济思想领域，儒家强调轻徭薄赋、反对横征暴敛。蒙古人则强调以财养战及战后厚赏贵族，其差异性非常明显。所以，儒臣与色目"聚敛之臣"的冲突背后，掩盖的是"汉法"与"蒙古法"之争，阿合马、桑哥等人只不过是忽必烈实行蒙古法统治的工具，这就不难解释杀了阿合马之后，卢世荣、桑哥作为继任者，走的仍然是阿合马理财路线。

不同族群出身的官员一起共事，由于语言、文化、经历甚至外貌等方面的差异，导致他们之间产生大大小小的矛盾，本是情理之中的事。但由于以忽必烈为代表的蒙古贵族，有意让汉人臣僚和色目官员之间互相牵制，以便蒙古贵族牢牢控制国家核心权力，因此冲突不断。而蒙古人和色目人加在一起的人口总数，也远远无法和元帝国境内的汉人相比，色目人的语言、文化等又与蒙古人接近，所以，蒙古贵族又有意地袒护色目人，以压制汉人臣僚。在此背景之下，汉人臣僚作为族群整体，自然不敢把斗争的矛头公开对准蒙古贵族，只好拿色目官员开刀，一来借此尽力维护汉文化，二来借此争得一些权力，以维护汉人上层及其所属族群的利益，也借此发泄内心由于族群歧视被长期压抑的不满情绪。

（二）阿合马被刺杀之前汉人臣僚与色目官员之间的矛盾

早在成吉思汗时代，随着大蒙古国军队对金国河北地区的占领，耶律楚材等汉人臣僚归附大蒙古国后，汉人臣僚和色目官员之间的权力斗争，就开始展开。

1. 耶律楚材愤悒以死

此种冲突，首先见之于耶律楚材和色目商人、官僚奥都剌合蛮之间。作为受儒家学说影响较大的政治家，耶律楚材在理财问题上主张舒缓民力、藏富于民，认为民富才能国强；而回回商人则迎合蒙古贵族聚敛财富、急功近利的心理，对中原百姓进行竭泽而渔式的剥削。二者在施政方针上的迥异，导致相互之间的冲突不断升级，而这种冲突，也可以说开后

① 萧启庆：《内北国而外中国》，中华书局2007年版，第30页。

来元代汉人与色目官僚义利之争的先河。太宗十一年（1239）十二月，商人奥都剌合蛮经过朝廷批准，扑买中原银课二万二千锭，以四万四千锭为额。太宗十二年（1240）正月，奥都剌合蛮又担任提领诸路课税所长官，商人兼为地方长官，自然不合汉地传统。随后译史安天合，谄事镇海，又首引奥都剌合蛮扑买课税，增至二百二十万两。当着窝阔台汗的面，耶律楚材与他们极力辩谏，直至“声色俱厉，言与涕俱”，以致窝阔台汗说道：“尔欲搏斗耶?”又说道：“尔欲为百姓哭耶？姑令试行之。”窝阔台汗的话，显含讽刺，也显见对色目官僚的袒护，耶律楚材不能阻止这种和中原王朝截然不同的赋税征收办法在汉地的实施，叹息道：“民之困穷，将自此始矣!”回回人阿散阿迷失，有一次向窝阔台汗诬告耶律楚材私用官银一千锭，窝阔台汗为此向耶律楚材提出质问，耶律楚材回答说：“陛下详思之，曾有旨用银否?”窝阔台汗回答说：“朕亦忆得尝令修盖宫殿一千锭。”耶律楚材说：“是也。”① 问题得以澄清。过了几天，窝阔台汗在万安殿对阿散阿迷失进行了严厉讯问，阿散阿迷失不得不承认自己的诬陷行为。窝阔台汗死后，乃马真后以御宝空纸付奥都剌合蛮，使自书填写，人事大权也交给了他，耶律楚材反驳说：“天下者先帝之天下。朝廷自有宪章，今欲紊之，臣不敢奉诏。”由于耶律楚材的反对，此事遂止。但乃马真后又出新旨，维护色目商人的利益，“凡奥都剌合蛮所建白，令史不为书者，断其手”，耶律楚材反驳：“国之典故，先帝悉委老臣，令史何与焉？事若合理，自当奉行，如不可行，死且不避，况截手乎!”② 在此混乱的政局中，奥都剌合蛮的行为更加肆无忌惮，“廷中悉畏附之。楚材面折廷争，言人所难言，人皆危之”③，耶律楚材见无法挽救危急、混乱的局势，于是力求避位，政敌们顺水推舟，罢免了他的中书令职务。耶律楚材死后，政敌们仍然不放过他，诬告他“为相二十年，天下供奉，皆入私门”，乃马真后派人前去检核，只找到“名琴数张，金石遗文数百卷而已”④。耶律楚材去世后二十多年，郝经在给忽必烈的上奏中非常痛苦且非常惋惜地说了这样的话：“太宗皇帝临御之时，耶律楚材为相，定赋税、立造作、榷宣课、分郡县、籍户口、理狱讼、别军民、设

① 《元文类》卷五七，《中书令耶律公神道碑》。
② 《元史》卷一四六，《耶律楚材传》，第 3464 页。
③ 同上书，第 3463—3464 页。
④ 《元文类》卷五七，《中书令耶律公神道碑》。

科举、举恩肆赦，方有志于天下，而一二不逞之人，投隙抵罅，相与排摈，百计攻讦，乘宫闱违豫之际，恣为矫诬，卒使耶律楚材愤悒以死。”①

2. 刘敏、姚枢、赵璧等与牙鲁瓦赤之间的矛盾

牙鲁瓦赤（或译为瓦剌洼赤、牙老瓦赤），其全名是马哈木·牙鲁瓦赤·本·穆罕默德·花剌子密，即花剌子模人穆罕默德之子马哈木·牙鲁瓦赤②。在志费尼的《史集》一书中，牙鲁瓦赤是绝对的正面人物形象，和他同时代的贾马尔·喀尔施更称赞他是“世界和宗教的光荣，伊斯兰和穆斯林的救星，诸可汗的最公正臣宰，诸王国的管辖者，伊斯兰信徒免遭覆灭的保护人”③。但是，在汉文史籍中，他的形象则与《史集》的记载完全相反，诸如刚强尚气、擅权自专、惟事货赂、贪财纳贿等负面评价。

《元史·刘敏传》记载：辛丑春（1241），刘敏被授行尚书省一职，太宗皇帝在诏令中说：“卿之所行，有司不得与闻。”但是牙鲁瓦赤自西域来到燕京后，“素刚尚气，耻不得自专，遂俾其属忙哥儿诬敏以流言，敏出手诏示之，乃已。帝闻之，命汉察火儿赤、中书左丞【相】粘合重山、奉御李简诘问得实，罢牙鲁瓦赤，仍令敏独任”④。牙鲁瓦赤不但专权擅政，而且诬陷同僚，落了个被革职的后果。而实际事实却是牙鲁瓦赤深得成吉思汗和窝阔台汗的赏识和信任，从西域到燕京，“主持汉民公事”，自然是首席长官，与刘敏等共事，由于族属不同、文化背景不同等因素的影响，再加上沟通不易的因素，很容易产生矛盾；也许刘敏等人作为汉人臣僚，还有汉人传统的夷夏之分思想，再加上身处燕京，不可避免地还有“地主”思想，于是，有意无意地与来自西域的牙鲁瓦赤对抗。《刘敏传》所依据的原始材料（家传或神道碑等），确有美化之嫌，说牙鲁瓦赤的罢任是由于元太宗对刘敏的信任，其实牙鲁瓦赤的去职是在太宗死后。刘敏家传或神道碑的作者，估计也有刘敏那样对牙鲁瓦赤等色目人的文化排斥心理。

---

① 《郝文忠公陵川文集》卷三二，《立政议》。

② 杨志玖：《元代回族史稿》，《回回人的东来与分布》，南开大学出版社 2004 年版，第 87 页。

③ 华涛译《贾马尔·喀尔施和他的〈苏拉赫词典补编〉（下）》，刊于《元史及北方民族史研究集刊》，南京大学历史系元史研究室 1987 年编，第 94 页。

④ 《元史》卷一五三，《刘敏传》，第 3610 页。

《元史·姚枢传》记载："辛丑，赐金符，为燕京行台郎中。时牙鲁瓦赤行台，惟事货赂，以枢幕长，分及之。枢一切拒绝，因弃官去。"① 《姚枢传》所记，当本之其侄姚燧所撰《中书左丞姚文献公神道碑》，原文为"岁辛丑，赐锦衣金符，以郎中（佐）牙鲁瓦赤行台于燕。时惟事货赂，天下诸侯，竞以掊克入媚，以公幕长，必分及之，乃一切拒绝。有人以银二铤来见，既谢却，乃出置毡帘间，遣人追及与之。遂迁家来辉"，"惟事货赂"为当时不良风气，行赂者为"天下诸侯"，也即各地方长官。《元史》编者删《神道碑》文作"时牙鲁瓦赤行台惟事货赂"，似乎只有牙鲁瓦赤惟以索赂为事，于是遭此不白之冤。牙鲁瓦赤身为长官，当然是地方官行贿的主要对象，他未能禁止行贿和受贿，这是他的缺点，但这在当时的社会环境中，几乎是社会的常态，只要没有贪暴残害人民的劣迹，也就过得去了。

《元史·赵璧传》记载：宪宗即位，"召璧问曰：'天下何如而治?'对曰：'请先诛近侍之尤不善者。'宪宗不悦。璧退，世祖曰：'秀才，汝浑身是胆耶！吾亦为汝握两手汗也。'一日，断事官牙老瓦赤持其印，请于帝曰：'此先朝赐臣印也，今陛下登基，将仍用此旧印，抑易以新者耶?'时璧侍旁，质之曰：'用汝与否，取自圣裁，汝乃敢以印为请耶!'夺其印，置帝前。帝为默然久之，既而曰：'朕亦不能为此也。'自是牙老瓦赤不复用"②。

据《赵璧传》的记载，该事应该发生在壬子年（1252，宪宗二年），然而，有一材料说："上（指元世祖——引者注）在潜邸，壬子春，行幕驻岭上，极知汉地不治，河南陕西尤甚。宪宗方倚任于牙剌瓦赤，乃因朝觐，请分河外所属而试治之。乞不令牙剌瓦赤所钤制。诏许之。"③ 可见，在壬子年，牙剌瓦赤还受宪宗倚重和信任，连元世祖都要躲着他，所谓"不复用"一说，显然毫无根据。牙剌瓦赤于宪宗四年（1254）去世，较《赵璧传》所说牙剌瓦赤"不复用"晚三年。萧启庆在《西域人与元初政治》一书中评价道："牙剌瓦赤在西域时政声极佳……到汉地之后，竟不免惟事货赂，可以看出其统治态度的改变。在河中，他是土著的总督，吾

① 《元史》卷一五八，《姚枢传》，第3711页。

② 《元史》卷一五九，《赵璧传》，第3747页。

③ 《元朝名臣史略》卷七，《丞相史忠武王》，第117—118页。

土吾民，自然尽力为善；到汉地后，他便成了征服者的外籍统治代理人，失去了吾土吾民的爱心，也失去了爱惜羽毛的自重心理”，“在元初，牙剌瓦赤原属较正派的人物”①，心理的稳定与变化，是一种互动的行为，牙剌瓦赤到燕京后的殖民心理，很容易和刘敏等汉人臣僚的“夷夏之分”及“地主”心理产生矛盾。

总之，忽必烈即位之前，汉人臣僚在和色目官员的争夺中，基本上一直处于劣势。其原因一是从成吉思汗到蒙哥汗，对汉文化的了解程度非常低，且在他们和蒙古贵族心目中，汉地较之蒙古族传统的广阔的草原地区所占的地位，要低得多。二是在蒙古汗廷的汉人臣僚，较之蒙古和色目臣僚，数目要少得多，自然势单力薄，内心的孤单、无助与痛苦可想而知。

（三）汉人臣僚和阿合马、桑哥之间的矛盾

1．李璮之乱与忽必烈用人心理的变化及影响

忽必烈建立潜邸后，大力招募汉人谋士，主要依靠这些汉人谋士的智慧，忽必烈才得以夺取汗位。在李璮叛乱发生之前，忽必烈对汉人臣僚信任度很高。但是，李璮之乱平定之后，忽必烈对汉人臣僚和汉人谋士的信任度，骤然降低，曾经颇受信任、行政能力很强的王文统，受牵连被杀，随后，又追究推荐过王文统的汉人臣僚刘秉忠、张易、廉希宪、商挺、赵良弼等都受到怀疑。汉人军将中，济南公张荣的儿子、邳州路行军万户张邦直追随李璮发动叛乱，安肃公张柔的儿子张弘略以及曾任大名彰德路宣抚使（中统三年二月改任大名宣慰司）的游显等，都与李璮有书信往来，书信的内容尽管已经无法核实，但其中肯定有不满蒙古贵族统治的内容；史天泽在抓到李璮后，不审判、不献俘，以安人心为由，匆忙将他处死，也显然有掩盖汉人臣僚及军将的犯罪事实及灭口之嫌疑，“这些都大大增加了忽必烈对汉人的疑忌警戒心理”②，但是精明的忽必烈深知，对此事的处理原则，只能是宽大，一旦深究，汉人臣僚和汉人军将勾结起来，弄个鱼死网破，局面将不可收拾，于是，“知情胁从诖误”者，全部被免罪③，但却趁机迫使这些世侯军阀们，交出了由家族世袭、子侄包揽的地方军政大权。而此前受到汉人臣僚压抑的色目官员，趁机反扑，“回回虽

---

① 萧启庆：《西域人与元初政治》，第102—103页。

② 《元代史》，第287页。

③ 《滋溪文稿》卷二七，《河南胁从诖误》，第461页。

时盗国钱物，未若秀才敢为反逆"①。李璮之乱被平定以后，政治上的可靠，成为忽必烈择人、用人首先考虑的标准，色目臣僚自然很清楚忽必烈此时心理的变化，于是竭力向忽必烈献媚，忽必烈对色目臣僚的信任度明显提高；一冷一热，导致双方的心理都发生了变化。但是，忽必烈也不敢让色目人的势力过于发展，至元二年（1265）二月，"以蒙古人充各路达鲁花赤，汉人充总管，回回人充同知，永为定制"②。在中央宰执人员的任命上，经过一段时间的探索和调整，也逐渐形成一套不成文的规则，右丞相一员，必由蒙古贵族担任，史天泽和耶律铸尽管也担任过该职，但只是象征性的尊礼元勋的行为，并无实权。左丞相一员，由蒙古贵族间或由色目官僚担任；其余平章政事、右丞、左丞、参知政事各二员，则由蒙古、汉人、色目人参用。其他机关的人员安排，也类似这种民族构成，蒙古人为长，汉人、色目人参用。这种任官格局的基本精神是利用民族之间的矛盾，在不能不使用汉人臣僚的前提下，另外委派色目人分任事权，进行牵制，蒙古人则于最高端进行监视。这种做法，"不仅有效地抑制和防范了汉人官员的作用与可能发生的离异行为，同时，又在权力斗争中把色目人推在直接与汉人争逐的第一线，成功地暂时转移并且缓和了汉人官员与最高统治者蒙古人的矛盾"③，在此背景下，汉人臣僚与色目臣僚阿合马、桑哥等之间的矛盾，逐渐走向尖锐化，最终以阿合马、桑哥先后被杀告终。忽必烈用人心理及政策上的重大变化，对当时乃至整个元代的政局都产生了深刻影响，也可谓之元代的祖宗家法。从王恽《儒用篇》的记载来看，几乎是急转弯式的变化，"国朝自中统元年以来，鸿儒硕德，济之为用者多矣……今则曰：彼无所用，不足以有为也。是岂智于中统之初，愚于至元之后哉?"④ 忽必烈心理的陡然变化，会让汉人臣僚们很不适应，再加上色目官员的嚣张行为，很容易使他们走上和色目官员之间矛盾激化的道路。

2．汉人臣僚与阿合马之间的矛盾

元世祖曾经对淮西宣慰使昂吉儿说："夫宰相者，明天道，察地理，尽人事，兼此三者，乃为称职。阿里海牙、麦术丁等，亦未可为相，回回

---

① 姚燧：《牧庵集》卷一五，《姚枢神道碑》，四部丛刊初编本。
② 《元史》卷六，《世祖三》，第106页。
③ 《元代史》，第287页。
④ 《秋涧先生大全集》卷四六，《儒用篇》。

人中，阿合马才任宰相，”[①] 忽必烈对宰相一职的重要性，及其所应该具备的素质的分析非常全面，众多的汉人臣僚中，他没有提及任何一人，显见其认为汉人臣僚，无足当其任者，也不敢信任他们，该话显见应该说于李璮之乱被平定之后，他只在蒙古贵族和色目官僚中作选择，最终选中阿合马。当然，也并非完全由于上述因素，而是由于元朝建立后，南征北战、东征西战，每年还要给蒙古贵族大量赏赐，财政问题成为第一位的问题，谁能解决这个问题，谁就适合做宰相，不管其手段如何。汉文化中传统的轻徭薄赋思想与色目人的重商文化传统，在这种用人心理的竞赛中一开始就处于劣势。

阿合马是中亚费尔干那盆地忽阐河（今锡尔河）畔费那喀忒城（今乌兹别克斯坦塔什干西南）人，初隶蒙古弘吉剌部按陈那颜，以世祖察和哈屯媵（顺圣皇后）臣的身份服务于忽必烈潜邸。忽必烈与阿里不哥争夺汗位之时，急需军资供应，阿合马的后勤保障能力，得以大显。中统二年（1261），阿合马以开平同知计点燕京万亿库诸色物货。中统三年（1262），领中书左右部兼诸路转运使，忽必烈委之以财政大权。阿合马兴钧州、徐州铁冶，又以礼部尚书马月合用兼领已括户 3000 户，兴煽铁冶，岁输铁 1037000 斤，铸造农器 20 万件，易粟输官良田万石；自至元元年（1264）起，山西盐税岁课增加 5000 两，这些措施，使元朝国库收入增加很快，阿合马开源的能力也得以大显，忽必烈大喜，是年诏令阿合马为中书平章政事。至元三年（1266），立制国用使司，阿合马兼领使职。至元七年（1270），立尚书省，罢制国用使司，阿合马改任尚书省平章，成为该新设机构的最高行政首脑。单单就职业素质而言，阿合马是一个称职的理财专家，也是大多色目臣僚的特长，与阿合马相较，在忽必烈眼中，在此领域，许衡等大儒就迂腐得多。

阿合马与史天泽等争辩，“屡有以诎之”[②]，史天泽是忽必烈时代位高权贵的汉人臣僚，也是当时汉人臣僚的领袖，阿合马敢和他屡屡辩论，且屡屡在争辩中获胜，既说明了阿合马的胆魄，也说明了阿合马很有才智。忽必烈“由是奇其才，授以政柄，言无不从”[③]。

---

① 《元史》卷二〇五，《阿合马传》，第 4561 页。

② 同上书，第 4559 页。

③ 同上。

汉人臣僚和阿合马之间的斗争，可以分为温和型、激烈型及中庸型三种。

首先看温和型，他们一般利用上奏折或者朝廷辩论的机会说服忽必烈，以制约阿合马的权力。

中统三年（1262），阿合马领中书左右部，总管财用，“欲专奏请，不关白中书”，忽必烈下诏让廷臣议论此事，张文谦说道：“分制财用，古有是理，中书不预，无是理也。若中书弗问，天子将亲莅之乎？”① 忽必烈接受了张文谦的建议，阿合马专权的阴谋没有得逞。

至元元年（1264），阿合马为中书平章政事，领尚书省六部事，大权独揽，势倾朝野，朝中大臣多阿附他，只有许衡“每与之议，必正言不少让”，后阿合马的儿子又担任佥枢密院一职，许衡从中原王朝权力制衡的传统理念出发，提出激烈的反对意见，“国家事权，兵民财三者而已。今其父典民与财，子又典兵，不可”，忽必烈问道：“卿虑其反耶？”许衡回答说：“彼虽不反，此反道也。”阿合马因此非常痛恨许衡，然苦于没有理由，于是亟荐许衡到中书任职，“欲因以事中之”，许衡后任中书左丞，但是许衡屡屡提出辞呈，许衡提出辞呈的原因，主要还是不愿意和阿合马共事。一次，许衡趁跟随忽必烈从幸上京的机会，“乃论列阿合马专权罔上、蠹政害民若干事”②，但是，忽必烈不相信许衡的上奏，也看到了许衡的迂腐，许衡心灰意冷，至元七年（1270）回到老家，从此退出政治旋涡，从事文化教育和制定新历法的工作去了。

忽必烈厌于中书、尚书二省并立，机构繁杂，“欲合为一”③，这种改制思想，反映了忽必烈对汉地治国传统中权力制约思想的陌生，他所习惯的还是草原王朝的简单而集中的治理模式，阿合马则为了专权，趁机建议忽必烈撤销中书省，让中书省右丞相安童为三公，“阴欲夺其政柄”。忽必烈下诏让大臣讨论此事，王磐说道：“合两省为一，而以右丞相总之，实便，不然，则宜仍旧，三公既不预政事，则不宜虚设。”④ 王磐虽然同意合并，但却主张权力归于安童；时任山东东西道提刑按察使的陈祐也在廷议之前提出反对意见，阿合马于是幻想以允诺让陈祐为尚书省参知政事

① 《元史》卷一五七，《张文谦传》，第 3696 页。
② 《元史》卷一五八，《许衡传》，第 3727 页。
③ 《元史》卷一六八，《陈祐传》，第 3940 页。
④ 《元史》卷一六〇，《王磐传》，第 3753 页。

的诱饵，换取他在此问题上对自己的支持，陈祐假装答应，但等到廷议之时，“极言中书政本，祖宗所立，不可罢；三公古官，今徒存其虚位，未须设”①，由于王磐和陈祐等臣僚的反对，阿合马专权的阴谋，又一次失败。事后，阿合马秋后算账，让陈祐出职为佥中兴等路行尚书省事。

中统三年（1262），阿合马领中书左右部之时，廉希宪为中书平章，由于阿合马的专权擅政，导致左右部内官员分成支持与反对阿合马的两派，互相攻击，忽必烈让中书省调查此事，但是由于阿合马为忽必烈所宠幸，“众畏其权，莫敢问”②，但是廉希宪却穷治其事，得到阿合马的罪证后，上奏忽必烈，阿合马遭到杖责，其部分职权被剥夺。至元五年（1268），御史台建立，继设各道提刑按察司，监察制度开始建立。当时阿合马专总财利，其财政权力自然受到监督和限制，阿合马为此不悦，说道：“庶务责成诸路，钱谷付之转运，今绳治之如此，事何由办?”廉希宪反驳说：“立台察，古制也，内则弹劾奸邪，外则察视非常，访求民瘼，裨益国政，无大于此。若去之，使上下专恣贪暴，事岂可集耶!”③阿合马无法反驳。后阿合马也到中书省任职，“耻其位在希宪左，每欲肆意而行，希宪守正不从”④。至元七年（1270），廉希宪被罢职，每日在家教子读书，一日，忽必烈突然问侍臣廉希宪居家何为，旁边一人说在读书，阿合马则说“希宪日与妻子宴乐尔”；一次廉希宪生病，医生说需要吃沙糖，沙糖时为难得之物，家人从阿合马处找来两斤，并且表达了谢意，廉希宪知道后说道：“即使此物果能活人，吾终不以奸人所与求活也。”⑤ 把沙糖扔到地上，可见其对阿合马的痛恨。

廉希宪离开中书省后，能够有效制约阿合马的力量大大减弱，于是“省臣晨集，掾属皆惮阿合马，莫敢前”，陈思齐“独先以文牍进”，阿合马辄于廉希宪位署押，每当此时，陈思齐马上用手遮挡并说道：“此非君相署位也”，阿合马“怒目视之，众为之惧，思齐神色自若”。陈思齐后拜监察御史，当时阿合马极力倡导的尚书省建立，权在中书省之上，陈思齐与魏初等劾其不法，忽必烈命近臣去处理此事，御史各以次对，陈思齐

① 《元史》卷一六八，《陈祐传》，第 3940 页。
② 《元史》卷一二六，《廉希宪传》，第 3090 页。
③ 同上书，第 3092 页。
④ 《元史》卷一六八，《陈思齐传》，第 3957 页
⑤ 《元史》卷一二六，《廉希宪传》，第 3093 页。

独厉声说道："御史言官也，非为辨讼设!"① 拂袖而去。

至元三年（1266），马亨为户部尚书，当时一西域商人，自恃有阿合马作靠山，"欲贸交钞本，私平准之利，以增岁课为辞"，忽必烈就此事咨询马亨，马亨说道："交钞可以权万货者，法使然也。法者，主上之柄，今使一贾擅之，废法从私，将何以令天?"马亨从传统中原王朝君主集权的角度来解释这个问题，忽必烈恍然大悟，这事就到此为止。至元七年（1270），尚书省建立，马亨仍为尚书，领左部，对此机构变动，马亨自然明白其背后的原因，于是上奏说"尚书省专领金谷百工之事，其铨选宜归中书，以示无滥"②，此观点自然为阿合马所忌，于是被诬免官。至元十二年（1275），按照丞相安童的上奏，董文用为工部侍郎，取代阿合马的走卒纥石里，安童由于阿合马的离间，被罢免宰相职务，董文用很快也遭到阿合马手下的诬陷，"自纥石里去，工部侍郎不给鹰食，鹰且瘦死"③，忽必烈听后大怒，下令马上把工部侍郎抓来，抓来后才知道是董文用，由于忽必烈和董氏家族的特殊关系，忽必烈下令马上释放。至元十二年（1275），程思廉为监察御史，因为弹劾阿合马，被关入狱中，阿合马的党羽"巧为机阱"，由于程思廉"居之泰然，卒不能害"④。

其次看激烈型，这类汉人臣僚在和阿合马的斗争中，一般所用言辞都非常激烈，这种做法最容易招致阿合马的疯狂报复，有的竟然为此牺牲性命。

和阿合马之间矛盾最尖锐、阿合马也最痛恨的汉人臣僚，非崔斌莫属。阿合马立制国用使司，专总财赋，一以掊克为事，崔斌说了一句非常激烈也非常偏激的话，"与其有聚敛之臣，宁有盗臣"，在忽必烈面前，屡屡诉说阿合马的奸恶行为。至元十五年（1278），崔斌被召入觐忽必烈，当时阿合马擅权日甚，廷臣畏之如虎，崔斌跟随忽必烈到察罕脑儿，忽必烈向其询问江南各省的抚治情况，崔斌"对以治安之道在得人，今所用多非其人，因极言阿合马奸蠹"，忽必烈于是令御史大夫相威、枢密副使孛罗前去处理，"汰其冗员，黜其亲党，检覆其不法，罢天下转运司，海内无不称快"。崔斌后迁任江淮行省左丞，到任后，"凡前日蠹国

---

① 《元史》卷一六八，《陈思齐传》，第3957页。

② 《元史》卷一六三，《马亨传》，第3828—3829页。

③ 《元史》卷一四八，《董文用传》，第3496—3497页。

④ 《元史》卷一六三，《程思廉传》，第3830页。

渔民不法之政，悉厘政之，仍条具以闻”，阿合马害怕崔斌所搜集的材料直接威胁到自己的政治生涯，于是“捃摭其细事，遮留使不获上见，因诬构以罪，竟为所害”①，时年五十六岁，天下冤之。一直到至大初期，才被赠推忠保节功臣、太傅、开府仪同三司，追封郑国公，谥忠毅，冤案得以平反。作为忽必烈宿卫的秦长卿，尚书省建立后，阿合马专政的时刻，在上书中的语言也非常激烈，“臣愚戆，能识阿合马，其为政擅生杀人，人畏惮之，固莫敢言，然怨毒亦已甚矣。观其禁绝异议，杜塞忠言，其情似秦赵高；私蓄踰公家赀，觊觎非望，其事似汉董卓。《春秋》人臣无将，请及其未发诛之为便”，公然提出要朝廷诛杀阿合马，以绝后患。忽必烈将秦长卿的上书，下发中书议论，但由于“阿合马为人，便佞善伺人主意，又其赀足以动人，中贵人力为救解”，所谓的中贵人，虽然指向的是支持阿合马的蒙古贵族，实际上阿合马的总后台是忽必烈，此事只能不了了之。但是，阿合马为此非常痛恨秦长卿，于是让他出职为兴和宣德同知铁冶事，然后“诬以折阅课额数万缗，逮长卿下吏，籍其家产偿官，又使狱吏杀之”，奇怪的是，有元一朝，秦长卿的冤案竟然没有昭雪的机会。秦长卿从子秦山甫，当时为建康府判官，秦长卿遇害后，“即日弃官去，累荐不起以卒”②。

最后看中庸型，这部分汉人臣僚，最清楚阿合马肆意妄为的原因和阿合马的靠山，所以，他们大都不正面提出反对意见，而是在阿合马的暴政面前保持沉默，但坚决不助纣为虐。

焦德裕，字宽父，远祖焦赞，北宋时随富弼镇守瓦桥关，于是全家定居雄州。父焦用，金朝时由束鹿令升为千户，镇守雄州北门。金末与蒙古军力战失败后被俘，归附后复任旧官。至元十一年（1274），焦德裕跟随丞相伯颜南征，被授予佥行中书省事。后阿合马欲借丞相伯颜杀丁家洲降卒一事，扳倒伯颜，于是上奏“以德裕为中书参政，欲假一言证成之”③，面对阿合马的诱惑，汉人臣僚焦德裕坚决不答应。

至元二十二年（1285），安童再度入相，他对忽必烈说：“阿合马颛政十年，亲故迎合者，往往骤进，据显位；独刘宣、张孔孙二人，恬守故

---

① 《元史》卷一七三，《崔斌传》，第4038页。

② 《元史》卷一六八，《秦长卿传》，第3958—3959页。

③ 《元史》卷一五三，《焦德裕传》，第3618页。

常，始终如一，”[①] 刘宣、张孔孙二人，属于在暴政面前保持沉默心理的汉人臣僚，忽必烈于是令刘宣任吏部尚书，张孔孙任礼部侍郎。

张雄飞入职为兵部尚书后，由于阿合马在制国用司时，与亦麻都丁发生矛盾，于是“罗织其罪，同僚争相附会”，张雄飞不同意如此追究责任，于是说道：“所犯在制国用时，平章独不预耶。”众人无法应答。秦长卿、刘仲泽都因为忤阿合马，“皆下吏，欲杀之”，张雄飞又坚决反对，阿合马使人对他说：“诚能杀此三人，当以参政相处。”张雄飞说道：“杀无罪以求大官，吾不为也。”[②] 阿合马听后大怒，奏请张雄飞出职为澧州安抚使，秦长卿等三人竟死于狱中。

董文炳任中书左丞期间，却拒绝在中书省的文案上签字，阿合马曾经亲自拿着笔对他说：“相公官为左丞，当署省案”，尽管阿合马再三请求，请至再四，董文炳就是不答应签字。皇太子真金听说后，对宫臣竹忽纳说：“董文炳深虑，非尔曹所知。”后有人就此问题询问董文炳，他说道：“主上所付託者，在根本之重，非文移之细。且吾少徇则济奸，不徇则致谗。谗行则身危，而深失付托本意。吾是以预其大政，而略其细务也。”[③] 董文炳的解释，显为应付，该签的字不签，肯定失职，其深层次原因是为了避祸。

阿合马被忽必烈宠幸之时，竟然“置总库于其家，以收四方之利，号曰和市”[④]，监察御史范方等严斥其非法，阿合马认为该事背后的主谋是何荣祖，于是奏请让何荣祖为左右司都事，正好为自己下属，以便控制或者陷害他，但是，何荣祖却很快改官为治书侍御史，又升为侍御史，后出为山东按察使，阿合马只能无可奈何。李德辉曾经和阿合马在忽必烈潜邸共事，但阿合马大权在握后，尽管阿合马常常主动示好，李德辉却“未始一至其门”[⑤]。

当然，汉人臣僚中，也有积极向阿合马靠拢，且获得很大利益的人，至元十七年（1280）七月，通过阿合马的举荐，“参知政事郝祯、耿仁杰

---

① 《元史》卷一七四，《张孔孙传》，第 4067 页。
② 《元史》卷一六三，《张雄飞传》，第 3820—3821 页。
③ 《元史》卷一五六，《董文炳传》，第 3674 页。
④ 《元史》卷一六八，《何荣祖传》，第 3954 页。
⑤ 《元朝名臣史略》卷一一，《左丞李忠宣公》，第 217 页。

并为中书左丞"[①]，后郝祯与阿合马一起被王著等杀死，又和阿合马一样被剖棺戮尸。

3．汉人臣僚和桑哥之间的斗争

桑哥一度也是忽必烈眼中炙手可热的臣僚，忽必烈甚至下旨命翰林学士阎复等为其撰写《桑哥辅政碑》[②]，但是，桑哥掌权期间，汉人臣僚和他之间的矛盾还是比较尖锐的。

至元十一年（1274），刘敏中由中书掾擢为兵部主事，拜监察御史。"权臣桑哥秉政，敏中劾其奸邪"[③]，上奏无果，于是辞职归其乡。桑哥当政时期，"恩宠方盛，自近戚贵人见之，皆屏息逊避，无敢谁何"，董文用时任御史中丞，独不附之。桑哥深知董氏和忽必烈之间的特殊关系，也想利用一下，于是，派人游说董文用，希冀他在忽必烈面前为自己美言，董文用没有答应。桑哥又亲自对董文用说："百司皆具食于丞相府矣。"董文用还是不理睬他。后朔方军兴，粮糗粗备，而诛求愈急，董文用对桑哥说："民急矣。外难未解而内伐其根本，丞相宜思之。"但是桑哥的诛求政策却没有停止，于是远近盗贼蜂起，董文用拿着外郡所汇总的盗贼数目对桑哥说："百姓岂不欲生养安乐哉！急法暴敛使至此尔。御史台所以救政事之不及，丞相当助之，不当抑之也。御史台不得行，则民无所赴诉，民无所赴诉，而政日乱，将不止于台事之不行也。"董文用此言，大忤桑哥，于是摭拾台事百端，欲找董文用的把柄，董文用"日与辩论，不为屈"。董文用后"具奏桑哥奸状"，但是忽必烈收到后，虽然召见了董文用，结果却是"语密而外人不知也"。但是，桑哥还是经常在忽必烈面前诋毁董文用，"在朝惟董文用戆傲不听令，阻挠尚书省，请痛治其罪"，忽必烈说道："彼御史之职也，何罪之有！且董文用端谨，朕所素知，汝善视之。"[④] 在桑、董矛盾问题的处理上，明显可以看出忽必烈让他们相互牵制的意图。桑哥秉政，势焰熏灼，贺仁杰留守上都，不肯为之下，桑哥"欲阴中之，累数十奏，帝皆不听"[⑤]。

至元二十三年（1286）四月，陈天祥任治书侍御史。六月，命其理

① 《元史》卷一一，《世祖八》，第225页。

② 《元史》卷一六〇，《阎复传》，第3773页。

③ 《元史》卷一七八，《刘敏中传》，第4136页。

④ 《元史》卷一四八，《董文用传》，第3499—3500页。

⑤ 《元史》卷一七九，《贺胜传》，第4150页。

算湖北湖南行省的钱粮。陈天祥到鄂州后，即上疏劾湖广行省平章要束木的凶暴不法，但是，要束木是桑哥的同党，桑哥“摘其疏中语，诬以不道，奏遣使往讯之”，于是，“反诬天祥以罪，欲致之死，系狱几四百日”①，行台遣御史申屠致远等按部湖广，前去审理此案，尽管其他官员慑于桑哥的淫威，极力逃避此案，但是申屠致远“累章极论之。桑哥方促定天祥罪，会致远章上，桑哥气沮”②。至元二十五年（1288）正月，陈天祥遇赦得释。桑哥当权时期，至元二十四年（1287）三月，桑哥尝奉旨检核中书省账目，共校出亏欠钞四千七百七十锭、昏钞一千三百四十五锭，参政杨居宽自辩说“实掌铨选，钱谷非所专”，桑哥马上令人“左右拳其面”，又问到“既典选事，果无黜陟失当者乎？”淫威之下，杨居宽只好违心地承认自己的“罪行”。桑哥又上奏中书参政郭佑的罪行，“多所逋负，尸位不言，以疾为托。臣谓中书之务，隳惰如此，汝力不能及，何不告之蒙古大臣，故殴辱之，今已款服”。杨居宽和郭佑的“罪行”，明显牵强附会，但是，忽必烈“命穷诘之”，郭佑与杨居宽“后皆弃市，人咸冤焉”③。台吏王良弼，曾经与人私下议论尚书省的政事，“尚书钩校中书，不遗余力，他日我曹得发尚书奸利，其诛籍无难”，桑哥听说后，“谓此曹诽谤，不诛无以惩后”④，于是诛杀王良弼，籍其家。尝为江宁县达鲁花赤的吴德，由于求仕不遂，私下与人非议时政，“尚书今日核正中书之弊，他日复为中书所核，汝独不死也？”有人密告桑哥，吴德被杀，“没其妻子入官”⑤。王良弼和吴德的议论，在当时的汉人臣僚中，应该有一定的代表性，他们从中原王朝的政治体制出发，反对桑哥的这种不合理行为。

至元二十六年（1289），赵世延为监察御史，与同列五人“劾丞相桑哥不法”，但御史中丞赵国辅是桑哥同党，“抑不以闻，更以告桑哥。于是五人者，悉为其所挤，而世延独幸免”⑥。至元二十六年（1289），丞相桑哥建议考校钱谷，天下闻之骚动。乌古孙泽哀叹说：“民不堪命矣。”

① 《元史》卷一六八，《陈天祥传》，第3946—3947页。
② 《元史》卷一七〇，《申屠致远传》，第3990页。
③ 《元史》卷二〇五，《桑哥传》，第4571页。
④ 同上书，第4572—4573页。
⑤ 同上书，第4572页。
⑥ 《元史》卷一八〇，《赵世延传》，第4163页。

于是自行上计行省，湖广行省右丞要束木听到上计数字后，大怒，说道："郡国钱粮无不增羡，永州何为独不然！此直孙府判倚其才辨慢我，亟拘系之，非死不释也。"① 次年，桑哥倒台，要束木伏诛，乌古孙泽才被释放。

结合以上分析可以看出，汉人臣僚和阿合马及桑哥之间的矛盾，特别是和阿合马之间的矛盾，已经到了你死我活的状态，一旦条件成熟，汉人臣僚们将会以武力来解决问题。

（四）阿合马、桑哥被杀与相关谶语分析

1. 阿合马被杀

从《元史·高觿传》可以发现，杀死阿合马为一场以汉人臣僚为主并有极少数蒙古贵族参加的"除奸"运动，行动之前有比较长时间的精心设计和准备，卷入此事的人应当很多，但是，关于此案的详细情况，元代史料涉及的太少，极有可能由于其高度敏感性，了解情况的人大多不敢外传或记载下来。案：高觿，字彦解，渤海人。世仕金，祖高彝时期，全家徙居上党。父高守忠，大蒙古国初期为千户，太宗九年，跟随亲王口温不花进攻黄州，殁于兵。高觿先为忽必烈的宿卫，"颇见亲幸"，至元初，立燕王真金为皇太子，诏选才隽之士充任太子官属，以高觿掌艺文，兼领中酝、宫卫监门事，又监作皇太子宫，"规制有法"②。至元十九年（1282）春，皇太子真金跟随忽必烈北幸上都，时任左丞相③的阿合马留守大都，汉人臣僚见时机已到，于是准备行动。此前阿合马对汉人臣僚的打击、谩骂甚至屠杀，再加上其疯狂的专权嗜利的行为，使汉人臣僚积压已久的对色目人尤其是阿合马的仇恨，已经达到无以压制的程度，不杀不足以释放这种群体性抑郁之气。即使有人为此献出生命，也在所不惜。

按照制度，忽必烈等于春初巡幸上都，秋天返回大都。而太子真金的老师大多为汉人臣僚，对其影响较深，真金对阿合马的行为也非常痛恨，阿合马也非常害怕真金，借着真金这面大旗，可以设计杀死阿合马的方案，于是由益都千户王著与高和尚等执行此事。三月十七日，高觿宿卫宫中，有西蕃僧二人至中书省，说皇太子与国师今晚要来做佛事，由于真金

① 《元史》卷一六三，《乌古孙泽传》，第3833页。

② 《元史》卷一六九，《高觿传》，第3978页。

③ 阿合马于何月晋升为左丞相，现有史料没有明确记载，该年公历2月10日为农历大年初一，公历4月（农历三月戊寅日之前）忽必烈等已经到了上都。

刚离开大都不久，中书省的一些官员提出疑问，于是让“尝出入东宫者杂识视之”，高觿等皆不认识此二人，于是用西蕃语问二僧人，“皇太子及国师今至何处？”二僧失色，显见二僧人不懂西蕃语，估计应为汉人装扮，因为蒙古贵族信仰的佛教为藏传佛教而非汉地佛教，又以汉语询问他们，“仓皇莫能对”，毕竟是刺杀阿合马的大事，二位僧人的应变能力有问题，于是，高觿将二僧人的属吏全部扣留，但是“讯之皆不伏”，这些属吏的心理还很不错，高觿害怕有变，于是与尚书忙兀儿、张九思集卫士及官兵，“各执弓矢以备”，一会儿，枢密副使张易也领兵驻扎到宫外，高觿问：“果何为？”张易说：“夜后当自见。”高觿追问详情，张易贴着高觿的耳朵悄悄说道：“皇太子来诛阿合马也。”事情已经很明白了，以下的行动均为按程序在演戏。夜二鼓时刻，忽闻人马声，遥见烛笼仪仗，将至宫门，一人上前呼叫开门，高觿对张九思说：“他时殿下还宫，必以完泽、赛羊二人先，请得见二人，然后启关”，高觿于是呼叫二人姓名，但是没人答应，就对门外的人说：“皇太子平日未尝行此门，今何来此也？”于是“贼计穷，趋南门”，高觿于是留张子政等守西门，急忙到南门等候，到南门后，“但闻传呼省官姓名，烛影下遥见阿合马及左丞郝祯已被杀”，高觿和张九思大呼：“此贼也！”① 命令卫士急忙捕抓，高和尚等皆逃走，只有王著被擒。杀人的经过写得如此模糊，众多卫士眼睁睁地让几百刺客跑掉，只抓住王著一人。戏演得很不高明，漏洞百出。事后追查案由及有关责任人，枢密副使张易的罪名是“不加审，遽以兵与之”，以此被诛，但是一主审官员“复论以知情，将传首四方”，该官员估计应该是色目人，妄图以此方法吓唬汉人臣僚和老百姓，张九思对太子真金说：“张易应变不审，而授贼以兵，死复何辞！若坐以与谋，则过矣，请免传首。”② 真金上奏忽必烈，张易传首一事，就此罢休。从张九思在该事情上的言行看来，他应该事先也知晓此事。张易“很可能便是幕后的导演”③。

2. 此案的梳理

汉人臣僚们为何于此时刺杀阿合马，估计和该案的幕后导演张易等人

---

① 《元史》卷一六九，《高觿传》，第3978—3979页。

② 《元史》卷一六九，《张九思传》，第3980页。

③ 《元代史》，第292页。

的高度危机感、高度心理焦虑感有关。从中统三年（1262）阿合马领中书左右部兼诸路转运使开始，到阿合马被杀，时间达20年。至元七年（1270），阿合马任尚书省平章，成为该新设机构的最高行政首脑之一，汉人臣僚们看在眼里，气在心上。几乎从阿合马权力达到顶峰开始，由于各种因素，曾经很有影响的忽必烈金莲川汉人幕僚群体也迅速凋零。至元七年（1270），许衡被排挤回老家，从此退出政治旋涡；至元十年（1273），姚枢以昭文馆大学士身份前去详定礼仪，退居闲散；廉希宪在罢相后出仕辽东。至元十一年（1274）八月，刘秉忠因病去世；至元十二年（1275）二月，汉人臣僚中的关键人物史天泽又因病去世；是年七月，右丞相安童辅佐皇子那木罕出镇阿力麻里，伯颜接替他的位置，阿术为左丞相，但他二人长期领军在外，因此，尚书省的实际大权在阿合马手中，阿合马趁机对剩下的担任要职的汉人臣僚肆意打击诬陷。至元十三年（1276），工部侍郎董文用被谗言所害，出职为卫辉路总管；同年，赵璧去世；当时汉人臣僚的领袖是担任御史中丞的张文谦，阿合马对其施展釜底抽薪之计，上奏忽必烈，请求废除逐道按察司，一则以排除监察机构对他的牵制，二则把矛头指向张文谦，动摇其地位。张文谦向忽必烈历陈此种做法的危害，阿合马的阴谋才没有得逞。但他见独木难承危局，极力求去，忽必烈顺水推舟，改任他为昭文馆大学士，领太史院，领导修改历法去了；至元十五年（1278），董文炳去世，不久，姚枢、许衡、窦默、廉希宪、王恂、李德辉也先后病故；商挺因罪被籍，王磐、徐世隆已经进入耆耄之年。剩下的藩府旧僚只有张文谦、张易、赵良弼三人。此前所言，张文谦见独木难承危局，极力求去；而赵良弼反而与同在枢密院共事的张易有较大矛盾，苏天爵所著《元朝名臣史略》记载：赵良弼“比闻誉僧善役鬼神，试每有征者，于上前，大臣可巫事君耶？罪且相及。公辞疾，三年，其人见误是僧，坐擅发卫兵以醢”①，文中“其人”显然指的是张易；且赵良弼自出使日本回来后，“得上气之疾”。至元十年（1273），担任同签枢密院事，“适用兵江表，食少事殷，力疾不懈，久之浸至羸瘠，屡请谢事”②。照此趋势发展下去，阿合马的打击目标非张易莫属，为了自己的利益，也为了汉人臣僚群体的利益，张易等必须先发制人，杀死阿

① 《元朝名臣史略》卷一一，第228页。

② 同上。

合马。张易当时担任枢密副使，且在汉人臣僚中很有资历，早年与刘秉忠、张文谦、王恂同学于磁州西边的紫金山，显见当时能够担当得起杀死阿合马等重任的汉人臣僚，非张易莫属。张易的主要助手是王著和高和尚，至元十七年（1280）二月乙亥，张易上奏说："高和尚有秘术，能役鬼为兵，遥制敌人。"① 于是命和礼霍孙将兵与高和尚同赴北边，高和尚得以进入军队，估计暗杀计划的正式实施，当始于此事，而何时是最好的暗杀时机，则需要见机行事。

虽然三月戊寅日（农历三月十七日，公历 4 月 27 日）被张易等视为最合适的杀死阿合马的时间，其实，从这个时间的选择及实施过程中的诸多破绽可以看出，行动的准备工作还很不完备，为何在准备工作不完全具备的情况下开始行动，这只能说明张易等人心理上的焦虑感太强，因为准备工作虽然有诸多破绽，但从行动过程的细节来看，阿合马等事先并没有丝毫察觉。按照情绪心理学的理论，"焦虑是在知觉到危险后产生的无方向的唤醒状态……并且因而导致直接的动机（恐惧），以致造成行动的可能性。这显然是一种适应性作用。它暗示着当情景（威胁）恶化时，直接行动的可能性就会提高"②。由于史料的限制，无法知道忽必烈离开大都后，阿合马等人是否对张易等人使用了激烈语言或者传达了其他激烈信号，从而使张易等人意识到危险的迫近，以致在工作没有完全准备好的情况下提前行动。

从忽必烈开始，元朝皇帝的巡幸总是从东道辇路到上都，西道返回大都。东道全长七百五十余里，十八处捺钵，忽必烈至元二十四年（1287）的巡幸用了二十五天（闰二月二十九日至三月二十四日）③，元顺帝至正十二年（1352）的巡幸用了二十四天。忽必烈时代的巡幸大多在二月出发，偶尔三月，多在九月返回，偶尔提前到八月或者推迟到九月。该次巡幸如果按照二月底出发，每天走三十里左右的路程，以二十四天左右行程来计算，忽必烈抵达上都的时间当在三月二十二日前后，所以，戊寅日，忽必烈还没有抵达上都，《元史》卷二〇五《阿合马传》记载忽必烈已经到大都的记载是不准确的，实际上忽必烈当时在察罕脑儿行宫，忽必烈刚

---

① 《元史》卷一一，《世祖八》，第 222 页。

② ［美］K. T. 斯托曼著：《情绪心理学》，张燕云译，孟昭兰审校，辽宁人民出版社 1987 年版，第 356 页。

③ 《元史》卷一四，《世祖十一》，第 297 页。

刚离开大都才半月左右的时间，距离其八月或者九月返回大都的时间还很长，准备工作完全可以再延长一些，准备得更细致一些。

3．阿合马和桑哥被杀的谶谣分析

阿合马被杀后，在其妾引住的住处，“得二熟人皮于柜中，两耳具存，一阉竖专掌其扃鐍”，其用途为诅咒之具，“诅咒时，置神座其上，应验甚速”。又有两幅绢画，“画甲骑数重，围守一幄殿，兵皆张弦挺刃内向，如击刺之为者”；又有“曹震圭者，尝推算阿合马所生年月。王台判者，妄引图谶。皆言涉不轨”①，事后，所涉四人，均被斩首。

《南村辍耕录》记载了一则关于阿合马、桑哥倒台的谶纬，不过，是以数字的形式出现。

> 至元甲子，阿合马拜中书平章，领制国用使司。时乐府中盛唱胡十八小令，知谶纬者，谓其当擅重权十八年，人未之信，果于至元壬午伏诛。越五年，丁亥闰二月，桑哥拜中书平章，立尚书省，贪暴残忍，又十倍于阿合马。人亦谓桑字拆而为四十八，桑字后改作相字，亦拆为四十八，竟不知应之于寿，或应之于职。然自立省之日至辛卯正月败绩，恰四十八月，其神验如是②。

特别需要注意的是，上引材料中谈到的推算阿合马所生年月以及图谶。忽必烈对阿合马的重用和信任，使阿合马的野心日益滋长，心理膨胀，找熟悉汉文化中图谶的汉人推算自己的前程，也为顺理成章之事，曹震圭、王台判应该都是汉人。但是，随着阿合马政治地位的急剧攀升和其与汉人臣僚之间矛盾的尖锐化，和其有矛盾的汉人臣僚越来越多，甚至一些很有权势的蒙古贵族也被卷入其中，阿合马无形中成为众矢之的。在无法采用合法途径扳倒他的情况下，只好寄之于“天算”，实际上是一种内心的盼望和希冀，把一些稍微可以联系起来的信息作为推算的内容和工具，比如“乐府中盛唱胡十八小令”，胡，阿合马也可称为胡人，忽必烈非常重用阿合马，阿合马当时年纪也还不大，短期倒台也不可能，于是在谶纬中给其定为十八年，估计有关阿合马的谶纬在大都的汉人臣僚中甚至

---

① 《元史》卷二〇五，《阿合马传》，第 4564 页。

② 《南村辍耕录》卷二二，第 272 页。

一些蒙古贵族中，私下流传的比较多。阿合马恰好十八年垮台，显见谶纬的惊人预见性。等到桑哥上台，由于其“贪暴残忍，又十倍于阿合马”，又为他编织新的谶纬，先是桑字拆而为四十八，由于桑哥后担任右丞相，又以相字推算，亦拆为四十八，毕竟不能把桑哥倒台的时间推算为四十八年之后，只好改为四十八月。反正这类东西，没有人找原创者去求证，怎么解释都有道理。但其背后的心理因素却是共同的，是弱者心理安慰和反抗的工具。

其实，阿合马被杀之前，官方的江湖术士，已经有该方面的上奏，张康，字汝安，号明远，潭州湘潭人。“早孤力学，旁通术数。……通天文地理”。至元十五年（1278）被忽必烈招之上都，“亲试所学，大验，授著作佐郎”；至元十八年（1281），张康上奏说道：“岁壬午，太一理艮宫，主大将客、参将囚，直符治事，正属燕分。明年春，京城当有盗兵，事干将相”，十九年（1282）三月，“盗果起京师，杀阿合马等”①。张康的上奏虽然用的是阴阳五行家常用的专业术语，但是从这个上奏可以看出，当时的汉人上层中，早就有人在秘密策划杀害阿合马等人的活动，也可以看出阿合马等人，早就成为汉人上层心目中的众矢之的。张康的上奏，估计是他听到了有关信息，但他对相关信息的了解又不够多，无法做出准确的被害人信息预测。

至元二十一年（1284）五月，离大都较近的河间任丘县民李移住谋叛，被抓住后很快被杀掉，估计在平定谋叛中发现李移住等私藏有和谶语有关的书籍，结合阿合马被杀前后汉人上层们利用谶语进行的“倒阿”运动，朝廷于是查抄此类书籍并颁布了有关禁令，“括天下私藏天文图谶《太乙雷公式》《七曜历》《推背图》《苗太监历》，有私习及收匿者罪之”②。但是，该类法令一般是一阵风过后，慢慢死灰复燃，然后再发生“倒阿”类大事后，重复上一过程。

在元大都发生的刺杀阿合马事件，震惊中外，以致在拉施特的《史集》中记载，“此案在色目群体中显然引起了很大的震动”，马可波罗甚至记为“各地汉人要杀尽所有的色目人”。元代汉文史籍对此记载很少，王恽后写了《义侠行》一文，来纪念此案的主要人物王著，“袖中金锤斩

---

① 《元史》卷二〇三，《张康传》，第4540页。

② 《元史》卷一三，《世祖十》，第266页。

禹剑，谈笑馘取佞臣头”“陂陀燕血济时雨，一洗六合妖氛收”“长歌落笔增慷慨，觉我发竖寒飕飕。灯前山鬼忽悲啸，铁面御史君其羞”①。王恽案发年春天改任山东西道提刑按察副使，“在官一年，以疾还卫”②。该案发生时，难以断定王恽是否在大都，但王著的家乡（今山东省平度市），正好属于山东西道提刑按察副使的辖区。因此，王恽当时不管在何处，对此事都应该比较了解。

需要补充介绍一点该案的史料记录情况，《元昭武大将军汉军都元帅左都监军崔公神道碑》系崔世荣之孙崔良卿等于元仁宗皇庆元年（1312）所立，现存平度店子镇昌里村南。龟趺螭首，碑身高 210 厘米，宽 80 厘米，楷书 600 余字。除数字漫漶难辨外，多可识读。道光《平度州志·金石目》中载有据《崔氏族谱》补正的碑刻全文③。碑文中有跟随王著刺杀阿合马的崔澍的事迹。

案：崔世荣（生卒年月不详），崔澍之父。金末元初莱州胶水县（今青岛平度）人。金宣宗、金哀宗时，以军功任驻守莱州的定海军节度判官。入元，任登、莱二州汉军都元帅左都监军，授昭武将军。崔世荣诸子多随元世祖忽必烈南征北讨，立有战功，次子崔澍尤为有名。

崔澍（1232—1282），莱州胶水（今青岛平度）人。幼年从军，久历戎马。至元十二年（1275），崔澍随忽必烈平定蒙古宗王叛乱，在攻占军事要塞红山口和收复和林城的两次关键性战役中冲锋陷阵，立下大功，升任武略将军管军镇抚。后和王著一起被处死。

二　后至元三年的童男、童女速配风波

元顺帝后至元三年（1337）六月④，中原和江南地区的汉人和南人上层，在一条传播速度非常快、传播范围非常广的谣言的“指引”下，也像普通的汉人和南人民众一样，速速为自己年十二三以上未婚嫁的儿子或女儿寻找配偶，出现了相当数量的速配婚。仔细剖析该谣言的来龙去脉和影响，可以探究汉人和南人上层在该问题上的深层心理。

① 《秋涧先生大全集》卷九，《义侠行》。

② 《元史》卷一六七，《王恽传》，第 3934 页。

③ 道光《重修平度州志》卷二四，考二，《金石十五》，第 15 页。

④ 《南村辍耕录》卷九《谣言》，第 112 页，记作六月，《元史》卷三九《顺帝纪二》记作五月，笔者认为应以陶宗仪的记载为准。

先看该谣言发生前所在地域发生的和谣言有直接或间接关系的事件。

是年正月癸卯，广州增城县民“朱光卿反，其党石昆山、钟大明率众从之，伪称大金国，改元赤符”①，朝廷命指挥狗札里、江西行省左丞沙的率兵前去平叛。戊申，由于都城大都发生较重的粮荒，于“大都南北两城设赈粜米铺二十处”②，是月临江路新淦州、新喻州、瑞州都发生严重的粮荒，政府“赈粜米二万石”③。二月，棒胡反于汝宁信阳州，棒胡等“以烧香惑众，妄造妖言作乱，破归德府鹿邑，焚陈州，屯营于杏冈”④，朝廷命河南行省左丞庆童领兵前去讨伐；绍兴路发生大水灾，阴历二月发生大水灾，即使在江南的绍兴，也很不正常。辛卯，“发钞四十万锭，赈江浙等处饥民四十万户，开所在山场、河泊之禁，听民樵采”⑤，四十万户饥民，这个数字是非常庞大的，政府只好极力想法救济，后又“发义仓米赈蕲州及绍兴饥民”⑥；广西猺民又起兵反抗，朝廷命湖广行省平章那海、江西行省平章秃儿迷失海牙率兵前去平定。三月，“发钞一万锭，赈大都宝坻饥民”⑦，但是，大都的饥荒问题还是非常严重，己未，“命于（大都）南北两城赈粜糙米”；又“发义仓粮赈溧阳州饥民六万九千二百人”⑧。

四月癸酉，“禁汉人、南人、高丽人，不得执持军器，凡有马者拘入官”⑨，虽然此前蒙古人不断对汉人、南人下达过类似的禁令，但是，这一次重申此禁令，应该是中原和江南地区不断发生的民众暴动，以及饥荒所导致的潜在的暴动的影响，蒙古贵族深知，一旦起来反抗的汉人、南人拥有足够数量的武器和马匹的话，后果将非常严重。辛卯，“合州大足县民韩法师反，自称南朝赵王”⑩，该称呼显然指向覆灭五十多年的南宋政权。己亥，惠州归善县民聂秀卿、谭景山等“造军器，拜戴甲为定光佛，

① 《元史》卷三九，《顺帝二》，第838页。
② 同上。
③ 同上。
④ 同上。
⑤ 同上。
⑥ 同上书，第839页。
⑦ 同上。
⑧ 同上。
⑨ 同上。
⑩ 同上。

与朱光卿相结为乱”①，朝廷命江西行省左丞沙的前去平乱。该月又特别下诏：“省、院、台、部、宣慰司、廉访司及郡府幕官之长，并用蒙古、色目人。禁汉人、南人不得习学蒙古、色目文字。”② 汉人、南人不得为幕官之长，汉人、南人不得学蒙古、色目文字，这两项举措，很容易使汉人、南人上层和蒙古贵族之间离心离德的趋势加快。为了救济龙兴路南昌、新建县的饥荒，太皇太后“发徽政院粮三万六千七百七十石赈粜之”③。《元史·顺帝二》该年最后记载：“伯颜请杀张、王、刘、李、赵五姓汉人，帝不从。”④ 这一众所周知的史料，其具体月份却没有记载，白寿彝先生主编的《中国通史》第八卷将其列于广东朱光卿和河南棒胡起义后，笔者同意这种观点，“尽管这一荒谬的建议是无法执行的，但是已暴露出伯颜集团对汉人、南人的仇视和歧视心理”⑤，这一荒谬主张传播出去后，对汉人、南人上层民族心理的影响，可想而知。

在此背景下，五月辛丑，“民间讹言朝廷拘刷童男、童女，一时嫁娶殆尽”⑥。壬寅，太白犯鬼宿。戊申，诏“汝宁棒胡，广东朱光卿、聂秀卿等，皆系汉人。汉人有官于省、台、院及翰林、集贤者，可讲求诛捕之法以闻”⑦，单单让任职于省、台、院及翰林院、集贤院等机构的汉人臣僚上奏诛捕之法，显而易见是考验他们在民族矛盾尖锐时刻对蒙古贵族统治的忠诚度，让汉人臣僚处于极为难堪的境地；“有忌汉官者，取贼所造旗帜及伪宣敕，班地上，问曰：‘此欲何为耶？’”蒙古贵族以为在人证、物证俱在的情况下，汉人臣僚出于同族之心，“讳言反”，那样就可以追究他们的责任，岂料许有壬厉声说道：“此曹建年号，称李老君太子，部署士卒，以敌官军，其反状甚明，尚何言！”⑧ 许有壬所言，绝非一时的愤激之语，作为汉人上层的一员，面对统治阶级的反抗，即使同为一族，他也不会和他们站在一起，蒙古贵族和色目官僚在此问题上，把汉人视为铁板一块，委实错矣，而且被反驳得张口结舌。廷议又“欲行古劓法，

① 《元史》卷三九，《顺帝二》，第939页。
② 同上书，第839页。
③ 同上书，第840页。
④ 同上书，第843页。
⑤ 白寿彝主编：《中国通史》第八卷，第507页。
⑥ 《元史》卷三九，《顺帝二》，第840页。
⑦ 同上。
⑧ 《元史》卷一八二，《许有壬传》，第4201—4202页。

立行枢密院，禁汉人、南人勿学蒙古、畏吾儿字书，有壬皆争止之”①，蒙古贵族又想出此种绝招，只能说明他们内心对汉人、南人的恐惧，已经快达到极点。该条史料中把广东的朱光卿、聂秀卿等也列入汉人范围，显见遇到汉人和南人同期反抗暴政的起义，蒙古贵族是把他们作为一个民族看待的，都列入暴民的范围。在潜意识中，蒙古贵族为了维护自己的统治，虽然人为地把汉人分为两部分，但是，在视作敌人时，却是一体。

较之《元史》关于朝廷拘刷童男、童女的记载，《南村辍耕录》的记载更为详细，详录如下：

> 后至元丁丑夏六月，民间谣言，朝廷将采童男女，以授鞑靼为奴婢。且俾父母护送，抵直北交割。故自中原至于江之南，府县村落，凡品官庶人家，但有男女十二三以上，便为婚嫁。六礼既无，片言即合。至於巨室，有不待车舆亲迎，辄徒步以往者，盖惴惴焉惟恐使命戾止，不可逃也。虽守土官吏，与夫鞑靼、色目之人，亦如之，竟莫能晓。经十余日才息。自后有贵贱、贫富、长幼、妍丑、匹配之不齐者，各生悔怨。或夫弃其妻，或妻憎其夫，或讼于官，或死于夭。此亦天下之大变，从古未之闻也②。

该谣言从何地而起、何人为谣言的始作俑者，只能做大致的推测。在通信不发达的农业社会，谣言只能是口口相传，其传播速度较慢，谣言从开始到六月份达到高潮，应该经历了几个月时间。谣言波及的主要地区为中原和江南，而谣言的传播轨迹像一个同心圆，由中心向四周扩散。从顺帝本纪该年一月到六月的记载来看，符合谣言制造中心条件的地区，极有可能是汝宁信阳州一带地区。成宗大德八年（1304）六月丁酉，“汝宁妖人李曹驴等妄言得天书惑众，事觉伏诛”③。泰定帝泰定二年（1325）六月丁酉，离汝宁不远的息州，“赵丑厮、郭菩萨，妖言弥勒佛当有天下，有司以闻，命宗正府、刑部、枢密院、御史台及河南行省官杂鞫之”④。至元三年（1337）二月，棒胡在该地区发动起义，“以烧香惑众，妄造妖

---

① 《元史》卷一八二，《许有壬传》，第4202页。

② 《南村辍耕录》卷九《谣言》，第112页。

③ 《元史》卷二一，《成宗四》，第460页。

④ 《元史》卷二九，《泰定帝一》，第657页。

言作乱，破归德府鹿邑，焚陈州”①，“烧香惑众”，指的是利用宗教作为掩护和工具，游历各地的教徒自然是传播谣言的最合适人选，更何况，其间一般还有比较严密的组织系统。“妄造妖言”的内容应该指的就是“朝廷将采童男女，以授鞑靼为奴婢。且俾父母护送，抵直北交割”，起义的领导者制造该谣言之后，应该还有比较严密的传播计划和途径，但是谣言到底能够传播到多大范围，却不是他们主观上能够确定的，传播的范围越大越好肯定是他们的主观愿望，这样才能让越来越多的汉人和南人卷入这场带有鲜明种族反抗特征的起义。史料记载，起义军势力北到归德府（今河南省商丘市），跨过黄河就可以到河北地区，南到陈州（今河南省淮阳县），向南即可到江南地区。

而以奴婢问题为谣言的核心内容，是因为随着蒙古人的军事征服，北中国的奴隶制因素颇为盛行。蒙古诸王、贵族、军将在战争中，大量掳掠人口，成为自己的私有财产，且“往往寄留诸郡，几居天下之半”②，秦淮以北广大地区，残酷屠杀之余剩下的汉人民众，许多被掠卖到河北甚至蒙古大漠为奴婢，他们对此，有非常痛苦甚至刻骨铭心的历史记忆。

蒙古军对屠杀后剩余人口的掳掠也相当惊人。如1213年木华黎将河北永清一带降人十万余家迁至漠北③。按蒙古国规定：“初籍户。诏驱掠者私其主。侯（贾辅）之所有当数千人。”④ 即使较有仁义思想的汉人世侯张柔也“以家人数千口，出为齐民”⑤；李伯祐之弟，家有奴婢三千人⑥。而元代的奴婢，法律地位低于良人一等、人数相当多，可以公开买卖，在户籍上附于主人家，有口无籍，奴婢所生子女永远是奴婢。元朝法律规定：“诸奴殴詈其主，主殴伤奴致死者，免罪”“诸故杀无罪奴婢，杖八十七，因醉杀之者，减一等”⑦，与私宰牛马杖一百相比，奴婢地位还不如牛马。

奴婢的历史状况和现实地位，使汉人闻之色变。而该谣言的初创者，在民族矛盾尖锐的情况下，在汉人和南人日益被歧视的背景下，围绕此大

---

① 《元史》卷三九，《顺帝二》，第838页。
② 《元文类》卷五七，《中书令耶律公神道碑》。
③ 《金文最》卷一〇九，《史秉直神道碑》。
④ 《郝文忠公陵川文集》卷三五，《贾辅神道碑铭》。
⑤ 《元朝名臣史略》卷六，《万户张忠武王》，第100页。
⑥ 《牧庵集》卷一九，《李伯祐神道碑》。
⑦ 《元史》卷一〇五，《刑法四》，第2677页。

做文章，且以未成年的十二三岁童男、童女为谣言的素材，估计在传播过程中又有新的加工，也即添油加醋的过程，从而使其成为典型的恐怖性谣言。

该恐怖性谣言之所以传播的范围如此之广、相信的人如此之多，是因为从蒙古人开始用军事手段征服金国开始，到灭亡金国、南宋，特别是灭亡金国的过程中，屠城惨剧一演再演，保州之陷，“尽驱民出”，“以杀为嬉”①，“尸积数十万，磔首于城，殆于城等”②。卫州被围，“粤三日城破，以州旅拒不即下，悉驱民出泊近甸，无噍类殄歼”③，而这两个城市的遭遇在当时绝非仅见，据《中国人口通史》统计，“金章宗时金朝所控制的北方地区，有在籍人口5300多万，灭金后所剩仅1000多万”④。太宗五年（1233），曾括河北民户，只得350多万人口。虽然无法准确统计整个灭金战争阶段被屠杀的河北人口的数目，但由于屠杀主要在这段时期，两组数据相对照，即可见这一带地区民众被屠杀之惨况。

灭亡南宋过程中，由于常州军民顽强抗击元军的进攻，元军于城破之后屠城⑤。“蒙古鞑靼人建立了以破坏和大屠杀为其制度的一整套恐怖统治”⑥，这种制度化的恐怖统治，比之此前北方游牧民族入主中原时的屠杀政策所产生的恐怖效应，要大得多，这也是有些城池守军和居民，不战而降的主要原因⑦，“当然早期蒙古军破坏性的掠夺与野蛮屠杀政策，正是他们所习惯的落后的游牧经济基础所决定的”⑧。

而其统一中国之后的一系列针对汉人和南人的特殊政策和法律，实际上也使广大汉人、南人民众，长期生活在一种恐怖的社会环境中，在此种背景之下，恐怖性谣言特别易于征服人心；而长期的恐怖统治，使大多数

---

① 《静修先生文集》卷四，《孝子田君墓表》。

② 《郝文忠公陵川文集》卷三五，《须城县令孟公墓铭》。

③ 《秋涧先生大全集》卷三九，《堆金冢记》。

④ 《中国人口通史》（上），第580页。

⑤ 《元史》卷一二七，《伯颜传》，第3107页。

⑥ 马克思：《十八世纪外交史内幕》，《马克思恩格斯全集》第44卷，人民出版社1982年版。

⑦ 孙克宽先生在分析成吉思汗军事方面成功的原因时即把恐怖政策摧毁敌人战斗意志作为其中之一。他进而认为这种恐怖政策系出于如下四点考虑：A、养成军队的兽性，加强战斗精神；B、为了军事的安全；C、示威恐吓，以便招降，这是进行恐吓的真正目的；D、报复行为。见《元代汉文化之活动》（上），第26—27页。

⑧ 《元代史》，第140页。

人丧失了起码的思维判断力，好像也没有时间去鉴别，奴婢的历史状况和现实地位，又使他们觉得不必去鉴别。恐怖之下无怪事，哪怕是最荒诞不经的传闻，人们也懒得去辨别它的真假。

在该谣言的传播过程中，对谣言应该有一些辨别能力的汉人、南人上层，也丧失了起码的辨别能力，而在特殊时期，他们的心理和行为对广大汉人民众，较之平时有更大的社会引领作用，所以，谣言波及的民众越来越多。出现这种现象的原因，自然因为该谣言所传播的核心内容，“朝廷将采童男女，以授鞑靼为奴婢。且俾父母护送，抵直北交割”，一旦付诸实施，他们也将是直接的受害者，习惯了自由人身份的汉人、南人上层，一想到自己未成年的孩子将要被强制送到遥远的、寒冷的、风俗习惯截然不同的蒙古大漠为奴婢，父母还要去护送，护送到那里之后，自己可能也会被扣留从而成为奴婢，他们就不寒而栗。于是品官之家、巨室之家甚至守土官吏之家，也匆匆加入速配婚姻的大军，“六礼既无，片言即合。……有不待车舆亲迎，辄徒步以往者”，正常岁月，这些家庭作为汉人是非常讲究婚姻仪式上的礼节的，特别是官宦、士人家庭，但是在谣言的恐惧之下，一切从简。而十几天的谣言传播高峰期过后，清醒过来的汉人、南人上层，大多成为速配婚姻的受害者，“自后有贵贱、贫富、长幼、妍丑、匹配之不齐者，各生悔怨。或夫弃其妻，或妻憎其夫，或讼于官，或死于夭”，吴中一僧人为此口占一绝，予以讽刺，“一封丹诏未为真，三杯淡酒便成亲。夜来明月楼头望，唯有嫦娥不嫁人”；陶宗仪感叹说“天下之大变，从古未之闻也”①。

从表面上看，汉人、南人上层，在此事件中，是迫于谣言的恐惧，但其深层心理，却是对蒙古贵族高压、暴政现实及此前屠杀、大量掠卖奴婢历史的极大的恐惧。而这么多的汉人、南人能被谣言裹挟，还和集体记忆有很大的关系。

三 元末异常天象与谶纬分析

元末民族矛盾尖锐，谶谣盛行，而这些谶谣史料恰恰可以成为分析该时期汉人上层对蒙古族统治心理变化的最佳素材。萧启庆先生将元末的谶

① 《南村辍耕录》卷九，《谣言》，第113页。

谣分为两类并分析了其特征，“一是民间谶谣，二是宣传谶谣。前者由寻常百姓所创作，不带政治动机。后者则由政治反对人物刻意炮制，用以动摇人心，争取支持。民间自发性的谶谣可说是危机时代群众心理的反映，表达百姓根据突发性的灾变或一般情势而对未来所产生的希冀或畏惧”①。通过对元末民间谶谣的分析，笔者认为其所包含的政治动机也很明显，将在下面的章节中作仔细分析。

无论是朝廷还是民间，中国古代对于奇异之物的出现都格外警觉。《元史》中记载的元顺帝一朝的异常天象和怪异事情很多，可统称之为异常之物，异常之物的频繁出现，常被视为重大事件发生的前兆。

经过对相关材料的分类和对比，笔者发现这些记载中，发生于彰德路的记载尤其多，因此，笔者据此作出一些大胆推测。

（一）异常天象和谶谣制造中心——彰德路

彰德路的怪异天象和怪事，在《元史》中记载的罕见的多。

元统二年（1334）六月，彰德路“雨白毛，俗呼云‘老君髯’。民谣曰：‘天雨氂，事不齐’”②，“事不齐”自然指的是事情不顺利，所包含的范围自然太广，但是该事情应该指向的是关系到大多数人的问题，具体的指向则非常模糊。而后至元三年（1337）三月的类似“雨象”，政治性指向则非常明确。

> 彰德雨毛，如线而绿，俗呼云：“菩萨线。”民谣云：“天雨线，民起怨，中原地，事必变。”③

至正元年（1341）四月戊寅，“彰德有赤风自西北来，忽变为黑，昼晦如夜”④；至正十年（1350），“彰德境内狼狈为害，夜如人形，入人家哭，就人怀抱中取小儿食之”⑤；至正十一年（1351）四月乙巳，“彰德雨雹，大者如斧，时麦熟将刈，顷刻亡失，田畴坚如筑场，无稭粒遗留

---

① 《元朝史新论》所载《中华福地，古月还家——蒙元兴亡与谶纬》一文，第91页。

② 《元史》卷五一，《五行二》，第1109页。

③ 同上。

④ 同上书，第1100页。

⑤ 同上书，第1108页。

者，地广三十里，长百有余里，树木皆如斧所劈，伤行人、毙禽畜甚众”①，斧兼具兵器的功能，此记载显然隐含时人（包括目击者和被传播者以及历史的记录者）对该自然现象的一种联想，而这种联想显然和当时的时局有关。至正十三年（1353）三月丙戌，“彰德路西南，有火自天而下，如在城外，觅之无有”②；至正十六年（1356）六月，“彰德路苇叶顺次倚叠而生，自编成若旗帜，上尖叶聚粘如枪，民谣云：‘苇生成旗，民皆流离；苇生成枪，杀伐遭殃’。又有黍自生成文，红稭黑字，其上节云‘天下太平’，其下节云‘天下刀兵’”③。同年七月，“彰德李树结实如小黄瓜。民谣云：‘李生黄瓜，民皆无家。’”④ 至正二十一年（1361）八月癸未，“彰德西北，夜有红气亘天，至明方息”⑤；至正二十八年（1368）六月壬寅，“彰德路天宁寺塔忽变红色，自顶至踵，表里透彻，如煅铁初出于炉，顶上有光焰迸发，自二更至五更乃止。癸卯、甲辰，亦如之。先是，河北有童谣云：‘塔儿黑，北人作主南人客；塔儿红，朱衣人作主人公。’”⑥

从元顺帝继位的第二年（1334，元统二年）开始，到元朝灭亡（1368，至正二十八年），三十四年期间，发生在彰德路的怪异天象和怪事，竟然达到十起；其中发生在1350年到1368年期间的，达到七起，这绝对是非常不正常的记录，为何元顺帝时期关于彰德的怪异记载会这么多？自然应该追寻这些怪异天象和事件背后一些足以让汉人们异常不满的东西如何导致了民族矛盾的尖锐化。

元统元年（1333），妥欢帖睦尔（即元顺帝）即位于上都，时年十三岁，国事皆决于燕帖木儿，燕帖木儿死后，右丞相伯颜秉政，专权自恣，“天下之人，惟知有伯颜而已”⑦。元统二年（1334）二月，罢礼部贡举，此前，朝廷上以伯颜等为一方和以汉人臣僚许有壬为另一方，围绕科举的

---

① 《元史》卷五一，《五行二》，第1098页。该史料应该是一条关于龙卷风的记录。1998年5月安阳市境内突发龙卷风，局部地区最大风力14级，龙卷风过后树木也如斧劈，死伤人畜也颇多。笔者亲自经历。

② 《元史》卷五一，《五行二》，第1102页。

③ 同上书，第1101页。

④ 同上书，第1104页。

⑤ 同上书，第1102页。

⑥ 同上书，第1103页。

⑦ 《元史》卷一三八，《伯颜传》，第3338页。

存废问题进行了激烈的辩论，宣布罢科举之时，伯颜有意安排许有壬为班首，以侮辱汉人臣僚。许有壬老家是彰德路属下的汤阴县，距离大都不算太远，估计彰德路附近的汉人上层，当通过许有壬的家人，很快获悉了这件事情的来龙去脉，该年六月，彰德路即出现“雨白毛”的异常天象，这也是元顺帝即位后，《元史》中记载的第一桩异常天象符号；但是，仅仅废科举一事，还无法判断朝政的走向，所以，该异常天象具体的指向却非常模糊。后至元三年（1337）四月，元廷禁止汉人拥有武器，广东朱光卿和河南棒胡起义后，又传出杀尽五姓汉人的流言，该年三月彰德即出现“雨毛，如线而绿，俗呼云‘菩萨线’”的异常天象，与之配合的民谣是“天雨线，民起怨，中原地，事必变”①，该民谣肯定应该在该异常天象出现以前，就已经传播了一段时间，且政治性指向非常明确，汉人上层期待时局大变的心理开始显现。后至元六年（1340），搞倒行逆施活动的伯颜被罢官后放逐南恩州，后病死于放逐途中，亲政后的元顺帝，采取了恢复科举及一系列安抚汉人的举措，使处于恐惧心理中的汉人上层暂时松了一口气；所以，从该年到至正十年（1350），彰德路的异常天象，只有一起（不包括1350年的记载）。但是，至正十年（1350），也成为转折点，1350年到1368年期间的异常天象和怪异事件的记载，达到七起。而至正十一年（1351）四月乙巳的那条龙卷风类史料下边，紧接着就是元末红巾军起义记录的开始。

> 五月己酉朔，日有食之。辛亥，颍州妖人刘福通为乱，以红巾为号，陷颍州。初，栾城人韩山童祖父，以白莲会烧香惑众，谪徙广平永年县。至山童，倡言天下大乱，弥勒佛下生，河南及江淮愚民皆翕然信之。福通与杜遵道、罗文素、盛文郁、王显忠、韩咬儿复鼓妖言，谓山童实宋徽宗八世孙，当为中国主。福通等杀白马、黑牛，誓告天地，欲同起兵为乱，事觉，县官捕之急，福通遂反。山童就擒，其妻杨氏，其子韩林儿，逃之武安②。

案：韩山童祖父，自栾城谪徙广平永年县，到韩山童，已经是第三

① 《元史》卷五一，《五行二》，第1109页。

② 《元史》卷四二，《顺帝五》，第891页。

代，在永年的生活，应该有了五十年左右的时间；永年县距离彰德路治安阳较近，安阳在魏晋南北朝时期就是重要的佛教活动中心，今安阳市西五十里的小南海石窟为全国重点文物保护单位；始建于后周的天宁寺塔（现名文峰塔），重建于元朝，为元代重要的佛教活动场所。而“天宁寺塔忽变红色，自顶至踵，表里透彻，如煅铁初出于炉，顶上有光焰迸发，自二更至五更乃止”的记载更好解释，该塔始建时应该是用黑色的砖建成，由于砖内含有一些特殊的元素，经过太阳光的长期照射及其他物理作用的影响，慢慢变为浅红色（现在的颜色就是浅红色），农历六月，日照时间又特别长，黑塔由渐变到突变，只是由于人们不太注意这一渐变的过程，好像陡然变成了红色，而红色又是宋朝的“国色”；彰德路周围地区，直到完颜亮南征时期，汉人的向宋之心仍然比较明显；正隆六年（1161）十月，王友直（《金史·海陵本纪》作王九，《大金国志》作王友直）在大名一带率领汉人起义，“乘时崦啸聚者，处处有之”，王友直且以“兴宋为辞”①，完颜亮在大名起义后下达了“匹夫匹妇不可留”的残杀政策，派遣都统斜也率兵万人攻克大名，“多与少尽洗之，大名之众，闻风而自溃焉，斜也杀居民三十万口，灭族者一千七百余家”②。“匹夫匹妇不可留”及大规模的灭族性的残杀，显见是基于对汉人反抗的仇恨和报复。即使到金末，宋将彭义斌趁金朝政府南迁，大蒙古国军队西征的时机，一路北上，顺利“取邢、洺、磁等州”③，这三州都在彰德路附近。因此，韩山童当时以宋徽宗八世孙的伪造身份，作为反对蒙古贵族统治的旗帜，作为民族光复的旗帜，在彰德路附近还是有比较大的感召力的；韩山童父祖三代，当都为宗教上层人物，围绕彰德路的许多怪异天象和怪事的记载，当为他们大肆加工后的结果，成为起义舆论准备的重要组成部分。他们也许准备以彰德路为中心发动起义，只是由于起义的预定计划被打破，韩山童被官府抓住，韩林儿和其母杨氏逃入武安的太行山中，刘福通等只好在江淮地区起义。

（二）异常天象和谶谣在其他地区的记载及分析

后至元元年（1335）正月，“汴梁祥符县市中一乞丐妇人，忽生髭

① 《大金国志校证》卷一八，《世宗下》。

② 《三朝北盟会编》卷二四二，炎兴下帙一百四十二，绍兴三十一年十一月，第1742—1743页。

③ 《金史》卷一一四，《白华传》，第2503页。

须"；后至元五年（1339）八月，京师童谣云："白雁望南飞，马札望北跳；"① 后至元六年（1340）七月，延安路鄜州"雨白毛，如马鬃，所属邑亦如之"②。至正五年（1345），江、淮之间童谣云："富汉莫起楼，穷汉莫起屋，但看羊儿年，便是吴家国；"③ 至正九年（1349）四月，"枣阳民张氏妇生男，甫及周岁，长四尺许，容貌异常，皤腹臃肿，见人辄嬉笑，如世俗所画布袋和尚云"④。至正九年三月，"陈州杨家庄上牛生黄犊，火光满室，麻顶绿角，间生绿毛，不食乳，二日而死"⑤。

后至元元年（1335）到至正十年（1350）春，几乎与彰德路同期的异常天象和谶谣的记录，只有六起（不包括 1350 年的记载），主要分布在江淮地区。

但是，正像彰德路异常天象和谶谣的记录以至正十年（1350）为转折点，其他地区 1350 年到 1368 年期间，异常天象和怪异事件的记载，达到十三起，也以至正十年（1350）为转折点。其中四起发生在大都，其他大多在山西和江淮地区，说明汉人上层主导的反抗蒙古贵族统治的舆论宣传活动已经取得较大的成效，也说明元朝政府对时局的控制能力，大为降低。

至正十年（1350）春，"丽正门楼斗栱内，有人伏其中，不知何自而至，远近聚观之。门尉以白留守，达于都堂，上闻，有旨令取付法司鞫问。但云蓟州人，问其姓名，诘其所从来，皆惘若无知，唯妄言祸福而已，乃以不应之罪笞之，忽不知所在"⑥；该年十一月冬至夜，陕西耀州"有星坠于西原，光耀烛地，声如雷鸣者三，化为石，形如斧，一面如铁，一面如锡，削之有屑，击之有声"⑦。至正十一年（1351），河南、北童谣云："石人一只眼，挑动黄河天下反。"⑧ 至正十三年（1353）四月，冀宁榆次县"雨白毛，如马鬃"，七月，泉州路"雨白丝"⑨。至正十五

① 《元史》卷五一，《五行二》，第 1107 页。
② 同上书，第 1109 页。
③ 权衡：《庚申外史》，文渊阁四库全书版。
④ 《元史》卷五一，《五行二》，第 1100 页。
⑤ 同上书，第 1112 页。
⑥ 同上书，第 1105 页。
⑦ 同上。
⑧ 同上书，第 1107 页。
⑨ 同上书，第 1109 页。

年（1355），京师童谣云："一阵黄风一阵沙，千里万里无人家，回头雪消不堪看，三眼和尚弄瞎马。"① 至正十七年（1357）八月癸丑，"祥符县西北有青白二龙见，若相斗之势，良久而散"②。至正十八年（1358）三月辛丑夜，大同路"有黑气蔽于西方，声如雷然。俄顷，有云如火，交射中天，遍地俱见火光，以物触地，辄有火起，至夜半，空中如有兵戈相击之声"③；五月，益都"雨白氂"④；七月乙亥，"京师黑雾，昏暝不辨人物，自旦近午始消，如是者旬有五日"⑤。至正十九年（1355）三月，兴化路"连日雨氂"⑥。至正二十一年（1361）正月癸酉，石州"大风拔木，六畜皆鸣，人持枪矛，忽生火焰，抹之即无，摇之即有"⑦。至正二十五年（1365）五月甲子，京师"雨氂，长尺许，如马鬃"⑧。至正二十七年（1367）五月，益都"雨白氂"⑨。

通观上述异常天象和谶谣的记载，不管在彰德路，还是在其他地区，其所包含的共同内容，除了灾异之外，便是"兵器"（如斧子、枪、刀、戈、矛、旗帜等，而蒙古贵族不断发布禁止汉人和南人拥有武器）和"变"（人心思变，由"北人作主南人客"变为"朱衣人作主人公"等），最终演变为流传范围很广的"莫道石人一只眼，此物一出天下反"谶谣。在元末社会矛盾演变到不可调和的时刻，利用开河变钞所导致的汉人、南人民众广泛不满的时机，汉人和南人中的领袖人物，团结各方面势力，终于推翻了元朝政府的统治，重建以汉人为主的地主阶级政权。

第四节　北方汉人上层的"夷夏观"分析

从"夷夏观"的角度，分析元代北方汉人上层的民族心理，是一个非常不错的分析角度，但也是一个颇为烦难的角度。难题之一是资料的不

---

① 《元史》卷五一，《五行二》，第1107页。
② 同上书，第1099页。
③ 同上书，第1102页。
④ 同上书，第1109页。
⑤ 同上书，第1100页。
⑥ 同上书，第1109页。
⑦ 同上书，第1111页。
⑧ 同上书，第1109页。
⑨ 同上。

足与混乱，辽、宋、金三史修于元朝后期，蒙古贵族要想方设法使历史记载有利于自己的统治，而不是客观地反映历史。如“《宋史》的编撰，多是元人而南籍的文士，习于传统的观念，而迎合蒙古人的爱憎”①，山东忠义中北上抗蒙，威震河朔、山东的彭义斌竟不予立传；而有关李全的记载，又因其子李璮的叛元而弄得面目全非。《元史》成书又过于仓促，“至于九十七卷列传，大部分取材于元朝官修的传记，而这些官修传记又多是根据家传、神道碑、墓志等写成的，因此，在记载的确切程度上，要比纪、志差得多”②。汉人上层传记主要原始材料的家传、神道碑、墓志铭等，大多成于和他们有密切交往的汉人儒士之手，溢美之词为主要内容；而在蒙元政权的统治下，这些汉人上层内心深处的痛苦则基本不言及，即使偶或言及也语焉不详，很让人费解；因此，“许多学者都曾指出，从现存的元代历史文献中，当时的士人对元蒙朝廷似乎并没有表现出明显的怨恨与对抗，并认为这主要得益于元蒙时期政治环境的宽松与对文人的宽容甚至优待。这种观点当然是言之有据的，因为凡是阅读过一些元代文人别集的，的确很难找到对元蒙朝廷的对抗与揭露，即使有一些不满与怨气，也大都针对具体的人和事而不是针对朝廷。在留下的诸多被元代文人所书写的文献中，甚至处处流露出对元蒙朝廷的歌颂与感戴”，但是，“作为历史研究的最基本证据的文献记载，其阐释的原则取决于文献生成的语境。元代正是一个以武力征服为特色的王朝，文人始终处于被动的地位，他们在面对以蒙古贵族为主体的朝廷时，必须讲究言说的方式，这应该是当时士人都心知肚明的”；因此，研究北方汉人上层的“夷夏观”，“不仅仅需要官方文献与史书记载，更需要野史笔记与诗文作品，尤其是那些直接表达文人心声的诗歌作品，从那里边透露折射出的往往才是他们的真实想法与感受”③，左东岭教授的观点，非常有助于破解史料方面的难题。难题之二是采用哪种分析方法的问题。传统思想史的研究方法，对这个材料相对贫乏而且属心理史的课题，实在是力不从心，只好尝试用心理史学的某些研究方法，做一些试探性的分析。

① 《元代汉文化之活动》，第71页。

② 《元史》，中华书局1976年版，第4页。

③ 左东岭：《元代文人心理的认知与考证》，《光明日报》2008年12月27日。

一 蒙（元）以前“夷夏观”的基本内容

“夷夏观”，是专门讨论汉民族（包括其前身华夏族）和少数民族关系的政治理论，也是大一统理论的基本构成之一，作为一种民族的自我意识，在春秋时期就已经产生，一开始是为了适应“尊王攘夷”的需要而创造。而作为一种政治理论，产生却要稍后一些，而且有一个逐步调整和完善的过程，它是历代中原王朝，制定民族政策的重要理论依据之一，并且对中国古代的国家观念、帝王观念、民族观念和实际政治，都产生了很大的影响。

“夷夏观”的文化渊源很久远，从春秋开始，人们逐渐把华夏族自身的文化作为区分华夏诸族与周边少数民族的标准。

“夷夏观”，也即辨析“夏”与“夷”，其理论本身并不复杂，争论与歧见，主要表现为如何理解和运用该理论。有关争论涉及种族之别、地域之别、习俗之别、道德之别、人禽之别和贵贱之别等，而其核心是文化之争，也即辨析文化优劣，即以华夏文化为优，以夷狄文化为劣；行华夏礼义为华，不行华夏礼义则为夷。

“以中华文化作为评定华夷的主要标准，显然是文化优越感的产物，却又颇有一点礼仪面前人人平等、文化相通则一视同仁的意味。这种思路既可能由于过分张扬文化的、民族的优越感，而鄙视其他民族的文化，进而导向绝对排斥一切非华夏的族类和文化；又有可能由于对民族文化的自信，导向主张兼容并包、遐迩一体”①。一般来说，在汉人政权面临外侮、民族矛盾激化时，容易产生前一种心理，宋代许多思想家，如欧阳修等，对北方契丹、女真、蒙古等族的统治者，都有激烈的贬斥、谩骂之词；而在汉人政权比较强盛、民族关系比较缓和时，汉人上层容易产生后一种心理，比如唐太宗，在这种心理的支配下，奉行较为平等、宽容的民族政策。

但是，需要强调的是，“夷夏观”不是空洞的理论，而是体现在实实在在的社会生活中。从宏观上讲，执掌国家核心权力的少数民族统治者，在民族不平等政策成为常规的背景下，对汉人的生产方式、政治制度、文化等能够给予多大的尊重；从微观上讲，和少数民族统治者接触较频繁的一个个汉人上层在和少数民族统治者接触的过程中，对方说话的语气、自己做事的主客观环境等因素，而在元朝，尤其应该包括蒙古贵族施之于不

① 《中国传统政治哲学与社会整合》，第137页。

同民族官员的许多潜规则，尤其是施之于汉人臣僚的潜规则，都可能影响他们内心的感受；他们有时候会将这些感受在汉人臣僚之间进行交流，甚至会和自己的家人、亲戚、朋友进行交流，这样就会形成对少数民族统治者的共同认识，一种共同心理。但是，这种心理变化的个案微观分析，需要研究者对一条条史料的仔细揣摩，特别需要研究者自身设身处地地去细心体会、感触历史事件当事人，在每一个具体说话、做事环境中的心理感受，然后由个别到一般，得出规律性的认识。

二　元代北方汉人上层“夷夏观”形成背景分析

（一）金代汉人上层“夷夏观”的遗产

在分析金代汉人上层民族心理的时候，这个问题已经有所涉及，此处只作简单归纳。金代民族矛盾的演变，和金代汉人上层的“夷夏观”密切相关，金朝统治初期，由于民族矛盾的尖锐，对于金国境内原属于北宋国土的汉人上层而言，有强烈的夷夏之防心理；金代中期，随着女真贵族汉化速度的加快和民族政策的调整，夷夏之防逐渐淡化；金代统治晚期，由于女真贵族执行彻底放弃河北的错误政策，很伤黄河以北汉人的忠君爱国之心，夷（此处夷只针对女真族）夏之防复趋尖锐[①]，这也是河朔及山东地区的汉人们，在面临大蒙古国军队入侵的过程中，较快投降且归附的原因之一，而金代北方汉人上层的“夷夏观”，复将影响到他们在蒙（元）时代的夷夏观。

（二）“天命所归”思想的影响

该方面内容在本章第一节，已经作过详细分析，但是，需要强调的是，在天命所归的社会心理导引之下，黄河以北的汉人上层，较早地归附大蒙古国，心理上的调整期较短，他们多把自己的降附行为解释为顺应天意。

但是，并不能彻底否认这些汉人上层内心深处的、针对蒙古人的“夷夏之辨”，虽然每个人的程度会有所不同。因为在蒙古族入主中原的相当长的时期内，其衣装、语言、外在行为习惯等许多方面，从汉人角度来看都是典型的“夷”。

（三）高压恐怖政策的影响

大蒙古国军队灭金战争初期的高压恐怖政策，较之金国军队占领华北

---

①　金朝末期汉人称女真人为“种人”，在今豫北、冀南一带称人为种是一种骂人的说法。

及中原的过程中，战争的残酷性，有过之而无不及，这个因素也影响着元代汉人“夷夏观”的形成与演变，特别是对这种残杀的痛苦记忆，在元末的“民族光复”运动中有很大影响。“这种残暴行为传播远近，竟令受侵略之民族畏慑而不敢自卫”。①

仔细分析一下金末北方汉人上层投降的背景，不外乎两种情况，一种是主动归附，另一种是抵抗失败后的投降，但两种方式，均和高压恐怖政策有很大关系。

先分析几则主动投降的例子：

真定史氏：“当天兵南下，所向摧陷，公（指史秉直）与其亲族谋曰：‘今兹丧乱，流血成川，吾家百余口，何以自免……’既而知降者得免，乃复议降。”② 史家的这种主动归降，马上在附近产生了示范效应，由史家百余口人发展到十万家皆归降。天成刘氏：“壬申岁（1212），太祖围威宁，伯林知不能敌，乃缒城诣军门请降。”③ 在女真贵族执行彻底放弃河北的错误政策的背景下，在大蒙古国军队执行抵抗就屠城、不抵抗就可活命的二元选择中，要求汉人上层忠君爱国，像北宋末期的王彦等组织义军进行有组织的抵抗，少数人可能会有此行动，如张柔等，但他们的主观动机，却是避战自保，保护自己的家园，但对于大部分汉人上层而言，这却是不现实的事情。

再举几个抵抗失败后归降的例子：

张柔，“国朝大军出紫荆关，遂率所部战于狼牙岭，马跌被执……主帅恐公为变，质二亲于燕。公叹曰：‘吾受国厚恩，不意猖獗至此，顾忠孝不两立，姑为二亲屈’”④；张禧，“守信安逾十年，度不能支，乃与主将举城内附”⑤，看来也不是不能守，关键是朝廷能否振作。

---

① 《元代汉文化之活动》（上），第27页。仅《元代奏议集录》（陈得芝等辑点，浙江古籍出版社1998年版。）一书收集的劝谏禁止杀掠的奏章就有耶律阿海、石抹也先、王檝、石抹明安、郭宝玉、耶律楚材、张文谦、宋子贞、徐世隆九人的奏章，如果加上丘处机和渡江前史天泽请求禁止杀掠的遗言，以及高宣（具体内容见《元史》卷一五三《高宣传》），姚枢、刘秉忠（《元史》卷一五七，劝谏忽必烈勿屠大理城），李昶（具体内容见《元史》卷一六〇《李昶传》），赵与篟（具体内容见《元史》卷一六八《赵与篟传》）等人的类似言论，达到十六人，可见当时杀掠之惨、之恐怖。

② 刘祁：《故北京路行六部尚书史公神道碑铭》，1941年《永清文征》，《征实第二》。

③ 《元史》卷一四九，《刘伯林传》，第3515页。

④ 《元朝名臣事略》卷六，《万户张忠武王》，第96页。

⑤ 《元史》卷一六五，《张禧传》，第3865页。

面对蒙古族军队的残杀政策，汉人上层们为了家族和乡党们生命及财产的安全，主动投降或抵抗失败后归降。但是，这种投降的痛苦背景，将长久地留在他们的记忆中，影响着他们在蒙古人统治下的夷夏观①。

（四）北方士人对汉人上层“夷夏观”的引导

“夷夏观”理论的归纳、演变、完善和传承，主要由历代的汉人士大夫承担，而韩愈的归纳最为简约，“诸侯用夷礼则夷之，夷之进入中国者则中国之”②，经过辽及金几百年统治的北方士大夫，在“夷夏观”上愈来愈以汉文化本位为中心内容，他们作为社会精英，深刻引导着历代汉人的“夷夏观”。而在元朝，郝经和许衡的理论及引导作用，最为显著。

先以郝经为例：“昔元魏始有代地，便参用汉法。至孝文迁都洛阳，一以汉法为政，典章文物粲然与前代比隆，天下至今，称为贤君。王通修元经，即与为正统，是可以为鉴也。”③ 只要“一以汉法为政”，即使是少数民族主导的政权，同样有正统的资格。

再看许衡：在一些汉人士大夫的著作中，常把周边少数民族的形象“妖魔化”，特别是对其领袖人物外貌和衣着的描述，让人读后有妖魔鬼怪之感，这种民族心理的出现，一来出于不同文化之间的误解，二来还是汉文化优越论的心理在作怪，以“我”之心理与标准，为世间唯一的“文明”标准，来衡量周边的“他”。许衡则留下“华夷千载亦皆人”④ 的名言，至元三年（1266），许衡说：“考之前代，北方之有中夏者，必行汉法乃可长久……夫陆行宜车，水行宜舟，反之则不能行；幽燕食寒，蜀汉食热，反之则必有变。以是论之，国家之当行汉法无疑

---

① 史天泽临终说：“臣大限有终，死不足惜，但愿天兵渡江，慎勿杀掠。”（见《元史·史天泽传》，第3662页。）这句话实际上即包括当初面对杀掠而投降的痛苦记忆。记忆不但有维系生存、延续历史的作用，还和尊严、道义等价值准则联系在一起。在暴力和邪恶过分强大，反抗已不可能或无济于事时，不甘凌辱的最后方式就是捍卫记忆。

② 韩愈：《韩愈文集汇校笺注》卷一，《原道》。中华书局2010年版。

③ 《元文类》卷一四，郝经《立政议》。

④ 淮建利、陈朝云点校：《许衡集》第265页。北宋“哲宗初即位，契丹吊哀使入见。蔡持正以虏大使衣服与在廷异，上春秋少，恐升殿骤见或惧，前一日奏事罢，从容言其仪状，请上勿以为异，重复数十语皆不答。徐俟语毕，上曰：‘彼亦人否?’确言：‘固是人类，但夷狄耳’。上曰：‘既是人，怕他做甚?’持正竦然而退。”（叶梦德：《石林燕语》卷九。文渊阁四库全书本。）蔡确之所以害怕契丹使节吓坏年轻的哲宗皇帝，表面上是认为其衣着怪异，本质上是没有把契丹使节当作和自己一样都是人类中的一员。而哲宗皇帝所以处事不惊，正是由于他站在人的角度来看待异域文化中的同类。

也……窃尝思之，寒之与暑固为不同。然寒之变暑也，始于微温，温而热，热而暑，积百有八十二日，而寒始尽。暑之变寒，其势也然，是亦积之之验也。苟能渐之摩之，待以岁月，心坚而确，事易而常，未有不可变者。”① 不管是历史的经验，还是自然的比附，北方少数民族政权入主中原，必须取法汉文化，才能长治久安。“以是论之，国家之当行汉法无疑”，作为汉人士大夫领袖的大儒许衡，在“夷夏观”问题上有足够的自信。

翰林学士徐世隆挽文天祥诗写道：“大元不杀文丞相，君义臣忠两得之。义似汉王封齿日，忠如蜀将斫颜时。乾坤日月华夷见，岭海风霜草木知。只恐史官编不尽，老夫和泪写新诗。”② 尽管“乾坤日月华夷见”，但是不妨碍“君义臣忠两得之”，一方面赞扬文天祥的坚贞气节，另一方面赞扬忽必烈的义气。在忽必烈杀文天祥的问题上可以看出徐世隆绝对以儒家的忠义观念，来评价蒙古族出身的皇帝忽必烈和汉人士大夫精英的代表文天祥。

在封建社会，儒士们的价值取向常常为全社会所效法。郝经、许衡等北方儒士，出入于大大小小的汉人世侯幕府中，为他们出谋划策，有时还代表世侯们北觐蒙古汗廷，成为双方沟通的桥梁，因而得以结识忽必烈，且对忽必烈的行汉法国策产生较大影响，因此，他们的“夷夏观”，必将影响着元代汉人上层的“夷夏观”。

综合以上分析可以看出，蒙（元）时代汉人上层“夷夏观”的形成，有非常复杂的背景，它既受汉人传统“夷夏观”观念的影响，也和金代河北及山东地区女真族和汉族整体的民族矛盾的演变息息相关，而天命信号的指引及北方儒士的夷夏观念，也影响着他们新的“夷夏观”的调适，但笔者认为，汉人上层初期针对蒙古贵族的“夷夏观”，实和大蒙古国军队的高压恐怖政策有非常大的关系，他们对蒙古贵族统治的服从，实为一种被动的、无奈的、痛苦的选择，这将导致他们在“夷夏观”上的心理，处于一种持续时间较长的非常痛苦的状态③。

---

① 《元史》卷一五八，《许衡传》，第 3718—3719 页。

② 《南村辍耕录》卷四，第 52 页。

③ 这个时期约从他们开始归降到忽必烈大行附会汉法开始约二三十年的时间。其痛苦的原因除了高压恐怖政策的因素外，还由于这段时期蒙古贵族对汉文化的认同程度太低。

三　汉人上层痛苦的“夷夏观”

制度之痛与科举之伤

元代的诸多制度中，广泛存在着对汉人的伤害，如广为人知的“四等人制”，但是，给汉人上层造成最大的制度性心理伤害的却是科举制在元代的停滞。

1．科举停滞的最大受害者

自隋代开始的科举制，经过唐朝的初步发展，到北宋科举成为仕宦之路的最重要途径，成为士人的安身立命之本，对于中小地主而言，几乎是他们改变自身和家族命运的唯一途径，“朝为田舍郎，暮登天子堂”，成为士大夫一生中最美好的梦想。辽、金两朝尽管也是少数民族掌握核心权力的王朝，但是出于笼络汉人心理的目的，占领汉地之后，尽可能早地恢复科举制。然而伴随蒙古人的入侵，这一套传统的制度被完全打破。

由于蒙古贵族坚持草原本位主义思想，再加上统治阶层和士人对科举制度的恢复也存在很大分歧，所以元代仕宦的重要途径是“大根脚”，另外的主要途径则是由吏升迁。元末人权衡深有感触地总结道：“元朝之法，取士用人，惟论根脚。其图大政为相者，皆根脚人也；居纠弹之首者，又根脚人也；莅百民事之长者，亦根脚人也。而凡负大器、抱大才、蕴道艺者，俱不得与其政事。所谓根脚人者，徒能生长富贵，脔膻拥毳，素无学问。”① 这些通过承荫、怯薛背景做官的蒙古和色目贵族，大多不懂汉文，有的连执笔画押都不会，只好“以象牙或木刻而印之”②；有的更是闹大笑话，“北人不识字，使之为长官或缺正官，要题判署事及写日子，七字钩不从右七转而从左十转，见者为笑”③。萧启庆先生认为“汉族士人，是元代根脚制度与族群等级制度之下的最大受害者”④。

2．“戊戌试”及其评价

耶律楚材是成吉思汗攻下燕京后得到的最早的儒士，虽然他祖上是契丹族，实际上从文化上而言，他已经是一个汉化很深的士人。耶律楚材青

---

①《庚申外史》。

②《南村辍耕录》卷二，《刻名印》，第 27 页。

③《草木子》卷四下，《杂俎篇》，第 82—83 页。

④《元代的族群文化与科举》，第 18 页。

年时期曾经希望通过科举之路做官，但是由于其父耶律履曾经担任过尚书右丞，按照金制，“宰相子例试补省掾。楚材欲试进士科，章宗诏如旧制。问以疑狱数事，时同试者十七人，楚材所对独优，遂辟为掾。后仕为开州同知”①。耶律楚材的科举之路，虽然没有走完，但是用汉文化治国的理念，却是其一生坚守的信念，而科举制的内核，就是以儒家思想为主的汉文化。当西夏人常八斤因为善造弓而见知于成吉思汗且常自夸说“国家方用武，耶律儒者何用”时，耶律楚材马上反驳道：“治弓尚须用弓匠，为天下者岂可不用治天下匠耶?”② 科举制度土壤中成长起来的儒生在耶律楚材心中，不是常八斤一类的治弓匠，而是治国平天下之匠，其综合素质绝非前者所能比。经他倡议设立的十路征收课税使，“凡长贰悉用士人，如陈时可、赵昉等，皆宽厚长者，极天下之选，参佐皆用省部旧人”③，战乱中儒士的功用，马上显现出来，汉文化的魅力，也得以在蒙古人面前初步显露。汴京被攻占前夕，耶律楚材又请遣人入城，“求孔子后，得五十一代孙元措，奏袭封衍圣公，付以林庙地。命收太常礼乐生，及召名儒梁陟、王万庆、赵著等，使直释九经，进讲东宫。又率大臣子孙，执经解义，俾知圣人之道。置编修所于燕京、经籍所于平阳，由是文治兴焉”④。这些举措，直接保护了汉文化的载体，延续了汉文化的一息香火。在蒙古贵族尝到了汉文化的好处后，丁酉年（1237），耶律楚材又上奏窝阔台说：“制器者必用良工，守成者必用儒臣。儒臣之事业，非积数十年，殆未易成也。”窝阔台答应后，于是启动了有名的“戊戌选士”，“以经义、词赋、论分为三科，儒人被俘为奴者，亦令就试，其主匿弗遣者死。得士凡四千三十人”⑤。在元朝文人的笔下，多把“戊戌选士”作为元代科举制度的滥觞。

其实，“戊戌选士”，较之传统标准意义上的科举考试，并不是一次正规的科举考试，“严格来说，这只是一次通过考试而区分儒户的行动”⑥；“只是一次解除士人奴隶身份的临时措施，但它有利于安抚汉人，

① 《元史》卷一四六，《耶律楚材传》，第 3455 页。
② 同上书，第 3456 页。
③ 同上书，第 3458 页。
④ 同上书，第 3459 页。
⑤ 同上书，第 3461 页。
⑥ 《元代史》，第 390 页。

在一定程度上改善官吏的民族结构，从而达到稳固统治基础的目的”①。但是，刘晓则认为“戊戌选士”是“一次全国基层考试”，耶律楚材计划“在此基础上，再逐渐推广各级科举考试制度”②，可惜蒙古贵族没有给他提供这一机会，笔者同意刘晓的观点。而赵琦对“戊戌选士”意义的评价最为贴切，“保证了儒士部分地获得了在亡国战争中失去的优越地位，使他们的生活有了一定改善，得以继续从事读书问学的本行”③，读书问学，这才是文化保存的主要渠道。

太原路转运使吕振、副使刘子振后受贿犯罪，窝阔台汗于是责备耶律楚材说：“卿言孔子之教可行，儒者为好人，何故乃有此辈？”窝阔台汗的责备，可见他对汉文化制度性成分的陌生，耶律楚材回答道：“君父教臣子，亦不欲令陷不义。三纲五常，圣人之名教，有国家者莫不由之，如天之有日月也。岂得缘一夫之失，使万世常行之道，独见废于我朝乎！”④最后一句话，最能看出耶律楚材心中，对汉文化的那种焦虑感。

3．恢复科举制度的分歧与障碍

忽必烈即位后，尽快恢复科举制的呼声，被史天泽等汉人臣僚及王鹗等汉人儒生一而再，再而三地提出。至元四年（1267），王鹗上书写道：“以今论之，惟科举取士，最为切务。”忽必烈终于诏令中书左三部与翰林学士议立程式⑤，讨论到至元十年（1273），有诏行科举，整整讨论了六年，可见围绕此事的争论之激烈。第二年，始颁布贡举条例，根据真金的令旨，分设蒙古进士科与汉人进士科，但最终却是一场欢喜一场空，科举制度还是没有恢复。

为何会出现这种结局，原因自然非常复杂，首先和蒙古本位主义思想支配下，仕宦的重要途径为“大根脚”有关；其次，和部分汉人臣僚对科举制弊端的认识有关系。从隋代科举制创立之始，就不乏科举制度的反对者。金世宗时期有近侍提出废除科举制的动议，金世宗就此征求汉人臣僚、太师张浩的意见，金世宗问张浩：“自古帝王有不用文学者乎？”张浩回答说：“有。”世宗问是谁，张浩说：“秦始皇。”金世宗听后，说道：

① 《中国科举史》，第253页。

② 《耶律楚材评传》，第132页。

③ 赵琦：《金元之际的儒士与汉文化》，人民出版社2004年版，第72页。

④ 《元史》卷一四六，《耶律楚材传》，第3462页。

⑤ 《元史》卷八一，《选举一》，第2017页。

“岂可使我为始皇乎!”① 金代科举，得以一直持续到金末。但是，这位近侍的意见肯定代表了一部分人对科举的心理，不管其出于什么目的。

有人讥讽元好问不事举业，其师郝天挺反驳道：“吾正不欲其为举子尔，区区一第不足道也。”② 许衡少年读书时尝问老师：“读书何为?”老师回答说：“取科第耳。”许衡听后说道：“如斯而已乎。”③ 少年许衡对科举的感受很另类，也许和其读书时期金国行将灭亡的局势与吏治的腐败以及金代科举制的弊端有关；金代科举，专考词赋和经义，导致“士大夫往往局于此，不能多读书”，金世宗时期就出现“新进士类不学，至于诏赦册命之文鲜有能者”④ 的现象。章宗时，状元王泽民在翰林院供职，正好碰上宋使进贡枇杷，章宗让他以枇杷为题作诗，他竟然说：“小臣不识枇杷子”；也是在翰林院供职的状元吕造，章宗让他以重阳节为题作诗，他竟然作出“佳节近重阳，微臣喜欲狂”的臭诗，章宗只好让他外补；二人也留下了“泽民不识枇杷子，吕造能吟喜欲狂”⑤ 的文坛笑话。

中统元年（1260）五月，许衡在上都第一次见到忽必烈，忽必烈问其所学，他回答说“孔子”，又问其所长，回答说“虚名无实，误达圣听”，问他有什么能力，回答说“勤力农务，教授童蒙”，问其对科举的认识，回答说“不能”，忽必烈听后说道：“卿言务实，科举虚诞，朕所不取。”⑥ 刘因叔父刘秉德，兴定二年（1217）登第后，刘因祖母边氏“有明鉴”，对儿子刘秉德说：“科举，无用学，特国家设此以取人耳。有

---

① 《金史》卷八三，《张浩传》，第 1864 页。

② 《郝文忠公陵川文集》，卷三五，《遗山先生墓志铭》。

③ 《元史》卷一五八，《许衡传》，第 3716 页。

④ 《金史》卷九六，《李晏传》，第 2125 页。

⑤ 《归潜志》卷七，第 72 页。

⑥ 《元朝名臣事略》卷八，《左丞许文正公》，第 168 页。有些学者据此提出许衡“明确表示反对科举”的观点（见陈正夫、何植靖合著《许衡评传》第 23 页，南京大学出版社 1995 年版）。由于此条史料的语境不完善，自然解释起来有偏差，应该结合其他史料，来分析许衡对科举的态度和看法，据《元史》卷八一《选举一》记载：“元初，太宗始得中原，辄用耶律楚材言，以科举选士。世祖既定天下，王鹗献计，许衡立法，事未果行”，许衡甚至参与了科举制度的立法活动。许衡的“不能”二字，联系忽必烈下边的“科举虚诞”四字，应该指的是金代的科举制度，不能培养出适合封建统治需要的人才，因为金代的科举制，“泰和、大安间，入仕者惟举选为贵科，荣路所在，人争走之。程文之外，翰墨杂体，悉指为无用之技，尤讳作诗，谓其害赋律尤甚。至于经为通儒，文为名家，不过翰苑六七公而已”（《元好问全集》卷二三，第 511 页，《故河南路课税所长官兼廉访使杨君神道之碑》）。许衡此言，并非对科举制度的制度性否定，而是指出其弊端。

志于学者，岂可如是而已。”① 至元八年（1271），“侍读学士徒单公履欲奏行贡举，知帝于释氏重教而轻禅，乃言儒亦有之，科举类教，道学类禅。帝怒，召姚枢、许衡与宰臣廷辩。董文忠恰自外入，帝曰：‘汝日诵四书，亦道学者。’董文忠对曰：‘陛下每言：士不治经讲孔孟之道而为诗赋，何关修身，何益治国！由是海内之士，稍知从事实学。臣今所诵，皆孔孟之言，焉知所谓道学！而俗儒守亡国余习，欲行其说，故以是上惑圣听，恐非陛下教人修身治国之意也。’事遂止”。② 董文忠曲意迎合忽必烈的解释，全盘否定科举制度。再次还和忽必烈周围重要汉人臣僚和儒士，由于各种原因而日呈零落的人事布局有很大关系。至元十年（1273），许衡被阿合马排挤回故乡休养；同年，姚枢也失去了忽必烈的信任，官拜昭文馆大学士，详定礼仪事，退居闲官；廉希宪则在罢相闲居后出仕辽东；至元十一年（1274）八月，刘秉忠因病去世；至元十二年（1275）二月，汉人臣僚中的关键人物史天泽又因病去世。这些汉人出身的支持恢复科举制度的元老重臣先后辞世，导致朝廷中即使再有这种呼吁，影响也很小。

苏天爵则认为元朝初期没有实行科举的原因为“我国家混一之初，取才宋、金之遗，不乏用也”③，其实这种说法，很值得推敲。人才够用与否的标准是什么？元朝统一中国，疆域空前辽阔，文化多元、民族众多，治理好这样的国家，委实不易。因此，笔者认为元初不是不缺人才，而是统治者主要用有“大根脚”背景的人做官，好的位置自然被他们占据，不缺官吏人选，却根本不考虑官吏的综合素质高低。

科举制在元代恢复之前屡屡受阻的根本原因，还是因为元朝在用人领域惟“重视根脚，故不急于采行科举”④，蒙古贵族很清楚，一旦重开科举或科举大兴，大量的汉人士人将会涌入统治阶层，这是他们所最不愿意看见的，也和四等人制的统治策略完全相违。

4．光荣与梦想——科举制的缺席与士人心理

元代科举制从取消到实质性恢复，这中间，北方间隔了近 80 年，三代人的岁月；南方也间隔了近 40 年，近两代人的时光。在农业社会，这

① 《全元文》卷四六六，刘因五，《先世行实六条》。

② 《元史》卷一四八，《董文忠传》，第 3502 页。

③ 《滋溪文稿》卷四，《燕南乡贡进士题名记》，第 45 页。

④ 《元朝史新论》，第 158 页。

是何等漫长的时光，对于广大没有任何仕宦希望的汉人士大夫而言，就是绝望①。即使在恢复了科举制的时期，从延祐二年开始，直至元末，共进行了16次科举考试，产生进士不超过1200人，而据《元典章》所记，当时元朝的官员总数为26690人，进士总数仅占当时官员总数的4.3%②，可谓杯水车薪。面对这种局面，习惯了科举思维的满腹经纶的士人们，心中的苦楚，可想而知。王国维先生说“元代士人不平之气，读宫天挺《范张鸡黍》剧第一、二折，可见一斑”③；科举停滞，“对士人的冲击是巨大的。然而记录这种精神冲击的心理史资料并不多，更多的是科举废止后，经历了万般无奈之后的士人的兴趣变化与职业转向之事实。就是说，只是记录了结果”④。案：苏天爵为耶律有尚写的神道碑铭中留下了一则金亡二十五年后齐鲁地区的史料，“齐、鲁之士踵金辞赋余习，以絺章绘句相高，公（指耶律有尚）厌薄之，专明经训，人或以为迂，公弗渝也”⑤，制度的惯性⑥，导致有的地方的士人还在为可能恢复的科举作准备，而且讽刺“异类”耶律有尚的作法，更可见元初汉人士大夫的科举心理。

沦落于普通平民中的元代文人，既然没有了通过科举之路入仕为宦的机会，又不愿屈身去当小吏，便侧身于瓦舍勾栏，浪迹于舞榭歌台，进一步了解了社会的黑暗和平民的疾苦，“朝代的更换、民族的压力、职业的跌落、世俗的白眼，昨日的荣耀，只能留在心灵的底层”⑦。于是便利用杂剧这种人们喜闻乐见的形式，发泄自己的苦楚和愤怒，诚如明朝人胡侍所言：“中州人每每沉郁下僚，志不获展……于是以其有用之才，而一寓

---

① 十年“文革”期间，中断了仅仅十年的高考，对一代人所造成的社会心理创伤，就无法估量。经历过“文革”后恢复高考的“新三届”（1977级到1979级的大学生）大学生及其家属，乃至整个社会，都能够体会出那种难以描述的心理。

② 《元朝史新论》一书所载《元代科举与精英流动——以元统元年进士为中心》一文，第158页。

③ 王国维：《宋元戏曲史》，中华书局2010年版，第91页。

④ 王瑞来：《科举取消的历史——略论元代士人的心理变化与职业取向》，此文为王瑞来教授2005年九月在厦门大学举办的“科举制与科举学国际学术研讨会”上的宣读论文，后收入会议论文集《科举制的终结与科举学的兴起》，华中师范大学出版社2006年版。

⑤ 《滋溪文稿》卷七，《皇元故昭文馆大学士兼国子祭酒赠河南行省右丞耶律文正公神道碑铭》，第102页。

⑥ “文革”期间，高考停止，一些有远见的知识分子和官员还是想方设法让孩子认真读书，他们坚信高考迟早会恢复。

⑦ 《元代文人心态》宁宗一序，第2页。

之声歌之末，以舒其怫郁感慨之怀，盖所谓不得其平而鸣焉者也。”① 深刻了解杂剧作家的元代著名学者虞集写道：“其所谓杂剧者，虽曰本于梨园之戏，中间多以古史编成，包含讽谏，无中生有，有深意焉。”②

如果仔细阅读元代留下来的160多本杂剧，会惊奇地发现，科举停滞的时代，对科举制的狂热梦想，竟然成为元杂剧最主要的内容之一，有些学者提出现存160本元杂剧中，有科举考试内容的有31本，约占现存剧本总数的20%③，现实的失落感与深层次心理中的极度盼望感，形成巨大的反差。

笔者通过对《元曲选》和《元曲选外编》④ 二书所有杂剧的仔细阅读，发现两书所载157本元杂剧中，主人公（主角、配角均包含）明确有科考经历的为52本，包含科考关键句子的为3本，二者加起来占二书所载总剧本的35%，兹列简表如下：

曲名	作者	反映科举的内容	史料来源
《陈州粜米》	无名氏	主人公之一范仲淹进士及第	《元曲选》第一册
《曲江池》	石君宝	父亲郑公弼为进士，儿子郑元和进京赶考途中进入妓院，财富挥霍一空后被赶出，在妓女李亚仙的全力协助下，重新赴考并中进士	《元曲选》第一册
《张天师》	吴昌龄	进士及第后做洛阳太守的陈全忠，侄子陈世英在他家后花园读书备考，岂料被桂花仙子勾引染上重病，张天师用魔法智断此风花雪月案	《元曲选》第一册
《墙头马上》	白仁甫	工部尚书裴行俭之子裴少俊与李千金私定终身并生育一双儿女，裴行俭知道后强迫裴少俊休掉李千金，后裴少俊中举后做洛阳县尹，裴行俭方承认此门婚姻的合法性	《元曲选》第一册
《金钱记》	乔梦符	韩飞卿中状元后，才得以娶王府尹女儿（小名柳眉）	《元曲选》第一册

① 胡侍：《珍珠船》卷四《元曲》。丛书集成初编本。

② 孔齐：《至正直记》卷三《虞邵庵论》。上海古籍出版社1987年版。

③ 见袁益梅《试论元杂剧中的科举考试》，《锦州师范学院学报》2003年第1期。

④ （明）臧晋叔：《元曲选》（全四册），中华书局1958年版。《元曲选外编》（全三册），中华书局1959年版。

续表

曲名	作者	反映科举的内容	史料来源
《玉镜台》	关汉卿	翰林学士温峤与其表妹刘倩英由相识到订婚、结婚以至和好的过程。其中有两句关于科举的话最能反映元代科举状况，“自从不应举，何尝对两字句”	《元曲选》第一册
《谢天香》	关汉卿	中第后做开封府尹的钱克为了让柳永也走上科举做官的正道，假装娶柳永爱妓谢天香为小夫人，柳永听说后发奋读书，后也中举做官	《元曲选》第一册
《鸳鸯被》	无名氏	主人公张瑞卿一举及第中状元	《元曲选》第一册
《合汗衫》	张国宾	主人公陈豹中武状元，授家乡提察使，通过半块汗衫，祖孙相认	《元曲选》第一册
《潇湘雨》	杨显之	秀才崔甸士中举做官后弃妻再娶，原配张翠鸾寻夫反被诬陷，受尽苦楚，最终夫妇和好	《元曲选》第一册
《黄粱梦》	马致远	吕岩（吕洞宾）原来也中举做官，后在神仙指点下，识破酒色财气，然后入道	《元曲选》第二册
《勘头巾》	孙仲章	小官完颜，女真人氏。幼年进士及第	《元曲选》第二册
《荐福碑》	马致远	写穷秀才张镐历尽千辛万苦才得以中状元的故事	《元曲选》第二册
《冻苏秦》	无名氏	剧中有“若今番到举场，万言书见帝王”一句	《元曲选》第二册
《倩女离魂》	郑德辉	王文举科考成功后，当初撕毁指腹为婚协定的岳母允许其娶其女儿	《元曲选》第二册
《王粲登楼》	郑德辉	主人公蔡伯喈有中第经历	《元曲选》第二册
《玉壶春》	武汉臣	剧中有“甲榜争先，独占文场选”一句	《元曲选》第二册
《金线池》	关汉卿	秀才韩辅臣与妓女杜蕊娘相爱，被鸨母挑拨而反目，最终误会解除，结为夫妇	《元曲选》第三册
《东坡梦》	吴昌龄	科举及第的苏轼与王安石围绕变法的矛盾与斗争	《元曲选》第三册
《㑳梅香》	郑德辉	状元白敏中与梅香的爱情故事	《元曲选》第三册
《冤家债主》	无名氏	崔子玉状元及第后理冤案	《元曲选》第三册
《灰阑记》	李行道	张林七代为举人	《元曲选》第三册
《红梨花》	张寿卿	赵汝州科考途中贪恋女色，其好友洛阳太守刘辅设计让其赶快去科考，后赵中状元	《元曲选》第三册

续表

曲名	作者	反映科举的内容	史料来源
《竹叶梦》	范子安	陈季卿科考落第，路遇吕洞宾，吕劝其出家，陈坚执不肯。陈梦中赴京赶考，所坐船被掀翻，陈落水而醒，原是南柯一梦	《元曲选》第三册
《两世姻缘》	乔梦符	书生韦皋与上厅行首韩玉箫相爱，韩母劝韦前去应考，韦果然状元及第，二人续两世姻缘	《元曲选》第三册
《梧桐叶》	无名氏	状元任继图与妻子李云英在安史之乱中的离合故事	《元曲选》第三册
《留鞋记》	曾瑞卿	卖胭脂为生的王月英与落第秀才郭华的婚姻波折	《元曲选》第三册
《范张鸡黍》	宫大用	秀才范式与张劭生死之交的故事	《元曲选》第三册
《青衫泪》	马致远	白居易与同为进士的好友贾岛、孟浩然去探访自己心仪已久的长安名妓裴兴奴	《元曲选》第三册
《渔樵记》	无名氏	朱买臣一举及第，夫妻重归于好	《元曲选》第三册
《看钱奴》	无名氏	周荣祖希望通过科举之路升官发财，美梦破灭	《元曲选》第四册
《窦娥冤》	关汉卿	窦天章一举及第，得为女儿窦娥雪冤	《元曲选》第四册
《萧淑兰》	贾仲名	主人公张世英梦想是“金榜一朝标姓字，此时方显读书高”	《元曲选》第四册
《对玉梳》	贾仲名	妓女顾玉香与秀才荆楚臣的恋情，被鸨母打断，后荆楚臣中状元，破镜重圆	《元曲选》第四册
《竹坞听琴》	石子章	秀才秦修然与郑彩鸾由双方父亲指腹订婚，后因双方父母皆亡，姻缘打乱，秦修然科考及第，重续姻缘	《元曲选》第四册
《生金阁》	武汉臣	郭成应举途中被杀并变为无头鬼，包拯智破此案	《元曲选》第四册
《碧桃花》	无名氏	主人公徐端自幼登科	《元曲选》第四册
《张生煮海》	李好古	龙女最后对张生唱道：“抵多少跳龙门应举”	《元曲选》第四册
《冯玉兰》	无名氏	主人公冯骞进士出身	《元曲选》第四册
《东墙记》	白仁甫	马彬中状元后其岳母刘氏方准其与董秀英完婚	《元曲选外编》第一册
《拜月亭》	关汉卿	主人公蒋世隆与结义兄弟分别高中文武状元	《元曲选外编》第一册
《裴度还带》	关汉卿	主人公裴度中状元	《元曲选外编》第一册

续表

曲名	作者	反映科举的内容	史料来源
《金凤钗》	郑廷玉	赵鹗先中状元，后因为朝会失礼仪被革职为民，又因为见义勇为被任命为开封府尹	《元曲选外编》第一册
《陈母教子》	关汉卿	宋代冯氏教子读经，三子先后皆中状元	《元曲选外编》第一册
《东墙记》	白仁甫	主人公马文辅状元及第	《元曲选外编》第一册
《西厢记》	王实甫	张珙于应举路上去拜访昔日同窗、武状元杜确	《元曲选外编》第一册
《破窑记》	王实甫	主人公吕蒙正与寇准俱状元及第	《元曲选外编》第一册
《西游记》	杨景贤	玄奘之父陈萼“几年积学老明经，一举高标上甲名”	《元曲选外编》第二册
《贬黄州》	费唐臣	苏轼“少举进士”；杨太守“哄得一举及第”	《元曲选外编》第二册
《剪发待宾》	秦简夫	主人公陶侃为皇上恩赐状元	《元曲选外编》第二册
《贬夜郎》	王伯成	剧中有“赴科选，跳龙门夺状元”唱词	《元曲选外编》第二册
《醉写赤壁赋》	无名氏	主人公苏轼、秦观俱有应举经历	《元曲选外编》第三册
《云窗梦》	无名氏	主人公张均卿状元及第	《元曲选外编》第三册
《猿听经》	无名氏	主人公袁逊幼登科甲	《元曲选外编》第三册
《九世同居》	无名氏	主人公臧皮为科考考官	《元曲选外编》第三册

四　汉人世侯们的痛苦

史天泽、张柔、严实等汉人世侯，作为当时汉人上层中的极小部分，可谓上层中的上层，尽管为蒙古贵族西征、亡夏、灭金、灭南宋做出了重大贡献，却由于他们的民族属性①，经常不为蒙古贵族所信任，这对他们来说是非常痛苦的，这种痛苦导致他们在夷夏观上有时候也处于一种非常痛苦的状态。当然这种痛苦因人而异，因阶段而有程度上的不同，但对于大多汉人世侯而言，在蒙（元）统治时期，内心深处“夷夏观”上的痛

① 史料中经常出现董文忠等说“臣本汉人”之类话，这说明他们内心对自己的民族印记及所应处的地位很清楚，我们万不可拿今日的民族融合状况来理解当时汉人上层们的心理状况。

苦，却是不可否认的。

（一）初降后不被信任之苦

金朝末年，蒙古贵族以极少数的兵力，在河朔及山东地区从事大规模的军事活动，在兵力不足的情况下，所依靠的主要力量是降附的汉人世侯的军队。由于当时汉民族占该地区人口的绝大多数，而大多数汉人世侯，主要是在高压恐怖政策的威胁下，为了自己和乡党、宗族的生命和财产的保全被迫投降，张柔等则是作为金朝的抗蒙义军，在战争中被俘后而降，所以投降后的初期，蒙古贵族对他们大多很不信任，这是很明显也是很自然的事情，但这种不信任心理对于汉人世侯们而言，是非常痛苦的。

较早主动投降的真定史氏家族，也未能幸免这种痛苦的心理，“王（指木华黎）见公（指史进道）人品不凡，深加抚慰，令总兵事。……拥众亲下山东，命公从行，欲密观之用武。因见其行阵和睦，号严明，攻取有略，进退有法，一举克获甚众，于是王称曰能”①，“密观之用武”，实际上就是暗暗观察他面对自己的同胞，能否像蒙古人一样，大胆杀戮，杀了大量本族同胞的生命，换来的有限的信任，岂能不痛苦？

再看张柔的例子。张柔在当时的抗蒙义军中，是仅次于“九公封建”一类的人物。张柔是在大蒙古国军队兵出紫荆口、率所部与蒙军在狼牙岭逆战、马跌被执且父母沦为人质的情况下投降的。张柔正像其字“德刚”所寓含的意思，是一个刚正的汉子，一身慷慨悲歌、燕赵男儿的气质，“见主帅立而不跪，左右强之，柔叱曰：‘彼帅也，吾亦帅也，大丈夫死即死，终不偷生为他人屈’”②，一副大义凛然、视死如归的气概，蒙古人从其民族性格的角度讲，往往很佩服像张柔这样的刚直不阿的硬汉，但是佩服和信任，又绝非一回事。

张柔投降之后，虽然也跟着蒙古军队攻城掠地、勇不可挡，但是仍不被信任，蒙方主帅孱赤台谮毁张柔于中都行台，“‘张柔骁勇无敌，向被执而降，今委以兵柄，战胜攻取，威震河朔，失今不图，后必难制。常欲杀我，我不敢南也。’行台召柔，幽之土室，孱赤台施帐寝其上，环以甲骑，明日将杀之，孱赤台一夕暴死，柔乃得免”③。

---

① 乾隆四十四年《永清县志》附《永清文征》，征实第二，《义州节度使北京路兵马都元帅史公神道之碑》。

② 《元朝名臣史略》卷六，《万户张忠武王》，第96页。

③ 《元史》卷一四七，《张柔传》，第3473页。

从以上引文可看出，张柔降附之后多次被蒙方主帅孱赤台所凌辱，这样做的目的，既是为了杀掉张柔的刚直之气，也是对其极不信任的一种表现，但是，张柔以其固有之个性，不为所屈；而当张柔“战胜攻取，威震河朔”后，主帅对他更是放心不下，这反映了当时大蒙古国军队，由于成吉思汗西征，导致华北木华黎蒙军数量较少的情况下，对张柔这样的汉人世侯的军队，既要利用，又怕失去控制的心理，“我不敢南也”这句话，正是这种心理的充分显露；而诬称张柔“数欲杀我”，既是这种心理膨胀到极点的表现，也是对张柔“罪行”的一种夸张性诉说，在被妖魔化的情况下，张柔的身家性命便难保了，一场戏剧性的结局或谜团，才使张柔的头颅得以保全。

丙午年（1246），张柔又经历了一次类似的痛苦经历，张柔“帐下夹谷显祖得罪亡走，上变告柔。时六皇后乃马真氏摄国，误信之。有旨逮柔至和林庭讯，大臣素知柔，以百口相保，卒白其诬”①，张柔的心理痛苦，不是单独的个案，应该是一个类别，主要包括“势穷出降”的这些汉人上层。

再如李全，李全在被围一年后，被迫投降大蒙古国，降蒙之前，李全有很长一段时间依附南宋政权的历史，这样的生活背景，较之原为金国子民的张柔等，更难以得到蒙古贵族的信任，史载李全投降后，“诸将皆曰，全势穷出降，非心服也；今若不诛，后必为患。孛鲁曰：‘不然，诛一人易耳，山东未降者尚多，全素得人心，杀之不足以立威，徒失民望’”②。

从上段材料可看出，李全一开始投降后，即不被包括主帅孛罗在内的蒙古族将领所信任，之所以接受了李全的投降而未杀他，主要是为了利用李全在山东地区的威望，以减少进攻的阻力，李全以后的情况，可想而知，而李璮在蒙（元）朝廷的地位，估计也受此影响。我们不能太相信《元史·李璮传》和《宋史·李全传》的记载。

这种不被信任的痛苦，还表现在割断汉人世侯们的父子、兄弟之情，让他们倍感痛苦。

为了控制汉人世侯，蒙古汗廷除了让他们以子弟作人质之外，长期隔

---

① 《蒙兀儿史记》卷五一。

② 《元史》卷一一九，《孛鲁传》，第2937页。

绝同时统兵的汉人世侯父子兄弟之间的联系，非经允许不得相见。

史秉直家族投降之后，史秉直、史进道兄弟两个镇守北京（今内蒙古自治区宁城县），史天倪、史天泽兄弟则先后镇守真定（今河北省正定县），非经蒙古大汗批准，不得随便见面。因此，先是史秉直于庚寅年（1230），以“年高倦於事，又子孙俱在真定”为由，向主帅提出见面申请，“主帅为白于王，王特遂其请”①，方归真定，得享天伦之乐，其间整整经历了二十年的时间。而史进道则继续镇守北京，他常对人说：“人生处世，幼不能事父母，壮不能事兄长。于义诚有缺矣。且吾有老兄，别居镇阳（在真定），吾尝思之，每驰神南迈，吾兄得无引领北向乎。慨然为之变色。”② 透过这段文字，我们可以想见两位老人，老泪纵横的思亲之情，一直到甲午年（1234）八月，也即史秉直离开北京四年之后，经蒙古大汗批准，史进道方得还真定，享受兄弟子侄团圆之乐。

这种不信任心理，还见之于汉人世侯们，即使身负重伤，蒙古军将领，仍强迫他们上战场攻城拔寨，甚至怀疑他们有诈伤之嫌。

史天祥，“癸未（1223）冬，破贺兰山，还遇贼，射伤额，目为之昏……辛卯（1231），太宗用兵河南，强之以行”③；何实，“丁酉（1237），太宗数召入见……朝于幄殿……是日，赐坐，与论军中故事，良久，曰：‘思卿效力有年，朕欲授以征行元帅，后当重任。’实叩头谢曰：‘小臣披坚执锐，从事锋镝二十余年，身被十余枪，右臂不能举，已为废人矣。臣不敢辱命。愿辞监军之职，幸得元佩金符，督治工匠，岁献织弊，优游以终其身，于臣足矣。’帝默然不悦，令射之以观其强，实不能射。命入宿卫，密使人觇之，实臂果不能举。固辞十余，始可其奏”④，何实即使被验伤之后，仍然不被信任。

（二）联合作战中的相处之难

汉人世侯们投降蒙古汗廷之后，蒙古族军队和汉军经常要联合作战，汉人世侯们在行军和作战过程中，如何处理和蒙古族将领的关系成为颇为头疼的问题。

癸巳年（1233），“金主以单舸东走归德，（史）天泽追至归德，与

① 乾隆四十四年《永清县志》附《永清文征》，征实第二。

② 同上。

③ 乾隆四十四年《永清县志》卷一八，《史天祥传》。

④ 《元史》卷一五〇，《何实传》，第3552页。

诸军会。新卫达鲁花赤撒吉思不花，欲薄城背水而营。（史）天泽曰：‘此岂驻军之地乎！彼若来犯，则进退失据矣。’不听，会天泽以事之汴，比还，撒吉思不花全军皆没”①。这次战役失利的情况，也见于《蒙兀儿史记》的记载，“遂从围归德，城濒水，诸将背水而营，（张）柔曰：‘敌开门击我，必挤我於水中。’众弗听，既而金人果乘夜来袭，命拨舟南岸，示无还意，下令登舟者斩。使一卒执大旗立堤上，伏战士於下。伺敌至击之，敌竟不敢逼而退。是役也，一军既覆。唯（张）柔及百骑仅免”②。

这次战役所造成的损失是很惨重的，直接导致了包括董俊在内的众多汉人将领的死亡，“金主弃汴奔归德，（董俊）追围之，金兵夜出，薄诸军於水，俊力战死焉，时年四十有八”③。但是，战役失败的原因，完全是由于蒙古将领撒吉思不花不听从史天泽、张柔等汉军将领的正确建议。

蒙汉军队一起作战，本身即存在一个蒙古军战法和汉军战法的矛盾问题，具体用哪种战法，或二者兼而用之，要视战役所面临的具体的主客观环境而定，当灭金战争推进到黄河沿岸时，也就推进到了水面较多的作战地区，这种地区又多为蒙古族将领所未经历过或不熟悉的地区，遇到这种情况，按常理说，蒙古族将领应该多听一下对情况较为熟悉的汉军将领的建议，以便做出正确的决策，但是像撒吉思不花这样的将领，自视为汉军将领的“太上皇”，也许还有从民族心理上蔑视汉军将领的心理，颐指气使，战役的失利也就成为偶然中的必然，此种结果，岂能不让史天泽、张柔等汉军将领心酸。

这样的情况也见于其他战役中，至元十五年（1278），为平定南宋的残余武装，忽必烈授张弘范蒙古汉军都元帅，总领南下的蒙古军和汉军，张弘范早已领悟元朝统军的潜规则，于是提出辞呈，“汉人无统蒙古军者，乞以蒙古信臣为帅”，忽必烈说道：“汝知而父与察罕之事乎？其破安丰也，汝父欲留兵守之，察罕不从。师既南，安丰复为宋有，进退几失据，汝父深悔恨，良由兼任不专故也，岂可使汝复有汝父之悔乎。今付汝

---

① 《元史》卷一五五，《史天泽传》，第3659页。其实早在庚寅年（1230），木华黎即命撒吉思不花佩金虎符，以总师行省监督史天泽的军队。见《元史》卷一二二，《槊直腯鲁华传》，第3014页。

② 《蒙兀儿史记》卷五一。

③ 《元史》卷一四八，《董俊传》，第3492页。

大事，能以汝父之心为心，则予汝嘉。”①

经过多次碰撞之后，汉人世侯们方知只有忍耐，才能和蒙古族将领“和睦”相处，所以徒单公履在《书张侯言行录后》一文中，深刻地记述了汉人世侯们的苦态，“（余）尝读庄周书，见其为养虎之说，曰善养虎者，当时其饥饱而达其怒，心窃谓，庄周出世之士，当治其浮游猖狂之说，乃引类取譬得用权之法。余因周之说而且有所感焉。士之出身以仁於时者，天岂不欲得仁人君子与之共图回天下之事哉？不幸而当世道失平之日，其所遭际，多强悍勃恶、刚犷暴怒之人，犹之虎也。苟一旦争是非于庭辩之际，是以生物与之，彼将不胜其怒；甘心以求逞，则决裂之祸至矣。其于国计何如耶？仆因阅王澹游王公所状张君行事，见其待东师，未尝逆其盛气，得与之相终始而无败事之失，巧乎？道术之世，其知庄周养虎之说而达其怒心者乎？士生不辰，有能高蹈远引如夷齐、鲁连子，则无说矣；审不能为是举，当以张侯行事为处身之法”②。

当一个势力非常强大的少数民族入主中原之时，所遇又多是像老虎一样强悍勃恶刚犷暴怒之人，又不可能人人都去做伯夷、叔齐之辈，无论出于救己、救家族还是救汉文化的目的，也只好像张侯一样不争、不怨、不怒了，难怪徒单公履还要推广此术。

（三）小心谨慎的汉人世侯

在许多和汉人世侯同时代的北方儒士的笔下，汉人世侯们在权力被剥夺之前，多被描述成类似汉唐藩镇类的人物，其实作为当时汉人上层中特殊群体的汉人世侯，大多小心谨慎③，这种小心谨慎的心理实由其所处的社会环境所造就，也即蒙古贵族战争过程中的高压恐怖政策，以及统一后的黑暗统治长期延续和民族不信任心理的必然产物。

先看真定史氏史天泽的例子。

汉人世侯群体中要说位高权重非史天泽莫属，先后任中书右丞相、左丞相、枢密副使，可谓元初第一代汉人上层的领袖，但通过史料分析，会

---

① 《元史》卷一五六，《张弘范传》，第3682页。

② 《元文类》卷三八。

③ 对比第二章会发现，较之辽代韩、刘、马、赵等世家大族的狂妄行为和心理，元代史天泽、张柔等几乎没有任何该方面的表现，可见元代较之辽代，汉人上层生活的政治生态，要差得多，压抑得多。当然，也和他们的家族聚居地距离大都较近有关。相对而言，东平严氏、益都李璮等由于家族聚居地夹在大蒙古国（元朝）和金、南宋的交界地区，距离大都又比较远，外来因素影响较多且较大，心理和行动就要大胆一些。

发现史天泽的权力观是惊人的淡漠，淡漠到和其身份很不相符的程度。

早在元宪宗蒙哥汗统治时期，史天泽即上奏说："臣始摄兄天倪军民之职，天倪有二子，一子管民政，一子掌兵权，臣复入叨寄遇。一门之内，处三要职，分所当辞，臣可退休矣。"① 由于当时还要靠汉人世侯们的军队攻城拔寨，因此蒙哥汗未批准史天泽的请求。

史天泽被任命为中书右丞相，这对真定史氏而言，莫过于天大的好事，但史氏家族却是"门庭悄然"，有人劝史天泽"以权自张，天泽举唐韦澳告周墀之语曰：'愿相公无权。爵禄刑赏，天子之柄，何以权为！'因以谢之，言者惭服"②，史天泽很清楚元朝政府的许多潜规则，国家的核心权力，必须由蒙古贵族黄金家族掌握，自己的右丞相职位，仅仅是荣誉职位。

中统二年（1261）五月，中书省和燕京行中书省又分设（原先在一起），作为中书省左丞相的史天泽说道："虽分两省，其实一也。若非关利害者，不宜妄有阻挠，使王事成就可也。"③

从以上材料可以看出，汉人出身的丞相史天泽把权力看得很轻，可见其谨慎之态。

中统三年（1262），史天泽奉命前去平定李璮之乱，"将行，帝临轩授诏，责以专征，诸将皆听节度，天泽未尝以诏示人"，平定李璮之乱后，史天泽首先奏"兵民之权，不可并于一门，行之请自臣家始。于是史氏子侄，即日解兵符者十七"④。其实，从廉希宪的一封奏折来看，史天泽如果不这样做，马上就要引火烧身，"言者讼史丞相子侄布列中外，威权太盛，久将难制"，忽必烈于是让廉希宪起草罢免史天泽职务且等候审查的诏令，对史天泽非常了解的廉希宪，闻之震惊，连忙上奏说："知天泽深者，无踰陛下，粤自潜藩，多经任使，将兵牧民，悉著治效。以其可属大任，固使丞兹相位。小人虽实有言，陛下察其心迹，果有跋扈不臣者乎？今信臣，故臣得预此旨，他日一人讼臣，臣亦入于疑矣。臣等承乏政府，上之疑信若是，何敢自保？天泽既罢，亦当罢臣。"忽必烈听后说

---

① 《元史》卷一五五，《史天泽传》，第3661页。

② 同上书，第3662页。

③ 《中堂事记》下。

④ 《元史》卷一五五，《史天泽传》，第3661页。

道："卿姑去。"第二天，忽必烈对廉希宪说："昨思之，天泽无对讼者。"[①] 结合当时的历史背景，笔者认为忽必烈此招，极有可能是玩弄贼喊捉贼的把戏，如果连小心谨慎、功勋卓著的汉人臣僚的领袖史天泽，都被怀疑，都要被免去职务且追究责任，还有哪个汉人臣僚还敢肆意妄为？即使此举因为廉希宪或者他人的劝谏而中止，也可以达到敲山震虎的目的。

史天泽做丞相之时，"其时省官无定额，少则五十，多则七十，列坐一堂，凡政事议行之际，所见异同，互相轩轾，以待蒙兀首相可否之，然后为定。天泽则曰：'仆本武夫，岂任燮理之任。但事理未安者，老夫通译其间，为诸君条达之耳。相则何哉'"[②]，有汉人臣僚说他避权太过，史天泽又举唐韦澳和周墀的对话来作答。

史天泽依托时时小心、处处谨慎的做官心理，才得以"出入将相五十年，上不疑而下无怨，人以比与郭子仪、曹彬云"[③]。然而屠寄对史天泽的评论，适足反映其做官时的心理，"史天泽出入将相，富贵寿考，时人方之郭子仪……然身长中书，谦谦仅以通事自认，用心也良苦矣"[④]，忽必烈敲山震虎的目的，终于达到。

再看有"大根脚"背景的真定董氏的心理。

汉人世侯在为官过程中所经历的各种痛苦，小心处事的心理，连董氏这样有大根脚（怯薛）背景出身，且世代和蒙古皇室关系异常亲密的世侯，也不可避免。

至元元年（1264），董文用被任命为西夏中兴等路行省郎中，当时"中兴自浑都海之乱，民间相恐动，窜匿山谷，文用至，镇之以静，乃为书置通衢谕之，民乃安"[⑤]，然后又修渠垦田、颁农具，使这一带地区的经济得以较快恢复。但是当时镇守该地的诸王只必铁木儿，"其下纵横，需索无算，省臣不能支，文用坐幕府，辄面折以法，其徒积愤，谮文用于王，王怒，召文用，使左右杂问之，意叵测。文用曰：'我天子命吏，非汝等所当问，请得与天子所遣王傅者辩之。'王即遣其傅讯

① 《元代奏议集录》（上），第 33 页。
② 《蒙兀儿史记》卷七八，《史天泽传》。
③ 《元史》卷一五五，《史天泽传》，第 3663 页。
④ 《蒙兀儿史记》卷七八，《史天泽传》。
⑤ 《元史》卷一四八，《董文用传》，第 3496 页。

文用……文用谓之曰：‘我汉人，生死无足计，所恨者，仁慈宽厚如王，以重戚镇远方，而其下毒虐百姓，凌暴官府，伤王威名，於事体不便’”,① 史载最终结果是由于王傅的明智和诸王只必铁木儿的醒悟，才使董文用得以解脱，但是一句“我汉人，生死无足计”，便道出了作为统治阶级一部分的汉人世侯们心中的凄凉。至元十六年（1279），不知何故，董文用“受代归田里，茅茨数椽，仅避风雨，读书赋诗，怡然燕居。裕宗在东宫，数谓台臣言：‘董文用勋旧忠良，何以不见用！’十八年（1281），台臣奏起文用为山北辽东道提刑按察使，不赴。十九年（1282），朝廷选用旧臣，召文用为兵部尚书”②，只是经过太子真金的多次推荐，董文用才得以被起用。从董文用归田里之后的家居，“茅茨数椽，仅避风雨”，也可看出其节俭及小心之处，这绝非董文用的沽名钓誉之举，虞集所撰《翰林学士承旨董公行状》载：“公仕宦五十余年，凡十八命，禄俸之余，尽以买书，而家无馇粥之资。卒，卖其京城之房以尝积贷。世祖尝念其贫，每欲有所赐，使近臣记其事，然公终不一自言也。逮薨之日，唯有祭器、书册而已。”③ 当蒙古、色目权贵，绝大多数贪得无厌的时候，董文用这种做法，一来得之于勤俭、清贫之家风，二来也是唯恐留下话柄。

董文忠则曾经被忽必烈的近侍恶骂。至元十六年（1279），礼部尚书谢昌元“请立门下省，封驳制敕，以绝中书风晓近习奏请之弊……廷臣奏以文忠为侍中，及其属数十人。近臣乘便言曰：‘陛下将别置省，此实其时。然得人则可以宽圣心，新民听，今闻盗诈之臣与居其间，不可。’其言多指文忠，文忠忿辩曰：‘上每称臣不盗不诈，今汝顾臣而言，意实在臣。其显言臣盗诈何事！’帝令言者出，文忠犹诉不止，且攻其害国之奸。帝曰：‘朕自知之，彼不言汝也。’”④

被人称为盗诈之臣，这对董文忠这种汉人世侯而言，可谓奇耻大辱，盗诈之臣即王文统之类叛臣也，无怪乎箭内亘氏称董文忠被忽必烈“近

---

① 《元史》卷一四八，《董文用传》，第 3496 页。“我汉人，生死无足计”之类话也常见诸其他汉人世侯之口。

② 同上书，第 3497—3498 页。

③ 《元文类》卷四九。

④ 《元史》卷一四八，《董文忠传》，第 3504 页。

侍恶骂”[①]。而上文中的“近臣”[②] 指的是色目人桑哥，忽必烈的解释正凸显了他利用色目人制约汉人的一贯做法。

许多史家都说真定董氏，在众多世侯中，最为忽必烈所亲近[③]，其实如果仔细分析一下董文忠在内廷的活动，即可发现这种亲近表象下本质的东西。

姚燧《牧庵集》卷十五《董文忠神道碑》记载：

> 公……从始至终，实三十年，征伐蒐田，无地不从。凡乘舆衣服、鞶带、药饵，大小无虑数百十橐，靡不司之。中夜有需，不须烛索，可立至前。风雨寒暑，饥渴骏奔，心无怠萌，口绝贯语，属属乎惟以执事不恪获谴为具，故能滋久，眷宠弥深。上（忽必烈）中岁多足疾。一日，枢密院奏军务，上卧画可，公在御塌，伏枕而跽。比终奏，日已移晷，屏气肃肃，曾不流盼。他日院臣言：“始吾以公居中而逸，乌知其劳如是。在他人不可一日强志勉力为者，何可几及，何可几及！”公曰：“君所见特是时，吾固日鸡一鸣而跽，烛入而出。”后或长直，四十日不至家，夜杂妃嫔候侍，休寝榻下。上呼之，方惫，熟寐不应。命妃蹴兴之，妃不敢前，上詈曰：“董八诚爱之专，敬慎之至，事朕逾父，汝以妾母蹴之何嫌，而为是拘拘？”

周良宵先生分析这段史料后指出：“观此，知这个身任怯薛的朝廷大员，在内廷完全是操宦竖之所行。大臣体貌，已扫地无存。”[④] 周良宵先生的评价，一语中的。

比之宋代相对宽松的政治局面，元代政治环境中的“主奴化”[⑤] 现象，越来越严重，臣僚的地位一落千丈，也许习于此的蒙古族臣僚，不以之为怪、为耻，但像董文忠这样饱经汉文化浸染的汉人世侯，心中的滋味，也只有自己知道了。

---

① ［日］箭内亘著，陈捷、陈清泉译：《元朝制度考》，商务印书馆 1934 年版。

② 元代士大夫为汉人世侯们所写的神道碑类文字遇到阿合马、桑哥时多用“权臣”“近臣”代替，《元史》沿用了这一做法，此处也可见汉人之痛苦。

③ 《蒙元史新研》，《元代几个汉军世家的仕宦与婚姻》——元代政治菁英研究之二。

④ 《元代史》，第 470—471 页。

⑤ 可参看屈文军《论元代君臣关系的主奴化》，《江海学刊》2004 年第 1 期。

（四）被“严打”的东平严氏

几个大的世侯中，下场最惨的除发动叛乱的李璮外，就数东平严氏了。夹在蒙、金、宋三国边缘地带的严氏，从成吉思汗以来，就是蒙古汗廷不断“严打”的对象，严氏也不断有针锋相对的反抗活动，但最终，东平严氏集团的权力还是被彻底解除①。

严实，字武叔，泰安长清人（今山东省长清县人）。金末东平行台调民为兵，“以实为众所服，命为百户”，后因功被授予长清尉和权长清令。但是，“有谮于行台者，谓实与宋有谋，行台以兵围之，实挈家避青崖”；南宋乘机拉拢他，于是以严实为南宋济南治中，严实于是“分兵四出，所至无不下”，严实势力颇大，“太行之东，皆受实节制”，势力更是大涨。但是，严实深知“宋不足恃”，庚辰年（1220）七月，谒太师木华黎于军门，“挈所部彰德、大名、磁、洺、恩、博、滑、浚等州户三十万来归，木华黎承制拜实金紫光禄大夫、行尚书省事”；壬午年（1222），南宋彭义斌率师取京东州县，严实在东平“城中食且尽”的情况下，“乃与义斌联合”，但是彭义斌“阳助而阴伺之”，彭义斌对严实也不太信任，严实于是急赴孛里海蒙军，“与之合，遂与义斌战，宋兵溃，擒义斌”②。严氏第一代严实游弋于金、宋、蒙古三政权之间，最终投靠实力强大的大蒙古国。但是，严实的“原罪”行为，应该对他本人包括严氏下一代在蒙古汗廷的地位都有很大的影响，直接影响蒙古汗廷对严氏的信任度。

东平严氏集团从严实开始即兴学养士，严忠济嗣职后更发扬光大，忽必烈即位之后，大半翰林学士来自东平，但是今天研究东平严氏集团的历史时，却发现史料太少，除了元好问为严实所写的神道碑和祠堂碑铭外③，剩下的只有王恽的一首《谒武惠鲁公林墓》④，以及胡祗遹的一首

---

① 正如日本学者杉山正明所说：“严氏从上代严实起，即有很强的独立意识，时常对蒙古有反抗性的行动，继严实之后的家长严忠济，更显露出这种倾向。”《日本青年学者论中国史》一书（宋元明清卷）所载杉山正明《忽必烈政权与东方三王家》一文，第249页，上海古籍出版社1995年版。严忠济有一首〔越调〕天净沙小令，赤裸裸地反映了他极其旺盛的权力欲望，“宁可少活十年，休得一日无权。大丈夫时乖命蹇。有朝一日遂人愿，赛田文养客三千”。——《全元散曲》（上），第70页。

② 《元史》卷一四八，《严实传》，第3505—3506页。

③ 《元好问全集》卷二六，《东平行台严公神道碑》（第547—551页）及《东平行台严公祠堂碑铭》（第552—554页）。

④ 《秋涧先生大全集》卷一二。

《题严东平忠止亭十一绝》，《元史》中有关严忠济和严忠嗣兄弟活动的记载，仅寥寥数语，严忠范干脆没立传，可见明代编《元史》时，严氏集团第二代的史料就已非常少，这中间肯定有隐情。因此分析东平严氏集团第二代在夷夏观上痛苦的情况，也只好依据这两首诗了，只可惜这两首诗读来也如雾里看花，曲折隐晦之处太多。不过，通过对这两首诗的分析，发觉严氏第二代的痛苦绝非仅源于权力被剥夺，而是有更深刻的原因，这种痛苦更多来自蒙古汗廷对严氏的制裁，乃至严密的防范。

且看胡祗遹的《题严东平忠止亭十一绝》诗，诗较长，但只有全录于此才能有助于分析，故附诗于下：

海岱雄藩五十城，舆台半作贵公卿，西风吹去豪华梦，留得丹心一寸明。

鲁王忠节日争光，嗣世宜如汶泗长，莫把闲庭作归隐，要同终始郭汾阳。

千里桑麻十万兵，列侯谁复与争荣，半途身退仍何憾，传到谦恭好弟兄。

忠心一片老弥坚，不为身闲自弃捐，闻道荆州新内附，壮怀无夜不筹边。

开国成家奕世侯，天恩未许永归休，丹诚不逐繁华歇，自有元龙百尺楼。

圣恩封拜不遗才，幕府军容次第开，朝请十年今改过，岂同寒士老蒿莱。

大臣报国无多巧，进退升沉有一忠，疑怪茅亭多种竹，要看直节贯霜风。

角巾私第不忘君，昨是今非德日新，万事人间总如此，豪华落尽见天真。

四筵朱履映华簪，献谄呈谀恐未深，马革裹尸男子事，向来柔妒莫轻心。

贱士修身可动天，贵臣悔过可安全，一亭虚白藏忠俭，松竹那能滞壮年。

作诗题榜匪要名，心静身闲意自诚，只作故侯终老去，也知原不累高情。①

从“嗣世宜如汶泗长”这句诗可以看出，此诗是写给严忠济的，严忠济于辛丑年（1241）世袭严实的东平行军万户一职，己未年（1259），严忠济率军随忽必烈南伐，亲率勇士攀梯登城，立下大功；回师后，严忠济选勇士二千人，别命千户将之，甲仗精锐，无与匹敌。严氏实力壮大，马上有大臣上奏朝廷，指责严忠济威权太盛，中统二年（1261），忽必烈召严忠济到京师，命其弟严忠范代替他，联系到该年末发生的李璮之乱，东平严氏和益都李氏，作为紧邻南宋的两大很有实力的世侯，有相似的成长背景和经历，甚至有相似的“原罪”，也最不被蒙古贵族信任，因此，严忠济极有可能被扣大都作人质。由于严忠济、严忠范兄弟两个平素就有矛盾，忽必烈得以利用这种矛盾，趁机打击严氏的势力。但是从“半途身退仍何憾，传到谦恭好弟兄”两句诗来看，兄弟两个又没有大的矛盾，而从“向来柔妒莫轻心”这句诗来看，极有可能由内眷之间的矛盾引发，因此，忽必烈给予桀骜不驯的严忠济以沉重打击的根本原因，并非他们弟兄之间的矛盾，估计和李璮之乱的爆发最为相关。至元二十三年（1286），在赋闲二十五年之后，朝廷又特授严忠济资德大夫、中书左丞、行江浙省事，严忠济以年老为由推辞掉这个任命。

胡祗遹的这首诗颇让人费解，从“疑怪茅亭多种竹，要看直节贯霜风”“忠心一片老弥坚，不为身闲自弃捐”四句诗来看，严忠济还是颇为忠于蒙（元）朝廷的，他也借种竹来表白自己的忠直；而严忠济被罢官之后还一直想复出，“闻道荆州新内附，壮怀无夜不筹边”，只可惜这只能是他的一相情愿而已；在诗中胡祗遹还劝他为身家性命着想，好好修身，多多悔过，“贱士修身可动天，贵臣悔过可安全”，这样方能“要同终始郭汾阳”。

从胡祗遹这首曲折隐晦的诗，结合其他史料可以看出，一向桀骜不驯的严忠济，在二十五年岁月中，竟然过着“笼中虎”的时光。

本章结语：

元代（包括大蒙古国时期），北方汉人上层的心理，较之辽、金时期

---

① 《紫山大全集》卷七。

更加复杂。金末元初，面对崛起于蒙古大漠、文明程度较之契丹族、女真族更低，但是军事实力更强大，也更野蛮的蒙古族，不管是世俗地主，还是宗教地主，都感到了空前的恐惧，这也是他们归附大蒙古国的主要原因，当然，也不可忽视天命符号指引的因素。但是，面对“天纲绝、地轴折、人理灭”① 的惨状，汉人上层中弥漫着比较浓厚的“陆沉”心理，他们担忧汉文化是否会因此而灭绝，于是，形成合力，极力挽救危机中的汉文化。

自安史之乱之后，中国历史即开始了长达近四百年的大分裂时期，所以，面对由蒙古贵族主导的大统一，无论是在统一前、统一中还是统一之后，部分汉人上层都表现出前所未有的激情，盼望统一的早日到来，歌颂统一带来的“盛世”。

元代，作为中国古代史上最具有世界意义的王朝，多民族共处，多元文化碰撞，作为汉人臣僚，不可避免地与蒙古贵族、色目官员发生矛盾，尤其见之于汉人臣僚和色目臣僚之间。

元代社会，谶语和谣言作为颇为神秘性的东西，无论是在上层汉人臣僚和色目权贵的斗争中，还是在政治环境带来的恐怖气氛中，乃至最后汉人推翻蒙古贵族统治的斗争中，都扮演了重要的角色。

元代汉人上层，在夷夏观上颇有其痛苦性的一面，而对其心理伤害最大的为制度性伤害，除了四等人制外，便是科举制在元代相当长时间的停滞状态，从宏观上说，它伤及文明的传递，从微观上说，它伤及一个个汉人地主的个人发展及家族的发展。而汉人上层，在元代特有的政治环境中，由于蒙古权贵对他们的信任度并不高，所以，他们的言行大多小心谨慎，其内心的痛苦，只能深埋在心底。

---

① 《元文类》卷五七，《中书令耶律公神道碑》。

结　论

华夏族从其形成的源头来说，就是由众多的氏族、部落、部落联盟，像滚雪球一样，经过长期的发展、融合而形成。传说中的炎黄时代和尧、舜、禹时代，当为其形成的一个重要转折点，也为由原始社会向国家形成的转折点。经过夏朝、商朝、西周早期国家形成阶段的几次重要融合，到春秋时期，华夏族（诸夏）这一称呼开始出现。

汉族形成于秦汉时代，其间，秦朝在燕、赵等诸侯国修长城基础上的大规模修筑长城的行动，则有助于华夏族边界意识、族类分野意识的强化。但是，汉人成为族称，却始于南北朝初期，应该是符合事实的，这一称呼，从“自称”转为广泛的“他称”，又强化了“自称”，在民族之间的斗争非常激烈的时期，也强化了汉人的族群认同意识。但是，特别需要强调的是，正是由于汉人经过滚雪球式的漫长的融合过程才形成，导致“构成汉人的最最重要的基础，并不是体质特征和血缘基因的同源，而是文化层面的同化”①。

在北方少数民族政权向华北乃至中原地区扩张的过程中，利用汉人地主（包括其前身华夏族）势力的例子，最早可追溯到西周晚期，经过长时段的类似行为的反复磨炼与经验和教训的总结、提炼，在北方的汉人地主中，自觉不自觉地形成了一种集体心理，这种心理，在少数民族政权进攻华北乃至中原所导致的战乱中，常常支配着一部分汉人地主家族的选择——避战自保然后和少数民族政权合作而不南逃，这种选择，虽然也有痛苦，但却是他们所认为的利益最大化的选择。诚如布罗代尔所说：“在每个时期，都有一种确定的世界观，都有一种集体心理，支配着社会的全

① 《民族社会学》，第 127 页。

体大众。强加给社会一种态度，引导着社会的选择，坚持社会偏见，指导社会行动，这在很大程度上是文明中的一种事实。这种世界观，这种集体心理，远非源于偶然事件，或一个时期的历史和社会环境，它们源于今天人们几乎已察觉不到的古代的信仰、恐惧和焦虑——这是一种巨大的污染，它们的细菌已在人们的记忆中消失，但还是代代相传"①。

在辽、金、元三朝，影响汉人地主心理变化的因素颇多，从时间因素讲，既有长时段因素的作用，也有短时段因素的影响。如果说，长时段因素主要影响北方汉人地主深层次的心理结构的话，那么，短时段因素则主要影响其表层次的心理结构的变化，体现心理永远"在制造""在变化"的特点。深层次的心理，主要决定他们在关键时期特别是王朝鼎革时期的抉择，这种选择甚至带有一定程度的宿命的因素；短时段因素，既包括积极性因素，也包括消极性因素，积极性因素包括少数民族统治者采取的一系列拉拢汉人地主的宏观和微观政策、措施、意识等，导致汉人地主在少数民族掌握核心政权的情况下，也逐渐认同该国家，从而在国家事务和私人事务的处理中，表现出自信、勇敢、坚强、乐观、上进、高兴、激动、兴奋等积极性心理。消极性因素主要包括少数民族统治者施之于广大汉人（自然包括绝大多数汉人地主）的歧视性的法律、政策乃至各种潜意识，从而很容易导致汉人地主在国家事务和私人事务的处理中表现出焦虑、沮丧、压抑、恼怒、屈辱、抱怨、痛苦、悲观、失望、绝望、冷漠、气愤、被歧视、失落感等消极心理，有的为此选择归隐，或隐于山，或隐于市，或隐于朝，或隐于野。从空间因素讲，辽、金和元朝统一之前，汉人地主心理的变化既受辽朝、金朝、元朝（还包括大蒙古国时期）国内诸因素的影响，还受其南部汉人政权相关政策、意识的影响，特别是在王朝鼎革之际，这种影响在有些领域表现得非常突出。从族群之间关系来讲，既和他们与主导政权的契丹人、女真人、蒙古人之间关系是否融洽有联系，又和同时国内其他民族之间的关系有联系。比如元代，汉人臣僚和色目臣僚之间围绕权力等展开的激烈竞争。此外，不管是积极性心理，还是消极性心理，甚至中性心理，都具有感染性，有相同成长背景、经历的汉人地主，面对共同的问题所表现出来的情感，很容易互相影响，比如汉人臣僚

---

① 费尔南德·布罗代尔著，王明毅译：《文明研究涉及所有社会科学》，《史学理论研究》2004年第1期。

和阿合马之间的斗争，由于族群相同、文化相同，在同受阿合马不断欺凌的背景下，容易在心理上较快结成反对阿合马的联盟，进而在矛盾激化或者意识到自己所面临的生存环境出现危险时采取行动。当然，由于儒家思想中除了理想主义的一面外，还有现实主义的一面，在少数民族统治者掌握核心权力的背景下，绝大多数汉人地主对其个人理想及家族奋斗目标的可能实现值，与在传统中原王朝相比，在心理上有一个明显的落差，这种落差会减轻他们心理上的痛苦感。

五代时期，幽云地区被石敬瑭割让给辽国之前，后梁和后唐的汉人地主在处理和辽国的关系方面，还是显示出足够的自信，但也显示出一些狂妄自大的盲目性心理。石敬瑭割让幽云地区后，对于辽国而言底气大增，终致灭亡后晋。而对于汉人地主而言，一方面以石敬瑭等为代表卑躬屈膝以事辽，而辽国经常性的太上皇式的欺凌行为，以及后晋内部部分臣僚的主动“生事”行为，常常让石敬瑭如坐针毡，非常痛苦，当然，石敬瑭和桑维翰也有过卧薪尝胆的打算，这是以往的学术界常常忽略的一点。另一方面，以安重荣为代表，不甘心就此为辽国所欺，主动“生事”，安重荣被处死后，石重贵等在实力不济、能力欠佳等各方面条件不具备的情况下，竟然做起了收复幽云地区的美梦，身死国灭，也为意料中事。后晋时期，正由于石敬瑭的“楷模”行为，在五代诸朝中，后晋时期是中原汉人地主妄图以辽国势力为支撑在中原地区谋取帝位最多的时期，乱中取利的心理完全暴露，在他们的心理中，根本没有无耻的底线。后汉王朝的建立者刘知远，在乱局之中，无论是对自我心理的把握，还是对中原地区汉人地主心理的把握，都颇为老道。而周世宗，则是五代时期最有作为的政治家，郭威去世之后，经过短时期的历练，其政治家的心理很快成熟，在后周实力不断壮大而辽国实力不断中衰的背景下，发起了收复幽云地区的战争，进展神速，无奈，世宗突发重病，北伐伟业只能终止。在此问题上，也可看出周世宗孤独的政治家心理，以及后周绝大多数汉人地主在五代的乱世中逐渐形成的自私、短视心理。英雄与凡夫，形成鲜明对比。

辽国得到幽云地区之前，不管是基于何种原因来到辽国的汉人地主，都面临着较大的文化差异导致的心理焦虑问题。难以渡过心理焦虑难关的汉人地主，在受到契丹贵族不断欺凌及辽国国内政局动荡的背景下，很容易发生群体性的南逃行为，他们渴望回归自己原属的族群，解决思亲、思乡等分别焦虑问题。面对此问题，阿保机等契丹贵族在韩延徽等汉人地主的帮助下，采取了一系列安抚汉人地主心理的举措，而一座座汉城的修筑则起到了很大的作用，不管是汉城名称，外围的城墙还是城门，城内的钟楼、鼓楼、商业区以及祭祀场所等，基本上可以说就是中原地区城池的翻版，这对于汉人地主而言，新的生活区较之原来的居住地，仅仅是外在的地貌、气候等环境因素的变化，而人文环境几乎没有太大的变化，尤其是孔子庙和家庙的修筑，又解决了他们的文化脐带衔接问题，也可谓核心价值观问题，而“一旦儒者得到权力的些许尊重，特别是在儒家所企盼与认同的文化秩序得以全面确立的情况下，那种激烈的民族主义情感，终于可以抚平和消解了”①。而韩、刘、马、赵、时、左、张、吕等世家大族，作为辽朝多民族国家中的汉人地主，也是最大的既得利益者，从其利益背后的心理分析可以看出，他们既非契丹化的汉人地主，也无法标志汉人地主势力在辽国的大发展，只能说他们是契丹贵族和辽国汉人地主都能够接受的政治人物。

自春秋、战国时期，伴随燕国的建立，出现“燕人”这一称呼，他们开始以慷慨悲歌的形象在历史舞台上表演一幕幕悲壮的大剧；随着秦统一的到来，同期的“齐人”“卫人”“郑人”“楚人”等称呼，逐渐淡出历史史籍的记载，而“燕人”这一称呼，在经过了魏晋南北朝时期的沉寂后，从晚唐开始，特别是五代时期，频繁见诸同期史籍的记载，更因为金世宗的那句至理名言，而“名垂青史”。“燕人”，特别是“燕人”中的地主，其“诡随”的心理，应该由多种因素导致，从地理环境而言，安史之乱之后，中国历史的重心逐渐向中国的东北方向转移，而幽云地区非常重要的地理态势，使其成为北方少数民族政权和中原地区汉人政权争夺的核心地带，北方少数民族政权若控制了这一带地区，其将不再是单一的以游牧生产方式为主的政权，而成为跨有比较辽阔汉地的兼有双重生产方式、双重文明的国家，力量足够强大的话，甚至有染指中原、统一中国之机会。而处于这种地缘政治环境中的“燕人”，不但习知“胡事”，而且有悠久的和“胡人”打交道的历史和经验；再加上安史之乱前后，河朔地区多民族文化的碰撞，不能不使“燕人”的性格、处事方式、心理等，较之中原地区汉人有所变化。在辽、宋、金王朝鼎革之际，幽云地区“燕人”地主的心理颇为复杂，但李处能、马植、张觉、郭药师等的向宋

① 《中国思想史》第二卷，第286页。

之心还是比较明显的，但是，腐朽无能的北宋君臣，不能好好地掌控这一局势，对大多数归顺北宋的燕人地主，表现出不信任的心理，而出卖张觉的行为，则成为幽云地区汉人地主心理转换的重要转折点，导致他们大多又被迫站到了女真贵族一边，以维护自己的既得利益，左企弓的“君王莫听捐燕议，一寸山河一寸金”①，最代表他们当时的心理，幽云地区汉人世家大族的利益，和他们的生活地——幽云地区，是绝对不能分开的，北宋政权竟然在此问题上搞领土与领民分离，太不了解他们的心理，实质上是对他们的大出卖。元人所修《辽史》，没有为忠义人物立传，当不完全是史料的欠缺问题，说明辽朝灭亡时期，幽云地区的汉人地主，关键时刻真正从心理上忠于契丹人的太少，也在一定程度上验证了金世宗所概括的“其俗诡随”的特征。

金世宗说“燕人自古忠直者鲜，辽兵至则从辽，宋人至则从宋，本朝至则从本朝，其俗诡随，有自来矣。虽屡经迁变而未尝残破者，凡以此也。南人劲挺，敢言直谏者多，前有一人见杀，后复一人谏之，甚可尚也”②，这种绝对性的对“燕人”地主的否定性评价，不是他一时心血来潮的说法，也不应该是他一个人的看法，应该是作为民族属性中的他者（女真族贵族），作为旁观者，在对幽云地区的历史，以及一定数量的“燕人”和“南人”地主的做人与做事做了较长时期考察后的评价，且不仅为其个人的观点，应该是代表一定数量人的看法。金世宗的出发点，主要不是挑起“燕人”和“南人”地主之间的内斗，而是希望以此为戒，在朝廷中的“燕人”地主中间，也在所有的臣僚和国民中，树立以忠君爱国为核心的忠直理念，以维护自己的统治。而其此种评价的背景，还包括海陵王时期，由于政治环境的恶化所导致的臣僚们不敢直言的状况，金世宗继位后，在其近三十年的帝王生涯中，持之以恒求直言，从他和臣僚一次次的谈话中可以看出，他几乎到了痴迷的地步，但是，最终还是让他失望。个中因素，自然很复杂，笔者认为，金世宗的许多说法和做法本身就有矛盾，其实在辽朝，“燕人”臣僚中既有忠直者，也有“诡随”者；而在金朝，不管是“燕人”地主也好，“南人”地主也罢，都有忠直者和诡随者，这是专制体制下官僚地主表现出来的常态行为，也和人性的复杂

① 《三朝北盟会编》卷一四，政宣上帙十四，宣和五年二月，第97页。

② 《金史》卷八，《世宗中》，第184页。

性有关，“任何一个人，不管性格多么复杂，都是相反两极所构成的”，“任何性格，任何心理状态，都是上述两极内容按照一定的结构方式进行组合的表现”①。掌握国家核心大权的少数民族的皇帝，非常注意观察汉人臣僚的说话和举止，以考察他们对自己的忠诚度，由于分属不同的族群，在皇权高度强化的背景下，又不能没有心理上的偏见，夸大其缺点，缩小其优点，又因为汉人臣僚一个人的缺陷，就把这种缺陷扩展到所有的或者绝大多数汉人臣僚身上，这种现象在辽、金、元三朝应该是一种普遍的现象。处在强势位置的少数民族出身的皇帝，又很少从族群身份的角度去考虑汉人地主的感受，即使考虑，也没有那种切身的感受，心理上的隔膜感油然而生，由此便衍生出种种误解、偏见、曲解。而“燕人”地主，由于其长期所处的特殊的地缘政治环境，导致他们不能完美地融于辽、宋、金任何一朝政治生活之中，无论是北方少数民族还是中原汉族，都不将其视为己类，使其在心理上逐渐被边缘化。为了生存，世代相传一些为人处世的经验，灵活性多一些，原则性少一些，也属正常现象，诚如范恩实教授所言，“即使是农耕民族统治这一地区时，也不能清除这种地区心理”②。

较之辽代，金代汉人地主在心理上的痛苦要大一些，契丹族在建国之前，已有几百年和中原地区接触的历史，而幽云十六州又是采用和平方式割让给辽国的。而女真族则没有这个成长背景，故其在灭辽和破宋过程中表现出非常大的野蛮性，大规模的屠杀和强迫“易服装、改发式”的行为直接触及了汉民族的心理底线，导致金朝初期秦淮以北的汉人地主不断起来反抗，但是，作为抗金义军领袖的汉人地主，心理却比较复杂，翟兴等人表现出强烈的忠君爱国心理，其他人则表现出乱世谋取政治利益或者纯粹的经济利益的心理。鉴于秦淮以北原宋国土民族矛盾的尖锐，女真贵族先后扶植了伪楚政权和伪齐政权，张邦昌在不到四十天的皇帝生涯中，心理上颇为低调，竭力避免留下“僭伪”的痕迹。刘豫则颇为高调，但最终下场却非常悲惨，心理上也非常痛苦。但是不可否认，刘豫心理上仍然残留一些向宋心理。由宋入金的汉人士大夫在金朝初期，心理上非常痛

① 《性格组合论》，第59—60页。

② 《盛唐时代与东北亚政局》一书所载范恩实《石敬瑭割让幽云（幽蓟）的历史背景》一文，第320页。

苦，故国之思以及难以言说的夷夏之别，再加上燕人臣僚对他们的欺凌，会加深这种痛苦。为了自己的利益，他们起而抗争，最终以不太光彩的党争案为手段，战胜了燕人地主；金朝末期，汉人士大夫中的隐逸心理比较流行，此外，部分士大夫又显露出愤世嫉俗与玩世不恭的心理，实际上都是金末政局混乱状况在社会心理上的客观反映。

如果说由辽、北宋、金鼎革之际，对于原属北宋的北方汉人地主而言，需要一次艰难的心理转换，那么，金、元（包括大蒙古国时期）、南宋鼎革之际，对于这部分汉人地主而言，则需要一次更艰难的心理转换。不可否认的是，天命所归的心理积淀理论，对他们此时期的选择起到了一些指向作用，不能拿今人的思想水准来估量古人。而金朝灭亡之后，由于大蒙古国军队的空前规模的残杀等一系列恐怖统治，北方汉人地主中的“陆沉”心理一度弥漫。但是，也不容否认的是，在蒙古人主导的统一的过程中和统一之后，北方汉人地主又表现出空前的兴奋，他们从各种角度歌颂统一，这种状况和中国历史自安史之乱后即出现的长期的分裂割据有关。整个元代，谶语和谣言在政治生活中不断扮演重要角色，不管在汉人臣僚和色目臣僚的斗争中，还是在后至元三年（1337）的童男、童女“速配风波”中，乃至元末的王朝鼎革时期，都可以看到它的影子，看出其背后所反映的北方汉人地主心理的变化，以此，也看出元朝在思想领域较为神秘的一面。

参考文献

一　古籍（按姓氏首字汉语拼音音序排列）

1.（元）白朴：《天籁集》，清钞本。

2.（汉）班固：《汉书》，中华书局点校本 1962 年版。

3.（元）孛兰肹等撰，赵万里辑校：《元一统志》，中华书局 1966 年版。

4. 陈得芝等辑点：《元代奏议集录》，浙江古籍出版社 1998 年版。

5. 陈高华：《辽宋金画家史料》，文物出版社 1984 年版。

6.（晋）陈寿：《三国志》，中华书局点校本 1982 年版。

7. 陈述：《全辽文》，中华书局 1982 年版。

8.（元）程钜夫：《雪楼集》，文渊阁四库全书版。

9.（北魏）崔鸿：《十六国春秋》，齐鲁书社 2000 年版。

10.《大元圣政国朝典章》，中国广播电视出版社 1998 年影印元刊本。

11.（清）道光：《重修平度州志》。

12. 刁书仁主编：《奉辽使金行程录》，吉林文史出版社 1995 年版。

13.（南朝宋）范晔：《后汉书》，中华书局点校本 1982 年版。

14.（元）房祺编：《河汾诸老诗集》，丛书集成初编本。

15.（元）贡师泰：《玩斋集》，文渊阁四库全书版。

16. 郭成伟点校：《大元通制条格》，法律出版社 2001 年版。

17.（唐）韩愈：《韩愈文集汇校笺注》，中华书局 2010 年版。

18.（元）郝经：《郝文忠公陵川文集》，北京图书馆古籍珍藏丛刊本。

19.（宋）洪皓：《松漠纪闻》，文渊阁四库全书版。

20.（清）胡聘之编：《山右石刻丛编》，光绪二十七年刻本。

21.（明）胡侍：《珍珠船》，丛书集成初编本。

22.（元）胡祗遹：《紫山大全集》，中国书店 1990 年重印本。

23．（元）黄溍：《金华黄先生文集》，四部丛刊初编本。
24．贾敬颜：《五代宋金元人边疆行记十三种疏证稿》，中华书局2004年版。
25．（元）孔齐：《至正直记》，上海古籍出版社1987年版。
26．（金）孔元措：《孔氏祖庭广记》，丛书集成初编本。
27．（唐）李百药：《北齐书》，中华书局点校本1972年版。
28．（北宋）李昉：《太平广记》，上海古籍出版社1991年影印本。
29．（元）李庭：《寓庵集》，元人文集珍本丛刊本。
30．（南宋）李心传：《建炎以来系年要录》，上海古籍出版社1992年版。
31．（南宋）李心传著，徐规点校：《建炎以来朝野杂记》，中华书局2000年版。
32．（唐）李延寿：《北史》，中华书局点校本1974年版。
33．（清）李有棠：《辽史纪事本末》，中华书局1983年版。
34．李志常著，党宝海译注：《长春真人西游记》，河北人民出版社2001年版。
35．（清）厉鹗：《辽史拾遗》，丛书集成初编本。
36．（唐）令狐德棻等：《周书》，中华书局点校本1971年版。
37．（后晋）刘昫等：《旧唐书》，中华书局点校本1975年版。
38．（元）刘敏中：《中庵先生刘文简公文集》，元刻本。
39．（金）刘祁著，崔文印点校：《归潜志》，中华书局1983年版。
40．（元）刘岳申：《申宅集》，文渊阁四库全书版。
41．（元）柳贯：《柳待制文集》，四部丛刊初编本。
42．（元）陆文圭：《墙东类稿》，元人文集珍本丛刊本。
43．（南宋）陆游著，孔凡礼点校：《家世旧闻》，中华书局1993年版。
44．（南宋）罗大经著，王瑞来点校：《鹤林玉露》，中华书局1983年版。
45．（元）乃贤：《金台集》，文渊阁四库全书版。
46．（北宋）欧阳修、宋祁：《新唐书》，中华书局点校本1975年版。
47．（北宋）欧阳修：《新五代史》，中华书局点校本1974年版。
48．（北宋）欧阳修著，李逸安点校：《欧阳修全集》，中华书局2001年版。
49．（宋）潘自牧：《记纂渊海》，中华书局1988年版。
50．（南宋）彭大雅、徐霆：《黑鞑事略》，《王国维遗书》本，上海古籍书店 1983 年影印本。
51．（清）钱大昕著，陈文和主编：《嘉定钱大昕全集》，江苏古籍出版社 1997 年版。
52．（元）权衡：《庚申外史》，文渊阁四库全书版。
53．（南宋）确庵、耐庵编，崔文印笺证：《靖康稗史笺证》，中华书局 2010 年版。
54．（清）沈涛编：《常山贞石志》，道光二十二年刻本。
55．（清）施国祁：《金史详校》，丛书集成初编本。
56．（北宋）司马光：《资治通鉴》，中华书局 1963 年版。
57．（汉）司马迁：《史记》，中华书局点校本 1982 年版。
58．（明）宋濂等：《元史》，中华书局点校本 1976 年版。
59．（明）宋濂：《宋濂全集》，浙江古籍出版社 1999 年版。
60．（元）苏天爵编：《元文类》，四部丛刊初编本。
61．（元）苏天爵辑撰，姚景安点校：《元朝名臣事略》，中华书局 1996 年版。
62．（元）苏天爵著，陈高华、孟繁清点校：《滋溪文稿》，中华书局 1997 年版。
63．（北宋）苏辙著，高秀芳、陈宏大点校：《苏辙集》，中华书局 1990 年版。
64．隋树森：《全元散曲》，中华书局 1964 年版。
65．隋树森：《元曲选外编》，中华书局 1959 年版。
66．唐圭璋：《全金元词》，中华书局 1979 年版。
67．（北宋）陶岳：《五代史补》，杭州出版社 2004 年版。
68．（元）陶宗仪：《南村辍耕录》，中华书局 1997 年版。
69．（元）陶宗仪：《说郛》，商务印书馆影印涵芬楼本 1927 年版。
70．（元）同恕：《榘庵集》，文渊阁四库全书版。
71．屠寄：《蒙兀儿史记》，中国书店 1984 年版。
72．（元）脱脱等：《金史》，中华书局点校本 1975 年版。
73．（元）脱脱等：《辽史》，中华书局点校本 1974 年版。
74．（元）脱脱等：《宋史》，中华书局点校本 1977 年版。
75．（清）汪辉祖撰，姚景安点校：《元史本证》，中华书局 1984 年版。
76．（金）王鹗：《汝南遗事》，丛书集成初编本。

77. （清）王夫之著，舒士彦点校：《读通鉴论》，中华书局 2013 年版。
78. 王季思主编：《全元戏曲》，人民出版社 1990 年版。
79. （金）王寂：《拙轩集》，文渊阁四库全书版。
80. （北宋）王钦若：《册府元龟》，中华书局 1960 年影印本。
81. （五代）王仁裕著，曾贻芬点校：《安禄山事迹》，中华书局 2006 年版。
82. （金）王若虚著，胡传志、李定乾校注：《滹南遗老集校注》，辽海出版社 2006 年版。
83. （元）王恽：《秋涧先生大全集》，元人文集珍本丛刊本。
84. （元）魏初：《青崖集》，文渊阁四库全书版。
85. （北齐）魏收：《魏书》，中华书局点校本 1974 年版。
86. （唐）魏征等：《隋书》，中华书局点校本 1973 年版。
87. （南宋）文天祥著，熊飞等点校：《文山先生全集》，江西人民出版社 1987 年版。
88. 向南等辑注：《辽代石刻文续编》，辽宁人民出版社 2010 年版。
89. 向南：《辽代石刻文编》，河北教育出版社 1995 年版。
90. （南宋）徐梦莘：《三朝北盟会编》，上海古籍出版社 2008 年版。
91. （清）徐松辑：《宋会要辑稿》，中华书局 1957 年影印本。
92. （元）许有壬：《至正集》，元人文集珍本丛刊本。
93. （北宋）薛居正等：《旧五代史》，中华书局点校本 1976 年版。
94. 阎凤梧主编：《全辽金文》，山西古籍出版社 2002 年版。
95. （元）阎复：《静轩集》，元人文集珍本丛刊本。
96. （金）杨弘道：《小亨集》，文渊阁四库全书版。
97. （金）杨奂：《还山遗稿》，文渊阁四库全书版。
98. （唐）姚汝能撰，曾贻芬点校：《开元天宝遗事》，中华书局 2006 年版。
99. （元）姚燧：《牧庵集》，四部丛刊初编本。
100. （元）耶律楚材著：《湛然居士文集》，四部丛刊初编本。
101. （元）耶律铸：《双溪醉隐集》，文渊阁四库全书版。
102. （宋）叶隆礼撰：《契丹国志》，文渊阁四库全书版。
103. （金）佚名编，李庆善整理、金少英校补：《大金吊伐录校补》，中华书局 2001 年版。

104. 俞为民校注:《宋元四大戏文读本》,江苏古籍出版社 1988 年版。
105. (元) 虞集:《道园类稿》,元人文集珍本丛刊本。
106. (宋末元初) 宇文懋昭著,崔文印校正:《大金国志校证》,中华书局 1986 年版。
107. (金) 元好问著,姚奠中主编,李正民增订:《元好问全集》,山西古籍出版社 2004 年版。
108. (元) 袁桷:《清容居士集》,四部丛刊初编本。
109. (南宋) 岳珂著,吴企明点校:《桯史》,中华书局 1981 年版。
110. (明) 臧晋叔:《元曲选》,中华书局 1958 年版。
111. 张金吾:《金文最》,成文出版社 1967 年版。
112. (金) 赵秉文:《闲闲老人滏水文集》,四部丛刊本。
113. (元) 赵承禧等编撰,王晓欣点校:《宪台通纪(外三种)》,浙江古籍出版社 2002 年版。
114. (南宋) 赵珙:《蒙鞑备录》,《王国维遗书》本,上海古籍书店 1983 年影印本。
115. (元) 赵孟頫著,任道斌点校:《赵孟頫文集》,上海书画出版社 2010 年版。
116. (清) 赵翼著,杨年丰注:《瓯北诗话》,凤凰出版社 2009 年版。
117. 周阿根:《五代墓志汇考》,黄山书社 2012 年版。
118. 朱风、贾敬颜译:《汉译蒙古黄金史纲》,内蒙古人民出版社 1985 年版。

二 今人专著(按姓氏首字汉语拼音音序排列)

1. 安介生:《民族大迁徙》,江苏人民出版社 2011 年版。
2. 安作璋主编,赵继颜著:《山东通史》,山东人民出版社 1994 年版。
3. 白寿彝:《民族宗教论集》,河北教育出版社 2001 年版。
4. [法] 伯希和撰,冯承钧译:《蒙古与教廷》,中华书局 1994 年版。
5. 曹子西主编:《北京通史》(全十卷),中国书店出版社 1994 年版。
6. 陈高华、史为民:《元代大都上都研究》,中国人民大学出版社 2010 年版。
7. 陈高华、史卫民:《中国经济通史》(元代卷),经济日报出版社 2000 年版。

8. 陈高华、史卫民：《中国政治制度史》（元代卷），人民出版社 1996 年版。
9. 陈佳华：《宋辽金时期民族史》，四川民族出版社 1996 年版。
10. 陈乐素：《求是集》，广东人民出版社 1986 年版。
11. 陈述：《契丹政治史稿》，人民出版社 1986 年版。
12. 陈述主编：《辽金史论集》（第二辑），书目文献出版社 1987 年版。
13. 陈述主编：《辽金史论集》（第五辑），文津出版社 1991 年版。
14. 陈寅恪著，万绳楠整理：《魏晋南北朝史演讲录》，黄山书社 1987 年版。
15. 陈振：《宋史》，上海人民出版社 2003 年版。
16. 陈正夫、何植靖：《许衡评传》，南京大学出版社 1995 年版。
17. 陈智超：《陈智超自选集》，安徽大学出版社 2003 年版。
18. 程民生：《中国北方经济史》，人民出版社 2004 年版。
19. 程妮娜、傅百臣主编：《辽金史论丛——纪念张博泉教授逝世三周年论文集》，吉林人民出版社 2003 年版。
20. ［英］崔瑞德、鲁惟一编，杨品泉等译：《剑桥中国秦汉史》，中国社会科学出版社 1992 年版。
21. ［英］崔瑞德主编、中国社科院历史研究所西方汉学研究课题组翻译：《剑桥中国隋唐史》，中国社会科学出版社 1990 年版。
22. 狄宝心：《元好问年谱新编》，中国文联出版社 2000 年版。
23. 都兴智：《辽金史研究》，人民出版社 2004 年版。
24. 费弗尔著，赖国栋译：《16 世纪的不信教问题：拉伯雷的宗教》，生活·读书·新知三联书店 2011 年版。
25. 费孝通：《费孝通文集》，群言出版社 1999 年版。
26. 冯家昇：《辽史证误三种》，中华书局 1959 年版。
27. ［德］傅海波、［英］崔瑞德著，史卫民等译：《剑桥中国辽西夏金元史》，中国社会科学出版社 1998 年版。
28. 高树林：《元代赋役制度研究》，河北大学出版社 1997 年版。
29. 高毅：《法兰西风格——大革命的政治文化》，浙江人民出版社 1991 年版。
30. 葛剑雄主编、吴松弟著：《中国人口史》第三卷，复旦大学出版社 2005 年版。

31. 葛兆光：《中国思想史》，复旦大学出版社 2001 年版。
32. 古斯塔夫·勒庞著，戴光年译：《乌合之众》，新世界出版社 2010 年版。
33. 谷川道雄著，马彪译：《中国中世社会与共同体》，中华书局 2002 年版。
34. 顾宏义：《金元方志考》，上海古籍出版社 2012 年版。
35. 顾宏义：《天裂——十二世纪宋金和战实录》，上海书店出版社 2000 年版。
36. 郭学信：《宋代士大夫文化品格与心理》，天津人民出版社 1997 年版。
37. 韩茂莉：《草原与田园——辽金时期西辽河流域农牧业与环境》，生活·读书·新知三联书店 2006 年版。
38. 韩茂莉：《辽金农业地理》，社会科学文献出版社 1999 年版。
39. 韩儒林：《穹庐集》，河北教育出版社 2000 年版。
40. 韩儒林：《元朝史》，人民出版社 1986 年版。
41. 《汉民族形成问题讨论集》，生活·读书·新知三联书店 1957 年版。
42. 何俊哲等著：《金朝史》，中国社会科学出版社 1992 年版。
43. 何忠礼：《南宋全史（二）》，上海古籍出版社 2011 年版。
44. 侯杰、范丽珠：《世俗与神圣——中国民众宗教意识》，天津人民出版社 2001 年版。
45. 胡昭熙：《宋蒙（元）关系史》，四川大学出版社 1992 年版。
46. 黄宽重：《南宋地方武力》，台湾东大图书公司 2002 年版。
47. 黄宽重：《南宋时代抗金的义军》，（台湾）联经出版事业股份有限公司 1988 年版。
48. 季国平：《元杂剧发展史》，河北教育出版社 2005 年版。
49. ［日］箭内亘著，陈捷、陈清泉译：《元朝制度考》，商务印书馆 1934 年版。
50. 姜青青：《马扩研究》，人民出版社 2008 年版。
51. 姜锡东、李华瑞主编：《宋史研究论丛》（第 10 辑），河北大学出版社 2009 年版。
52. 康乐、彭明辉：《史学方法与历史解释》，中国大百科全书出版社 2005 年版。

53. [德] 克劳塞维茨：《战争论》，商务印书馆 1978 年版。
54. 李国钧主编：《中国书院史》，湖南教育出版社 1994 年版。
55. 李静：《民族心理学教程》，民族出版社 2006 年版。
56. 李维汉：《统一战线问题与民族问题》，人民出版社 1981 年版。
57. 李锡厚、白滨：《辽金西夏史》，上海人民出版社 2010 年版。
58. 李锡厚、白滨：《中国政治制度史》（辽金西夏卷），人民出版社 1996 年版。
59. 李锡厚：《辽史》，人民出版社 2006 年版。
60. 李锡厚：《临潢集》，河北大学出版社 2001 年版。
61. 李振宏、刘克辉：《民族历史与现代观念》，河南大学出版社 2010 年版。
62. 李治安：《行省制度研究》，南开大学出版社 2000 年版。
63. 李治安：《元代政治制度研究》，人民出版社 2003 年版。
64. 李治安：《元史暨中古史论稿》，人民出版社 2013 年版。
65. 梁启超：《梁启超文集》，燕山出版社 2009 年版。
66. 梁太济：《唐宋历史文献研究丛稿》，上海古籍出版社 2004 年版。
67. 刘昶：《人心中的历史》，四川人民出版社 1987 年版。
68. 刘从德：《地缘政治学》，华中师大出版社 1998 年版。
69. 刘海峰、李兵：《中国科举史》，中国出版集团 2004 年版。
70. 刘俊文主编：《日本学者研究中国史论著选译》（五），中华书局 1993 年版。
71. 刘俊文主编：《日本中青年学者论中国史》（宋元明清卷），上海古籍出版社 1995 年版。
72. 刘浦江：《辽金史论》，辽宁大学出版社 1999 年版。
73. 刘浦江：《松漠之间：辽金契丹女真史研究》，中华书局 2008 年版。
74. 刘松阳、刘锋：《政治心理学》，河南人民出版社 1991 年版。
75. 刘晓：《耶律楚材评传》，南京大学出版社 2001 年版。
76. 刘泽华主编：《中国传统政治哲学与社会整合》，中国社会科学出版社 2000 年版。
77. 吕思勉：《吕思勉读书札记》，上海古籍出版社 1982 年版。
78. 吕思勉：《先秦史》，上海古籍出版社 1983 年版。
79. 吕振羽：《中国民族简史》，生活·读书·新知三联书店 1950 年版。

80. 罗凤礼：《历史与心灵——西方心理史学的理论与实践》，中央编译出版社 1998 年版。
81. 罗康隆：《族际关系论》，贵州民族出版社 1998 年版。
82.《马克思恩格斯选集》，人民出版社 1972 年版。
83. 马茂军、张海沙：《困境与超越——宋代文人心理史》，河北教育出版社 2001 年版。
84. 马戎：《民族社会学》，北京大学出版社 2004 年版。
85. 马戎：《西方民族社会学的理论与方法》，天津人民出版社 1997 年版。
86. 马一虹：《靺鞨、渤海与周边国家、部族关系史研究》，中国社会科学出版社 2011 年版。
87. 么书仪：《元代文人心态》，人民文学出版社 2013 年版。
88. 蒙思明：《元代社会阶级制度》，中华书局 1980 年版。
89. 孟繁清等：《金元时期燕赵文化人》，河北人民出版社 2004 年版。
90. 孟繁清等：《蒙元时期环渤海地区社会经济发展研究》，天津教育出版社 2003 年版。
91. 南怀瑾：《中国道教发展史略》，复旦大学出版社 2007 年版。
92. 牛海蓉：《元初宋金遗民词人研究》，中国社会科学出版社 2007 年版。
93. 彭卫：《历史的心境——心理史学》，河南人民出版社 1992 年版。
94. 漆侠：《宋代经济史》，上海人民出版社 1987 年版。
95. 漆侠主编：《辽宋西夏金代通史》，人民出版社 2010 年版。
96. 乔幼梅：《宋辽夏金经济史研究》，齐鲁书社 1995 年版。
97. 任崇岳：《宋帝列传 宋徽宗 宋钦宗》，吉林文史出版社 1996 年版。
98. ［日］三上次男著，金启孮译：《金代女真研究》，黑龙江人民出版社 1984 年版。
99. 商聚德：《刘因评传》，南京大学出版社 1996 年版。
100. 舒焚：《辽史稿》，湖北人民出版社 1984 年版。
101. 宋德金：《金史》，人民出版社 2006 年版。
102. 宋德金：《辽金论稿》，湖北教育出版社 2005 年版。
103. 孙克宽：《蒙古汉军与汉文化》，中华书局（台）1966 年版。

104. 孙克宽：《元代汉文化之活动》，中华书局（台）1966 年版。
105. 谭其骧主编：《中国历史地图集》，中华地图学社 1975 年版。
106. 唐长孺：《魏晋南北朝史论丛》，生活·读书·新知三联书店 1955 年版。
107. 唐代剑：《王嚞丘处机评传》，南京大学出版社 2000 年版。
108. 陶晋生：《女真史论》，食货出版社 1981 年版。
109. 陶晋生：《宋辽关系史》，中华书局 2008 年版。
110. 陶懋炳：《五代史略》，人民出版社 1985 年版。
111. 田建平：《元代出版史》，河北人民出版社 2003 年版。
112. 田汝康、金重远选编：《现代西方史学流派文选》，上海人民出版社 1982 年版。
113. 汪荣祖、林冠群主编：《民族认同与文化融合》，台湾中正大学人文研究中心 2006 年版。
114. 王承礼：《渤海简史》，黑龙江人民出版社 1984 年版。
115. 王德朋：《金代汉族士人研究》，中国社会科学出版社 2006 年版。
116. 王德忠：《10—13 世纪中国历史统一趋势研究：分合旋涡中的统治者们》，人民出版社 2012 年版。
117. 王国维：《观堂集林》，中华书局 1959 年版。
118. 王国维：《宋元戏曲史》，中华书局 2010 年版。
119. 王国维：《王国维遗书》，上海古籍书店出版社 1983 年版。
120. 王明珂：《华夏边缘、历史记忆与族群认同》，台湾允晨文化股份有限公司 1997 年版。
121. 王明珂：《羌在汉藏之间——川西羌族的历史人类学研究》，中华书局 2008 年版。
122. 王明珂：《游牧者的抉择》，广西师范大学出版社 2008 年版。
123. 王明荪：《宋辽金史论文稿》，明文书局 1981 年版。
124. 王明荪：《元代的士人与政治》，台湾学生书局 1992 年版。
125. 王庆生：《金代文学家年谱》，凤凰出版社 2005 年版。
126. 王善军：《世家大族与辽代社会》，人民出版社 2008 年版。
127. 王善军：《宋代宗族和宗族制度研究》，河北教育出版社 2000 年版。
128. 王小甫主编：《盛唐时代与东北亚政局》，上海辞书出版社 2003 年版。

129. 王曾瑜:《点滴编》，河北大学出版社 2010 年版。
130. 王曾瑜:《金朝军制》，河北大学出版社 1996 年版。
131. 王曾瑜:《尽忠报国——岳飞新传》，河北人民出版社 2001 年版。
132. 王曾瑜:《宋朝军制初探》，中华书局 2011 年版。
133. 王曾瑜:《纤微编》，河北大学出版社 2011 年版。
134. 王仲荦:《隋唐五代史》，上海人民出版社 2004 年版。
135. [美] 威廉·F. 斯通著，胡杰译:《政治心理学》，黑龙江人民出版社 1987 年版。
136. 韦祖松:《帝国生存环境的诠释——北宋国家安全问题研究》，中国社会科学出版社 2008 年版。
137. 魏鉴勋:《衰落论》，辽宁人民出版社 1994 年版。
138. 吴海航:《元代法文化研究》，北京师范大学出版社 2000 年版。
139. 吴松弟:《中国移民史》(第四卷)，福建人民出版社 1997 年版。
140. 萧启庆:《蒙元史新研》，台湾允晨文化股份有限公司 1994 年版。
141. 萧启庆:《内北国而外中国》，中华书局 2007 年版。
142. 萧启庆:《元朝史新论》，台湾允晨文化实业股份有限公司 2000 年版。
143. 萧启庆:《元代族群文化与科举》，台湾联经出版事业股份有限公司 2008 年版。
144. 徐杰舜:《汉民族发展史》，武汉大学出版社 2012 年版。
145. 徐杰舜主编:《雪球——汉民族的人类学分析》，上海人民出版社 1999 年版。
146. 徐梓:《元代书院研究》，社会科学文献出版社 2000 年版。
147. 许倬云:《观世变》，广西师范大学出版社 2008 年版。
148. 薛瑞兆:《金代科举》，中国社会科学出版社 2004 年版。
149. 严兰绅主编:《河北通史》(古代部分)，河北人民出版社 2000 年版。
150. 杨建新、马曼丽:《成吉思汗忽必烈评传》，南京大学出版社 2002 年版。
151. 杨堃:《民族学概论》，中国社会科学出版社 1984 年版。
152. 杨志玖:《陋室文存》，南开大学出版社 2002 年版。
153. 杨志玖:《元代回族史稿》，南开大学出版社 2003 年版。

154. 姚从吾：《东北史论丛》，正中书局 1977 年版。
155. 姚大力：《北方民族史十论》，广西师范大学出版社 2007 年版。
156. 义度都合西格主编：《蒙古民族通史》第一、第二卷，内蒙古大学出版社 2002 年版。
157. 余英时：《士与中国文化》，上海人民出版社 2003 年版。
158. 余英时：《中国知识分子论》，河南人民出版社 1997 年版。
159. 袁冀：《元史论丛》，台湾联经出版事业股份有限公司 1986 年版。
160. 曾瑞龙：《经略幽燕——宋辽战争军事灾难的战略分析》，北京大学出版社 2013 年版。
161. 张博泉等：《金史论稿》（第一卷），吉林文史出版社 1986 年版。
162. 张博泉：《金史简编》，辽宁人民出版社 1984 年版。
163. 张帆：《元代宰相制度研究》，北京大学出版社 1997 年版。
164. 张分田：《中国帝王观念》，中国人民大学出版社 2004 年版。
165. 张广保：《金元全真道内丹心性学》，生活·读书·新知三联书店 1995 年版。
166. 张国刚：《唐代藩镇研究》，中国人民大学出版社 2010 年版。
167. 张希清、田浩等主编：《10—13 世纪中国文化的碰撞与融合》，上海人民出版社 2006 年版。
168. 张仲谋：《兼济与独善——古代士大夫处事心理分析》，东方出版社 1998 年版。
169. 赵琦：《金元之际的儒士与汉文化》，人民出版社 2004 年版。
170. 赵永春：《金宋关系史》，人民出版社 2005 年版。
171. 《中央民族工作会议精神学习辅导》，民族出版社 2005 年版。
172. 周谷城：《中国政治史》，中华书局 1982 年版。
173. 周良霄、顾菊英：《元代史》，上海人民出版社 2003 年版。

三 论文部分（按姓氏首字汉语拼音音序排列）

1. 毕奥南：《蒙古时期北上“汉人”蒙古化趋势》，硕士学位论文，中央民族学院，1990 年。
2. 陈高华：《说蒙古灭金的三峰山战役》，《文史哲》1981 年第 3 期。
3. 陈学霖：《元好问〈壬辰杂编〉探赜》，《晋阳学刊》1990 年第 5 期。
4. 程妮娜：《〈遗山文集〉与史学》，《史学集刊》1992 年第 2 期。

5. 都兴智:《论金宣宗“九公封建”》,《北方文物》2009 年第 1 期。
6. 费尔南德·布罗代尔著,王明毅译:《文明研究涉及所有社会科学》,《史学理论研究》2004 年第 1 期。
7. 侯仁之:《幽云十六州考》,《禹贡》第 6 卷第 3—4 期(1946)。
8. 胡顺利:《关于金代恒山公府都统所印的考订》,《考古与文物》1988 年第 4 期。
9. 籍秀琴:《称谓与社会背景、社会变革》,《北京社会科学》1995 年第 4 期。
10. 贾秀云:《宇文虚中事件与南宋社会的道德期许》,《史学月刊》2009 年第 6 期。
11. 蒋金玲:《辽代汉人的入仕与迁转》,《中国史研究》2013 年第 3 期。
12. 景李虎等:《金代乐舞杂剧石刻新发现》,《文物》1991 年第 12 期。
13. 李浩楠:《论金代的忠孝军》,《北方文物》2008 年第 2 期。
14. 李治安:《元初华夷正统观念的演进与汉族文人仕蒙》,《学术月刊》2007 年第 4 期。
15. 李治安:《元和明前期南北差异的博弈与整合发展》,《历史研究》2011 年第 10 期。
16. 林岗:《从古地图看中国的疆域及其概念》,《北京大学学报》2010 年第 3 期。
17. 刘达科:《辽朝汉族文人心理透视》,《江苏大学学报》(哲社版)2006 年第 6 期。
18. 刘浦江:《金朝的民族政策与民族歧视》,载《辽金史论》,辽宁大学出版社 1999 年版。
19. 刘浦江:《金代土地问题的一个侧面——女真人与汉人的土地争端》,《中国经济史研究》1996 年第 4 期。
20. 乔幼梅:《论女真统治者民族政策的演变》,《文史哲》2008 年第 2 期。
21. 任崇岳:《略论辽朝与五代关系》,《社会科学辑刊》1984 年第 4 期。
22. 陶晋生:《金代的政治冲突》,《“中央”研究院历史语言研究所集刊》第 43 本,1969 年。
23. 陶晋生:《金代的政治结构》,《“中央”研究院历史语言研究所集刊》第 41 本,1969 年。

24. 王德朋：《辽代汉族士人心理探析》，《史学集刊》2003 年第 2 期。
25. 王德忠：《金世宗与宋孝宗之比较研究》，《史学月刊》1999 年第 6 期。
26. 王德忠：《唐朝中叶以后“华夷”格局的新变化及其影响》，《古代文明》2009 年第 3 期。
27. 吴凤霞：《金世宗的君臣共治思想与历史文化认同》，《史学集刊》2012 年第 6 期。
28. 邢义田：《契丹与五代政权更迭之关系》，《食货复刊》第 1 卷第 6 期（1971）。
29. 姚大力：《中国历史上的民族关系与国家认同》，《中国学术》2002 年第 4 期。
30. 袁益梅：《试论元杂剧中的科举考试》，《锦州师范学院学报》2003 年第 1 期。
31. 张哲：《金末汉人地主武装人物武仙研究》，硕士学位论文，吉林大学，2008 年。
32. 张中政：《汉儿、签军与金朝的民族等级》，《社会科学辑刊》1983 年第 3 期。
33. 稚克·勒高夫，刘文立译：《〈年鉴〉运动及西方史学的回归》，《史学理论研究》1999 年第 1 期。
34. 周峰：《金代近侍初探》，《内蒙古社会科学》1998 年第 2 期。
35. 朱清泽、李鹏贵：《从蒙金战争看成吉思汗的战略战术》，《民族研究》1984 年第 6 期。
36. 朱绍侯：《汉民族的形成和发展》，《文史知识》1984 年第 11 期。

后　记

当时之所以以这么一个题目连续四年申报国家社科基金课题，主要是由于在博士学位论文的最后一章，用心态史学的方法探讨了元代史天泽、张柔等汉人世侯的“夷夏观”，自认为还比较成功，也得到了导师及几位匿名评审专家的认可。可今天看看当时自己对该问题的分析，还是显得稚嫩和肤浅。

毕业之后，我对年鉴学派的长时段理论越来越感兴趣，于是 2010 年以“10—14 世纪北方汉人地主社会心理研究”为题，申请河南省社科规划项目课题并获批准，2010 年河南大学程民生教授来我校讲学，就该课题的有关问题又向他讨教，程老师建议改为“辽、金、元三朝北方汉人地主社会心理研究”，遂接受了这一宝贵建议。可 2011 年 5 月 23 日得到课题立项的消息后，对如何做好课题，却一点把握也没有。记得打电话告诉恩师刘秋根教授课题立项的消息后，他说“不知道你那课题怎么做”，知弟子莫如师，恩师的这句话，使我对课题立项，多的是冷静，少的是欣喜。该年 11 月 2 日去保定参加漆侠先生去世十周年纪念会，晚上向治辽金史的大家王善军教授请教（他也曾经指导过我的博士学位论文，毕业之后我常利用各种机会向他讨教），由于他当年也立项了一个关于辽代社会研究的国家社科基金课题，我们自然有许多的共同语言。他说他对自己的课题该如何做，心里也没有底，王老师的谦虚之语，更让我诚惶诚恐。不过王老师也给我颇多鼓励，说我们可以互相探讨。

三年多的岁月中，除了上课之外，我几乎把能够利用的时间都放在了课题上。长时间的劳累，导致我的体重在一年半的时间内少了十七斤，血糖明显升高，赶忙服药、加大运动量，家里的爱犬得以成为陪我锻炼的忠实伴侣，更在我劳累、烦恼、困惑之时，为我带来欢乐。

需要感谢的人实在太多。首先要感谢王曾瑜先生，从读博士研究生那年结识先生后，请教的次数实在太多，第一稿写完后寄给先生，半个月后先生将修改稿寄给我，密密麻麻的标注，让我非常感动，四十多万字的稿子呀，先生已经七十多岁。先生又欣然为拙著写了序言，所写显有过奖之语，为了表示对先生的尊重，我保留了原貌，请阅读者正确看待此事。先生又建议将书稿定名为《辽金元时期北方汉人上层民族心理研究》，这样的修改，内容与名称才真正作到了名实相符。其次要感谢宋德金先生、程民生教授、李华瑞教授、姜锡东教授、刘秋根教授、苗书梅教授、王善军教授、程妮娜教授、韩世明教授、肖爱民教授、安国楼教授、淮建利教授，他们的严厉批评和谆谆教诲，每每使我不敢懈怠。

五位匿名评审专家的意见，我在书稿的修改课程中，反复揣摩，吸收合理之处，保留有待商榷之处。虽然不知道您们的姓名，我仍然要表示深深的谢意。

最后还要感谢在中国社会科学出版社谋生的宋燕鹏博士，一切出版事宜，都由他代劳，使我得以有一段安静地看闲书的时间。

爱人李文利承担了大多家务活，由于她在我校财务处工作，使我不必亲自去报销繁杂且令我头疼的科研账目，得以腾出时间潜心科研。

书籍出版之际，新加坡华人组织一符氏社的符绩熙社长，欣然资助人民币一万元用于出版，再次表示深深地感谢。

这是我的第二部专著，在第一部专著的后记中，我曾经写道“真羡慕孔夫子的述而不作”，现特作修正，严谨的学术著作还是要不断出版，否则文明无法薪火相传。

拙著后附有我永久使用的电子信箱，阅读者如有兴趣与我交流，我将感激之至，您的严厉的评判，将是我在学术道路上不断前进的动力。

史学大师孔飞力教授一生只留下了四部著作。我已经五十岁，不敢写，也不能写了，望望窗外严重的雾霾，每本垃圾书都是造成雾霾的元凶。

最近微信圈流行一首卸磨杀驴的微信，我又在该微信后添加了几句话，作为续貂之语：一个个拿着特大号饭碗的看客，盯着锅里煮着的驴肉，流着口水对主人说：“肉都烂了，您快点吃吧，我们只喝汤，只喝汤，只喝汤。”

安阳作为一个介于四级和五级之间的城市，还是适合做点学问的。不惑之年之后，我日益认识到历史学乃一门感悟之学，需要丰富的人生阅历，思想史类的著作，更需要该方面的素质，知天命之年，对此体验，更深刻一些。

2016 年 5 月 16 日于安阳　金都瑞园　慕庄斋

Fuhaichao196618@126. com